岩波講座　東アジア近現代通史　第3巻

世界戦争と改造　1910年代

岩波講座

東アジア近現代通史

3 世界戦争と改造

1910年代

岩波書店

刊行にあたって

「韓国併合」一〇〇年(二〇一〇年)と辛亥革命一〇〇年(二〇一一年)を迎える東アジアは、今新しい時代に突入しようとしている。かつて中国は、清帝国崩壊後の混迷に乗じた日本の侵略によって亡国の危機にあった。しかし、今や驚異的な発展をとげ、日本が東アジアにおいて第一の経済大国であった時代は終わりを告げた。そして、世界経済の相互依存関係が強まるなかで、国民国家を超えたネットワークが東アジア各地の社会や文化を急速に変貌させつつある。

その一方、ソ連崩壊と冷戦構造の解体が地域統合を加速させたヨーロッパとは異なり、分断国家さえ存在する東アジアでは、植民地主義や戦争・冷戦の傷跡がなお癒えず、かえって歴史認識問題や領土問題が発生し、対立感情がかきたてられている。各国の歴史学は自国史の枠組みにとらわれ、「和解と協力の未来」を構想し得るような歴史認識を構築することは、依然として困難な課題であり続けている。グローバリゼーションの進展が、皮肉にも「閉ざす力」として機能し、ナショナリズムを鼓吹している状況もある。

そのような政治的・知的状況にある今だからこそ、侵略と闘争、支配と抵抗の局面を見すえつつも、和解と協力を展望しうる、一国史をこえた東アジア地域史の視座が求められている。本講座は、このような問題意識の上に立ち、新時代の歴史認識に向かって開かれた、二一世紀における東アジア近現代史のアカデミック・スタンダードを示すことを目指す、東アジア通史の初めての試みである。

本講座では、東アジア諸国が盛期を過ぎ動揺を見せはじめる一八世紀末頃を起点とし、冷戦構造が揺らぎ共同体構想が模索される現代にいたるまでの東アジア世界を追う。ここでいう東アジアとは、東北アジアや東南アジアはもとより、極東シベリアや南アジアなども包摂している。各巻は、通史・通空間論題・個別史／地域史の三部から構成され、現時点における研究の到達点を、全体と個別の両面にわたって読者に分かりやすく示してゆく。別巻では、アジア研究の来歴と展望を語り、通史ではカバーできない主題や新たに浮かび上がってきた課題などを考究する。

本講座が、未来に向けた歴史認識と国境や民族を超えた対話の可能性を切り開く出発点となることを願っている。

二〇一〇年八月

和田春樹
後藤乾一
木畑洋一
山室信一
趙　景達
中野　聡
川島　真

目　次

個別史／地域史

Ⅱ　第一次大戦とアジア

個別史／地域史

Ⅲ　アジアのナショナリズム

トピック・コラム

人物コラム

通史

世界戦争と改造　一九一〇年代

趙景達

日本は「韓国併合」によって大陸国家化に成功すると、第一次大戦では連合国として参戦した。その間中国に対華二一カ条要求を突きつけた。また、ロシア革命が起きると、シベリア出兵を行った。日本の慢心はここに頂点に達するが、日本は三・一運動において朝鮮民衆から手ごわい抵抗を受けることになる。時代は、欺瞞的にせよ民族自決主義を呼号していた。「内に立憲主義、外に帝国主義」を標榜する大正デモクラシーの中にも、三・一運動に理解を示す論調があった。

中国では辛亥革命が勃発し、中華民国が誕生した。袁世凱の帝政運動がありはしたが、共和国創設の流れはもはや抑止しようがなかった。しかし、中国は辺境が独立状態となり、省部でも孫文の大漢民族主義と連省自治運動が対立し、また軍閥支配も深刻になっていく。こうした中で五・四運動が起きるが、それは三・一運動同様にナショナリズムの噴出であった。

第一次大戦期は、列強がヨーロッパで戦争に没入している間隙を縫って、アジアの民族産業が発展を遂げる時代であった。インドや東南アジアでは資本家や労働者、中間層が大きく成長し、彼らの動きは民族運動として各地域で展開された。これらの地域は宗主国の戦争に協力を強いられたため、大戦後は宗主国も民族自立の動きに何らか応えざるを得なくなっていったのだが、そのことがまた各地域の民族運動を活性化していくことになる。

年表

一九一〇	**8・22** 韓国併合条約調印。**11・4** 清国が一九一三年に国会を開設することを宣布。
一九一一	**1・18** 大逆事件で二四名に死刑判決。のち一二名に死刑執行。**2・29** タイで民主化を求める士官が反乱を起こす。**4・27** 中国同盟会、広州で蜂起するも失敗(黄花崗事件)。**5・9** 清国が鉄道国有令を公布。**6・17** 清国で四川保路同志会が結成される。**10・10** 武昌で新軍蜂起し、辛亥革命が開始される。**12・1** モンゴルが独立宣言を発する。**12・12** イギリス王ジョージ五世がベンガル分割の撤回とデリーへの遷都を発表。
一九一二	**1・1** 孫文、南京で臨時大総統に就任。中華民国の成立宣言。**2・12** 清帝溥儀退位。**2** 維新会が広州でベトナム光復会に再編される。**3・10** 袁世凱が北京で臨時大総統に就任。**3・11** 中華民国臨時約法公布。**4・1** 東西ベンガル再統合。**6・25** 朝鮮の尹致昊ら、寺内正毅総督暗殺未遂事件で起訴される。**6・25** 中国同盟会などが国民党を結成。**9・10** インドネシアでイスラーム商業同盟がイスラーム同盟に改称。**12・19** 日本で第一回憲政擁護大会が行われる。**12・25** インドネシアで急進的民族政党東インド党が結成される。
一九一三	**1・10** モンゴルとチベットが独立を確認しあい、相互援助の協定を締結する。**2・11** 桂内閣総辞職(大正政変)。**3・20** 中国で宋教仁暗殺される。**7・12** 中国で第二革命始まる。**8月** インドネシアで東インド党の政党活動が禁止される。**10・6** フィリピンにハリソン総督が就任し、自治化政策を推進。**11・5** 外モンゴル自治をロシアと中国が承認する。
一九一四	**5・1** 中華民国約法公布。**5・9** インドネシアでオランダの社会民主労働党員スネーフリートが東インド社会民主同盟を結成。**7・3** シムラ会議で英領インドとチベット間の国境線を画定。**7・23** 日本、ドイツに宣戦布告。**11・7** 日本軍、青島のドイツ軍要塞を占領。
一九一五	**1・5** ガンディー、南アフリカからボンベイに帰着。**1・18** 日本、対華二一カ条要求を提出。**5・7** 日本、対華二一カ条で最後通牒。**9・15** 陳独秀、上海で『青年雑誌』(のち『新青年』)創刊。**12・25** 雲南で蔡鍔らが

	帝政反対の護国軍を組織。第三革命開始。
一九一六	**1月** 吉野作造、『中央公論』に民本主義を提唱する。**3・22** 袁世凱、帝政を断念する。**4・23** ティラク、インド自治連盟を結成。**6・17** バンドンでイスラーム同盟第一回全国大会。**10・16** フィリピンでジョーンズ法に基づき上下両院議会が発足する。**12・26-31** インドで会議派第三一回大会とムスリム連盟第九回大会が開催される。ラクナウ協定成立。
一九一七	**1・20** 日本興業・朝鮮・台湾三銀行、中国に借款供与(第一回西原借款)。**4・15** ガンディー、ビハール州チャンパーランの藍小作労働争議を指導。**8・30** タイグエンのベトナム兵士の反乱。**9・10** 孫文、広州で軍政府樹立。**10・10** 朝鮮で秘密結社光復団員、各地で逮捕される。**10・20** イスラーム同盟第二回全国大会で「インドネシア独立闘争」を行うことを確認。**11・2** 日米両国、石井・ランシング協定を締結。
一九一八	**2・22** ガンディー、アムダーワード繊維工場労働者のストライキを指導。**4・5** 日英陸戦隊、ウラジオストクに上陸。**3・22** ガンディー、グジャラートのケーダーで地税不払い運動を指導。**5・15** 魯迅、『狂人日記』を『新青年』に発表。**6月** 対独参戦のため一三〇〇人のタイ将兵が欧州に出発。**6・26** 李東輝がハバロフスクで韓人社会党を結成(翌年**4月**、高麗共産党と改称)。**7・8** インドでモンタギュー・チェルムズファド改革案が発表される。**8・24** 中国、シベリア出兵を宣言。**8月** 呂運亨・金九ら上海で新韓青年党を結成。**11・13** 重光団員、大韓独立宣言書を採択(戊午独立宣言)。
一九一九	**1・21** 朝鮮の高宗が没し、毒殺説が流れる。**1・24** 独立請願のためのフィリピン第一次議会使節団が米国に到着。**2・1** 上海の新韓青年党、独立運動のため各国に使節団を派遣することを決定。**2・8** 在日朝鮮人留学生、独立宣言書を発表。**3・1** ソウルのパゴダ公園で独立宣言書が発表される。三・一運動始まる。**4・6** ガンディー、第一次サティヤーグラハ(真理の掌握)運動(非暴力運動)を開始。**4・11** 上海フランス租界地で大韓民国臨時政府樹立。**4・15** 日本軍、水原堤岩里で朝鮮人住民を監禁して大量銃殺・放火。**5・4** 北京の学生、山東返還などを求め示威運動。五・四運動開始。上海でもスト。**6・28** 中国、ヴェルサイユ講和条約調印を拒否。**7・18** ソウル南山に朝鮮神宮建立。**9・2** 朝鮮の姜宇奎、斎藤実総督を襲撃し、未遂に終わる。**12・23** インド統治法(モンタギュー・チェルムズファド改革)を実施。

一　日本の大国化

「韓国併合」に際して石川啄木は、「地図の上　朝鮮国に　くろぐろと　墨をぬりつゝ　秋風を聴く」と詠んだ。啄木は、時勢が「時代閉塞の現状」であることを鋭敏に感じ取ったのである。事実、韓国併合と同時期に起きた大逆事件は世を震撼させたが、それは全くの捏造でしかなかった。そのことを知らないマスコミは、幸徳秋水や管野スガら二六名の社会主義者を「極悪無道」とし、「六族を殲《ほろぼ》すも、尚ほ慊《あきた》らざるの思ひあり、万人等しく其の肉を喰《くら》ひ、其の死屍に鞭《むちう》たんと希《ねが》ふ所」(『東京日日新聞』一九一〇年一二月一一日)と喧伝した。ここに社会主義の「冬の時代」が始まる。

もっとも社会主義者の理想も、危うい帝国日本像を前提にしたものであった。当時、「韓国併合」は朝鮮を未開の国と見る「停滞論」によって合理化されていたが、社会主義者の認識もその枠を出るものではなかった。片山潜が出していた『社会新聞』(一九一〇年九月一五日付「日韓合併と我責任」)は、朝鮮を古い文明国だとしながらも、独立心がないがゆえに中国やロシアに屈していたが、今後は「非常なる誠意を以て朝鮮人を養成して立派なる日本帝国の臣民と為す」ことが日本人の使命だとした。そして、朝鮮人は「今尚お未開の人民」であり、日本の臣民＝文明人になることが朝鮮人の幸福なのだとして、何ら怪しむところがなかった。

世は大正デモクラシーの時代であった。大正デモクラシーは、「内に立憲主義、外に帝国主義」たることを内容としていたが、「韓国併合」に対する疑念は社会主義者においてすら生じ得ないような思潮があったということである。しかしそうであればこそ、国内的には立憲主義擁護の気運も旺盛であり、そのことを端的に示したのが大正政変である。当時は藩閥を背景とする桂太郎と政党を背景とする西園寺公望が交互に内閣を組織する、いわゆる桂園時代であった。大正政変は、一九一二年一二月五日第二次西園寺内閣が二個師団増設問題で倒れたことに端を発する。陸軍は中国への侵略をにらんで、朝鮮に駐留する軍隊の増設を要求したのだが、西園寺内閣がこれを拒否すると、陸相の上原勇作は辞表を出した。ここに、陸海軍大臣現役武官制によって後継が決まらないために、やむなく西園寺内閣は総辞職に追い込まれ、第三次桂内閣が成立する。しかし政界や世論、民衆の憤りはすさまじく、第一次憲政擁護運動が全国的に巻き起こった。運動は都市騒擾にまで発展し、一三年二月一一日桂内閣は短命の内に倒壊した。

立憲主義と帝国主義はまさに大正デモクラシーの両輪であった。そうであるがゆえに、立憲主義運動の後には帝国主義政策が矛盾なく推進されるのも不思議なことではない。第一次大戦が始まると、日本は日英同盟を根拠に一四年八月二三日対独戦に踏み切った。そして、英軍とともにドイツの山東省膠州湾租借地を攻撃し、局外中立を宣言している中国の立場を無視して戦線を拡大し、青島を陥落させた。さらに、南洋諸島のドイツ領を占領して、地中海にも艦隊を派遣した。世論は、一部には当初参戦不可を唱える声もあったが、徐々に参戦を支持するものが大半となった。参戦後には戦争賛美の状況となり、青島陥落の際には提灯行列が行われた。日露戦争は多大な犠牲を国民に強い、重税と物価高をもたらして人心を荒廃させ、さまざまな民衆運動を誘発したが、第一次大戦は、そうした行き詰まりから脱出する絶好の機会となった。

大戦の最中、一五年一月一八日に突如日本が中国に突きつけたものが、悪名高い対華二一カ条要求である。要求は多岐にわたるが、主な内容は、①山東省におけるドイツ権益の継承、②南満洲地方の租借地・鉄道経営権の九九年間延長、及び南満・東部内蒙古における日本の優越的地位の承認、③中国最大の製鉄・鉱山会社漢冶萍公司《かんやひょうこうし》の日中合弁化、④沿岸・島嶼の他国への不割譲、となっている。ただしこれらは絶対要求で、他に政治・軍事・財政部門における日本人顧問の採用、必要地域における警察の日中合同活動、日本の兵器の買い入れ、揚子江流域の鉄道敷設権要求などが付け加わっていた(「対華要求に関する加藤外相訓令」外務省 一九六五、三八一—三八四頁)。中国の時の大総統袁世凱はこの要求に対して大変苦慮し、日貨排斥の反日運動も展開されたが、米国を除き、他の列強はさしたる反対をせず、五月七日に日本が最後通牒を発すると、袁は九日にはそれに屈した。

日本の慢心はここに頂点に達する。国内的にも大戦景気によって繁栄を謳歌した。貿易収支について、大戦開始の一四年と終結の一八年を較べると、輸出は五億九一〇〇万円から一九億六二〇〇万円へ、輸入は五億九六〇〇万円から一六億六八〇〇万円へと大きく伸張し、貿易収支も五〇〇万円の赤字から二億九四〇〇万円の黒字に大転化した。正貨準備高も三億四一〇〇万円から一五億八八〇〇万円へと増大している〔安藤 一九七九、一〇〇頁〕。

こうした自信みなぎる状況の中で行われたのがシベリア出兵である。一七年三月ロシア革命(二月革命)が起きると、軍部や外務省の一部には派兵計画が持ち上がった。イギリスやフランスは派兵を容認するものの、アメリカは反対の姿勢を取った。しかし、チェコスロバキア軍団が反ボリシェビキの蜂起を行うと、一八年七月アメリカはチェコスロバキア軍団救出のための出兵を決定し、日本にも出兵が要請された。出兵はあくまでもウラジオストクに限定されたものであったが、日本は各国をはるかに上回る最大の七万二〇〇〇人(取り決め出兵数一万二〇〇〇人以下)を送り、バイカル湖以東にまで進出した。二〇年一月に各国がチェコスロバキア軍団の救出を達成したとして撤退した後も、日本は単独で駐留し続けた。朝鮮や満洲へのボリシェビキ勢力進出の防止やシベリア居留民保護などが名目であった。撤兵に応じたのは二一年一一月に開催されたワシントン条約後の二二年一〇月のことであり、北樺太の場合には二五年五月のことであった。この間戦費は一〇億円に上り、犠牲者は三五〇〇人にも及んだ。また、国論が分裂する一方で、ソ連の敵愾心を買い、列強からも領土的野心を疑われて、得るところは何もなかった。

しかもシベリア出兵は、国内的には一八年夏の米騒動をも誘発した。大戦景気はインフレーションをもたらしていたが、夏場の端境期であることと、シベリア出兵決定によって、米の買い占めや売り惜しみがなされたのである。米騒動は富山県の女性の運動に端を発するが、その状況について『東京朝日新聞』(一九一八年八月一二日)は、「三日午後七時漁夫町一帯の女房連二百名は海岸に集合して三隊に分れ、一は浜方有志、一は町有志、一は浜地の米や及び米所有者を襲い、所有米は他に売らざること及び此際《このさい》義侠的に米の廉売を嘆願し、之《これ》を聞かざれば家を焼払ひ一家を鏖殺《おうさつ》すべしと脅迫し事態頗《すこぶ》る穏やかならず」と伝えている。彼女たちの運動は、規律性のうえに脅迫的に行われ、あくまでも道徳的な基準において廉売を要求するところにその目的があった。ここには近世以来の百姓一揆・打毀《うちこわし》の伝統やモラルエコノミーの論理を読み取ることができる。米騒動は一道三府三八県に及び、朝鮮にも飛び火した。政府は外米を緊急輸入する一方、廉売政策を行い、皇室も三〇〇万円の下賜を行い、三井・三菱などの財閥や富豪も多額の寄付を行った。米騒動は結果的に二万五〇〇〇人以上の検挙者を出したが、その中心は雑業層であった。それは日露戦争後にたびたび行われた都市騒擾などの大規模な社会運動の画期をなすとともに、大正デモクラシーがまさに民衆的うねりとともに展開されたことを象徴するものでもあった。そして、時の寺内正毅内閣は米騒動の最中に倒壊し、替わって近代日本史上初めての本格的な政党内閣が原敬によって組織されることになる。

政友会原内閣の誕生は、長きにわたって近代日本の政治を推進してきた藩閥官僚勢力の後退を意味するものであった。藩閥官僚勢力の頂点に立つ元老山県有朋は、日露の提携によって英米に対抗しつつ大陸進出を強化しようとしていたが、ロシア革命の勃発によってその外交政略は頓挫した。その結果、かねてより対華二一カ条要求に批判的で対英米協調を主張していた原への国政移譲がやむを得ざるものとなった。原は、軍事的に大陸権益を拡大していこうとする政策を軌道修正し、中国内政不干渉政策をとって国際協調路線に踏み出そうとした。そのことは経済的に英米などと競争していくことを通じて大陸進出を強化していくことを意味した。それゆえ原は、中国市場での国際競争力の強化を期すべく、①「教育施設の改善充実」、②「交通機関の整備」、③「産業及び通商貿易の振興」、④「国防の充実」からなる四大政綱を掲げるにいたった。ただし、「国防の充実」は将来の総力戦を視野に入れたものであることに注意しておく必要がある[川田 一九九八、一五五―一五八頁]。

「平民宰相」ともいわれた原による内閣の誕生は、大正デモクラシーの息吹をも感じさせるものであった。この時代は、「民衆」概念が自立化を遂げ、それまで国民ないしは臣民でしかなかった人々が国家を相対化しはじめる時期であった。日露戦争は多大な犠牲を民衆に強いながらも、戦後も民衆は収奪と統制の対象にされ続けた。国家と自らを一体化していた民衆がこれに苛立ちはじめ、様々な騒擾事件を起こしていく所以である。そして知識人もまた、そうした民衆に共感することで、「民衆」という言葉を多用するにいたった〔鹿野 一九七五〕。

こうして時代は、吉野作造がいう民本主義の時代となり、「変革」や「改造」などが叫ばれていくようになる。とりわけ「改造」は、一九一九年四月に総合雑誌の『改造』が刊行されたこともあって、この時代の合い言葉となった。改造の潮流としては、①民本主義の継続的活動、②社会主義の復権による改革運動、③国家主義者の改造運動、④地域社会における社会の再編活動など、大きく四つがあった〔成田 二〇〇七、一〇四頁〕。まさに百家争鳴の言論活動と社会運動が展開されたといえる。しかし繰り返すが、大正デモクラシーはあくまでも「内に立憲主義、外に帝国主義」を内容とする。植民地にあっては、その現実は苛酷を極めたものであった。そのことは何よりも新参の植民地となった朝鮮について見て取ることができる。

二　武断政治と三・一運動

日露戦争に際して日本は朝鮮に軍律体制を敷き、厳烈な統治と苛酷な労働・土地収奪を行った〔趙 二〇〇五〕。戦後日本は軍律体制を解くが、義兵戦争に対して行った徹底した弾圧は、「韓国併合」後、武断政治に継承された。一九一〇年八月「併合」がなるや、朝鮮総督府は国内の民族運動を根こそぎにすべく、一〇年末に黄海道安岳郡で独立資金の調達活動を行っていた安明根《アンミョングン》(安重根《アンジュングン》の従弟)ら百六十余名を逮捕し、うち一六名を無期懲役などの重刑に処した(安岳事件)。また、翌年九月には寺内正毅総督暗殺未遂事件なるものを捏造して、秘密結社新民会を一網打尽にして六百余名を逮捕し、うち一〇五名に懲役一〇年から一五年の重刑を下した(一〇五人事件)。

武断政治下にあっては、天皇直属の朝鮮総督は、軍事・司法・行政・立法の四権を掌握し、小天皇のごとく君臨した。警察は憲兵警察が普通警察を兼務し、反日的な動きに対する情報収集・弾圧活動のみならず、民衆生活全般を管掌した。警察署長や憲兵隊長は犯罪即決例(一九一〇年一二月)に基づき微罪については即決裁判業務を行った。また、警察犯処罰規則(一九一二年三月)によって、民衆のさまざまな日常行為を取り締まった。その結果、民衆は「請願」や「陳情」の自由はおろか、貧困ゆえの「徘徊」=流浪することや物乞いすることの自由も奪われた。さらに、狩猟規則(一九一一年四月)によって狩猟が許可制とされ、銃砲や爆薬・刀剣の所持などが規制された。その一方で、日本人は憲兵警察だけでなく一般の官吏や教師までもが制服の着用とサーベルの着剣を義務づけられた。

こうした状況は、さながら、「徒党」「強訴」「逃散」を禁止し、帯刀を武士の身分標識とした近世日本的な支配を彷彿とさせるものがある。しかし近世日本では、一方で「武威」を凍結し、仁政イデオロギーによる支配を目指そうとする政治文化が成熟しており、武断政治は近世日本以上の厳烈な支配を敢行したといえる。実際、武断政治下では憲兵警察が罪なき民衆を殴打するのはありふれた光景であり、民衆は憲兵を誰よりも恐れた。朝鮮人の憲兵補助員や巡査補の場合は、変装をして市場や村里を巡回し、密偵活動を行って人々を日常的に監視し、日本人以上に怨嗟を買った。こうした暴力は一般の日本人にも連鎖し、朝鮮には「拳固主義」[中野 一九一五、三六六―三六七頁]が蔓延し、朝鮮はまさしく兵営半島化したのであった[趙 二〇一〇]。

このような厳烈な武断政治の下、総督府はさまざまな植民地的近代化政策を行った。まず教育政策としては、朝鮮教育令(一九一一年八月)において「忠良なる国民」を育成することを本義とすると定めて同化教育を標榜した。そして、民族主義教育の撲滅を図るべく、私立学校規則(一九一一年一〇月)と同規則の改正(一九一五年三月)によって、民族主義的な私立学校を徐々に廃校に追い込んでいった。宗教政策としては、寺刹令（一九一一年六月）によって寺院を総督府の監督下に置き、経学院規定（一九一一年六月）では儒教の最高学府である成均館《ソンギュングァン》を廃して代わりに経学院を設置し、儒教の統制を図った。また、布教規則（一九一五年八月）を発布して、宗教を神道・仏教・キリスト教に限定し、その他の新興宗教などは「宗教類似ノ団体」とするか、ないしは弾圧した。

土地政策としては、何よりも土地調査事業が有名である。総督府は、大韓帝国の政策を継承して近代的土地所有を創出することによって地税の安定的徴収を図ったが、土地所有が明確化したことによって確実な増税となった。また、森林法（一九〇八年一月）を公布して林野調査事業に着手し、農民が共同利用していた「無主公山」の大半を国有林に編入した。さらに森林令（一九一一年六月）を公布して森林を任意に保安林とし、農民に樹木の自由な伐採を禁じ、火田農民も駆逐された。農業政策としては、朝鮮の工業原料供給地化を図るべく、陸地綿の栽培や日本種の桑の導入が強制され、また共同販売制を通じてそれらの安価な調達を図ったことが重要である。交通産業政策としては、会社令（一九一〇年一二月）によって会社設立を許可制として制限したことが悪名高いが、民衆にとって最も迷惑きわまりない政策は道路・鉄道・港湾などのインフラ整備であった。これらの事業を総督府は、ほとんど民衆の賦役と「寄付」という名の土地収奪を通じて行ったからである［趙 二〇一〇］。

こうした中で民衆の不満は、完封に近く抑圧されていた。「請願」や「陳情」の自由を奪われた民衆は、朝鮮王朝時代に頻繁に行われた民乱も封ずるしかなかった。しかしそれに替わって、終末思想のささやきが人々の心を徐々に強く捉えていくようになる。やがて終末が訪れ、李氏朝鮮に替わって真人鄭氏《チョンシ》の王朝が開かれ、貧者や賢者は生き、富者や愚者は滅びるという『鄭監録』信仰が、朝鮮時代には民衆世界を席巻していた。それは鄭氏ではなく寺内正毅が新たな朝鮮の支配者になったことによって、一時民衆の信仰を失っていたが、民衆は再び終末思想に自らの運命を託さざるを得なくなっていくのである［趙 二〇〇二、第七章］。

一方、国外では独立運動は依然として継続していた。朝鮮人の独立運動は、義兵戦争の敗北以後、満洲の間島地方や沿海州のウラジオストクなどに拠点を移して独立軍運動として展開された。独立軍や自治政府的機関としては、重《チュン》光団《グァンダン》（徐《ソ》一《イル》、間島地方）、耕学社《キョンハクサ》（李《イ》相龍《サンヨン》・李《イ》始栄《シヨン》、間島地方）、大《テ》韓光復軍《ハンクァンボククン》（李《イ》相卨《サンソル》・李《イ》東輝《ドンフィ》、ウラジオストク）などが著名なものである。間島地方やウラジオストクには一九世紀中葉以降より貧農民が徐々に移住し、植民地化はその動きを加速させていたが、独立軍運動はこうした朝鮮農民を基盤とした。日本のシベリア出兵は、まさにこうした勢力とボリシェビキの接触を封鎖しようとすることにその目的の一つがあったが、やがて独立軍運動は、ロシア革命に鼓舞されて闘争力を強めていく。

亡命政客が集まった活動拠点としては、他に北京と上海が重要である。「韓国併合」後、言論人の申采浩《シンチェホ》・朴殷植《パクウンシク》を始めとする多くの民族運動家が中国に活動の場を移した。三・一運動と関連しては、一八年八月に上海で呂運亨《ヨウニョン》や金奎植《キムギュシク》などが新韓青年党を結成したことが重要である。同党は、一九年一月に始まったパリ講和会議に金奎植を派遣し、独立請願書を提出した。これは列強によって無視されたが、こうした動きの背景には、一八年一月に発表されたウィルソンの一四カ条の平和原則があった。朝鮮の独立運動家たちは、この原則中にある民族自決主義に期待をかけたのである。周知のように、ウィルソンの一四カ条は、ボリシェビキへの対抗から出されたものであり、そこにある民族自決主義は東欧に限定されるものであって、他の地域に適用されるものではなかった。しかし、それは一九年に三・一運動が起きる大きな要因となった。

三・一運動に先立って重要な運動を展開したのは、在東京の朝鮮人留学生たちである。彼らは一八年一二月末頃より独立運動の準備をし、ついに二月八日に決行した。独立宣言書（二・八独立宣言書）と民族大会招集請願書を各国大使・公使館、日本政府、大臣、国会議員などに郵送する一方で、神田のＹＭＣＡにおいて約六百名の集会を開き、独立宣言書と決議文を熱狂のうちに採択した。集会は警察によって解散が命じられ、二七名が逮捕されることによって終了した。しかし学生たちはその後も日比谷公園に集合し、帝国議会に独立請願を行おうとする動きを見せた。

こうした中で、朝鮮半島でも独立運動の計画が一八年一一月頃から徐々に進められていた。中心を担ったのは、東《トン》学《ハク》の後身教団である天道教《チョンドギョ》で、その幹部崔麟《チェリン》が参謀長的な役割を務めた。天道教はキリスト教団と仏教団にも連名による独立宣言書の発表を呼びかけ、教祖孫秉熙《ソンビョンヒ》を筆頭とする天道教徒一五名、李昇薫《イスンフン》を筆頭とするキリスト教徒一六名、韓龍雲《ハンヨンウン》を筆頭とする仏教徒二名の計三三名が、いわゆる民族代表を自称して、三月一日京城(現在のソウル)の料理店の明月館《ミョンウォルグァン》支店泰和館《テファグァン》に集まって独立宣言書を発表した。彼らは、非暴力主義を標榜して独立宣言書(三・一独立宣言書)を読み上げて祝杯をあげた後に、自首して逮捕された。

実は三月三日は、伊藤博文によって退位させられた悲劇の皇帝高宗《コジョン》の国葬の日に当たっていた。そのため、国葬に参加すべく地方からは多くの人々が京城に集まっていた。折しも、高宗は総督府によって毒殺されたとの風説が流れ、人々の哀悼の念には強いものがあった。民族代表は自首したが、しかし三・一運動はこれ以降にこそ本格化する。民族代表に代わって学生たちが、大衆が待機するパゴダ公園で独立宣言書を読み上げ、「独立万歳」の大示威運動が開始されたのである。

度肝を抜かれた総督府はただちに軍隊を出動させてこれを弾圧したが、しかし運動は国葬の三日を除き継続的に行われ、地方にも燎原の火の如く広まっていった。運動は四月中旬頃までが絶頂で以後沈静化していったが、それでもその余波は一年ほどにも及んだ。全国二三二府郡島のうち実に二一二府郡島で示威運動が展開され、参加者はおよそ二〇〇万人で、死者は七五〇九人、負傷者は一万五八五〇人、逮捕者は四万六九四八人に及んでいる[朴 一九七二、一八三頁]。

運動は演説会・示威運動のほかにも多様に行われ、都市部では労働ストライキや商人の撤市(閉店ストライキ)、学生の同盟休校など、農村部では憲兵警察機関や郡庁、面事務所、裁判所、郵便局などへの抗議などとして展開された。

そして重要なことは、農村部を中心に民衆が棍棒や農具などをもって暴力を行使した点である〔趙 二〇〇二、第七章〕。その結果、官憲の死者は八名、負傷者は一五八名、破壊された官公署は、警察署・警官駐在所八七カ所、憲兵駐在所七二カ所、郡庁・面事務所七七カ所、郵便局一五カ所、その他二七カ所、合計二七八カ所に及ぶにいたっている〔金 二〇〇〇、八五頁〕。犠牲者が多く出たのも、民族代表の思惑を超えて、学生や民衆が過激化していったからにほかならない。

三・一運動は一般に非暴力運動として評価されるが、そうした評価は三三名の民族代表の側に身を寄せたものである。三・一運動を契機に上海では大韓臨時政府が設立され、中国を始めとして海外に散在していた民族運動家が集結するが、そこでは世界の公論に訴えて独立を達成しようとする戦略が基軸となった。のちに臨時政府大統領となる朴殷植は、当時臨時政府のスポークスマン的役割を果たしたが、彼は三・一運動がいかに非暴力主義的な運動であるかを訴えることに努めた〔趙 二〇〇八〕。

この時期において、民族代表や亡命政客らにはウィルソンの民族自決主義や世界の人道主義に対する確信が強くあった。したがって、運動はあくまでも平和的であらねばならず、彼らにとって無知な民衆の運動は迷惑きわまりないものであった。そこにはなお朱子学的思惟に基づく伝統的な愚民思想が働いていた。実際、文学者にして歴史家の崔南善が書いた三・一独立宣言書は、「道義の時代」がやってきたことを高らかに謳い、朝鮮の独立は世界の人道主義によって達成されるとしたが、そこには朱子学的なオプティミズムの論理が垣間見える。のちに作家となる早稲田大学生の李光洙《イグァンス》が書いた二・八独立宣言書とて、「永遠の血戦」の覚悟を表明しているとはいえ、その実は新しい平和的な世界秩序への確信において、朝鮮の独立を主張するものとなっている。臨時政府はのちに、依然として世界の公論を重視する外交準備路線派と、それを迷妄だとする武力独立路線派とに分裂するが、それは以上のような世界認識や愚民思想の問題と深く関わっていた。

三　大正デモクラシーと朝鮮

多くの犠牲者を出した三・一運動への同情が、世界において全くなかったわけではない。朝鮮在住の欧米の宣教師やジャーナリストを通じて、日本の非道が広く世界に訴えられた。そして何よりも、三・一運動が挙族的な規模で展開されたことは、朝鮮統治のあり方の変更を迫るに十分なものであった。原敬は四月には、「対朝鮮政策に付《つき》一考せざるべからず、今日までの成行《なりゆき》にては極めて不可なり」(『原敬日記』一九一九年四月二日)との考えから次のように言明している。

即ち余の考にては朝鮮人を内地同様に遇せんとするに在り、英米が人種、宗教、言語、歴史を異にする人民を治むるが如き主義を以て朝鮮を治むるは誤れるものなり、日本朝鮮は全く同一の国なれば同一の方針にて統治せんと欲す、但《ただし》文明の程度、生活の程度は今日直に一足飛《いっそくとび》に内地同様に取扱ふ事を得ざるは勿論なり、是れ余の方針にて既に地方官会議に於て簡単ながら其《その》趣旨を述べ置きたり。(『原敬日記』一九一九年五月一五日)

すなわち、ここでは内地延長主義が謳われており、来るべき将来において帝国憲法を完全施行する方針が示されている。原によれば、日本と朝鮮は本来同一人種同一民族なのであり、それゆえに欧米が行う植民地統治のようなものであってはならないというわけである。こうした議論の前提に、「韓国併合」を合理化した喜田貞吉などの「日鮮同祖論」があるのは容易に看取される。朝鮮民族の独自性を認めず、朝鮮の自治さえも決して認めようとしないのが、政治家原の朝鮮論の特徴であった。それは将来の差別完全撤廃を念頭に置いた善意の議論であるかに見えるが、朝鮮を絶対に手放すまいとする帝国主義者の狡猾さの表れでもあった。

このような内地延長主義の理念の結果打ち出された新たな統治方針が文化政治である。一九年八月、原は海軍大将の斎藤実を朝鮮総督に任命し、その方針を推進させた。思えば両人は岩手県出身で、原が盛岡藩、斎藤が水沢藩の士族出身で、賊軍の悲哀を味わい苦労も重ねた仲であった。そうした経験が懐柔的な文化政治を標榜する一因であったかもしれない。文化政治の下では憲兵警察が廃止され、民族的な言論活動が植民地支配に抵触しない限りにおいて認められた。その結果、実力養成運動が起こって啓蒙主義的な青年会運動が活発化し、労農運動・宗教運動・女性運動などの社会運動も展開されるにいたった。しかし文化政治期は、実は一府郡一警察署、一面一駐在所主義がとられ、武断政治期に比べて警察官署数と警察官数が数倍した時期である。文化政治の美名の下に、実は厳烈な警察支配が緩むことは決してなかった。

ところで三・一運動は、大正デモクラシーを謳歌する言論界においてどのように受けとめられたのであろうか。端的にいえば、やはり「内に立憲主義、外に帝国主義」を標榜するだけあって、単に天道教徒の一部やアメリカ人宣教師の「陰謀」に過ぎないとし、それが巨大な独立運動の烽火であることを正しく認識しないものが一般的であった。しかしそうした中にあって、朝鮮ナショナリズムの憤激に正しく向き合おうとする議論が少なからずあったことも確認しておく必要がある。朝鮮の芸術と民衆への共感から朝鮮の独立に理解を示した人物としては、柳宗悦が有名である。ただし、朝鮮の美を「悲哀の美」に求める彼の朝鮮観は同情論に終始し、朝鮮を女性性として表象するような帝国主義の側からのものであった［柳 一九七二、一三八頁］。しかも柳は、「吾々が剣によって貴方がたの皮膚を少しでも傷つけることが、絶対の罪悪である様に、貴方がたも血を流す道によって革命を起こして被下《くださ》ってはいけない」と言っており、朝鮮民族の自律的な解放の道を否定しようとする議論を展開していた。柳は日本の良心をどこまでも信じようとしたのである。

民本主義を基礎に置いて朝鮮への理解を示した人物としては、やはり吉野作造の存在が重要である。吉野を中心とする黎明会は、運動勃発後まもなく朝鮮人民族運動家を招いてその志を聴き、講演会では軍閥の朝鮮支配や同化政策を批判した。吉野の影響下にある東京帝国大学法学部の急進学生が組織する新人会も、朝鮮の植民地化を「不可」とし、その独立を主張した。吉野の場合は、朝鮮の即時独立を説いたわけではなく、言論の自由や同化政策の放棄、差別の撤廃、武断政治の廃止などと合わせ、せいぜい自治の付与を唱えたに止まったが、朝鮮ナショナリズムへの前向きな応答の姿勢は、当時にあって十分に急進的であった〔松尾 二〇〇一、三二四―三二六頁〕。

こうした吉野の朝鮮への思い入れは、彼が民本主義者であったばかりではなく、道義への強いこだわりをもっていたからでもある。日本政府は独立運動の懐柔のため、新韓青年党の呂運亨を上海より招き、各界要人と面会させたが、呂はかえって独立の志を強く訴え、その策謀は失敗に帰した。この時吉野も呂に会っているが、吉野は呂の訴えに応えて次のように言っている。

いかに彼が帝国に対して許すべからざる計画をして居ったにせよ、彼を道徳的に不逞の徒と蔑しむことは、どうしても予輩の良心が許さない。偏狭なる国家至上主義の道徳観を取るものは格別、最高善を国家に実現せしめんとするのが我々の理想であるとする以上、予輩は、彼の把持する一片の正義を包容し得るにあらずんば、日本の将来の道徳的生命は決して伸びるものでないと云う感を深うせざるを得なかった。〔中略〕彼等が一片の道義をとって独立を叫ぶ以上、我はそれ以上の高き道義的理想を掲ぐる事の外に、彼等を服せしむる途はない。〔「いわゆる呂運亨事件について」吉野 一九七〇、二五一―二五二頁〕

吉野は道義を国家の上に定立しようとしたといえるのだが、それゆえに道義の下にある国家や民族はそれに平等に服さなければならず、朝鮮が一個の民族であることも、そのナショナリズムも理解できた。しかし吉野も、帝国日本の一員であった。優越的立場からする朝鮮自治論は、帝国日本を根本から突き崩すものとはならなかった。

これに対して『東洋経済新報』に依拠して議論を展開した石橋湛山の場合は、小日本主義という確固とした哲学の上に立って、朝鮮の独立を主張した。すなわち、「一民族」として独立してきたがゆえに、「鮮人は日本の統治の下にいかなる善政に浴しても、決して満足すべきはずはない」としたうえで、「鮮人のこの反抗を緩和し、無用の犠牲を回避する道ありとせば、畢竟鮮人を自治の民族たらしむるほかにない」と断言した［「鮮人暴動に対する理解」石橋 一九八四、八六―八九頁］。そして湛山は、次のように吉野以上の道義論をも展開している。

朝鮮・台湾・樺太・満州という如き、わずかばかりの土地を棄つることにより広大なる支那の全土を我が友とし、進んで東洋の全体、否、世界の弱小国全体を我が道徳的支持者とすることは、いかばかりの利益であるか計り知れない。もしその時においてなお、米国が横暴であり、あるいは英国が驕慢であって、東洋の諸民族ないしは世界の弱小国民を虐《しいた》ぐるが如きことあらば、我が国は宜しくその虐げらるる者の盟主となって、英米を膺懲《ようちょう》すべし。

［「大日本主義の幻想」同上、一二二頁］

ここには、道義を前提としたアジア主義の論理さえ認めることができる。「盟主」になれとはいっても、湛山はあくまでも小日本主義を主張し軍事大国化を絶対的に拒否している。日本のアジア主義は、アジアへの文明的共感を欠如した独善的な「日本のアジア主義」であることをその本質とする［趙 二〇〇七］。湛山のアジア主義は、そうした中にあって、希有のものであろう。

希有なアジア主義者としては、湛山とは違って生粋のアジア主義者として終始した宮崎滔天が際立っている。滔天は、三・一運動の烽火のなかに変革主体を読み取ることによって朝鮮の独立を断固支持する立場を獲得し、日本の大陸侵略を批判する境地を切り開いていった［初瀬 一九七九］。

以上のように、大正デモクラシーの風潮は一般的には朝鮮の独立を認めようとするものではなかったが、それに理解を示す議論も重要な流れとしてあった。このような議論は、満洲事変以降、とりわけ日中戦争期には全く消え失せてしまうが、そうした論調がなお世論の一部に確固とした位置を占めていたことは大正デモクラシー期の健全性を一面反証している。そして興味深いことは、「改造」とか「民衆」というような大正デモクラシーのキーワードが、朝鮮の民族運動陣営でも盛んに使われ出してくることである。朴殷植が典型的である〔趙 二〇〇八〕。それはまさに思想の連鎖にほかならなかったが、しかし世界の人道主義や、それに連なるような大正デモクラシーの思想の問題性を鋭く認識する運動家もいた。申采浩はその代表的な人士であり、無政府主義に依拠して民衆による暴力革命を主張しつつ、「東方民衆の革命」を目指そうとした〔趙 一九九六〕。彼とて大正デモクラシーの影響は受けていたのであるが、真の民衆的な途は単なる「改造」ではなく、「革命」だと認識したのである。それは思想的連鎖が、新たな意味づけをされてブーメランのように投げ返されたことを意味している。

四 辛亥革命とその影響

一九一〇年代は、中国にとってまさに革命の時代であった。清末新政による近代化政策にもかかわらず、それは遅きに失し、一一年一〇月一〇日ついに湖北省武昌で革命軍が蜂起した。蜂起は予期に反して成功を収め、それは連鎖のごとく華中・華南に飛び火し、一カ月もしない間に一三省が清朝支配から独立した。清朝の反撃により、南北間で激しい攻防戦が繰り広げられたが、一二月二日南京が革命軍の手に墜ちたことによって革命政府の樹立が現実化した。やがて孫文が外国から帰国して臨時大総統に選出され、一二年一月一日、五族共和（漢・満・蒙・回・蔵）の中華民国の建国が宣言された。

しかし、洋務派系の官僚・軍人と深い関係を築いていたイギリスは革命政府を支持しなかった。イギリスは清朝最大の実力者である袁世凱を内閣総理大臣に擁立させることに成功したが、すると諸列強もこれを支持した。そして、いまだ力弱い革命政府は、清帝を退位させ共和に賛同することを条件に臨時大総統の地位を孫文から袁に譲ることを決定した。袁は、南京で臨時大総統に就任することを約束していたが、それを反故にして三月一〇日北京で就任した。

袁の専制を嫌う革命派は中華民国臨時約法によってそれを掣肘しようとし、一二月から翌一三年一月にかけて行われた衆参両院の国政選挙では、中国同盟会を改組した国民党が大勝した。ここに袁は、国民党の事実上の党首である宋教仁による組閣を恐れ、三月二〇日宋を暗殺してしまう。四月にはとりあえずは国会が開会されたが、袁が独裁を強めると、反袁の気運が高まり、ついに七月、第二革命となった。しかしこれは二カ月足らずで失敗に終わり、革命派は海外への亡命を余儀なくされた。

こうして独裁を強めた袁世凱が、次に画策したのが皇帝の座に着くことである。一一月袁は、国民党議員を国会から締め出して国会を閉鎖に追い込み、代わって任命制の諮問機関である参政院を創設して独裁を加速させた。そして、御用団体の籌安会《ちゅうあんかい》を組織して帝政運動を展開し、公論に則るという形式を採って参政院からの推戴を受け、ついに一五年一二月一二日皇帝に即位した。その間一五年五月に日本の二一カ条要求を受諾するという屈辱を受け、もはや中華帝国の栄華は記憶の彼方に去ってしまっていた。にもかかわらず、袁が皇帝位に執着したのはあまりに滑稽であり、時代錯誤も甚だしいものであった。

その結果、即座に反帝政運動が盛り上がり、護国戦争ともいわれる第三革命が勃発することになる。先陣を切ったのは、親袁から反袁に転じた梁啓超や蔡鍔《さいがく》などの進歩党系の人士で、一五年末に雲南で蜂起、独立を宣言した。翌年一月と三月にはそれぞれ貴州と広西も独立を宣言し、各省に反袁の気運が高まった。袁はその鎮圧に出たが、事態は深刻であった。それがおぼつかなくなると、袁はついに三月二二日帝政の廃止を発表した。そして、六月六日失意のうちに病を得てその生涯を閉じた。ここに副総統であった黎元洪《れいげんこう》が大総統となって共和政が復活するが、それは辛亥革命のひとまずの終焉を意味するものでもあった。

辛亥革命の過程は、革命と反革命の対立を基軸とするが、もう一つの軸として民衆運動の高揚があることを忘れてはならない。革命は民衆蜂起の支援を受けつつ、進行していった。しかし各地の革命政府は、地主的土地所有を克服しようとする民衆運動を鎮圧した。それは地域社会の亀裂が広がっていくことを意味した。地方では郷紳層(官僚同等の身分を持つ地方の名望家)が権勢を拡大して清朝から離反すると、郷紳が地域の利害や民衆の不満を公議として中央に上達する政治文化が喪失した。そのためもあって民衆運動は多発し、地域社会の規範や秩序がますます動揺をきたしていく。それゆえに、革命政権は国民統合を図るべく革命記念式典を挙行し、迷信的世界に生きる民衆文化を否定するのだが、それは民衆に対する文明の強要にほかならず、地域社会の亀裂はますます深まっていった[藤谷 二〇一〇]。

辛亥革命の目的は、何よりも中国同盟会が掲げる「駆除韃虜、恢復中華、創立民国、平均地権」の四綱に要約され、端的にいえば国民革命であり、中国史で繰り返し行われてきた易姓革命とは根本的に異なる。そして、孫文の三民主義との関係でいえば、「駆除韃虜、恢復中華」が民族主義で、「創立民国」が民権主義、「平均地権」が民生主義ということになる。このうち民権主義が漸次的になされていく性格のものであることはいうまでもないが、民生主義の実現については、それを自己否定する形で、革命が民衆運動に対していたことはいま述べた通りである。

問題は民族主義である。民族主義とは具体的にどのような内容のものなのであろうか。それは、中華民族が漢族だけを意味するのか五族全体を包括するのか、という問題であるが、民国建国当初は、漢族を中華民族とする、いわば小民族主義を前提に五族共和が謳われていたと考えることができる。しかし、これはやがて意味を変えていき、二〇年代に入ると、五族に止まらない中国の領域に存在するすべての民族が融合されたものとしての中華民族が構想されるようになる。いわゆる大漢民族主義である。実は、孫文は当初から五族共和に懐疑的であったのではないか、という疑念さえ存在している[村田 二〇〇九]。

そもそも辛亥革命は、清帝国が多元的で、各省が自立的な存在であることを前提にしてなされたものである。そのことは、革命がなぜか北京への即座の進行を試みずに、各省独立という形式において進行したことに端的に示されている。中国があまりに広大であるということもあろうが、それは何よりも中国史の展開が分権的方向に進んでいたことに規定されている。

明末清初には、反体制知識人のなかで、郡県制に基づく専制的な皇帝独裁を批判する議論として「封建」や「公論」が主張されたが、それは清末にいたって、「地方の公事を地方の手で」という意味での地方自治＝「郷治」として置きかえられていった[溝口 二〇〇七、第四章]。「郷治」＝「省の力」は清代を通じて発展していったが、勧善的な地方公益活動を担った「善会」や民間自衛組織たる「団練」、地方共同活動を行う「学会」、相互扶助組織としての「宗族」などは、その代表的なものである。「軍事・行政・財政権の中央から地方への下降、いいかえれば地方分権化の傾向は、一九世紀中国を特徴づける大きな歴史の流れ」であった[村田 一九九四]。清末民初に官僚・政治家・実業家として活躍し、江蘇省の名望家でもあった張謇《ちょうけん》は、分権化の趨勢を背景に連邦制的地方分権体制を構想している[田中 一九九五、一九九九]。

こうした分権化の趨勢は、藩部とされていたモンゴルやチベット、あるいは省制を敷かれていながらも、実質ウイグル族の地である新疆《しんきょう》などでは、なおさらのことであった。ハルハ・モンゴルでは、辛亥革命以前から、清末新政に対する反発から独立の気運が高まっていた。中央から漢人官僚を引き連れたサンド(三多)が庫倫《クーロン》辦事大臣として赴任すると、新政策が次々に打ち出されたが、これはモンゴルが省制に組み込まれるのではないかという危機感を王公間に醸成した。そこでロシアに支援を求めようとしたのだが、そうした矢先に辛亥革命が勃発した。清朝の瓦解は満洲皇帝との従属関係を解消するものであったがゆえに、モンゴルはここに一一年一二月一日に独立を宣言することになり、ジェプツンダムバ・ホトクト八世がボクド・ハーン(皇帝)に即位した。ボクド・ハーンは大モンゴル主義を掲げ、一三年には漢人が雑居する内モンゴルにも軍隊を進めた。しかしロシアが介入し、ロシアはボクド・ハーン政権の領域を外モンゴルに限定し、中華民国の宗主権下にボクド・ハーン政権の自治を認めるという形でモンゴルの自立を中華民国に承認させた。ロシアはその見返りに民国政府よりモンゴルにおける経済利権を手に入れた［中見 一九九四］。モンゴルの完全独立はならなかったが、ソ連の指導下で二一年にモンゴル革命が起こされ、ソ連体制下でついに独立が達成される。

こうした事情はチベットでも同様であった。清末に中央から派遣された漢人官僚が新政を行うと、それへの反発が強まる中で辛亥革命となった。ダライ・ラマ政権はこれを機にイギリスなどの援助を受けながら事実上の独立を果たした。一三年二月には、モンゴルと条約を結んで相互に独立したことを確認しあうとともに、経済的・軍事的に相互援助することなどを盟約した。ただし、イギリスは中華民国との通商関係を考慮し、「チベットは中国の宗主権下の自治邦である」としたことで、チベットの独立はやはり完全なものとはならなかった。その結果、一九五一年に人民解放軍の進攻を許すこととなり、以後チベットは中華人民共和国の国家主権下に置かれ現在にいたるのである［平野 二〇〇八］。

東トルキスタンの新疆の場合は、事情がやや違っている。東トルキスタンでは一八六四年にムスリムの反乱が起きヤークーブ・ベグ政権が樹立されたが、左宗棠《さそうとう》がこれを鎮圧し、一八八四年には藩部が廃され、新疆省が成立した。したがって、省制に組み込まれていたため、新疆はそのまま中華民国に移管されてしまった。しかし、新疆は漢人軍閥政権が事実上統治し、民国政権の統治は一九四三年まで及ばなかった。そしてウイグル族は、この軍閥政権下においてトルコ民族として覚醒化されていく。すなわち、学堂章程に基づく清末からの漢語教育に対して、一九一〇年代、二〇年代にはトルコやロシアから教師が派遣され、トルコ語による近代化教育がなされていく。こうした運動は厳しく弾圧されたが、しかし三〇年代に入ると、大規模な反乱が起きることになる［新免 一九九四］。

一方、日本統治下の台湾の場合は、辛亥革命の影響は、以上の非漢族の対応とは違い、抗日運動として現れた。すなわち、羅福星を指導者とする苗栗《びょうりつ》事件（一九一三年一〇月）と余清方を指導者とする西来庵《せいらいあん》事件（一九一五年八月）である。どちらも厳しく弾圧され、とりわけ後者は二〇〇〇名の検挙者と九〇三名の処刑者を出した。これを契機に台湾の民族運動は、大正デモクラシーの影響も受けて文化啓蒙運動と民族自治運動の方向に向かうが、それは「台湾は台湾人の台湾である」とする認識の芽生えであったともいえる［呉　一九九四］。

しかし、「台湾は台湾人の台湾である」とする認識は、辛亥革命の中から出て来た連省自治の国家構想とも連動するものであったように思われる。連省自治の思想も分権化の趨勢に規定されて登場したものであるが、当時展開された新文化運動では一つの重要な論争となった。すなわち、マルクス主義者の陳独秀が地方割拠の軍閥政治を危惧して連省自治を批判したのに対して、胡適は広大な中国は地方分権を強化することで地方から民主化が進み、そうなれば軍閥と闘っても勝てると考えた［横山　一九九六ａ］。また孫文は、一九二一年六月、部下の陳炯明《ちんけいめい》の反乱に遭い第三次広東軍政府を追われたのだが、その背景には連省自治の是非をめぐる対立があった。陳炯明は中国の伝統的な専制統治である「大一統」を否定して分権的な国家を目指そうと構想していた。大漢民族主義の孫文が陳炯明と対立するのは当然であった［横山　一九九六ｂ、一五三―一六〇頁］。当時若き毛沢東も連省自治論者として「湖南共和国」を構想していたことは有名だが、のちにはこれを自己否定する。現在の中国は、大漢民族主義の延長線上に国家統治を行っているといえる。

五　五・四運動の展開

辛亥革命勃発当時、日本は清朝維持政策をとったが、中華民国が成立すると、中立傍観政策に転じた。在野では革命派を支援する者が多かったが、それは藩閥政府に対峙している自らと革命派を二重写しにしたからであった。しかし、宮崎滔天などを例外として、大陸浪人の多くは参謀本部の支援を受けており、その行動は真に革命派に共感するものではなかった。参謀本部の宇都宮太郎などは、満蒙独立論を唱え、強大な中国の誕生を喜ばず、中国の分割を画策した。長城外の満蒙政権を保護国にし、南方の革命政権とは同盟を結ぶという構想である[櫻井 二〇〇九、序章・第三章]。

こうした構想はもちろん実を結ばなかったが、それは日本の慢心の一つの表れである。宇都宮は対華二一カ条要求の原型的な提案もしており、対華二一カ条要求は革命で揺れる中国の間隙に乗じたものにほかならなかった。一七―一八年に寺内正毅内閣は、黎元洪との権力闘争に勝利した段祺瑞《だんきずい》政権に対していわゆる西原借款を行うが、これは段祺瑞政権に対する実質的な軍事援助であり、袁世凱後に展開された軍閥政治を助長するものとなった。日本はその見返りとして、鉄道敷設権や森林伐採権、鉱山採掘権など経済利権を手に入れた。また一八年五月には、秘密軍事協定として日華共同防敵軍事協定を結んで中国への軍事的進出を目論んだ。しかし、悪評高い借款を、寺内の意を受け私人として推進した西原亀三は、それに先立つ対華二一カ条要求こそが欧米諸国に日本の侵略主義を警戒させるとともに中国の排日・愛国主義を高揚させ、ついには「太平洋戦争」に導いた起点だとして、大隈重信を論難している[西原 一九六五、六二頁]。日本の対華二一カ条要求こそは、中国ナショナリズムの高揚に最も力あった事件にほかならない。それが最後通牒された五月七日とそれを受諾した九日は中国の国恥記念日となった。そして、一九年の五・四運動も対華二一カ条要求廃棄の問題をめぐって起きたものであった。

段祺瑞政権は一七年八月にドイツ・オーストリアに宣戦布告をしていたが、その結果、戦勝国となった。近代史上初めての勝利であった。一八年一一月戦勝の喜びは全国を覆い、北京の天安門広場では三日続きの盛大な戦勝祝賀行事が行われた。そこでは「公理」が「強権」に勝利したという認識が示された[狭間 一九九九、五三―五五頁]。

当時広東には孫文らの軍政府も成立していたが、一九年二月に南北両政府は和議を結んでパリ講和会議には一致した代表団を送った。そして、租借地・租界の返還や関税自主権の承認、山東省におけるドイツ利権の中国への直接返還、対華二一カ条要求の廃棄などの要求を行った。しかし、四月二九日の英・米・仏・日の四大国会議は中国の要求を無視して日本の主張を承認した。このことはただちに中国に伝えられ、また帝国主義列強の密約や北京政府の売国外交などの実態も明らかになった。ここに世論が沸騰し、ついに五月四日北京の各大学の学生約三千人が天安門に集結して抗議の示威行進を行い、日本を除く各国公使館に要望書を提出した。この時、学生たちは親日的な官僚や外交官などの家宅も襲い、三二名の学生が逮捕された。

しかし、世論は学生を支持するものであり、北京市長を始め全国の商業団体や教育団体、その他各界の民間諸団体は学生を支持した。勇を鼓された学生は授業ボイコットを行って宣伝工作に入り、民衆の共感が呼び起こされた。そして、日貨排斥運動が激しく展開され、商人は閉店スト、労働者もゼネスト状態に入った。その結果北京政府は、学生・民衆が懲罰を要求する、対華二一カ条交渉に携わった親日派の三高官（曹汝霖《そうじょりん》・章宗祥《しょうそうしょう》・陸宗輿《りくそうよ》）を罷免した。また、六月二八日の対独講和条約では中国全権団は調印を拒否した。これは南京条約以来不当な条約を押し付けられてきた中国が、自らの意志でそれを拒絶したという意味で、中国近代史上画期的なことであった。

五・四運動の背景には、新文化運動がある。これは陳独秀が一五年九月に創刊した『新青年』を中心に展開されたが、それはまさに新教育を受けた新しい青年に思想の改造を呼びかけるものであった。辛亥革命以来、学校を通じた近代教育が急速に広まっており、科挙及第のための教育はもはや過去のものとなっていた。『新青年』は儒教批判を展開して古い中国的倫理や家族制度、社会慣行などを批判した。また、文学革命を喚起して口語運動を展開した。一八年に発表された魯迅の『狂人日記』は儒教批判と文学革命を架橋するものとして有名である。当時の学生たちはこうした新しい思潮に急激に感化されており、それが五・四運動において一挙に爆発をみたのである。

五・四運動の背景には、もう一つ中国の経済的成長がある。清末以来の民族資本成長の流れが第一次大戦の勃発によって一挙に加速し、中国経済は「黄金時代」を迎えた。すなわち、日米を除く帝国主義諸列強が中国市場から後退するとともに、大戦によって物資の不足に悩むヨーロッパへの農産物や軽工業製品の輸出が増大した。その結果、たとえば国産綿糸が中国市場に占める割合は、一四年三八・六％であったものが、一八年には七〇・四％となり、製粉は輸出超過に転じて、二〇年には一三年の実に一七倍の輸出量となった。日貨排斥運動はこうした民族資本の成長にも後押しされていた。そして、資本主義の発展は労働者の増大にもつながり、その数は一三年に六五万人であったものが、一九年には二〇〇万人に達した［姫田ほか 一九八二、二三八―二四二頁］。

こうして第一次大戦期、中国では急激に中間層や民衆の成長がみられたということができるのだが、五・四運動は学生・青年だけでなく、彼らの支持なしには成功し得ないものであった。こうした、とりわけ民衆の成長にいち早く着目したのが、ロシア革命後にマルクス主義者となった李大釗である。彼は辛亥革命以来、「小民」の立場に徹しつつ体制批判を行い、やがて自らの選良意識や愚民観を克服し、「匹夫」そのものを、社会を切り開くための学問の主体として把握するにいたった［里井 一九七二、第四章］。そして彼は、五・四運動を直前に控えた一九年二月に「アジア人はいっしょに新アジア主義を唱えて、一部の日本人が唱えている「大アジア主義」に代えなければならない」としつつ、民族自決主義の実現を訴えた［「大アジア主義と新アジア主義」伊東ほか 一九七四、二三八頁］。

民族自決主義を希求した運動という点で、五・四運動は三・一運動と同じ位相に立っている。五・四運動は三・一運動から大きな刺激を受け、朝鮮民族の悲運を明日の中国の運命として訴え、朝鮮人と連帯しようとする気構えの中で展開された［小島 一九八〇］。それゆえ、その論理も三・一運動と通底するものがあった。ひとり李大釗《りたいしょう》は民衆を発見していたとはいえ、五・四運動もまた、総体的にはウィルソンの民族自決主義や世界の人道主義に対する過大な期待の上に展開されたのである。すなわち、「そもそも平和会議が開かれたとき、われらが期待し祝賀したのは、世界に正義があり、人道があり、公理があると考えたからであった」［「北京学生界宣言」西編 一九七七、二四八―二四九頁］し、その期待を裏切られてもなお、「世界各国の世論もまた正義と人道にもとづいてわれらに同情を寄せて」［「北京学生より日本国民に送る書」同上、二五四頁〕いると考えることができた。

当時においては、ウィルソン主義と人道主義は弱小民族の心をそれほどまでに強く捉えていたということであるが、五・四運動においても世界の世論が大きく揺り動かされることはなかった。とりわけ日本の世論は、三・一運動に対するのと同様に冷淡なものであった。中国への譲歩を説くものが全くないわけではなかったが、全般的には共感に乏しかった。そうした中で、やはり吉野作造の言動は異彩を放っていた。彼は五・四運動における排日が日本国民に向けられたものではなく、あくまでも日本の政府や財閥に対してのものであり、五・四運動と大正デモクラシーは同質のものであると考えた。すなわち、親日派の三高官を「日本の官僚軍閥と酷似して居る」とまで述べ、五・四運動は、「その熱心なる意図に於て、まさに我々とその立場を同うするもの」としたのである〔「北京大学学生騒擾事件について」吉野 一九七〇、二二三頁〕。これは日中の国民が同一の課題を抱えているとする政治分析であり、吉野が対等な目線に立って中国とその国民を見つめていることを意味する。それゆえ吉野は、李大釗と連絡を取って軍閥打倒のための連帯運動を行うべく、翌年早々に宮崎滔天の息子である東京帝国大学生竜介を上海に送り、また中国からも五人の学生が来日した。吉野も訪中するはずであったが、しかし政府の妨害によってかなわなかった。

日中が同一の課題を抱えているとする吉野の政治分析は、ある意味では鋭いが、ある意味では的を射ていない。すでに帝国主義となった国と、なお半植民地的状況から脱していない国との差違が見えていないという点においてである。二〇年代のワシントン体制下における協調外交を経て、日中両国が三〇年代には侵略国‐被侵略国として全く逆の立場に立っていくことを、吉野は予測することができなかったということである。

六　第一次大戦とインド

中国だけでなく、一般に第一次大戦下の従属諸地域においては、土着産業や民族資本が成長するとともに、民衆の貧困化が激しく進行した。戦争は膨大な原料や製品の需要を呼び起こしたにもかかわらず、日米以外の諸列強が従属地域市場から後退した結果、植民地では輸入商品の価格高騰に対して、輸出する一次産品の価格の上昇が追いつかなかったからである［板垣 一九七〇］。もちろん、朝鮮のように会社令の施行によって民族資本の成長が阻まれ、地主層の成長と民衆の貧困化だけが際立ったような地域も存在した。

中国と並んで、著しく経済発展を遂げた地域はインドである。イギリスを始めとするヨーロッパの工業製品は、ヨーロッパ自身が戦場化したことと、船舶の不足や交通の混乱などによってインドへの輸出が途絶えた。その結果、インドでは輸入代替工業化の道が切り開かれたのだが、その最も典型的な産業部門が綿工業である。インドの綿製品輸入は、一九〇六―〇八年の平均二一億ヤードから、一九一六―一八年の平均一四億ヤードへと減少し、逆に国内生産は六億ヤードから一三億ヤードへと飛躍的に伸びた。その他ジュート工業や石炭業などの部門でも膨大な利潤をあげ、大戦中資本家の成長をみた。中間層も増大した。しかしその一方で、物価が騰貴し、農民や労働者、職人などの貧困層の一層の窮乏化を招いた。そして、一八年にインドを襲った新型インフルエンザの大流行がそれに拍車をかけた［内藤ほか 二〇〇六、一五八―一六〇頁］。

一九一〇年代、インドの民族運動はにわかに活性化の様相を示していくが、それはこのような経済的変動を間に挟んで展開されたものであった。一〇年代の民族運動をみる上において、まずもっての重要な事件は、インド政庁が一一年一二月に、〇五年一〇月に決定したベンガル分割を撤回したことである。ベンガル分割はヒンドゥー教徒が多いベンガル本州とムスリムが多く住むその他とを分割し、民族運動の分断を図ろうとするものであった。これに対しては大きな反対運動＝スワデーシー(自分の国)運動が起き、ヒンドゥー主導の国民会議派がその先頭に立っていたが、全インド・ムスリム連盟は分割に賛同の意を示していた。ベンガル分割の撤回はこの立場を全く逆のものにした。すなわち、会議派はひとまず安堵し、親英的であったムスリム連盟は、その立場を棄てて帝国内の自治を目指すようになった。こうした状況の中で、インドが否応なく巻き込まれたのが第一次大戦への参戦である。宗主国の参戦にともないインドも自動的に参戦するものとされた。大戦が総力戦的様相を強める中で、イギリスはインドを人的・物的資源の供給地として最大限に利用しようとした。またインドも、戦後にイギリスが大きな政治的譲歩をし、自治への道が切り開かれることに期待を寄せて、積極的にそれに応じた。ガンディーさえも協力を惜しもうとはしなかった。大戦中動員されたインド人兵士は、一三〇万人以上に及び、膨大な軍事物資と多額の戦費も負担した。

しかし、インドの忠誠にもやがて陰りが見え始める。その理由は大きく四つで、①インド人の眼前で強大なはずのイギリスがドイツに苦戦を強いられているのを目撃したこと、②少数派でありながら最も多く動員されたムスリムの間には、汎イスラーム主義が広がっており、敵対国トルコのカリフはイスラーム教の教主であるとする考えがあったこと、③パンジャーブ地方で不滅運動という反英的なシーク教徒の改革運動が起きていたこと、④英印軍のなかにはイギリス人兵士とインド人兵士の間で厳然たる差別が存在していたこと、である。そのため、一部には反乱の計画もあった。とりわけムスリムの不満は深刻であった[長崎 一九九九、二七五―二七八頁]。

こうしたムスリムの不満を背景に、会議派とムスリム連盟の間で結ばれた妥協が、一六年一二月のラクナウ協定である。この協定では、州議会、中央議会の選挙議員数を拡大することを要求するとともにヒンドゥーとムスリムの分離選挙を認め、しかも少数派のムスリムが数的に有利になるような取り決めがなされた。これは穏健的な会議派と反英的なムスリム連盟とが、イギリスに議会主義的譲歩を迫ろうとするものであった。そして、自治への期待も徐々に高まりを見せていく。一八年一二月の会議派の大会では、「将来の世界平和を確保すべく民族自決の原則がすべての被抑圧諸国家に適用されるべきである、というにかんがみて、本大会は、イギリス議会ならびに講和会議により、インドが被抑圧諸国家の一員として、かの民族自決の原則が適用されるべく、これが承認されることを要求する」と決議した〔中村　一九八二、七頁〕。ウィルソンの民族自決主義は、インドでもまた絶大な影響力を発揮したといえる。

こうして勝ち取られた成果が、一九年二月にイギリス議会に提出されたモンタギュー・チェルムズファド改革と呼ばれるインド統治法であり、同年一二月に成立した。これは両頭制ともいわれ、中央政府はイギリスが掌握するが、地方行政の一部は州の責任政府に委ねるとするものである。もはやイギリスは、大戦に協力したインド人、なかんずくにわかに成長した資本家や中間層の要求を全くは無視できなくなっていたのである。あるいはまた、ウィルソンの民族自決主義は、原則的にアジアに適用されるものではなかったが、インドでは何らかの意味をもったともいえよう。

ただし、この新しいインド統治法下においてもインド総督の権限は絶大であり、民間の被選出議員が官選議員を上回る立法参事会における決定を総督は覆すことができ、会議派などの発言力は抑制された。しかもイギリスは、この改革と同時に、インド人を礼状なしで逮捕し、裁判なしで投獄できるとするローラット法（同年三月）を成立させ、民族運動の一層の弾圧を図った。これは当時「暗黒法案」と呼ばれ、ネルーはのちに、「もっとも穏健な連中をもふくめて、あらゆるインド人の非難のまととなった」と語っている〔ネルー　一九六六、九一頁〕。イギリスは、まさに飴と鞭の古典的な政策を行使したのである。

このような状況の中で、にわかにインド政治の表舞台に登場したのがガンディーである。ガンディーはすでに、南アフリカで移民インド人労働者の権利擁護のために非暴力運動を展開し、その名はサティヤーグラハ（真理の掌握）と名付けられたその運動とともに広く知られていた。そして、一五年に帰国したガンディーは、小作争議や労働運動でも、その手法を駆使して成功を収めていた。このようなガンディーが、ついに全国的な運動に立ち上がったのである。

彼はハルタール（全市罷業）を呼びかけ、一九年四月六日に全国的なストが展開され、イギリス支配者たちに大きな衝撃を与えた。しかし驚いたのは、イギリスだけではなかった。ネルーは、「それは、ありとあらゆる種類の人々や、団体が参加した、すばらしく印象的なものであった。われわれの中でハルタールのために奔走したものは、この成功におどろいた」〔ネルー 一九六六、九三頁〕と語っており、運動組織者の側も驚嘆せずにはおれない、格別な戦術なのであった。これ以降ガンディーは、超自然的な能力を備え、魔術師のように不正を正してくれる「マハートマー」（偉大な魂）として、あたかも宗教指導者のように一身に民衆の敬愛を集めることになる。

だが、こうした中で起きた悲惨な事件が、四月一三日のアムリトサル虐殺事件である。イギリス人将軍ダイヤの指揮の下、弾が尽きるまでの無差別射撃が行われ、三七九人が死亡し、一二〇八人が重軽傷を負った。インド人は憤ったが、運動はあくまでも非暴力で行わなければならない。ガンディーは、運動のすそ野を広げるため、トルコのカリフ制を擁護しようとする、アリー兄弟率いるムスリムのヒラーファト運動を支持し、その全面的な支持も取り付けた。こうして、二〇年九月の国民会議特別大会ではガンディーが多数の支持を得て、非暴力運動が本格的に展開されることになる。立法参事会委員の辞職、選挙ボイコット、公立学校や法廷のボイコット、地税不払い、イギリス製品の排斥などという形で運動は推進され、チャルカ（手紡ぎ車）の使用や、手織綿布の生産を奨励するスワデーシー運動なども展開された。

しかし、運動はやがて暴力化の様相を示すようになる。そして二二年二月五日、ある地方で農民が警官を包囲して焼き殺すという事件が発生した。ガンディーはこれを断固許さず、ついに運動の中止を命じるにいたった。ネルーなどはこれを不服としたが、ガンディーは、「わたしは民衆に対して、彼らがそれを始める資格を持たないうちに、市民的不服従を開始するように呼びかけてしまった」〔ガンジー 一九六七、三四七頁〕と後悔の言葉を残している。

ガンディーの非暴力主義は、「事実上、平和な反乱であり、戦争のもっとも洗練された形式であり、しかも国家の安定にたいしては危険なものであった」〔ネルー 一九六六、九九頁〕。そしてそれは、「非協力などによって起こる不利益、処分を甘んじて受け、受難や自己犠牲によって、相手の心を変える」〔長崎 一九九七〕ことを目的としていた。それゆえ、「それは卑怯者の行動回避ではなかったし、勇敢なる者の悪と民族的屈辱とに対する挑戦であった」〔ネルー 一九六七、四三九頁〕。つまりそれは、暴力を魂の力によって抑止しようとする勇者の論理をもつものであり、それを民衆一般に強く求め、ともに闘おうとする峻烈な精神と民衆への信頼を前提とするものであった。しかも重要なことは、ガンディーの非暴力主義にあっては、暴力と物質至上主義に走る西欧近代文明への根本的な批判が内在しているという点である。ガンディーは、「わたしは、インドが全世界にたいして一つの使命を担っているものと固く信じている。インドはむやみにヨーロッパの猿真似をしてはならない」〔ガンディー 二〇〇一、三〇頁〕と言っており、暴力によって暴力に対抗するのは、西欧の論理で西欧に対抗することにほかならず、それは世界史を切り開くことにはならないという、堅固な哲学と強固な信念をもっていた。であればこそ、彼の非暴力主義は終生変わることがなかった。

こうした点においてガンディーの非暴力主義は、朝鮮の三・一運動を、非暴力を標榜して指導しようとした三三名の民族代表とはその位相を全く異にしている。民族代表の場合は、愚民観をもちつつ、ただひたすらに世界の公論に訴えるがために選ばれた手段が非暴力であったに過ぎない。そこには残念ながら、ガンディーのような深い哲学はなかった。

七　第一次大戦と東南アジア

東南アジアでは、二〇世紀に入ると植民地の平定が一段落し、行政権の確立や資本主義的な開発の時代となる。その結果、社会のさまざまな活動が活発化し、近代的な知識人や官吏などの出現のほかに、農業・商業では中間層が誕生し、労働者も誕生していくことになる。そして、人々は覚醒化し、民族運動も活性化されていく［レイ 一九七〇、一二二頁］。インド同様に、第一次大戦では宗主国の総力戦に巻き込まれるのだが、それも民族運動の活力となった。

ベトナムは、東南アジアにおけるそのような植民地の典型である。ベトナムでは一九〇〇年代、内外で二つの民族運動が展開された。一つは、日本を舞台にしたファン・ボイ・チャウによる東遊《トンズー》運動で、人材育成のためベトナム青年の日本留学を推し進めた。しかし、一九〇七年日仏協定が結ばれ、反仏留学生の取締りが行われて挫折した。もう一つは、ベトナムを舞台としたファン・チュウ・チンによる維新運動で、〇七年に設立された東京義塾《トンキンギアトゥック》を中心に愛国啓蒙運動を展開した。しかし、維新《ズイタン》運動が反賦役納税の農民運動と結合したとして、フランスはこれを弾圧した。

こうして合法的運動が頓挫すると、武力抗争の道が切り開かれてくる。一三年には宗教結社大刀会がサイゴンで反仏蜂起を行い、一六年にも第二次の蜂起を起こした。またファン・ボイ・チャウは、広東を拠点に光復会を組織して共和国の建設を唱え、爆弾闘争やゲリラ活動を展開した。一七年八月には、ハノイ北方のタイグエン兵営で兵士と囚人の反乱が起こり、一時タイグエン省城を占拠した。指導者はもと光復会《クアンフックホイ》会員の政治犯とベトナム人守備隊長で、後者はフランス人兵士との間の待遇差別に不満をもっていた。

こうした武装蜂起は、フランスが第一次大戦に総力をあげていたために、植民地統治に生じた隙に乗じたものである。しかしフランスは、植民地収奪を緩和したわけではない。イギリスがインドにしたと同じように、ベトナム人を総動員しようとした。インドシナからヨーロッパには、五万人の兵士と四万九〇〇〇人の労働者が渡った［桜井 一九九九］。ベトナム内でも、フランス人経営の商工業企業にはフランス人に代わってベトナム人が進出した。ファン・ボイ・チャウは、「ヴェトナム人の、フランスに対して大功あったことは顕著である」［ファン・ボイ・チャウ 一九六六、一八〇頁］と言っている。

ベトナムでも大戦中は産業が発展したが、それはやはり新しい階層として民族資本家と多くの労働者、また中間層を生み出した。とりわけヨーロッパに派遣された労働者は、新しい技術と思想をもって帰国して社会に貢献した。フランスは大戦に協力したベトナムに何らか報わなければならなくなっていたが、それはこうした新しい階層の要求に応えるものでもあった。こうして一一年に続いて、一七年に再度インドシナ総督に就任したアルベール・サローは、一九年四月に公開の席でベトナムの解放にふれ、フランスの主権下における自治の可能性について示唆した［松本　一九六九、一八二頁］。

彼は二〇年一月に本国で植民地相に就任したにもかかわらず、何らの具体的政策も行わなかったが、しかし総督在任中、ベトナム近代化については若干の重要な政策は実施している。すなわち、フランス文化の導入を図るべく、インドシナ大学を創設するとともに、初等教育にクォックグー（ローマ字化されたベトナム語）を採用し、また啓蒙雑誌を刊行させた。こうした活動の担い手は新教育を受けた者たちで、何らかの民族主義を抱いていたが、しかしそれは親仏的な協力者としてのそれであり、複雑な様相を帯びていた［古田　一九九五、六一―六九頁］。

民族解放の希望は、サローの言への期待だけでなく、ベトナムにおいてもやはり民族自決主義への幻想として現れた。それを端的に示しているのが、グエン・アイ・クォック（のちのホー・チ・ミン）の転身である。一九年六月、当時パリにいた彼は、講和会議に「アンナン人民の要求」を提出してベトナム人民に近代的な諸権利を認めるよう訴えた。しかし、期待を裏切られたことを知ると、彼は急激に思想転回し、マルクス主義者として民族解放運動を指導していくことになる［白石　二〇〇二］。

民族自決主義への期待はビルマでも大きかった。ビルマの脱植民地化を推進した有力な階層は、ビルマ人中間層といわれる。彼らは、二〇世紀初頭から第一次大戦期にかけて政治的発言権を強めたが、管区ビルマの都市部とその周辺に居住し、地主・小工業経営者・公務員・教員・弁護士などからなっていた。その家族を含めると、総人口の一二分の一から一〇分の一ほどを占めていた。一八八六年以降に生まれた者を中心に、イギリスが導入した近代教育を受けていたことが特徴である。彼らは中間層とはいえ、いうまでもなくイギリス人に従属する立場にあり、また同じく中間層を形成する中国人やインド人、カレン人、アングロ・バーマン(英系ビルマ人)などと競合する関係を強いられていた。それゆえ徐々に不満が蓄積され、それは大戦後半以降に民族自決主義が取りざたされる中で、政治運動化していくことになる。

その先駆的な役割を担ったのが、一六年に結成された仏教青年会である。当初この会は、仏教復興を標榜する文化的な団体であったが、一七年を境にイギリスに自治を要求する政治団体として生まれ変わった。ところが、この組織の限界を感じたメンバー数十名は、二〇年一〇月に脱退してビルマ人団体総評議会を組織した。以後ビルマの民族運動は、三〇年代まで総評議会が中心となって展開されていく。総評議会は、イギリスがインド本土で行うようになった両頭制をビルマでも実施するように要求したが、二三年立法参議会が制限付き立法府として生まれ変わったことで、その活動はひとまずの成果を達成した[根本 二〇〇二]。

アメリカの植民地フィリピンでは、のちに曲がりなりにも民族自決主義を提唱するウィルソン政権が一三年に樹立されたことで、民族自決への道は一六年に切り開かれた。すなわち同年八月、「安定した統治」の確立をもって将来の独立を付与することをアメリカ議会が超党派的に承認するとともに、自治化を促進するジョーンズ法が成立したのである。時の総督ハリソンは、それを踏まえてフィリピナイゼーションを推進した。議会は上下二院となり、主要閣僚はフィリピン議会から任命するとともに、総督・閣僚・上下両院議長からなる国家評議会を設置して議院内閣制に近い政治制度が作られた。ハリソンの任期末年である二一年には政府職員の九六%がフィリピン人となった。植民地政府はフィリピン国立銀行と国家開発公社も設立したが、その実権もフィリピン人が握った[中野 二〇〇二]。

しかしそうした政策は、フィリピン人エリート層の社会的地位を保障することで、彼らを革命勢力から切り離すことを目的としたものであり、実質的には植民地協力者の育成が目指された。また、教育面では早くも〇一年に初等教育の義務教育化が始まったが、そこでは英語教育が行われ、英語エリートが地方社会や一般民衆から切り離されるような事態が生じた。公教育を受けた者たちはアメリカ崇拝者となり、それはフィリピンの国民形成を遅らせ、歪んだものにした[早瀬・深見 一九九九]。そして、「安定した統治」の確立とは、アメリカと似た文明化を意味していたために、フィリピナイゼーションを推進するはずが、実のところはアメリカニゼーションを推進し、皮肉にもフィリピンはアメリカが望む国民国家を目指すしかなくなっていく[中野 二〇〇七、一三五頁]。

自治要求の仕方は、インドネシアの場合では以上のような植民地とはやや違っている。インドネシアでは、ウィルソン登場以前の一九〇一年、オランダ女王の議会演説を機に倫理政策が標榜されるようになった。その結果、外見上の自治政策が推進された。すなわち、地方評議会が設置され、議員には原住民や東洋人もなれはしたが、その大部分は官吏であり、議長は県知事が務めた。また、一八年五月に国民参議会が設置されたが、総督府の諮問機関に過ぎなかった。一九年以降、植民地政府は秘密警察の構築に着手し、民族主義運動は徹底的な監視下に置かれ、総督大権によって民族運動家は裁判なしで流刑に処された。基本的に植民地政府は福祉を謳うのみで、東インドの自治や独立に言及することはなかった[山本 二〇〇二]。

インドネシアの民族運動は、経済的成長を背景に、こうした保守的かつ欺瞞的な植民地体制へのプロテストとして展開された。すなわち、一一年末にスラカルタで相互扶助を目的としたイスラーム同盟が設立され、折からの米の不作や疫病の蔓延、自然災害の続出、そして辛亥革命の影響などを背景に、急速に大衆的支持を得て、外島にも波及するにいたった。インドネシア人という概念がない時期に、イスラームは原住民結集のシンボルとなった。救世主ラトゥアディル(正義王)の到来とまで信じられたチョクロアミノトの指導力にも特筆すべきものがあった。イスラーム同盟は、インドの影響を受けて一六年から年次大会を国民会議と称し、急進化の様相を示した。会員が二〇〇万人を超えた一九年には独立と社会主義を標榜するようになっていく。すでに一四年には東インド社会民主主義同盟が結成されていたが、イスラーム同盟の活動家もこれに加入していた。そして、ロシア革命の影響や労働運動の活性化の中で、二〇年五月社会民主主義同盟は東アジア共産主義同盟と改称し、コミンテルンから認められたアジア最初の共産党となった[早瀬・深見 一九九九]。

東南アジア諸地域の中にあって、例外的な地域はタイである。タイはいうまでもなく独立国の地位を保っていたために、民族自決主義の洗礼を受けることはなかった。しかし、それに対応するように、一〇年代には国民国家化の動きが顕著になってくる。一〇年に王位についたワチラーウット王は、国王というのは民族の利益とタイ民族が信奉する仏教の擁護のために存在していると説いて、人民に国王への忠誠を説いた。絶対君主制を採用しているにもかかわらず、自らの正統性を主張するためには民族を語らなくてはならない時代に突入したのである。

事実一二年三月には、辛亥革命や日本の発展に刺激を受けて、タイの国民国家化を推進すべく、立憲君主制や共和制を唱える青年将校のクーデター計画が発覚している。国王は危機感を深め、自ら筆を執ってジャーナリズムを利用してそうした勢力への批判を行ったが、このような時期に第一次大戦が勃発することになる。国王はどちらが勝利しても問題が生じないようにすぐに中立を宣言するが、アメリカが参戦すると、一七年七月二二日に枢軸国側に宣戦布告した。わずかな軍隊をヨーロッパに送ったに過ぎなかったが、その見返りとして期待した関税自主権の回復は、若干の曲折がありながらも、まもなくして達成される。植民地ではなかったが、応分の役割を演ずることで、弱小国家のタイも独立を強化することができたのである[村嶋 一九九九]。

ウィルソンの民族自決主義は、本質的には欺瞞的なものであったが、それがアジアの従属諸地域に及ぼした影響には甚大なものがあった。人々はその欺瞞性をほどなく知ることになるのだが、しかしひとたびその理念に正当性の言質を与えた以上、民族運動を容易に抑止できるものではなかった。それゆえに諸列強は協力体制の構築を急いだのだが、協力体制と民族運動の緊張のうちに、二〇年代以降の植民地政治史は展開されていくことになる。

【文献一覧】

安藤良雄編　一九七九　『近代日本経済史要覧』第二版、東京大学出版会
石橋湛山　一九八四　『石橋湛山評論集』松尾尊兊編、岩波文庫
板垣雄三　一九七〇　「従属地域における諸矛盾と社会的変化」『岩波講座　世界歴史24』
伊東昭雄ほか　一九七四　『中国人の日本人観一〇〇年史』自由国民社
外務省　一九六五　『日本外交年表竝主要文書』上、原書房
鹿野政直　一九七五　「大正デモクラシーの思想と文化」『岩波講座　日本歴史18』
川田稔　一九九八　『原敬と山県有朋』中央公論社
ガンジー　一九六七　「自叙伝」『世界の名著63　ガンジー　ネルー』蠟山芳郎訳、中央公論社
ガンディー　二〇〇一　『非暴力の精神と対話』森本達雄訳、第三文明社
金鎮鳳　二〇〇〇　『三・一運動史研究』国学資料院、서울
小島晋治　一九八〇　「三・一運動と五四運動」『朝鮮史研究会論文集』第一七集
呉密察　一九九四　「台湾史の成立とその課題」溝口雄三ほか編『アジアから考える3』東京大学出版会
里井彦七郎　一九七二　『近代中国における民衆運動とその思想』東京大学出版会
桜井由躬雄　一九九九　「植民地下のベトナム」石井米雄・桜井由躬雄編『東南アジア史Ⅰ』山川出版社
櫻井良樹　二〇〇九　『辛亥革命と日本政治の変動』岩波書店
白石昌也　二〇〇二　「二〇世紀前半期ベトナムの民族運動」『岩波講座　東南アジア史7』
新免康　一九九四　「「辺境」の民と中国——東トルキスタンから考える」溝口雄三ほか編『アジアから考える3』東京大学出版会
田中比呂志　一九九五　「清末民初における地方政治構造とその変化——江蘇省宝山県における地方エリートの活動」『史学雑誌』104-3
田中比呂志　一九九九　「清末民初における立憲制と地方エリート——張謇における立憲と地方自治の思想」『史学雑誌』108-1
趙景達　一九九六　「金玉均から申采浩へ——朝鮮における国家主義の形成と転回」歴史学研究会編『講座世界史7』東京大学

出版会
趙景達 二〇〇二 『朝鮮民衆運動の展開——士の論理と救済思想』岩波書店
趙景達 二〇〇五 「日露戦争と朝鮮」安田浩・趙景達編『戦争の時代と社会——日露戦争と現代』青木書店
趙景達 二〇〇七 「日本／朝鮮におけるアジア主義の相克」『情況』第三期第八巻第二号
趙景達 二〇〇九 「朴殷植における国家と民衆——朝鮮的政治思想・政治文化の葛藤」深谷克己編『東アジアの政治文化と近代』有志舎
趙景達 二〇一〇 「武断政治と朝鮮民衆」『思想』一〇二九号
内藤雅雄・中村平治編 二〇〇六 『南アジアの歴史』有斐閣
長崎暢子 一九九七 「戦争の世紀と非暴力——マハトーマ・ガンディーとインド民族主義」『岩波講座 世界歴史25』
中野聡 二〇〇二 「米国植民地化のフィリピン国民国家形成」『岩波講座 東南アジア史7』
中野聡 二〇〇七 『歴史経験としてのアメリカ帝国』岩波書店
中野正剛 一九一八 『我が観たる満鮮』政教社
中見立夫 一九九四 「モンゴルの独立と国際関係」溝口雄三ほか編『アジアから考える3』東京大学出版会
中村平治 一九八一 『現代インド政治史研究』東京大学出版会
成田龍一 二〇〇七 『大正デモクラシー』岩波新書
西順蔵編 一九七七 『原典中国近代思想史』第四冊、岩波書店
西原亀三 『夢の七十余年——西原亀三自伝』平凡社東洋文庫、一九六五
根本敬 二〇〇二 「ビルマのナショナリズム——中間層ナショナリスト・エリートたちの軌跡」『岩波講座 東南アジア史7』
ネルー、ジャワーハルラール 一九六六 『父が子に語る世界歴史5 民主主義の前進』大山聰訳、みすず書房
ネルー 一九六七 「自叙伝」『世界の名著63 ガンジー ネルー』蠟山芳郎訳、中央公論社
狭間直樹・長崎暢子 一九九九 『世界の歴史27 自立へ向かうアジア』中央公論新社
初瀬隆平 一九七九 「宮崎滔天とアジア主義」『法政論集(北九州大学)』七-二
早瀬晋三・深見純生 一九九九 「近代植民地の展開と日本の占領」池端雪浦編『東南アジア史II』山川出版社
姫田光義ほか編 一九八二 『中国近現代史(上)』東京大学出版会

平野聡 二〇〇八 「チベット問題と中国の近現代」『現代思想』七月臨時増刊号
ファン・ボイ・チャウ 一九六六 『ヴェトナム亡国史他』長岡新次郎ほか編、平凡社東洋文庫
藤谷浩悦 二〇一〇 「近代中国の国民統合と亀裂――民国初期の湖南省を中心に」久留島浩・趙景達編『国民国家の比較史』有志舎
古田元夫 一九九五 『ベトナムの世界史』東京大学出版会
朴殷植 一九七二 『朝鮮独立運動の血史1』姜徳相訳、平凡社東洋文庫
松尾尊兊 二〇〇一(原著一九七四) 『大正デモクラシー』岩波書店
溝口雄三ほか 二〇〇七 『中国思想史』東京大学出版会
松本信広 一九六九 『ベトナム民族小史』岩波書店
村嶋英治 一九九九 「タイ近代国家の形成」石井米雄・桜井由躬雄編『東南アジア史I』山川出版社
村田雄二郎 一九九四 「王朝・国家・社会――近代中国の場合」溝口雄三ほか編『アジアから考える4』東京大学出版会
村田雄二郎 二〇〇九 「中華民族論の系譜」『シリーズ二〇世紀中国史1』東京大学出版会
柳宗悦 一九七二 「朝鮮とその芸術」『柳宗悦選集』第四巻、春秋社
山本信人 二〇〇二 「インドネシアのナショナリズム――ムラユ語・出版市場・政治」『岩波講座 東南アジア史7』
横山宏章 一九九六a 「その後の胡適と陳独秀――「打倒孔家店」のゆくえ」『講座世界史7』東京大学出版会
横山宏章 一九九六b 『孫文と袁世凱』岩波書店
吉野作造 一九七〇 『中国・朝鮮論』松尾尊兊編、平凡社東洋文庫
レイ・タン・コイ 一九七〇 『東南アジア史』石澤良昭訳、白水社

トピック・コラム

米騒動

籠谷直人

いわゆる一九一八年の「米騒動」は、七月二三日の富山県の下新川郡魚津町の漁業関係の妻女らの集合から始まったことになっている。この時の騒動は、県下からの米の流出を阻止するために、荷主に対して船積み中止を要請した。本来、富山県下では米の集散地であったことから、米騒動の「伝統」があり、こうした伝統に訴える行動は正当化された。実際には、一八年の騒動においても、富山「県下には遂に一名の騒擾犯人すら検挙せられざりし事実」(吉河光貞『所謂米騒動事件の研究』思想研究資料　特輯第五一号、一九三九年、三〇八頁)があった。それゆえ、当時のマスコミもこの富山県下の米騒動には強い関心を示しておらず、全国紙の中で最も早い報道は、八月五日の『大阪毎日新聞』であった。ここでは、中新川郡水橋町の三日に「女一揆起る」と伝えられた。

この八月初頭の新聞記事が「後日大阪、神戸其の他同紙の盛に配布せらるる地方に此の記事以上の事件を実現せしむるの効果あり」(同前三一三頁)と評された。しかしながら、一八年七月のマスコミの関心は、日本の「シベリア出兵」に向けられていた。前年の一七年一一月七日に、ソビエト政権の樹立が宣言された。この日は、ロシア暦では一〇月であったから、これは「ロシア一〇月革命」として記録された。その翌一八年七月八日には、アメリカ合衆国が、孤立したチェコスロバキアの反革命派の救出を名目にして、ウラジオストクに日米の「共同出兵」を提議した。三〇日には、内務省が、新聞各社にたいしてシベリア出兵関係記事の差し止めを命じ、日本は、成立したソビエト政権への干渉戦争に参加することを、八月二日に宣言した。日本は、過去に「権益のない」シベリアにむけて、合衆国と共同出兵したが、それは、外交協定の範囲を遥かに超える七万人もの出兵であった。

この八月に米の定期取引相場が高騰した。戦時下においては、需給は均衡を崩す。供給の不足を背景にした余剰資金が、その行き先を求めて、株式(株価)、土地(地価)、財(物価)に流れ込んで、一八年の米価は高騰した。

事実、米騒動が重視されるようになるのは、この「事件が全面化した八月一〇日以後」(井上清「全国的概要」井上清・渡部徹編『米騒動の研究』第一巻、有斐閣、一九五九年、七八頁)であった。一〇日から一六日にかけて、騒動が全国化し、都市部にまで及んだ。それは、一〇日に、発生した京都と名古屋の騒動が、大きな転換点であった(松尾尊兊『民本主義の潮流』(国民の歴史二一)、文英堂、一九七〇年、一二一―一二三頁)。京都市は「関西地方に於ける各地騒擾の起点」であり、名古屋市の「中部地方に於ける各地騒擾の起点となりたるは京都市騒擾に呼応」したからであった（吉河前掲書、三〇四頁）。

一八年の米騒動は、三八市、一五三町、一七七村に生じ、その規模は「革命」を想起させるにたるものであった。米価高騰を契機とした民衆の行動には、二つあった。第一は、役場や資産家に救済を求める「寄付希求」型行動であり、第二は、真っ向から、米商に対峙する「抗議」型行動である。米騒動の基点といわれる、富山県下は寄付希求型対応であった。地主の斉藤仁左衛門が、寄付金総額を収集し、そのうちから寄付したことで、事態は収束した（田村昌男ほか『いま、よみがえる米騒動』新興出版社、一九八八年、九一頁）。

しかしながら、八月一〇日以降に、米騒動が全国化した時期では、「抗議」型対応が優勢となる。たしかに抗議型対応は、米価の引き下げをめぐって「単純かつ最も効果」のある行動ではあるが、それ自体は「成功するという確信がもてない」から、なかなか生じなかった。だが、いったん、この行動が、京都や名古屋で受け入れられると、それが伝聞と新聞を通じて各地に伝播し、八月

女《をんな》一揆起《おこ》る
怖しい米價騰貴の影響
富山縣中新川郡西水橋町に於ける大悲慘事
出稼漁夫の女房連百七八十人
夫の仕送りは絶わる米は騰る糊口に窮して
有力者を脅迫し米屋を襲ひ
警官に抵抗し負傷者を出す
富山縣中新川郡西水橋町は全町漁業を以て生計を營み居り男子の大部分は北海道樺太方面に出稼して其労銀を家族に仕送り居れり然るに樺太方面は本年非常の不漁にて仕送金全く杜絶せしのみならず却て歸りの路銀の送附を迫り來る有樣なるより家族は昨今の米價騰貴にて糊口さへ凌ぎ難き折柄困憊甚しく今や餓死するの外なき悲慘の状態にあり
せしも尚一部は米屋の店前に張番して動かず四日朝まで徹宵せり（高岡來電）
大連市中に二頭の狼現はる
警察隊が包圍中
大連市内寺子溝に三日朝狼二頭現れ警察隊は小銃を携へ包圍中なり濠雨の爲め食物なく山を出でたるものならん（大連來電）

『大阪毎日新聞』，1918年8月5日の記事

一一日以降に騒動は全国化したのである。ある特定の地域で「直接米屋へ押しかけ強談し、容れられなければ打ちこわしをやっても（米価引き下げを—筆者注）承諾させることが確実」となれば、騒げば米価の引き下げをめぐって「これにならう」ようになる（渡部徹「米騒動の構造」井上・渡部編『米騒動の研究』第五巻、有斐閣、一九六二年、二九頁）。

本来、「騒動」という言葉には、「多人数が乱れさわぐこと」が含意されている。それゆえ、従来の被支配者が支配階級から国家権力を奪うような「革命」ではない。また心を同じくしてある目的を達するために乗り出すような、「運動」とも違う。騒動は、階級概念をもたないし、行為者としての「中心」が明確ではない。騒動にかかわった各府県の「被起訴者」の記録が残されているが、騒動の中心が明確でないとすると、騒動を引き起こしたと看做された約八千人の被起訴者は、実際の犯人ではない場合が多い（布施辰治「生きんが為に」一九一九年九月稿、『労働運動史研究』四九号、一九六八年所収）。騒動の主体を「階層的に分類することは無理」（渡部前掲書、六三頁）であった。しかしながら、山県有朋でさえも、一八年一二月二日には「政体は立憲君主制を執り、政治は民本主義でなければならぬ」（岡義武・林茂校訂『大正デモクラシー期の政治——松本剛吉政治日記』岩波書店、一九五九年、三五頁）と語っていたことは、米騒動が政局に影響を与えたことを示唆している。

人物コラム

柳宗悦と浅川巧

高崎宗司

柳宗悦《やなぎむねよし》は、一八八九年、東京の生まれ。宗教哲学者にして『白樺』の同人。初め、西洋の文学・美術を紹介することに尽力したが、一九一六年の朝鮮旅行以降、朝鮮の陶磁器との出会いを通して朝鮮の美の紹介に情熱を燃やすようになった。一九二四年、「京城」に朝鮮民族美術館を設立した。代表的著作に『朝鮮とその芸術』(一九二二年)がある。この本は異なる訳者によって韓国で七回も翻訳されている。六一年に亡くなったが、八四年、生前の功績により日本人としては初めて韓国政府から文化勲章を追叙された。

浅川巧《あさかわたくみ》は、一八九一年、山梨県の生まれ。一九一四年に朝鮮に渡り、朝鮮林業試験場に勤務して植林に従事する傍ら、朝鮮の民芸品を収集し、『朝鮮の膳』(一九二九年)『朝鮮陶磁名考』(一九三一年)などを著した。また、柳の朝鮮民族美術館設立運動にも協力したが、三一年に亡くなった。

二〇一〇年が韓国併合から一〇〇年、柳没後五〇年ということもあってか、近年、「柳宗悦と朝鮮」関連の著書や論文が、日本のみならず韓国でも多数発表されてきた。最近の研究の特色を挙げると、柳の活動を支えた妻の兼子や同志ともいうべき浅川伯教《のりたか》・巧兄弟、そして柳と交流があった朝鮮の知識人たちにも光が当てられるようになってきていることがある。たとえば、作家の廉想渉や詩人の南宮壁らは、柳の影響で文学結社「廃墟社」を結成し、『白樺』をモデルとして一九二〇年、『廃墟』を創刊した。また、柳が朝鮮を訪問するたびに開かれた歓迎会には、尹致昊ら朝鮮独立運動家が出席していたことにも目が向けられるようになってきた。柳は、こうした人々との交流によって、朝鮮人が何を求めているかを実感をもって知ることができただろう。柳と交流があった朝鮮人としては、その他に、詩人の呉相淳、「朝鮮のカント」と呼ばれた哲学研究者の金万洙、『東亜日報』社長の金性洙、同主筆の張徳秀、画家の羅恵錫らがいる。

声楽家であった柳兼子は、日本と朝鮮の各地で音楽会を開いて得た収益を宗悦の活動資金として提供した。宗悦が民芸品を収集できたのも(それらの品々は今、韓国国立中央博物館の収蔵品の重要な一部となっている)、それらを展示する朝鮮民族美術館や日本民芸館(一九三六年)を設立することができたのも、兼子の協力があったからだった。また、二〇年代に宗悦が朝鮮で開く講演会などの準備のために、朝鮮在住の浅川巧と連絡をとりあったのも兼子だった。いうならば、兼子がいなければ、宗悦の仕事の重要な一部は成立しなかったのである。こうした兼子の功績を讃えて、二〇一〇年四月、日本民芸館は館内に兼子記念室を設置した。

　また、兼子の音楽会は朝鮮史上初の西洋音楽会だったこともあり、当時、宗悦の講演会よりも注目されていた。作家の閔泰瑗は、その様子を「音楽会」という小説に描いて『廃墟』の一九二一年一月号に発表している。後に世界的舞踏家として有名になる崔承喜は、兼子の歌を聞いて、弟子入りを志願したことがあった。兼子は、同志社女学校専門部の声楽科教師だった一九二五年、卒業旅行の地に朝鮮を選び、各地で学生による合唱会を開いたりもしている。兼子もまた、日朝の文化交流に大きな役割を果たした人だったのである。

浅川巧(1920 年代．北杜市浅川伯教・巧兄弟資料館提供)

柳宗悦(1922 年．日本民藝館提供)

　柳の永年の同志であった浅川巧は、朝鮮を愛し朝鮮人に愛された日本人として、今では韓国の歴史教科書に柳とともに出てくる。取り扱われ方も柳より大きい。日韓交流の源流に立つ人としての位置づけである。巧の民芸関係の著書『朝鮮の膳』『朝鮮陶磁名考』は現在、韓国の陶芸や木工芸関係者の必読文献となっている。巧はまた、本業の林業方面でも近年、その功績に目が向けられはじめている。朝鮮の緑化のためには、移入樹種よりも、優良な在来種の造林を研究すべきだと主張したこと、種子の発芽促進法として露天埋蔵法を開発したことなどが、高く評価されている。森林総合研究所の元所長・小林富士雄「浅川巧——朝鮮の土となった、林業技術者にして朝鮮民芸研究者」(『山林』二〇〇九年一〇月号)によれば、後者が巧の「最も重要な業績」である。
　巧と伯教は一九一〇年代から二〇年代にかけて朝鮮で過ごしたが、重要なことは、朝鮮の生活用具に囲まれて暮らしていた兄弟の生活ぶりが柳の民芸理論(「用の美」論など)の形成に大きな影響を与えたことである。伯教は、全国の窯跡をくまなく巡り、窯跡に残された破片を集め、李朝陶磁器の時代区分をはじめて構成した。
　なお、巧の著書には、その完成に朝鮮人の協力が大きかったことが感謝の念をこめて明記されている。巧は一九三一年、朝鮮で亡くなり、遺言にしたがって、朝鮮人の共同墓地に葬られた。そしてその墓は今も韓国人によって守られている。

通空間論題

ロシア革命とコミンテルン――〈ロシア革命〉の誕生と東アジアへの連鎖

石井規衛

本篇の狙いは、二〇世紀のロシアの大変動を構造論的に再構成し、その上で二〇世紀前半の東アジア地域に及ぼした影響を展望することにある。変動と波動の前提に、レーニンら指導者の世界観や行動があった。だがそれだけでは、他の社会に影響を持続的に及ぼすほどの力は持ちえない。強い説得力をそれに持たせるには、一九一七年の権力奪取から半年近くも続き、指導者にも行方定かならぬ混沌とした崩壊状況の克服と、安定した枠組みの創出とが必要とされた。そこで本篇では、ロシア帝政の崩壊から一九一九年春までの時期をとりあげ、新たに形成された強い結束力を持ち、安定した国家社会の枠組みによって変動が担保される様相を中心的に論じる。その枠組みは、ロシアの大変動が独自に生み出したものだが、革命指導者の意図とは独自の論理で成立し、展開する枠組みでもあった。最後に、影響の多様性の例示として日本と中国の実相について触れておく。

はじめに

ロシア革命はヨーロッパ、アジアを問わず世界に大きな影響を与えた二〇世紀上の大事件である。しかしながら現在、その「ロシア革命」についてくっきりした像を描くのが困難になっているのが実情である。要因の一つが、ロシア革命史研究の進捗である。いまでは社会史、社会文化史、政治文化史などさまざまな視角から検討される一方、地域史研究にまで研究は深まり多様化している。「ロシア革命」とは脱構築の格好の標的なのだ。「ロシア革命」は、諸事件の便宜的総称に転じ、実体としては消滅したかのようである。それでも一九一七年の前後に自在に伸縮できる、一国史上の時期区分としては一定の有意性を保っているかに見える。たとえば、「一〇月」のボリシェヴィキの武装蜂起で終えているトロツキーの『ロシア革命史』。一九一七年から一九二九年までを扱うE・H・カーの『ロシア革命』。シェイラ・フィッツパトリックは一九三〇年代までを扱う、といった具合に。しかし問題の解決ではない。

いずれにせよ「ロシア革命」が、諸事件の便宜的な総称や、伸縮自在なロシア一国史上の時代呼称ならば、人の行為を喚起するほどの力を持つことが難しいのは事実だろう。たとえば重要な媒体であるコミンテルン運動をとってみると、比較的安定した「ロシア革命」像があったればこそコミンテルンの発する文書や、その代表の言説は説得力を持ちえたのである。結局のところ、「ロシア革命」は、構築された実体として影響力を持ちえたのだ。そこで本稿は、「ロシア革命」の再構築の作業を中心にして、それがアジア地域へ連鎖するいくつかの型に触れることにする。

一　戦争に抱かれた革命——専制の転覆と「国民国家」的統合

「ロシア革命」や、それと関わる歴史事象の多くは、ヨーロッパを主戦場とした第一次世界大戦と結び付いて生じた事実をまず確認しておかなければならない。第一に、ロシア革命の起点であるロマノフ朝の転覆は、戦時下のロシアの緊張を背景に起こった。第二に、レーニンの世界認識や行動指針は、第一次世界大戦下の世界との思想的格闘の結果生まれた、危機の時代の産物だった。第三に、ヨーロッパ文明の地位の低下、ヨーロッパ列強のアジア支配の弱化、アメリカや日本の台頭、アジアのナショナリズムの活性化、なども、すべて大戦との関連で生じたのである。

しかもロシアは、大戦との絡み合い方が独特であった点に注目すべきである。ドイツやハプスブルク帝国で政変が起こったのは、軍事的敗北が目前に迫った時であり、ほぼ同時に戦争も終わったが、ロシアで「二月革命」が起こったときには戦争をただちに止めようとする動きは少なかった。むしろ、不人気な統治者の退場は、戦争努力に有利に働くとの見方を広め、事件は一九一八年三月に至るまで戦争に抱かれながら展開していった。この独特な絡み合い方こそが、「ロシア革命」の内容の多くを規定していたのだった。

この独特な状況が出現する背景には、第一次世界大戦という史上最初の総力戦へのロシアの独特な関わり方があったことも指摘できる。一般的に、各交戦国は、自国の人的・物的資源の動員のために「後方」を適正に組織することが求められる。ロシアは、純軍事的な動員には結局は成功し、一九一六年夏の「ブルシーロフ攻勢」という大戦果を受けて、一七年に連合国軍と共同で行う決戦の準備を整えていたほどだった。だがロシアは後方の組織化の面で、歴史上、構造上多くの難点を抱えていたために、経済的困難を、とくに一九一六年秋から深刻な食糧難を惹起した。神でもある専制君主ツァーリは、前線も含めた戦時下のロシア全体を統合する役割を果たすべきであったが、政治に介入して混乱をもたらす皇后やラスプーチンを決然と排除する意思を欠き、戦争継続のための安定した統治や戦争指導を求める内外のエリートの不満を、かえって一身に集めることになった。

首都の民衆の街頭行動と、首都守備隊兵士の反乱が起こり、戦争継続を望む軍やリベラルの圧力でニコライ二世は退位した。ロマノフ一族が帝位継承を拒否して将来のロシアのあり方を憲法制定会議に委ねたことにより、その召集の準備を任務とする政府が、おもに自由主義者から組閣された。その初期臨時政府はリベラルな政治的、社会的改革を行い、旧臣民を国民として統合することによって帝政下に動揺した「後方」を立て直そうとしたのである。

その一方、守備隊兵士や労働者は、穏健社会主義者の呼びかけに応えてソヴィエトを選出した。守備隊兵士がソヴィエトに対してのみ忠誠を誓ったことは(命令第一号)、初期臨時政府による国民的統合の試みを、当初から危ういものにした。そうした兵士の動向も包み込むソヴィエト運動は、全国に広まり、ソヴィエト機関で活動する多数の活動家集団は、主に社会主義政党と関わりながらロシア史上はじめて出現した大衆政治を積極的に支え、のちの政治の展開のあり方を決定的に規定することになるのである。

帰国後のレーニンは、まさに以上の構図の状況に、強力に介入しはじめたのである。

二　レーニンの思想・構想、世界観

たしかに、レーニンにとってロマノフ朝の転覆(「二月革命」)は、青天の霹靂であっただろう。だが一九一七年四月にロシアに帰国した時に国際主義者レーニンには、なすべきことはすでに定まっていた。それは、戦時下に例外的にロシアに出現した自由な言説空間を利用し、原理主義的な立場をロシア内外に積極的に表明し、発信し、普及することだった。しかも彼には「十月」の武装蜂起を導く明確な行動方針がすでにあった。それは、臨時政府の否認、ソヴィエト共和国、第三のインターナショナルの創設の準備、党名を共産党と改名、などであり、ただちに「四月テーゼ」としてまとめられて公表された。それらの方針は、亡命中のレーニンが、大戦下のグローバルな事態との格闘を通して獲得した世界認識から導き出されたものだったのである。

開戦時にレーニンは、「帝国主義戦争を内乱へ」、という原理主義的な態度に踏みとどまった。だが戦争が長引くなかで、新しい事態の把握と、時代像の再構築とに取りかかった。そこで生み出されたのが帝国主義的世界認識であり、それは、資本主義文明そのものの終末論だったのである。その認識では、欧米帝国主義国家の世界支配と、帝国主義国家相互の戦争（第一次世界大戦）とが、資本主義の発展の文脈の中に位置づけられていた。

つまり生産力が発展することで生産の集中・集積もすすみ、独占が形成される。これは、資本主義に本来的である自由競争の否定であった。さらには銀行資本と結合して金融資本が成立する。これが国家との関わりを強めて生まれたのが、帝国主義である。これは、最高の発展段階をとげた資本主義であり、自由競争的な資本主義の自己否定の姿であった。現代が、植民地支配の再配分をめぐる帝国主義間の戦争が一般的となった「世界戦争の時代」であるゆえんである。しかし同時に、社会主義革命の前夜でもある、と。

「社会主義革命の前夜」という時代認識に立つ以上、革命家レーニンが国家に関心をむけるのは自然であり、一九一六年末からマルクスやエンゲルスの初期の文献を、検討しはじめた。レーニンによれば、国家とは、階級支配のための道具であり暴力装置であった。具体的には、官僚機構と常備軍が念頭に置かれていた。それに対して革命国家（プロレタリア独裁）は、いつでも改選可能な役人と「武装した労働者」からなる「コミューン型国家」とされたのである。そしてレーニンは、革命後の「コミューン型国家」の下では、戦争中に急速に肥大する国家機構と巨大資本主義企業との癒着構造や、経済的組織や制度を、ただちに「社会主義」の基盤となりうるものと、積極的に評価した。それらの制度の存在は、逆に、「社会主義」革命の現実性の証でもあるかのようだった。

以上のレーニンの議論の性格は、①彼の世界認識はヨーロッパなど先進資本主義を素材に構築されており、②「社会主義」の基盤と評価された経済制度や組織は、資本主義が高度に発達した地域に限られていたこと、などから、本質的にユーロ・セントリックである。しかしレーニン自身は、「コミューン型国家」論も含めて、特定の国や地域に限らず、普遍的な現代論として自論を展開しており、そう理解もされていたのである。また、帝国主義世界体制の打破という一点で、アジアの運動も、ヨーロッパの運動と同一線上のものとみなすことで、帝国主義的世界認識は、アジアにコミンテルン運動がのちに拡大するための、理論上の主要な回路を提供していたことをも指摘しておこう。

先述の「四月テーゼ」の方針は、まさにこのレーニンの普遍的世界認識から導き出されたのである。一見ロシアにとって超越的、外在的にも見えよう。しかし、臨時政府が二月革命後のロシア社会を統合するために求めた国民国家的な枠組みから、現場主義的に活動するソヴィエト活動家を解放する上での決定的な論拠を与えたのである。

三 「国民国家」的統合の破綻とボリシェヴィキ的活路

専制転覆後のロシアの不安定な状態は、初期臨時政府が専制政府の戦争目的を自ら引き継ぐ意思を明示した時にただちに露呈した。体制を立て直すために、ソヴィエト体系の中枢を支配する穏健社会主義者を加えた最初の連立政府が組閣された。これによって活動家集団の行動を統御し、国民国家的な統合の枠内に収めようとしたのである。連立政府の成立によって当初政治は、安定したかのように見えた。だが夏季攻勢の失敗を境に、政局、戦局、経済、社会など、あらゆる面でロシアは不安定になった。その頂点が最高総司令官コルニーロフのクーデター未遂事件である。その鎮圧の過程でソヴィエト活動家集団は、穏健社会主義者の下からボリシェヴィキの下へと大挙して系列替えをした。首都のソヴィエトでボリシェヴィキが多数派となった。事態は国民国家的な枠組みに収まらなくなった。

この急転換への対応をめぐってボリシェヴィキ指導部は岐路に立たされ分裂した。ここでまたしてもレーニンは二つの原理主義的立場から状況に強力に介入した。すなわち、第一に、ロシアにおける自らの行動は、ヨーロッパ社会主義革命の「一環」であり、ヨーロッパの政治変動と直接リンクさせて行動すること。第二に、国内的には、ソヴィエト運動に依拠した社会全体の組織化こそが、政治的、社会的結束力を生み、経済困難も克服できること。これらは「国民国家」的に拘束してきた心理的、制度的な枠組みから、ソヴィエト活動家集団を最終的に解き放つための決定的な論拠となり、臨時政府との対決と、武装蜂起への道筋を確定的にしたのである。

そして実際の行動が、首都の政府機関の接収と閣僚の逮捕であり、同時に開催された第二回全ロシア労働者・兵士ソヴィエト大会が、大会の名で国の権力の掌握を宣言したことであり、閉会直前に大会で、新政府として人民委員会議(議長レーニン)を全員ボリシェヴィキから構成したことであった。この人民委員会議も、憲法制定会議開催までの臨時政府だが、「国民」に依拠しようとした旧臨時政府とは異なり、もっぱらソヴィエト体系・運動に依拠しており、各地のソヴィエト活動家集団に対して、ソヴィエト大会が採択した『平和に関する布告』や『土地に関する布告』に続く内外政上の行動指針を直接与えることになる。

ボリシェヴィキ指導部の期待に違えて、すぐにヨーロッパで「革命」が起こることはなかった。その一方で、成立早々人民委員会議が期日通りの実行を確約した憲法制定会議の選挙が迫っていたが、直ちに多数派となる見込みもなかった。とくに農村への滲透が遅く、国内で孤立する恐れがあった。そこでボリシェヴィキはまず、農村地方で強かった左翼エスエル党との連立政府の結成に踏み切り、基盤の拡大を計った。

だが何よりも孤立からの決定的打開策が、人民委員会議の名で戦闘行動を止めることだった。一一月一四日にはドイツ軍との間で停戦がなり、ここに開戦以来三年有余の戦闘が停止した。以後八〇日間も続くこの平和状態は、ロシア国内では兵士や農村住民の投票行動に直接影響を与えるもっとも効果的な方策となり、またそれは、出現した平和状態をみせつけるという、国際社会への反戦プロパガンダともなって、のちにウィルソン米大統領から一四カ条の平和原則を引き出したほどである(一八年一月八日)。だがそれは、将校の排除、軍指揮官の選挙制(軍の民主化)による、戦闘装置としての軍のほぼ完全な解体を代償にしてのことだったのである。しかもこの「平和=休戦」は条件付きであり、交渉が続く限りの平和という脆いものだった。
人民委員会議側の要求をドイツ軍が認めず、交渉が行き詰まるや「平和＝休戦」を継続する根拠が揺らいだ。ここで人民委員会議は岐路に立たされた。兵士集団は「なにがなんでもの平和」を求めていた。だが人民委員会議が実際に採用したのは、これまで活動家集団を導いてきた国際主義の論理に沿った方針、すなわち「革命戦争」の名の戦闘再開にも備える体勢の立て直し策だった。ここには、一般民衆から乖離した活動家集団の、いわば暴走現象を明瞭に見て取れる。

そうしたソヴィエト活動家集団の結束力と、人々を動員する能力を高めるには、彼らが担う中央や各地のソヴィエト機関の権威を、ただちに絶対化する必要があった。そこで一九一八年一月に開催された憲法制定会議は、翌日に解散され、専制転覆以来の「臨時政府」的状況に終止符が打たれた。その直後に召集された第三回全ロシア・ソヴィエト大会は、「ブルジョア的議会主義」に代わる「ソヴィエト的民主主義」を原則とする「ソヴィエト共和国」の成立を高らかに宣言した。まさにこの大会が、「来るべきヨーロッパにおける社会主義革命のための支え」としての赤軍を、志願制に基づき建設するよう決定したことは、大会を召集した事情の一端を示していた。この大会直前、労兵ソヴィエトと農民ソヴィエトが、その末端まで合体したことは、指導者の主観は別として、農民固有の利益を表出する回路が切断されることになったのである。こうして「二月革命」後のロシアの政治空間は、一般民衆、とりわけ農民からますます乖離し、活動家集団の「コミューン型国家」や「ソヴィエト共和国」へと、やせ細りつつあったのだった。

しかしながらソヴィエト機関の活動家集団は、各地で全権の保持者として振る舞える位置に立ったからこそ自らの地道な行政実務を通して、当時の民衆の切実な要望に応えなければならない。ならばそうした彼らを、今後どのように指導するのかが、指導部にとって喫緊の課題となるだろう。彼らの立場の変化の含意を直ちに覚ったレーニンは、またしても事態に介入した。彼は、憲法制定会議の解散直後に開かれたボリシェヴィキの指導者の会議で、ロシアは単独でドイツと「併合主義的」講和条約を締結し、活動家集団を、ロシアの「社会主義的改造」という新たな指針の下で指導するよう提案した。だがボリシェヴィキの間の国際主義的熱望は強く、提案は大差で否決され、講和交渉は二月九日まで続いた。一八日、大方の予想に反してドイツ軍が攻撃を再開した。人民委員会議側の軍部隊はただ潰走を続けた。ボリシェヴィキを二分する激論ののち、一九一八年三月三日、当初の講和案と比べてロシアにいっそう過酷な条件で講和条約が結ばれた。豊かな天然資源を擁する広大な地域がモスクワから切り離された。新政権は「大国」の権力ゲームから排除され、ユーラシア大陸の奥深くへ引きこもった。「戦争に抱かれた革命」を象徴し、人民委員会議の有力な基盤でもあった旧軍兵士集団は消滅した(「労兵革命の痩せ細り」)。その代わりに「二月革命」で生まれたソヴィエト活動家集団の命が、ドイツ軍との無益で自殺的な戦闘から救われたのだった。

四　崩壊からの一つの脱出法——強制的統合

以上のべてきたように、当時のロシアの実情をつぶさに眺めれば、「十月」の武装蜂起以降ボリシェヴィキ指導部が生み出したものとは創造とも崩壊ともつかぬ、混然とした状態だったのである。こうした状態の中で指導部は、講和締結直後の三月下旬に、専門家集団を統治業務に引き込むなど、復興に向けて現実的に対応した。専門家には科学技術のそれだけではなく、旧企業の経営者や、旧軍の将校も含まれていた。この時期のレーニンの構想は、ロシアの都市の近代資本主義文明を発展的に継承すること、と言い換えられる。だがいかなる政策をすすめるにせよ、それを実現するための大前提が、当該社会や体制の強い結束力だっただろう。まさにその結束力に、「十月」武装蜂起の事態が歴史的な生命力を持ちうるものなのか否かが懸かっていたのだ。「十月」蜂起前後には、「ソヴィエト共和国」＝「コミューン型国家」こそが高い結束力を生み出すはずと思われていた。

ところが現実の事態は正反対であった。新方針の要である専門家の採用自体が、ボリシェヴィキ活動家の間で強い不満を呼び起こしていた。ボリシェヴィキ系活動家集団は激減し、指導部は兵の無き将軍のようになった。「党の危機」が叫ばれた。この時期のロシアをレーニンは、ゼリー状と呼んだ。講和の賛否をめぐって起こった激しい党内論争も、レーニンら党主流派と、ブハーリンら左派との対立として続いてゆき、収まる気配がなかった。その対立を、直ちに「社会主義を植え付け」ようとする左派と、「国家資本主義」を擁護するレーニンとの対立構図に還元するのは表面的である。議論の背景にあったのは、結束力を強める方法の相違だったのである。それでもレーニンは、食糧難がすでに破局的となっていた五月に入っても、なお論争、議論を通してボリシェヴィキの間の結束力を高めようとした。そのとき彼は追いつめられていたのだろう。当時の社会経済的崩壊たるや、議論によって結束力を高めるというレーニンの営みは、もはや徒労と思わせるほどだったからである。

食糧危機とは単なる経済危機ではない。都市の近代資本主義文明自体が、その担い手も含めて共同体的農村社会に融解し、消滅する恐れがあったからである。そこで新政権は、その文明の保守という、ごく初歩的な、しかし文明論的な課題の解決に直面することになった。危機克服が適わぬならば、または都市民や活動家集団にそう映ったならば、新政府への民衆の抗議運動を呼び起こし、政治的遠心力を強めて、結束力を強化しようとする営みを無に帰してしまうことだろう。残された勢力の結集と、危機的状況の克服とが同時に指導部に求められた。

まず五月九日のいわゆる食糧独裁令により、食糧人民委員に、武力行使権も含む独裁官的な非常大権が与えられ、彼の下にすべての機関が服した。問題は、その武力を、どこから、どのように確保するのか、である。その難題に真正面から応えたのが、五月二六日の共産党中央委員会決定である。都市の食糧危機は、農村に伏在する「階級上の敵」の意図的な行為によるものであり、武器をもって彼らと戦うべきであると。そのさい既存の軍政機構の仕事の九割を、食糧を獲得する「戦争」に振り向けるよう指示したのだった。

この内容は、経済的合理性に沿った食糧政策とはおよそ言えない。むしろ権力保持の目的をむき出しにした、起死回生の離れ業のような対応だっただろう。「敵」を農村内に設定することで、無力なボリシェヴィキ政権への政治的な責任追及を回避する一方、その時点でもなおまだボリシェヴィキ指導部に忠実な人的資源を結集し、農村に派遣すること。農村に向かった武装部隊に呼応する現地の者から「貧農委員会」を設営し、農民の自治的な郷機関に代わる、新しい統治機構としての役割を果たさせること、である。

食糧独裁令にはじまる事態は、一見マルクス主義的に、「激烈な階級闘争が伴う農村に於ける十月革命＝社会主義革命」と位置づけられた。それは、ボリシェヴィキに結集する活動家集団にとっては意味をもったことだろう。この粗野で粗暴な論理を駆使することによって国際主義的な指導集団は、活動家集団の行為を喚起し、彼らを結束させて政治危機を回避できたのである。それほどまでに体制の存続にとって本質的な意義をもったこの論理が、正統的歴史家集団によってソ連末期まで堅く守られてきたことに不思議はない。

この農村征服と呼びうる政策は、政権と農村社会との関係を緊張させ、五月下旬に始まるチェコスロヴァキア軍団の反乱に対して、政府が有効な対策をとれず、むしろ拡大させた背景ともなった。ひいては日本に、本格的なシベリア出兵の口実を提供したのだった。とくに六月に始まった貧農委員会の設営は、ロシア各地で農民の暴動を引き起こした。左翼エスエル党との対立も決定的なものにして、彼らの七月の反乱や、東部方面軍総司令官ムラヴィヨフの「謀叛」を引き起こした。彼らを武力鎮圧する過程で、中央・地方の統治機構から左翼エスエル党員がほぼ一掃され、ボリシェヴィキ系活動家集団の「独裁」(「共産党」の独裁)が実現された。同じ頃、廃帝ニコライ二世とその家族や従者が銃殺された。それによってボリシェヴィキ活動家集団の間で、不退転の決意を共有させようとしたのだろう。

一九一八年夏にヴォルガ河一帯の戦局は極度に悪化し、ボリシェヴィキ政権の存続に直接関わるほどの危機的事態と評価された。これを打開するために、信頼できる人的資源を、全支配領域からかき集めてヴォルガ戦線に投入することが求められた。食糧徴発隊や、ドイツ占領軍との境界地帯に駐屯させていた精鋭部隊も例外ではなかった。そうした中で、諸国との間で等距離を保つ対外政策を改め、ドイツとの緊密な関係へと舵を切った。ドイツ外相の同意の上、全部隊をヴォルガ河沿岸戦線へ投入した。赤軍の最高指導者トロツキーも、自らヴォルガの最前線に立った。レーニン暗殺未遂(八月三〇日)は、ボリシェヴィキ活動家を堅く結束させただけで、「赤色テロル」がそれに続いた。

五　党と国家の集権的複合体の出現

赤軍によるカザン市(九月一〇日)とシンビルスク市(一二日)の奪還は、新政権がはじめて経験する本格的な戦勝であったことから、活動家集団の間に、新政権が存続できるとの見込みと、強い結束力とを呼び起こして集権体制の樹立への大きな弾みとなった。

この動きは、九月から一〇月のドイツの政情によっても促進された。ドイツ政情に干渉したり、連合国からの攻撃に備えるためにも共産党指導部は、「三〇〇万の赤軍の建設」を標語にして体制の整備を進めた。大軍の編成には農村から膨大な人的、物的資源を引き出さなければならず、そのためには農村内の整った機構が不可欠だった。一〇月一四日に開催された食糧行政に関する特別会議は、貧農委員会の設営以来混乱していた農村統治機構の整備を急務と認めた。一一月の第六回全ロシア・ソヴィエト大会がソヴィエト体系へと一元化することを決定したのを受けて、貧農委員会は、その活動家が主体となり、通常のソヴィエトへと改組された。郷ソヴィエト執行委員会議長には共産党員か、共産党の同調者が据えられた。いまや彼らは、新しい集権国家の代表として、村落共同体の前に立ち現れた。まさにこの機構に基づいて農民の徴兵、徴税、脱走兵対策、「刀狩り」などの措置が可能になったのである。翌年一月には、穀物の割当徴発制度も導入された。以上の統治構造上の構図は、一九一七年の帝政の転覆以降の農村行政史上の画期として評価できるだろう。

一九一八年一二月までには、政治警察(チェーカー)の機構も含めて中央行政機構の各部門の整備も進んだ。一一月に国防会議(議長レーニン)が、戦時体制を構築し率いる中枢機関として設置された。国防会議は統治機構の合理化や中央集権化をいっそう推し進め、以後数年間、実質的に人民委員会議に取って代わった。

党員による国家機構の完全掌握も並行して進み、党組織による国家機構の統制の仕方や、両者の相互関係のあり方などは、一九一九年三月の第八回共産党大会で採択された「組織問題決議」が、入念に規定した。同大会直後に選出された党中央委員会の政治局や組織局、大会後に飛躍的に拡大する党中央委員会書記局機構は、共産党による国家機関の完全支配と、党組織の厳格な中央集権化を保障することになった。なおこの「組織問題決議」は、ウクライナ、ラトヴィアなどの共産党中央委員会も含めた、ほぼ旧ロシア帝国にある党組織はすべて、ロシア共産党中央委員会に無条件に服すことを定めたのである。

集権的な国家を編成する事業の中心にあったのが、赤軍の再編成である。ヴォルガ戦線での勝利直後トロツキーは、旧軍将校と農民を動員する一方、それまでの戦闘を担ってきたパルチザン型の赤軍を、集権的な正規軍へと再編成する事業にも着手した。しかし、赤軍の再編成作業は長引き、一九一九年三月までずれ込んだ。長引いた理由は、共産党員と関わりの薄い集団(旧軍将校と一般農民)を多数取り込むことになった赤軍全体を、共産党が完全掌握するための制度設計や、人事方針をめぐって激しい対立が起こったからである。党大会は、軍指揮官に付されたコミサールを、共産党中央委員会機構の下に完全に置くことで解決した。このコミサール制度は、複数の地域権力が競合する内戦下で、赤軍をボリシェヴィキ政権の道具的存在にするための、言い換えれば、ボリシェヴィキ政権に忠実な正規軍とするための、軍内共産党組織と並ぶ要となる制度となった。こうして再編成された赤軍は、党と国家の集権的複合体を凝縮していたといえる。

出現した党と国家の集権的複合体を、十全に評価するためには、一九一八年秋から並行して形を整えてきた新しい経済制度も、併せて評価しなければならない。

ボリシェヴィキが、「十月」の武装蜂起時に即時実現すると公約した最重要施策の一つとは、「生産に対する労働者統制」の導入であった。武装蜂起の直後から労働者は、生活防衛のため、各工場に工場委員会を組織していった。ところが国全体を調整するために機能すべき機関は、いまだ存在しなかった。すでに触れた当時の経済困難の下では、かえって原・燃料を求める工場委員会同士の激しい競争を引き起こし、経済混乱はいっそう拡大した。レーニンは巨大企業の経営者と交渉することで経済秩序の回復を目指したが、五月にその試みを放棄した。一九一八年六月二八日、大工業全体の国有化が唐突に宣言された。だが旧経営陣はその場に留まり、経済秩序全体にも変化はなかった。

経済秩序が実際に変化するのは、政治秩序と同じく、秋に入ってからである。まず産業別の労働組合の組織化が進み、それに依拠して、国有化企業を管理・経営するための中央集権的な国家機構も形成された。原・燃料を一元的に配分する仕組みも整えられた。経営陣の立場が強められる一方で、産業別の労働組合も、傘下の工場委員会を強い統制下に置いた。こうして市場の動向に依拠せず、中央政府の意図にそって経営体が生産活動を行う、いわゆる行政経済システムが形成された。新経済秩序の形成を象徴する変化が、①個々の工場委員会による労働者統制が廃止されたこと、労働規律を高め、生産性の向上が強調されたこと、②「単一経済計画」の掛け声が出始めたこと、などである。後者は、経済全体の管理・運営のための安定した国家機関が形成されはじめたことの、指標でもあった。

一九一八年一二月に各地の経済担当者がモスクワに集り、工業秩序の再建の経験を踏まえた統一方針を確認し合った(第二回全ロシア国民経済会議代表大会)。大会の席上、経済行政の最高責任者ルイコフは、経済環境は革命前と比較して悪化したものの、制度的、組織的には著しく改善した、との評価を示した。この制度的な枠組みは、大枠としては、ソヴィエト世界が崩壊するまで維持されたとみてもよいだろう。

この新しい経済秩序が中央集権的な国家機構に支えられていたこと、つまりは党と国家の集権的複合体によって支えられていたという事情をも勘案するならば、一九一八年冬から翌年春に出現したこの構造体を政治的枠組みとみなすだけでは、やはり不十分である。それは、政治、経済、社会(たとえば労働組合)などにも関わる包括的な枠組みでもあっただろう(同じ頃に採択された新『党綱領』は、今後のロシアの文化や、学知体系の内容にも大きな影響を与えることになるだろう)。それは独自の文明の原型とすらいえる。

こうしてみると、一九一八年末から一九年春とは、「十月」武装蜂起後の創造とも、破壊とも、崩壊ともつかぬ混沌たる状態から抜け出して、以後半世紀も続くことになる新しい国家社会の、包括的で、安定した枠組みが出現するに至ったロシア史上特筆すべき時期とみても良い。なるほど、この頃のボリシェヴィキの支配領域は、主にヨーロッパ・ロシアに限定されていた。内戦終盤になると支配領域は、旧ロシア帝国版図とほぼ同じ面積にまで拡大し、一九二二年にはその領域全体が連邦制的に再編成され、外見上は相応に様変りした(ソ連邦の結成)。だが、体制の編成原理それ自体には変わりがなかったのである。

六 「ロシア革命」と「対抗文明」の創出

一九一九年三月、ボリシェヴィキ指導部は、第八回共産党大会で採択した『ロシア共産党綱領』(以下『党綱領』)の冒頭、「ロシアにおける一九一七年一〇月二五日の十月革命はプロレタリア独裁を実現し、それは共産主義社会の基礎の創出に着手した」と宣言し、ついで、多方面での新政府の施策を、ロシアにおける「共産主義社会の建設」の文脈に位置づけて詳細に説明した。これは、党と国家の集権的な複合体が、対抗文明の創出に実際に着手した体制であり、国際秩序全体にも対抗する体制である、との指導部の自己認識を表わしているのだ。党指導部が、あえてそのような自己認識を明文化した理由の一つには、新しい集権的な構造体を担う党活動家集団に対して、漠とした達成感や安堵感以上のものを供して、彼らの結束力をいっそう強める効果を狙っていたという事情を指摘できる。

たしかに、一九一九年春までに出現した枠組みは包括的であり、世界史上類例のない独自のものだった。だがそれを、「プロレタリア独裁」だとか、その下での対抗文明（共産主義社会）の建設の端緒だとか規定するに至っては、飛躍といわざるをえまい。新しさや独自性は、普遍的対抗性と同水準ではない。とはいえ、その構造体は、「共産党の独裁」としばしば通称され、いかにも「プロレタリア独裁」と相似的である。国家経済機構も、企業の私有制度の否定に基づいている、という一点で、「共産主義社会」への基礎と共通しているかに見えよう。まさにこの局相において、独自の文明の原型とも言える党と国家の集権的複合体は、『党綱領』の対抗文明性の規定を担保していたのである。

だがそれに留まらない。この共産党と国家の集権的複合体は、対抗文明性の規定を担保することによって、「十月」の武装蜂起を、そうした対抗文明を創出する劇的端緒とみなす解釈を（「十月革命」）、そしてさらには、その「十月革命」が中心的な意義をもち、対抗文明の創出の大事件としての「ロシア革命」をも、担保していたのである。まさに一九一九年三月の段階に至って「ロシア革命」は、集権的複合体が担保することによって、それまでの漠としたものから、内実も備えて再構築されるにいたった（J・リード『世界を揺るがせた一〇日間』〈序文日付は一九年一月〉の祝祭的世界も内装されているのだ）。ここに「ロシア革命」と「十月革命」は、いわばスクッと立ち上がった。過去の事件や行為は、すべてこの地平から遡及的に再解釈されてゆくだろう。なおこの『党綱領』は、一九三九年以降幾度か改訂が試みられたが一九六一年まで保持されたことを、言い添えておく。

党と国家の集権的複合体はまた、第三インターナショナルの誕生と存続の下支えともなったのである。

意外かもしれないが、国際情勢が動き始めてもレーニンらは、直ちに第三インターの創立に踏み出すことはなかった。情勢の変化は、赤軍の戦勝で転機を迎えようとしたのと同じ、九月、一〇月頃から始まっていた。ドイツの政情流動化を感知したレーニンは、一〇月一日、事態に備えるようトロツキーとスヴェルドローフに指示した。党中央委員会も一連の決定を下した。だがその動きは、ドイツ政情の変化を促進させる動きに留まり、新しいインターナショナルの創設に向けての具体的な動きとまでは言えない。一一月のキール軍港水兵の反乱を機に、ドイツで待望の革命が勃発したが、レーニンらは慎重だった。

彼らが態度を改めてコミンテルンの結成に向かわせる直接のきっかけとなった事件は、イギリスの労働党が一九一八年一二月に、第二インター復興のための国際社会主義者会議を一九一九年一月六日にローザンヌで召集すると、すべての国の社会主義者に呼びかけたことであった。レーニンはこの動きを、戦後ヨーロッパにおける労働運動の指導権が奪われて、自らをいっそう孤立させかねぬ事態と受けとめ、素早く行動した。まず共産党中央は一二月二五日にアピールを公表し、参加を拒否するよう呼びかけた。その数日後、レーニンはチチェーリンにあてた指令書簡で、「第三インターの創立のための国際社会主義会議を急いで準備する必要がある」と指示した。ここからは、第三インターナショナルを早急に、しかも自らのイニシャチヴで設置しようとするレーニンらの意思と、焦りを読み取れる。

その場合、ロシア共産党の経験に立脚することは自明視されていた。レーニンは、先のチチェーリンへの指令書簡で、第三インターの政綱の原則を定式化するさいに、「ボリシェヴィキの理論と実践を採用すること……。おそらく一部は私の〔ロシア共産党〕綱領草案から取り入れてもよいだろう」、などと語った。一九一九年一月二四日に公けにされた「呼びかけ」も、「新しいインターナショナルの基礎には、ドイツの「スパルタクス同盟」の綱領とロシア共産党(ボリシェヴィキ)の綱領に基づいて作成された諸命題を承認することとすべきであ」ると語った。ならば彼らの間に、ロシアをいわば「約束の地」として、つまり「プロレタリア独裁」が実現され、その下で対抗文明の創造に実際に着手されている場とみなそうとする意識が強く働いていたとしても、不思議はない。なぜなら、第三インターナショナルで採用されるレーニンらの帝国主義的世界認識や革命国家論の説得力を、高めることになるからである。この意味で、『党綱領』に盛り込まれたロシアにかんする対抗文明性の規定は、そうした彼らの集合意識に適うものだった。

ロシアの党と国家の集権的複合体は『党綱領』の内容を担保することによって、「十月革命」観や「ロシア革命」観の担保になっただけではなく、コミンテルン運動の存続の担保ともなったのである。そして同年三月上旬に、モスクワでコミンテルン創立大会が開催された。『党綱領』とコミンテルン運動との密接な結び付きを示す一例が、ブハーリンとプレオブラジェンスキーの共著の『共産主義のＡＢＣ』である。同書は一九一九年秋にロシア語で出版され、直後に主要言語で翻訳され、一九三〇年代にいたるまで共産主義の宣伝の標準的な本となったが、その副題は「ロシア共産党綱領の通俗的解説」だったのである。一九二一年にはシベリアのコミンテルン極東書記局日本セクションが、日本語訳に取り掛かっていた(なお日本で独自に刊行された訳でも十数種類ある。うちの一つが司法大臣官房秘書課訳で、治安維持法の公布と同じ一九二五年の日付を持っていた)。

七　赤軍のシベリア東進と東アジアへの連鎖

共産党と国家の集権的複合体が出現し、「ロシア革命」が「立ち上り」、かつコミンテルンが創設された時にボリシェヴィキ指導部が支配していたのは、ヨーロッパ・ロシアの一部であった。しかも一九一九年四月以降、内戦が本格化し、外界との接触はほとんど断たれていた。とくに同年夏、秋に南部戦線や北部戦線は危機的事態に陥った。それに対して東部戦線の赤軍は、五月にシベリアからモスクワを目指して西進するコルチャーク軍に反攻を加えて以降は、ほぼ休みなく東進し続けた。数カ月もするとコルチャーク軍は総崩れになり、干渉国軍も一部撤退した。この赤軍のシベリア東進は、単なる旧ロシア帝国版図の回復運動だったのではなかった。元来ヨーロッパ的事象だった「ロシア革命」やコミンテルンを、はじめてアジア的磁場に投げ込むことだったのであり、シベリアや東アジア世界に様々な波紋を引き起こしたのである。

第一に、なによりも赤軍のシベリア東進とは、赤軍として凝縮されていた党と国家の集権的複合体自体の生命力や、それが担保する「ロシア革命」や「十月革命」の歴史的正当性と、真実性を、証し示す事態だったのである。これによって、シベリアや東アジア世界で活動するコミンテルンの使者たちの発する言説の説得力がいっそう高まり、彼らの活動を容易にもし、また活性化もした。一九一九年一二月にはコミンテルン東方部が設置された。

第二に、ソヴィエト・ロシアが、日本モデルを相対化させる新たな競合的モデルとして出現したことである。明治維新を経た日本は、それまでは中国にとっては見倣うべきモデルの一つであり、多数の留学生を引き寄せていた。赤軍がシベリアを東進する時期とは、その日本が「対華二一カ条の要求」を突きつけることによって、アジアにおける近代化のモデルとしての地位が揺らぎ始めたときであった。

しかし、「ロシア革命」とアジア地域との関連や、連鎖の仕方は、具体的には様々である。中でも朝鮮人は早くからロシアの革命と深く関わり、連鎖も直接的である。じっさい共産党の結党もアジアで一番早い。彼らはまた、反植民地主義、民族解放運動などのコミンテルンの大義を、東方に伝播する重要な担い手であり、コミンテルンの使者として中国や日本も訪れ、コミンテルン支部(各国共産党)の結成へと働きかけた。その背景には、無論、韓国が一九一〇年に日本帝国に併合されていた事情、朝鮮人はもとから極東地域、シベリア地域に多数居住していたこと、といった朝鮮人に固有の状況があったろう。

最後に、日本と中国における連鎖の仕方について若干述べておくことにする。

日本の場合

ロシアの帝政の転覆で活気づいた堺利彦や山川均ら明治の社会主義者たちは、アメリカの片山潜、シベリアや極東のコミンテルン使者、朝鮮人活動家などと交流を深め、一九二〇年代初め、近藤栄蔵らアメリカから帰国していた社会主義者(「アメ亡」)と共にコミンテルン日本支部(日本共産党)を結成した。だが翌二三年九月の関東大震災直後の政情を受けて、彼らは共産党を解党した。その後、解党に反対する荒畑寒村や、コミンテルンの働きかけもあり、二六年、コミンテルン日本支部(日本共産党)は再建された。だが弾圧と、獄中の共産党の巨頭、鍋山貞親と佐野学が三三年、コミンテルンから離脱した日本的な社会主義運動を唱え始めたことにより(いわゆる「転向」)、共産党は総崩れとなり、以後表立った活動は一九四五年までほぼ完全に消滅したままとなった。

これだけならば、戦前の日本のコミンテルン運動は細々としたものだったかに見えよう。だがコミンテルン運動とは、たんなる非合法組織のネットワークではない。そもそもその運動の存続は、対抗文明の実在性によって担保されていた。その実在性は、対抗的世界観(哲学)や理論によって多面的に根拠づけられ、証明されていなければならない。要は、そうした世界観や理論を共有する営みも、コミンテルン運動と不可分だったのである。ただ日本共産党が再建される過程で、コミンテルン運動のそうした側面が過度に重視されたのだった。活動経験がなくとも幹部になれた福本和夫が、対抗的世界観に基づく理論闘争の重要性を訴えて共産党の再建を進めた結果、運動の性格が固定化された。とくに新人会など大学生が多数流入したことで、知識人的な性格や傾向が強まった。そうした環境の下で、コミンテルンの政治活動がやせ細りゆくのに反比例するかのように、「マルクス主義」をベースとする多方面にわたる豊かで、高度な同伴者的な対抗的学知体系が「(新興)科学」などの名で生れ、一九三〇年代中頃まで広く展開したのである。

野呂栄太郎や服部之総の仕事によって日本の「唯物史観」の歴史研究は始まると、遠山茂樹は断定する。国史学出身の羽仁五郎による明治維新の再解釈も始まる。『日本資本主義発達史講座』(一九三二、三三年)は対抗的な日本社会論・近代史論の、代表的な体系立った試み。その後起こった日本社会の近代化の程度・性格をめぐる「講座派」(「封建派」)と「労農派」(資本主義的近代化の程度を強調する)の論争は、相互の政治的対立を深めたが、全体としてみれば、結果的に学知体系の裾野を拡げたのだった。コミンテルン運動の近くにいた渡部義通は、石母田正らが担う対抗的な日本古代史学の誕生の環境を作った。戸坂潤は「唯物論研究会」(一九三二―三八年)を組織する一方で、『唯物論全書』を刊行させた、等々。

こうした広がりの背景には、すでに日本社会では帝国大学を中心に高度に専門化された学知体系が制度化されており、学知の相応の自立性も保証されていたという事情も見逃せない。また対抗文明が実在しさえすれば、ナショナルな支部が不在でも同伴者は存続できたし、拡大もできたのである。この多様で豊かな同伴者的な対抗的学知体系は、敗戦後の日本社会への大きな遺産となったのだった。これらは、党と国家の集権的複合体が担保した「ロシア革命」や、対抗文明運動としての広義のコミンテルン運動なしには、けしてありえなかっただろう。その意味で、これもコミンテルンの連鎖の一つのあり方だろう。

中国とソヴィエト・ロシア(コミンテルン)

一九二〇年三月から四月に中国世論に大きな影響を与えることになるカラハン宣言も、赤軍がシベリア東進中の一九一九年九月に発せられたものであった。そして中国共産党が、コミンテルンの使者ヴォイチンスキーとの接触をもって結成された(一九二一年七月)のは、朝鮮共産党や、やや遅れて結成される日本共産党とほぼ同じ歩みである。

筆者がここで注目するのは、第一次国共合作と呼ばれる、広東の孫文ら中国国民党指導部が、ひろく国家社会を指導するためにとった組織的、制度的な改革である。要となる党組織の再編成では、ロシア共産党の組織のあり方を参考にしたといわれる。また国民党がそれまで不得手だった大衆運動などの指導のためにも、中国共産党員が国民党に個人としての入党を許可し、党組織の裾野を拡げた。その一方で、国民革命軍の建設には、赤軍の制度を参考にした。孫文は、一九二三年夏から秋に蒋介石をソ連に派遣し、滞ソ中に赤軍の制度などを研究させた。蒋介石は一九二四年の黄埔軍官学校の開校のさい校長に就いた。黄埔軍官学校の学生の政治教育には、中国にマルクス主義を紹介する上で大きな役割を果たした国民党幹部・戴季陶や、中国共産党の周恩来などがあたった。卒業生は国民革命軍の中核となったが、その中には、たとえば林彪のような中国共産党・紅軍（人民解放軍）の指導者となったものもいた。軍建設の指導のために、ソ連政府やコミンテルンは、のちのソ連邦元帥ブリュヘルなど顧問官を多数派遣して協力したのだった。

こうした改革のモデルとは、結局のところは赤軍であり、それに集約的に表現されていたロシアの党と国家の集権的複合体だったのである。もともとこの構造体は、レーニンら国際主義者たちの指導の下、ボリシェヴィキ党員集団が国家統合の核となることによって創造されたものである。だがこの構造体は、形成されるや、一人歩きする。核集団が共有するイデオロギーは、必ずしも「マルクス主義的共産主義」である必要はなく、強力な結束力を生むならば、ナショナリズムでもよいからである。だからこそ、いわば外枠としての党と国家の集権的複合体に、孫文の三民主義を注入することができたのである。もっとも孫文の三民主義思想とロシア（ソ連）共産党のイデオロギーとは、重なる部分が大きかったのも事実である。しかしまた、蒋介石のようなロシア（ソ連）共産党に強い不信感や敵意を抱く者が指導者に就くことも、差支えなかったのである。

このように中国でみられた「ロシア革命」の連鎖は、共産党の結党と、孫文らによる党と国家の集権的複合体の採用という、相互に入り込み、また対立する、きわめて複雑で独特な形をとったのだった。なお、こうした国民軍をもって一九二六年七月に北伐に乗り出すが、それは、いかにも赤軍のシベリア東進と似たパターンであり、これもまた、連鎖の一つの型だったのだろうか。

【文献一覧】

石井規衛　一九八一「国家と農民――食糧独裁令から貧農委員会の改造まで」『土地制度史学』九〇号
石井規衛　一九八一「革命ロシアにおける党＝「国家」体制の成立」『社会運動史』九
石井規衛　一九八三「ロシア革命からソヴィエト国家へ」『歴史学研究』五一五号
石井規衛　一九八四「革命ロシアにおける赤軍建設政策の諸側面」溪内謙編『ソヴィエト政治秩序の形成過程』岩波書店
石井規衛　一九八八「ロシア革命研究の新しい方法――ロシア革命から党＝「国家」体制の成立へ」『ロシア史研究』四六号
池田嘉郎　二〇〇七『革命ロシアの共和国とネイション』山川出版社
石川禎浩　二〇〇一『中国共産党成立史』岩波書店
石川禎浩ほか編　二〇〇七『初期コミンテルンと東アジア』不二出版
犬丸義一　一九九三『第一次日本共産党史の研究　増補　日本共産党の創立』青木書店
江口朴郎編　一九六七『ロシア革命の研究』中央公論社
梶川伸一　一九九七『飢餓の革命――ロシア十月革命と農民』名古屋大学出版会
北村稔　一九九八『第一次国共合作の研究』岩波書店
遠山茂樹　一九九二『遠山茂樹著作集』第八巻、岩波書店
西村成雄・国分良成　二〇〇九『党と国家』岩波書店
山内昭人　二〇〇六「片山潜、在露日本人共産主義者と初期コミンテルン」『大原社会問題研究所雑誌』五六六号
和田春樹　一九八二「国家の時代における革命」『ネップからスターリン主義へ』木鐸社
和田春樹　一九八三「ロシア革命に関する考察」『歴史学研究』五一三号
Carr, E. H. 1950–1953, *The Bolshevik Revolution*, 1917–1923, London.（宇高基輔他訳『ボリシェヴィキ革命』みすず書房、第一―三巻、一九六七―一九七一年）
Hasegawa,Tsuyoshi 1981, *The February Revolution: Petrograd*, 1917, Seattle and London.
Pipes, Richard 1990, *The Russian Revolution*, New York.
Ватлин, А. 2009, *Коминтерн: Идеи, решения, судьбы*, Москва.

通空間論題

アジアにおける初期社会主義思想

鐙屋 一

本章では、日本の「初期社会主義」思想の生成と展開、その中国への伝播と影響について検討する。「社会主義」が主題であるが、「革命運動」や「無政府主義」もその中に含んでいる。日本については、労働組合期成会(一八九七年)、社会主義研究会(一八九八年)、社会主義協会(一九〇〇年)、社会民主党(一九〇一年)、平民社(一九〇三年)、日本社会党(一九〇六年)、大逆事件(一九一〇年)、日本共産党の成立(一九二二年)まで、中国については暗殺団(一九〇三年)、中国同盟会(一九〇五年)、社会主義講習会(一九〇七年)、中国社会党(一九一一年)、無政府共産主義(一九一四年)、中国共産党の成立(一九二一年)までの各事項について取り扱う。登場する主要な人物としては、高野房太郎、片山潜、幸徳秋水、堺利彦、荒畑寒村、大杉栄、河上肇、張継、劉師培、孫文、江亢虎、劉師復、李大釗などである。

はじめに

ソ連の崩壊とともに「社会主義」の終焉が語られている。「社会主義」が「資本主義」に「吸収」され、ようやく「社会主義」を安全な《過去》のものとして語ることができるようになった。そして「初期社会主義」も、「体制」の前史としてではなく、自らの《過去》の一部として取り扱える。そのような観点からアジアの「初期社会主義」における通空間的な人と思想の交流について回顧し記述することが本章の目的である。

「初期社会主義」という容器に盛られるのは、マルクス以前の「空想的」と形容される思想家群の思想である。多くは産業化とともに派生する問題の解決を課題とする。後発のアジア諸国の場合「初期社会主義」ですくいあげうる「思想的営為」は限定的で、まずは日清戦争以後の日本の社会主義に、そして一九世紀末から二〇世紀初頭における文化伝播のありかたから、周辺諸国、とくに中国の社会主義に着目する、という接近法を採る。

一　日本における社会主義の形成

明治の初期社会主義の到達点のひとつが「社会民主党」の結成(一九〇一年五月)である。発起人は東京専門学校講師安部磯雄(37歳——以下数字のみを記す)、『労働世界』主筆片山潜(42)、『毎日新聞』編集長木下尚江(32)、『万朝報《よろずちょうほう》』記者幸徳秋水(30)、同記者河上清(28)、『東京評論』記者西川光二郎(25)の六人である。発起人の顔触れは日本の社会主義の思想的源流のありかを示している。労働組合運動、キリスト教、自由民権運動がそれである[大河内 一九五六、鹿野 二〇〇二]。

日本における社会主義思想の源流の第一は、アメリカ的労働組合主義であり、片山潜と高野房太郎がその代表である。片山潜は長期間にわたるアメリカ留学においてアメリカの労働者の豊かさとマクニール編『労働運動』の啓発を契機に組合運動に覚醒し、帰国後は社会改良運動の担い手として「社会民主党」結成に先立つ労働組合の組織化に尽力した。高野房太郎もアメリカ留学を経験し、アメリカ労働総同盟(AFL)のゴンパース流の労働組合運動の推進者となり、日本最初の労働組合文書と言われる「職工諸君に寄す」の起草者とされる。高野の「労働は神聖なり」「結合は勢力なり」のフレーズは日本の初期社会主義の一つの側面を象徴している〔二村 二〇〇八〕。

労働運動史上の画期は高野(28)、片山(38)らによる「労働組合期成会」の結成である(一八九七年)。機関誌『労働世界』を創刊し片山が主筆となった。社会主義反対論の高野とは異なり、片山は社会主義へと傾斜していった。入会者は急速に増え、一八九七年八月に三〇〇名、一一月に一〇〇〇名を超えた〔隅谷 一九七七〕。

社会主義の思想的源流の第二は、キリスト教的ヒューマニズムである。安部磯雄、村井知至、西川光二郎、木下尚江らがその立場を代表している。同志社英学校を経てアメリカ由来のユニテリアン派の人道主義を受容した安部の社会問題と窮民救済への関心を導いたのは、キリスト教の信仰とヒューマニズムであった。高野を始め「社会民主党」発起人のうち幸徳を除く全員がキリスト教徒であった。

日本最初の社会主義研究団体である「社会主義研究会」が、芝のユニテリアン協会で結成された(一八九八年)。ユニテリアンの村井知至(37)と安部磯雄(33)が起案し、先行する「社会問題研究会」の片山潜(39)、幸徳秋水(27)らが加わって成立した。会長の村井をはじめ会員の多くがキリスト者である。日本の「初期社会主義」はキリスト教の水脈につながっていた。会員は、交互に例会で、サン・シモン、フーリエ、プルードン、ラサール、マルクス等の社会主義学説について講演した。会長の村井は日本の社会主義史上最初の体系的理論書『社会主義』を執筆、片山の労働新聞社が出版した(一八九九年)。

研究会は、研究から活動へ重点を移し「社会主義協会」と改称した(一九〇〇年)。社会主義支持者であることを会員の条件とする規則を定め、渡米する村井に代わり安部が会長、河上清(27)が幹事に選出された。木下尚江(31)と西川光二郎(24)はこのときに加入し、普通選挙期成同盟会のメンバーも新たに会員となり、これにより労働運動と普選運動が初期社会主義と結びつく契機となった[太田 一九九一]。

思想的源流の第三は、自由民権運動の思想的継承者が担い手となった「社会主義」である。中江兆民の弟子で、田中正造の天皇直訴文を代筆し、『廿世紀之怪物帝国主義』(一九〇一年)や『社会主義神髄』(一九〇三年)などの著作で知られる幸徳秋水はその代表である。民権論を旗印に明治国家や藩閥政府に反対する批判闘争のラディカルなエトスはその「社会主義」思想に遺伝しており、幸徳も「直接行動」を主張するアナルコ・サンディカリスムへと導かれていった。「社会主義」という語に、大逆事件に象徴されるような要人暗殺や秩序破壊といった反社会的含意を与える結果となったのは、この側面である。幸徳の思想の延長上には、堺利彦、荒畑寒村、大杉栄の姿を見ることができる[大河内 一九五六]。

日清戦争を画期とした大工場の成長と労働者の需要増大が、労働問題および社会問題を生み出していた。後に平民社創設のメンバーとなる石川三四郎は「日清戦争終結を告げて、社会運動の舞台は開かれぬ」と述べ、その背景として企業熱の勃興、大工場の新建設、賃金労働者の激増、軍備拡張、租税増徴、物価騰貴、細民労働者の困窮を数えている。工場の「賃金奴隷」すなわち困窮を極めた労働者は「同盟罷工(ストライキ)」という性急な手段に訴えるようになり、一八九七年「同盟罷工」の件数はピークをむかえていた[石川 一九五六]。

労働問題の背景には、日清戦争後の工業化の進展と表裏する「貧困」の問題が「発見」されていた。国民新聞の松原岩五郎(27)の『最暗黒の東京』(一八九三年)や毎日新聞社の横山源之助(28)の『日本之下層社会』『内地雑居後之日本』(ともに一八九九年)が当時の労働者の模様を活写している。

明治政府は、「新聞紙条令」「集会条令」「保安条例」「集会及政社法」などにより警察に新聞の発行禁止権、集会結社の禁止権、演説中止権を与える法律を相次いで制定してきたが、特に日清戦争後に頻発する労働争議や同盟罷工に対処できるよう、「公安ヲ害スルノ虞《おそれ》アル者」は誰でも検束できる「行政執行法」と労働運動の死刑宣告法と評される「治安警察法」(ともに一九〇〇年)を公布した[山泉 二〇〇二]。同法は、結社や集会の届け出を定め、軍人、警察官、神官、僧侶、教員、学生、女性、未成年者の結社や集会への参加を禁止し、警察による結社や集会の中止と解散を認めている。とくに労働運動に対しては、労働条件や報酬に関し団結して交渉すること、同盟罷業をするため他人を誘惑・煽動することが禁止された。一般に同盟罷業は組織と指導と説得によって行われる。これを誘惑・煽動とみなせば、労働者のストライキはほぼすべて禁止できることになる。集会や演説会、労働争議の現場で実際の取締りに当る警察官の解釈による一方的な法の適用は、労働運動や社会主義運動に、検挙、裁判、罰金、禁錮の重圧をもたらし、「労働組合期成会」傘下の組合活動は沈滞し、出版の禁止は社会主義者たちに経済的な打撃を与えた。

労働運動は治安警察法により封じ込められ、その政治的打開のため「社会民主党」が結成された(一九〇一年)。「社会主義協会」の片山、木下、安部、幸徳、河上、西川の六人が発起人となり、五月一八日、日本橋の「労働組合期成会」の事務所で、社会主義の実行を目的とする(党則第一条)政党設立を決め、一九日に届出をし、二〇日「宣言書」を発表した。安部の起草になる「宣言書」には「社会主義」と「民主主義」によって貧富の格差をなくし全世界に「平和主義」の勝利をもたらすべく、八項の「理想」と二八項の「運動綱領」を掲げた。ドイツ社会民主党とアメリカのキリスト教社会主義者イリーの影響が濃厚であった。

結党準備段階から警察の干渉があり、「宣言書」発表の当日「安寧秩序に妨害あり」として結社禁止の命令を受けたが、「社会主義協会」と『労働世界』は維持した。運営も安部、河上から幸徳、西川へ交替し、協会主催の演説会を開催し会員を増やしていった〔太田 一九九一、山泉 二〇〇一〕。

一九〇三年、朝鮮、満洲の利権保護をめぐる日露間の交渉が難航するにいたり、近衛篤麿の対外硬同志会や東大七博士の対露開戦論など強力な主戦論が台頭した。これに対し、当時『万朝報』の記者で、社主黒岩涙香《くろいわるいこう》の社会改良を趣旨とする理想団や、足尾鉱毒事件への抗議運動にも参加した幸徳秋水（32）、堺利彦（33）、内村鑑三（43）が、日露戦争に反対する「非戦論」を展開していたが、開戦論に転換した『万朝報』社に反発し、ともに退社した。国際戦争とは貴族・軍人の「私闘」であり、そのために犠牲になるのが国民であるというのが「非戦論」の論拠であった。

幸徳、堺の二人は「社会主義協会」の援助と、西川、石川の二人の参加を得て、麴町有楽町に「平民社」を開業し、週刊『平民新聞』第一号（一一月一五日）を発刊した。平民社「宣言」は、社会主義と民主主義を経と緯とする「社会民主党」の宣言を継承した。ただ民主主義の語は「平民主義」に換え、「社会主義」と「平和主義」とを並置させた。自由のために「平民主義」を、平等のために「社会主義」を、博愛のために「平和主義」を唱道し、自由・平等・博愛の理想を実現する。その手段は「国法の許す範囲」とし、暴力の行使は「絶対に之を非認」すると説く。前車の轍を踏まぬ配慮がなされた。

『平民新聞』には、論説、翻訳、集会や演説会の活動報告、読者の投書などが掲載され、日本の初期社会主義運動を組織化するための交流の中心となっていった。しかし強硬な非戦論と政府国家批判、「共産党宣言」の掲載などで何度か発売禁止となり、罰金刑による資金難や、責任者堺の禁錮などの弾圧を被り、一九〇五年一月の第六四号をもって廃刊に追いこまれた〔山泉 二〇〇三〕。

小田頼造、山口義三、荒畑寒村らは『平民新聞』や平民社の出版物を荷車に積み、主に教会を拠点に各地に赴き、警察の干渉や妨害を受けながら販売や演説を行うなど、国内での社会主義普及に努めていた〔荒畑 一九七一〕。

『平民新聞』には英文欄が設けられ、世界へ向けた情報発信がなされた。「平民社」のインターナショナリズムを象徴するのが、幸徳がロシア社会党に宛てた反戦論の書簡である。社会主義者には人種も地域も国籍もない、「諸君と我等とは同志也、兄弟也、姉妹也」、されば「共通の敵」「愛国主義と軍国主義」と闘うべしと説いた〔「与露国社会党書」『平民新聞』第一八号、一九〇四年三月一三日〕。これは海外で反響を呼び、ニューヨークの独文紙『フォルクスツァイツゥング』が写真版を掲載したほか、アメリカ、オランダの各紙で紹介され、『イスクラ』掲載の返信の英訳が米国紙に掲載されたことが確認されている。一九〇四年八月の第二インターナショナル・アムステルダム大会に参加した日本代表片山潜と、交戦国ロシアのプレハーノフ（社会民主労働党）との壇上の握手も社会主義者の親露・非戦論の正当性を補強した〔西川　一九八五〕。

二　中国における革命論と初期社会主義

中国において「社会主義」が知られるのは、欧州の社会主義に関する一八七〇年代の紹介からであるが、本格的な紹介は、多くの学術用語と同様に日本からの受容に始まる。一九〇二年頃から日本に留学した学生たちが「社会主義」を中国に持ち込んだ。社会主義協会会員の著作では、幸徳秋水『廿世紀之怪物帝国主義』、同『長広舌』、村井知至『社会主義』、島田三郎『社会主義概評』、西川光次郎《ママ》『社会党』などが訳出されている〔狭間　一九七六〕。当時の日本語経由の「社会主義」は、近代的政治社会の理解と旧体制批判に有用な学説を受容した結果とみるべきである。

一九〇二年一一月、蔡元培（34）らの革命団体が上海に新式学校である愛国学社を設立した。蔡元培が総理となり、章炳麟（34）、呉敬恒（37）、鄒容（17）、劉師培（18）、陳独秀（23）、張継（20）など、後の辛亥革命の主要な指導者となる人物が集まっていた。ロシアの東北地方からの退去期限である一九〇三年四月末、東京の留学生たちは、反ロシアの団体「軍国民教育会」を組織し「尚武の精神を養成し、愛国主義を実行する」を宗旨とした。「教育会」を隠れ蓑とする武装した「愛国」団体である。まもなく東京の軍国民教育会の楊守仁らが「暗殺団」を結成した。ロシア・ナロードニキに感化され、横浜に爆薬製造所を持ち、清朝政府の要人暗殺を画策した。上海の蔡元培、劉師培、陳独秀らも「暗殺団」に参加するにいたった。これが華興会、光復会といった革命団体の前身である。一九〇四年、暗殺計画と武装蜂起のあいつぐ失敗で活動家たちは前後して上海を脱出し日本に亡命した。

中国における「社会主義」文献の担い手たちは、当局の弾圧の中で強烈な排外主義的な民族主義を抱き、武装蜂起と要人暗殺に奔走していた。プルードン、バクーニンらの無政府主義思想はロシアの「虚無党」の事跡とともに、留日学生が中国に紹介していた。中国における初期社会主義とは、労働運動や社会改良の学説以前に、まずは「虚無党」と「爆弾」であった。

三　革命運動・社会主義・無政府主義

一九〇五年七月一九日、横浜に到着した孫文(38)は宮崎滔天(34)に伴われ牛込神楽坂の黄興(31)宅を訪ねた。ここに東京亡命中の革命派や留学生の結集の核が成立した。七月三〇日孫文、黄興、宋教仁(23)らが黒龍会本部である内田良平宅にて「中国同盟会」の結成を決め、八月二〇日成立大会で孫文が総理に選出され、一一月機関誌として『民報』が発行された。

『民報』は社会主義に関する翻訳や論文を大量に掲載した。「発刊の詞」で孫文は三民主義について述べ「民生主義」とは「社会主義」であることを語った。朱執信は「ドイツ社会革命家小伝」を発表し、これが中国人による最初のマルクスの伝記となった。朱は『共産党宣言』と『資本論』の中国語訳も発表し、階級闘争と剰余価値論を広めることとなった。宋教仁も「万国社会党略史」、「一千九百零五年露国之革命」等を発表し、インターナショナルや一九〇五年のロシア革命について紹介した〔楊ほか 一九九二〕。

『三十三年之夢』が語るように、早くから孫文と親交があり、中国革命の同調者である宮崎滔天の借家は、一九〇五年初めには、黄興、宋教仁、張継(23)など亡命中の中国人革命家たちのたむろする場所になった。一九〇六年九月、宮崎滔天、萱野長知(32)らは『革命評論』を創刊した。題字は『民報』主筆の章炳麟(38)が書き、発行所は『民報』と同じ内藤新宿字番衆町の宮崎滔天宅に置かれた。『革命評論』は『民報』の姉妹誌として機能した〔太田 一九九二〕。

著書『国体論及び純正社会主義』(一九〇六年五月)、『純正社会主義の経済学』(同年一一月)のいずれも発売禁止となり失意の中にあった北一輝(23)は、一九〇六年一一月革命評論社の要請に応じて同人となり、中国同盟会にも加入し中国革命の同伴者となった。革命評論社は、堺、西川、石川ら平民社の訪問を受けており、北と幸徳、堺との交友も続いている。その一方、中国同盟会の活動を通じて、北は、玄洋社の頭山満と会い、その弟子である内田良平の紹介で黒龍会およびそのメンバーと関係するようになった。「社会主義」を「国家主義」と等号で結ぼうとしていた北の思想の輪郭を示している。

宮崎滔天を「社会主義」者と断ずることはできない。自らの思想を「無政府主義」「共産主義」「社会主義」のいずれでもなく、「革命」の目的地は「四海兄弟、自然自由」の世界であるとする。その「革命」の機関誌である『革命評論』に北が惹かれたのは、「支那浪人」的なアジア連帯論にあったようにみえる。

日露戦争後、桂内閣の総辞職を承けて、一九〇六年一月第一次西園寺公望内閣が成立し、社会主義運動に対する取締りが緩和されると、社会主義者たちも連合し「日本社会党」を結成した。党則第一条で「本党は国法の範囲内に於て社会主義を主張す」とし、合法的な社会主義政党であることを宣言した。西川、山口義三らの雑誌『光』を機関誌としたが、六月に渡米中の幸徳秋水が帰朝して社会主義運動および平民社の再興気運が高まり、キリスト教系『新紀元』の石川三四郎の参加を得て、一九〇七年一月一五日、日刊『平民新聞』第一号が刊行された。

足尾銅山の暴動事件があり大量の逮捕者が出た一九〇七年二月、幸徳秋水(37)は「予が思想の変化」を発表し、「社会主義の目的を達成するには、一に団結せる労働者の直接行動(ヂレクト、アクション)に依るの外はない」と述べ、普通選挙を通じての社会主義実現を幼稚であるとして議会政策論を否定し直接行動論を展開する(日刊『平民新聞』一九〇七年二月五日)。幸徳は渡米先で、不熟練、有色人種、女性をも組織する産業別組合主義のIWW(世界産業労働者同盟)のサンディカリスムの影響を受け、思想的に急進化していた。大地震直後のサンフランシスコ市民の姿に資本主義制度の廃止と「無政府共産制」を見出している(「無政府共産制の実現」『光』第一三号)。

幸徳秋水の直接行動論は多くの党員を魅了した。二月一七日の日本社会党第二回大会において田添鉄二(33)ら「議会政策派」と幸徳ら「直接行動派」とが正面衝突した。二月一九日にアメリカから帰国した片山潜(48)が幸徳と会談したが決定的に対立し、「日本社会党」は幸徳らの主導で党則を改正し急進化してゆく。幸徳の演説などを契機に、西園寺政府は、二月二二日、日本社会党を結社禁止とし、日刊『平民新聞』も発行禁止となり、四月一四日第七五号をもって廃刊した。かくして片山、西川、田添ら議会政策派の「社会主義同志会」と、堺、幸徳、山川ら直接行動派の「金曜会」が成立した。

片山派「同志会」の田添の認識では双方の対立は「社会主義」と「無政府主義」の対立とみえていた(田添「社会党無政府党　分裂の経過」『社会新聞』第二五号)。片山潜も「余は無政府主義の空想を排斥し、今日迄顕はれたる無政府主義の政策手段には絶対的反対を表す」と宣言し、「幸徳堺両兄よ。予は二兄の健在を祈る。予は兄等が再び万国社会党の旗下に来る迄は兄等と相見ざるべし。兄等は社会の為めと信ずる所に向つて奮闘せよ」と惜別の意を公にした(片山潜「自然の結果(幸徳　堺両君と余の立場)」『社会新聞』第二五号)。片山の、幸徳・堺との絶交宣言である。その後、『社会新聞』の指導権をめぐる対立から片山・田添が西川と分離するにいたる。このように「幾度も日本の社会主義運動が、混乱の状態に陥る」原因は、統一組織のある運動の欠如、中央の独断専行、そして無政府主義の混入であったと田添は指摘している〔田添「全国の同志諸君へ」『社会新聞』第三七号〕。

一九〇七年、東京の張継(25)、章炳麟(39)らは北一輝(24)の家に出入りするようになり、北を通じて幸徳秋水(37)に紹介され、その後往来が頻繁になり、張継は急速に無政府主義へと傾斜してゆく。同年二月に日本に渡り同盟会に加入したばかりの劉師培(23)とその妻何震(22)も幸徳の影響を受け無政府主義を信奉し、一九〇七年六月『天義報』を創刊した。

張継と章炳麟そして宋教仁の「国家主義」に心酔した北一輝は当時を次のように回想している。「彼〔宋教仁〕の完璧なる国家主義は〔章〕太炎の国粋文学〔、〕張継の雷霆的情熱と相並んで如何に遺憾なく革命党の理論と情熱と組織とを作り上げしぞ、〔中略〕不肖〔北一輝〕の幸徳秋水に介せるが禍《わざわい》して張〔継〕君の思想は意外にも無政府主義に奔逸し僅かに捕吏の手を免かれて巴里に逃れたるあり」〔北一輝『支那革命外史』〕。

北一輝には、ほぼ同い年の宋教仁の本質が「国家主義」だと見えており、その「愛国魂」を称賛している。以後北は宋の指導する中部同盟会の「長江革命」にのめりこんでゆく。一方、張継と幸徳の交流は、「社会主義講習会」を通じて活発化していた。

一九〇七年六月、張継と劉師培は東京で「社会主義講習会」を組織し、八月から講演会を開催した。中国では最も初期の無政府主義者の運動団体となる。

「社会主義講習会」は、八月三一日、東京市牛込区赤城元町の清風亭にて第一回大会が開催され、九十名余りが参加した。劉師培が開会の宗旨を宣言し「我々の宗旨は、社会主義を実行するにとどまらず、無政府を目的とする。無政府主義は最も完璧な学説だからだ」と述べる。講習会としては、無政府主義と社会主義の学術、無政府党の歴史、中国の民生問題、社会学について内外の学者を招いて講演をしてもらうことが決まった。

「社会主義講習会」は翌年六月の第一四回まで月一回の頻度で開催された。毎回、張継か劉師培の講演に加え日本人が講演した。例えば、第一回目は幸徳秋水が招かれ「アナキズムの起源、及びその社会主義との違い」の演題で講演をしている。また第二回では堺利彦が「人類社会の変遷」、第四回では山川均が「互助主義について」、第五回は大杉栄が「バクーニンの連邦主義」の演題で講演している〔嵯峨 一九九六〕。

劉師培らの「社会主義講習会」の講師に招かれている人物はほぼ幸徳派の「金曜会」のメンバーであり、双方は組織的に同調して活動している。講演内容からもアナーキズムの勉強会の様相を呈しており、張継、劉師培らの嗜好とも合致していた。

四 国家との対立

一九〇八年一月一七日、金曜会の「屋上演説事件」が起こる。本郷弓町の平民書房の例会で解散を命ずる警官に憤慨し、屋上から街路の群集に演説したかどで、堺利彦(38)、山川均(28)、大杉栄(23)ら六人が検挙されるという事件があり、ともに治安警察法違反で軽禁錮一カ月で巣鴨監獄に収監され、金曜会は活動の中心を失うことになった。張継も逮捕され、その後出国し、李石曾、呉敬恒らパリの無政府主義グループの雑誌『新世紀』に合流した。

一九〇八年五月、筆禍事件で入獄していた石川三四郎(32)が一年三カ月ぶりに巣鴨監獄から出獄し、女性解放運動の福田英子(44)の家に同棲する。そして六月上旬、やはり筆禍事件のため仙台監獄での長期の刑期を終えた山口義三(26)が出獄した。入獄中に分裂した各派の結集を計る石川の計画により、一九〇八年六月二二日、山口の出獄歓迎会を神田錦輝館で開催した。その帰途、大杉栄(23)、荒畑寒村(21)ら直接行動派のアナキスト系の人々が、「無政府」、「無政府共産」と大書した赤旗を掲げて街頭を行進しようとして警官と衝突し一四名が逮捕される「赤旗事件」が起こった。八月の判決では、四名の婦人は無罪、堺、山川、大杉がそれぞれ一年から二年の懲役刑となった。堺と大杉は三月に、山川は五月に巣鴨監獄を出獄したばかりであった。これにより幸徳派の金曜会は壊滅した。この事件のため西園寺内閣は総辞職し、第二次桂内閣が成立し、社会主義運動の弾圧はさらに熾烈となる。

天皇暗殺計画の容疑で一九一〇年五月から幸徳秋水、管野スガ、宮下太吉、新村忠雄、古河力作が事件の中心人物として逮捕され、その後、多くの関係者が検挙され、二六名が刑法の「大逆罪」で起訴された。一二月一〇日に公判が開始されたが、人定訊問以後は非公開となった。判決は、一九一一年一月一八日に下り、幸徳ら二四名が死刑となり、翌一九日特赦により一二名が無期懲役に減刑された。刑の執行は迅速で、判決から六日後の一月二四日に一一名が、二五日に管野一人が絞首刑となった。

判決では、幸徳(39)、大石誠之助(43)、森近運平(29)、松尾卯一太(31)の官衙襲撃と要人及び天皇の暗殺計画、幸徳、管野(29)、宮下(35)、新村(23)、古河(26)の爆弾製造とそれによる天皇暗殺の計画、内山愚童(36)と幸徳、管野共謀による皇太子暗殺計画が「大逆罪」の内容であった。療養のため高知に帰郷した幸徳は物理的にも「謀議」に参加不能であったが、その間幸徳の立寄った先々の「同志」が検挙されており、山県有朋ら明治政府のでっちあげによる「無政府主義暴力革命」の冤罪事件であると言われている。

「赤旗事件」で入獄中であった、堺(41)、大杉(25)、荒畑(23)、高畠素之(24)、山川(30)は連座を免れた。七月に出獄していた石川三四郎(34)は家宅捜索され厳しい尋問を受け、暴力革命を否定することで逮捕を免れた。

一九〇八年の「赤旗事件」以後、社会主義運動は当局の弾圧下で窒息状態にあり、幸徳らの思想も「直接行動」論から天皇「暗殺」論へと傾斜してゆく。管野、宮下らの発想はアレキサンドル二世暗殺事件を模倣した「計画」であった。

「大逆事件」の首謀者たちの内面をよく推測できる立場にある荒畑寒村は、当時の社会主義運動が少数の先駆者グループに限られ、大衆組織を欠いており、言論の自由を奪われた中で受ける弾圧と迫害とそれに対する憤怒と絶望が、最後の手段であるテロリズムに向かわせたのは「人間心理の当然の帰結」であると述べている〔荒畑 一九六五〕。

荒畑は「悲劇のヒロイン」である元恋人管野スガの「厭世的感情」を思いながらその遺骸を前にし「判決後、彼女は堺先生に寄せた訣別の手紙の中で、「断頭台に上る最期の際までも寒村の健康を祈ってゐると伝へて下さい」と記していたが、私も幾度か処刑前に彼女と会って今生の別れを告げたいと思いながらも、生別死別の哀しみを忍び得ないでついに決行できなかった」と愛憎半ばする彼女のその悲惨な最期を悼んでいる〔荒畑 同上〕。

遺体の引取りには、堺利彦、堺為子、石川三四郎、大杉栄、堀保子(大杉夫人)、吉川守邦、福田英子、加藤時次郎らが遺族とともに出向いたとされる。

大逆事件の報道が伝わるや、フランス、イギリス、アメリカの各地で抗議活動が繰り広げられた。日本国内の言論界は沈黙したが、徳冨蘆花は天皇に宛てた被告助命を『朝日新聞』に投稿し、また「謀叛論」と題する講演で政府の思想弾圧を批判し、さらに新築の書斎に秋水書院と名づけ、事件を記念した。与謝野鉄幹は刑死した大石誠之助を悼む詩を詠み、石川啄木は弁護士として法廷に立った『明星』の平出修の事務所に通い裁判記録を読みつづけたという。文学者たちのナイーブな反応であった〔幸徳 一九九四〕。

五 国家建設と社会主義団体

一九一一年一〇月一〇日、武昌の新軍蜂起が成功し、中華民国湖北軍政府が成立するや、日本から中国へ向かう人の流れが活発になった。一〇月末、北一輝(29)が中国革命参加のため黒龍会派遣としてまず上海へ出発する。一一月初旬、萱野長知(38)も中国革命援助のため上海を経て武漢へ行き黄興を援助する。一一月中旬、宮崎滔天(40)が神戸から上海へ向かう。一二月、章炳麟、犬養毅、頭山満らも上海へ出発する。この時期、中国の思想界が再度活性化し始めた。

一九一二年四月、臨時大総統を辞職した孫文は、民族民権の両主義はすでに実現したが民生主義は未着手であると各地で演説する。孫文は「民生主義とは、少数の資本家を排除し、人民に共に生産上の自由を享受させるものである。したがって民生主義とは、国家社会主義のことである」(「在上海南京路同盟会機関的演説」一九一二年四月一六日)と述べ、社会主義には「国家社会主義」の「集産」と「無政府社会主義」の「共産」の二段階があるが、現段階では「集産社会主義」の実施を優先し、土地や鉄道を国有化して資本家の利益独占を防ぐことが肝要であり、これが「社会主義の精神であって、貧富の激戦を平和裏に解決する」ことだとする(「在上海中国社会党的演説」一九一二年一〇月一四―一六日)。社会改良を行うには国家といった公権力の行使が必要だというのが孫文の発想である。「今日の中国で社会主義を主張するのは、大資本家の発生を予防することができるからである」(同上)。自分が鉄道の国有化を言うのも、「国家社会主義が民国の富強の土台」だからである(「在北京共和党本部歓迎会的演説」一九一二年九月一〇日)と説く。

中国における「社会主義」の普及という点では、一九一一年一一月に江亢虎(一八八二―一九五四年)が上海で組織した中国社会党が大きな影響力をもった。『社会党月刊』『社会党日刊』などの刊行物があり、結成の一年後には全国に三〇〇カ所の支部と二〇万人の党員を擁した。その背景には中国における労働組合の成長があり、一九一二年に数十名で成立した労働組合、中華工党は、一〇月には二〇万人以上に拡大し、一四省に支部が開設されている［楊ほか 一九九二］。

中国社会党の主張は穏健な社会改良政策であった。党綱は、共和を望み民族を融和する、法律を改良し個人を尊重する、遺産世襲の制度を廃止する、公共機関を組織し平民教育を普及させる、直接営利事業を振興し労働者を奨励する、地税のみを徴収し一切の税を免除する、軍備を制限し軍備以外の競争に努める、の八条であった。

一九一三年三月の宋教仁暗殺事件により、孫文ら旧同盟会は、反袁の武装蜂起へ傾いてゆく。再帝政化へ向かう袁世凱政権下では中国社会党も弾圧の対象となった。各地の支部が潰され、幹部が逮捕処刑されていった。「第二革命」の敗北後、孫文は日本へ亡命し、江亢虎も孫文の支援を得て日本経由でアメリカへ亡命した〔汪 一九九八〕。

江亢虎および孫文の「社会主義」に対する批判が若い無政府主義者によって表明された。劉師復（一八八四―一九一五年）は一九一四年四月『民声』第六号に「孫逸仙と江亢虎の社会主義」を発表、すでに国外に去った江亢虎と孫文の「社会主義」を分析し、江と孫が「社会主義」と言っているのはいずれも「社会政策」にすぎず、営業の自由と財産の独立を「社会主義」の長所だとする江亢虎も、事業の国有化や単一土地税を「社会主義」だとする孫文も、いずれも「社会主義」の前途を誤らせるものだ、と主張した。

劉師復(20)は一九〇四年に東京に留学し、その後同盟会に加入、爆弾製造と要人暗殺に傾いていった。一九〇七年に広東水師提督李準の暗殺を企てたが爆弾組立て中の誤爆で左の五指を失い、三年間投獄され、その間無政府主義を学んでいる。出獄後も、香港で「暗殺団」を組織していた。

一九一二年五月、広州で無政府主義団体の「晦鳴学社」を組織、同時に道徳修養を目的とする「心社」を結成した。「心社」はアナーキズムと禁欲主義が表裏するケースである。「心社」には一二条の信約があり、肉食しない、飲酒しない、アヘンを吸わない、下男を使わない、人力車に乗らない、結婚しない、族姓を名乗らない、官吏にならない、議員にならない、政党に入らない、軍人にならない、宗教を信じない、である。江亢虎の社会党からの入党要請を拒否し、無政府主義の張継と呉敬恒が政界入りしたことに驚き批判しているのも、「心社」の禁欲主義の一端である。

一九一四年七月、劉師復は上海で「無政府共産主義同志社」を設立した。「我々が無政府共産の社会を実現するために用いる唯一の手段は「革命」である」と説く（「無政府共産主義同志社宣言」『民声』第五号）。クロポトキンを崇拝し、一切の政府と強権に反対し、階級の消滅、私有制の消滅、生産手段の公有、各々が必要に応じて取る、搾取・政府・軍隊・警察・一切の法律のないことを主張した〔楊ほか 一九九一〕。

しかしながら、一九一五年、貧苦にあえぐ劉師復(31)の早すぎる死によって「晦鳴学社」と「心社」の試みは実を結ばなかった[嵯峨 二〇〇二]。

六 「冬の時代」の社会主義運動

大逆事件後の社会主義運動の「冬の時代」は、苛酷な弾圧の時代であった。社会主義者は組織立った活動ができなくなったばかりか、沈黙をよぎなくされ、同志の結集を維持するのも至難となった。

一九一〇年九月に出獄した堺利彦(40)は、同年一二月獄中より計画していた文章代筆業の売文社を設立、原稿の製作、外国語の翻訳、その他一切の文章の立案、代作、添削を請け負うというふれこみで、「冬の時代」の社会主義者の生計をはかる。出獄したばかりの大杉栄(25)、京都から上京した高畠素之(24)、荒畑寒村(23)が助手となり、大杉がフランス語、高畠がドイツ語、荒畑が英語の翻訳を担当し、さらに営業も担当した。売文社は毎月定期の茶話会を開き、同志間の連絡を保ち、社会主義者の「収容所」、同志の「唯一の糾合の中心」[荒畑 一九六五]となっていった。

一九一二年六月、幸徳秋水の遺著『基督抹殺論』に序文を贈った三宅雪嶺(52)の提唱で「ルソー誕生二百記念会」が開かれた。ルソー記念とは兆民記念であり、暗に秋水記念を意味する。会場の神田青年会館は一九〇三年に非戦論の幸徳と堺が『万朝報』退社を決めたゆかりの場所である。死せる幸徳が残った同志を糾合していた。

一九一二年七月初旬、社会主義運動復興の時機をはかっていた大杉、荒畑は雑誌発行を計画していた。そのさなかの七月三〇日、明治天皇が逝去し明治が終り、改元した大正元年一〇月に『近代思想』創刊号を刊行した。ほぼ毎号に大杉の文章が掲載され、やがて文壇に知られるようになった。

美は乱調にあり、と説く大杉の言葉に、「大正社会主義」の思想的位相を計ることができる。大杉は言う。「近代社会の征服事実」は被征服階級に「生の窒息」をもたらしている。「そして生の拡充の中に生の至上の美を見る僕は、この反逆とこの破壊との中にのみ、今日生の至上の美を見る。征服の事実がこの頂上に達した今日においては、諧調はもはや美ではない。美はただ乱調にある。諧調は偽りである。真はただ乱調にある」。「僕は生の要求するところに従って、この意味の傾向的の文芸を要求する、科学を要求する、哲学を要求する」(大杉栄「生の拡充」『近代思想』一巻一〇号、一九一三年七月)。

大沢正道は大杉論において、欧州の「初期社会主義」が一九世紀の哲学、科学、文学の諸運動とともに誕生したのとは異なり、政治主義的で直訳的な「明治社会主義」は隣接する学問や芸術に拡がる包容力に欠けていたため自壊してしまったが、大杉栄の思想的営為は日本社会主義が再起するための新しい「大正社会主義」の誕生であると評価する[大沢 一九七一]。個人の絶対的自由から発想する大杉の社会理論生成の文脈である。

大杉は広く浅い『近代思想』に満足できず二巻一二号で廃刊し、月刊『平民新聞』を刊行したが、第四号を例外として毎号発禁となり第六号で停刊に追い込まれた。

堺利彦は、一九一四年一月に月刊『へちまの花』を創刊し、「収容所」としての売文社を維持していたが、社会主義の旗上げを意図し、翌年九月これを『新社会』と改題する。すでにキリスト教の信仰から離れていた山川均が、「冬の時代」を倉敷、九州ですごした後、一九一六年一月に上京し『新社会』の編集に加わった。

『新社会』は一九一七年から共同経営となり、堺、高畠、山川、荒畑が編集を担当し、社会主義運動の中心の体裁を整えてゆく。そのころには、かつて金曜会と社会主義同志会に分裂した当時の対立感情も「冬の時代」を経て稀薄化しており、ベルギー在住の石川三四郎やアメリカ在住の片山潜からも毎号原稿が届くようになっていた。

社会主義運動の復活気運の中にあって、山川は、堺と大杉の間の「ハサミ型にひらいて」ゆく思想的懸隔を意識しつつ、荒畑の大杉からの乖離について「大杉の「自我の拡充」という思想をそのまま地でゆくような強い性格は、おそらく荒畑くんには圧迫を感じさせたろう」〔山川 一九六一〕と見ていた。荒畑は労働者の階級意識の発展に効果がある産業別組織の組合運動に惹かれてゆく一方、大杉の「個人主義的な色彩の強い無政府主義の傾向」に不満を抱き、伊藤野枝との同棲を始めた大杉の多角恋愛にも反感を覚え、「大杉君とは思想的にも感情的にも、だんだん離れて行くことが私には感ぜられた」と回想している〔荒畑 一九六五〕。堺を中心とする社会主義座談会に集まるのはほとんどが「明治時代からの古顔」であるのに対し、大杉のセンヂカリスム研究会に集まるのは無政府主義の「新しい青年だった」と山川は述べているが〔山川 一九六一〕、実際に運動の主流を担うのは「新しい青年」ではなく、堺、荒畑、山川ら『新社会』の「古顔」であった。

七　ロシア革命後の社会主義運動

中国のマルクス主義の受容において、日本語文献の存在は大きな影響を与えている〔石川 二〇〇一〕。とくに河上肇の影響は大きく、著作の多くが中国語に翻訳されている。

中国共産党創設者の一人である李大釗《りたいしょう》は、早稲田大学留学中に河上肇を読み、河上の個人雑誌『社会問題研究』に連載された論文「マルクスの社会主義の理論的体系」を、そして河上訳の『哲学の貧困』『共産党宣言』『経済学批判』を引用しながら、史的唯物論や階級闘争論を紹介している〔三田 二〇〇三〕。李大釗の「再び問題と主義を論ず」（一九一九年八月一七日）には河上の「社会運動と宗教運動」からの、李の「アメリカの宗教新村運動」（一九二〇年一月）には河上の「「新しき村」の計画に就いて」からの影響がみられる〔三田 二〇〇三〕。李の思想の底流には古い民族が必然的に青春を回復するという哲学があり、マルクス主義の経済決定論に対し、人間の精神的作用を重視する点でも両者の思想は共鳴している。

中国共産党の成立は、北京大学の陳独秀と李大釗がその中心となっていたが、コミンテルンの登場が成立の触媒となった。

一九二〇年三月、北京に派遣されたコミンテルンの極東部門責任者ヴォイチンスキー(27)と会見した李大釗(31)が北京で秘密裏にマルクス学説研究会を組織、上海の陳独秀(41)もヴォイチンスキーに会った翌月、マルクス主義研究会を結成した。その後、上海、北京を始め各地に共産主義小組が誕生していった。一九二一年六月、コミンテルン代表マーリン(38)が上海に到着し、共産党創立大会開催が具体化し、七月二三日、中国共産党第一回全国代表大会が上海で開催される。そして翌一九二二年七月に上海で開催された中国共産党第二回全国代表大会においてコミンテルン加盟が決まり、孫文の中国国民党との戦略的な同盟関係へと進み、中国共産党は急速な拡大を遂げてゆくことになる。

東京では、堺利彦、荒畑寒村、山川均らの『新社会』が一九一八年九月に「労働者を団結させて資本家に対抗させた」という理由で発禁、山川と荒畑が出版法違反で禁錮四カ月となり翌年二月まで入獄した。山川と荒畑の出獄後、堺らは売文社を解散して『社会主義研究』を創刊した。これが後の『赤旗』の水源となる。大正デモクラシーと米騒動、ロシア革命とアジアの民族運動を背景に、一九二〇年一二月、堺らが社会主義者を糾合し「日本社会主義同盟」を結成した。同盟は一九二一年五月に結社禁止となったが、その間、共産主義の秘密結社の設立を協議し、一九二二年春、荒畑宅で共産党結成準備委員会の第一回会合を持ち、七月一五日、日本共産党を創立し、堺(52)が委員長、荒畑(35)が書記長となった。

この時期、共産党創立に先立って、コミンテルンの指示を受けた朝鮮人と中国人の共産主義者が連絡役として日本を訪れている[山泉 二〇〇二/山内 二〇〇二]。一九二〇年に上海の朝鮮人共産主義運動の指導者で韓国臨時政府の李東輝《イドンヒ》(47)が、配下の李春熟《イチュンスク》を日本へ派遣した。李は朝鮮人留学生李増林《イチュンリム》(32)と諮って堺利彦と会い上海行を誘うが、堺がこれを拒否したため、結局、大杉栄(35)が一〇月上旬、上海へ渡航した。大杉栄は上海でヴォイチンスキー、陳独秀、上海の韓国臨時政府の呂運亨《ヨウンヒョン》(34)らと会談し、運動資金を得て帰国した[大杉 一九七一]。

一九二一年一〇月、コミンテルンの密使として張太雷《ちょうたいらい》(22)が渡来し、イルクーツクで開催される極東民族大会に代表者を派遣する旨を伝達してきた。一九二二年一月、徳田球一(27)、高瀬清(20)らが選ばれて出発した。モスクワ開催となった同大会にはアメリカから片山潜(62)が組織者として参加した。徳田らはコミンテルンから共産党結成の指令を受け、それに応じた結党であったと考えられる[荒畑 一九六五]。

東京、上海、イルクーツク、モスクワを拠点にアジアの社会主義運動が広域の連絡網の中で展開されつつあった。一九二〇年代は、日本、中国、朝鮮の各共産党がコミンテルン支部として結成され、そして組織と運動における大衆化と前衛党の問題、アナーキスト排除の問題、民族主義とブルジョア勢力への対応の問題などの解決が迫られてゆく。

おわりに

日本の「初期社会主義」は厳しい弾圧のために大衆組織を欠き、国家から民衆にいたるさまざまなレベルのナショナリズムに対応する回路が欠けていた。幸徳秋水の「社会主義」は、反戦平和と自由・平等・博愛を掲げたが、帝国主義時代の国家建設や民族自立を思想的課題として抱え込んではいなかった。それは大正時代の大杉栄の課題(社会的個人主義)であり、つづく時代の北一輝の課題(国家社会主義)であった。

中国の場合は、社会問題の解決以前に専制王朝を覆す「革命」と「民国」建設の政治的制度化が優先されていた。「革命」に必要なのは社会主義よりもまずは「爆弾」であった。「民国」初期の社会主義とは、一九世紀的な国家主導の社会政策を指していた。李大釗のマルクス主義は河上肇からアイデアを得たが、結党においては早くもソ連の影響が及んでおり、毛沢東の時代の「土着化」の問題につながってゆく。

ロシア革命の影響を被るなかで、日本と中国と朝鮮において、ボリシェビズムは唯一の「成功した」思想として受入れられた。残念ながら、あるいは当然ながらアナーキズムとは思想的に敵対し、「体制」化の過程で、民主主義や自由主義という批判者をつくりあげてしまった。だが、「体制」化される社会主義思想の前史としてではなく、自らの《過去》の思想的営為として「初期社会主義」に接近してみると、大杉や石川や劉師復らアナーキストの思想が豊かで瑞々しいものにみえる。

人種差別の廃止、世界平和に向けての軍備の全廃、階級制度の廃止、生産に必要な土地と資本の公有、交通機関の公有、財富の公平な分配、平等な政治参加、教育費の国家負担。以上は、一九〇一年に結成した「社会民主党」が掲げた八項の「理想」である。この「理想」は一世紀を越えた現在、如何に評価できるか。

不安定な非正規雇用と潜在的失業者の増大など現代社会が抱える「格差」と「貧困」と、その対策としての労働者保護、財富再分配制度の抜本的改善という課題は、まさしく一九世紀の「初期社会主義」が担った課題である。「新自由主義」批判と「社会主義」再評価とを安易に結びつけるきらいはあるが、ようやく「初期社会主義」のユートピアニズムを共有できる時代が到来したといえるのではないか。

【文献一覧】

荒畑寒村 一九六五 『新版寒村自伝』上・下、筑摩叢書
荒畑寒村 一九七一 『社会主義伝道行商日記』新泉社
石川旭山編 一九五六 (幸徳秋水補)「日本社会主義史」岸本栄太郎編『明治社会主義史論』青木書店
石川禎浩 二〇〇一 『中国共産党成立史』岩波書店
大河内一男 一九五六 「社会主義運動の日本的形成」大河内一男代表『社会主義講座第七巻 日本の社会主義』河出書房
大沢正道 一九七一 『大杉栄研究』法政大学出版局

大杉栄　一九七一　『自叙伝・日本脱出記』岩波文庫
太田雅夫　一九九一　『初期社会主義史の研究――明治三〇年代の人と組織と運動』新泉社
鹿野政直　一九七一　「社会問題の発生と初期社会主義」橋川文三、松本三之介編『近代日本思想史体系第三巻　近代日本政治思想史』有斐閣
鹿野政直　二〇〇二　『日本の近代思想』岩波新書
北輝次郎　一九五九　『北一輝著作集　支那革命外史』第二巻、みすず書房
幸徳秋水全集編集委員会　一九九四　『幸徳秋水全集補巻　大逆事件アルバム』日本図書センター
嵯峨隆　一九九六　『近代中国の革命幻影――劉師培の思想と生涯』研文出版
嵯峨隆　二〇〇一　『中国黒色革命論――劉師復とその思想』研文出版
隅谷三喜男　一九七七　『片山潜』東京大学出版会
西川正雄　一九八五　『初期社会主義運動と万国社会党』未來社
二村一夫　二〇〇八　『労働は神聖なり、結合は勢力なり――高野房太郎とその時代』岩波書店
狭間直樹　一九七六　『中国社会主義の黎明』岩波新書
三田剛史　二〇〇三　『甦る河上肇――近代中国の知の源泉』藤原書店
山泉進　二〇〇一　「社会民主党百年」資料刊行会編、山泉進責任編集『社会主義の誕生――社会民主党一〇〇年』論創社
山泉進　二〇〇二　「大杉栄、コミンテルンに遭遇す（付）李増林聴取書・松本愛敬関係資料」『初期社会主義研究』第一五号
山泉進　二〇〇三　『平民社の時代――非戦の源流』論創社
山内昭人　二〇〇六　「片山潜、在露日本人共産主義者と初期コミンテルン」『大原社会問題研究所雑誌』五六六号
山川菊栄・向坂逸郎編　一九六二　『山川均自伝』岩波書店
汪佩偉　一九九八　『江亢虎研究』武漢出版社
楊奎松・董士偉　一九九一　『海市蜃楼与大漠緑洲――中国近代社会主義思潮研究』上海人民出版社
広東省社会科学院歴史研究室・中国社会科学院近代史研究所中華民国史研究室・中山大学歴史系孫中山研究室　一九八二　『孫中山全集』第二巻、中華書局

通空間論題

第一次大戦の衝撃と帝国日本

山室信一

第一次世界大戦とともに英・仏・独・露などの列強がヨーロッパに関心を集中させたことによって、東アジアの植民地権力空間には一種の空白が生じた。この東アジア国際環境の変化に主要なアクターとして対応したのが、日本と中国そしてアメリカであった。日本は中国東北部においてロシアから引き継いだ権益の期限問題を解決し、さらに山東省での権益獲得を図るべく参戦したが、中国は辛亥革命後はじめて訪れた国権回収の機会を生かすべく国際世論に訴えながら日本の権益拡大に抵抗していった。また、アメリカは中国における門戸開放を求めて日本と対立を深め、日本の南洋諸島占領に対しても危機感を強めることになった。

他方、第一次世界大戦によって生じた戦争形態の激変は、日本においても総力戦体制形成か軍備縮小か、あるいは総力戦に対応する際に装備改革と産業振興のいずれを優先するのかといった対立を引きおこし、これらの難題に帝国総体として対処していくためにも植民地統治政策の見直しを迫られることとなった。

本稿では、日本にとっての第一次世界大戦の歴史的意味を英・米・露などの欧米世界、中国やシベリアなどの東アジア世界、そして台湾や朝鮮などを含む総体としての帝国日本、という三つの空間層の相関性に留意しながらみていきたい。

はじめに

一九一四年七月に始まり、一八年一一月に休戦を迎えた戦争は、第二次世界大戦が始まる以前には、ヨーロッパ戦争(The War in Europe, The European War)、諸国民の戦争(The War of the Nations)、大戦(The Great War)などと一般に呼ばれてきた。また、イギリスやアメリカでは「戦争を止めるための戦争 The war to end wars」、フランスなどでは「正義の戦争 La Guerre du Droit」や「文明のための戦争 La Guerre pour la Civilisation」と意味づけられ、ドイツでは「世界戦 Weltkrieg」とも称された。こうした呼称そのものにそれぞれの国家や国民が戦争の性格をいかなるものとして位置づけ、正当化しようとしたかが如実に示されており、その語義史的解明は第一次世界大戦の歴史的位相を解明するための有効な切り口となるはずである。なぜなら、そこにはオーストリア皇位継承者夫妻の暗殺という突発的事件がアフリカ、中東、東アジア、太平洋、大西洋、インド洋という空間での戦闘に波及し、何の関係もなかった六五〇四万人の兵士が動員されて総計八五四万人にも及ぶ戦死者を出さなければならなかったのかについて、それぞれの立場からの歴史的解釈が象徴的に示されているからである。

その問題自体の追究は今は措くとして、現在私たちが疑うこともなく使っている First World War という呼称は、ドイツの進化論生物学者として日本でも良く知られていたヘッケル(Haeckel, Ernst)が一九一四年九月二〇日発行の *The Indianapolis Star* 紙で最初に使ったものであると言われている。しかし、この戦争を「世界大戦」とヘッケルよりも早く既に八月の段階で呼んだのは日本人であった[山室 二〇一〇]。もちろん、欧州戦乱・大戦・大乱などの用語法が戦時中を通じて日本でも一般的ではあったが、この戦争が World War である側面と Great War である側面とを共に含んだものとして世界大戦にならざるをえないという予感が開戦当初の日本人にはあったのである。

それではなぜ、日本人は他の世界の人々に先駆けて、この戦争を世界大戦と呼んだのであろうか。もちろん、それは開戦段階で日本が参戦することが当然視されており、戦火がヨーロッパから東アジアにまで広がることでヨーロッパに限定された戦争ではなくなる、とみていたために他ならない。しかし、それだけでは必ずしもワールド・ワイドの世界戦争になることを意味しない。なぜなら、アメリカ大陸の国が参戦してはいないからである。つまり、この戦争が世界大戦と称されるためにはアメリカの参戦が必須の要件になるが、アメリカは必ずや戦争状態に突入するという予測があった。それでは一体、アメリカはどの国と交戦状態に入るのか。それが他ならぬ日本であった。そして、それは何も欧州戦争が起きたから、日米戦争が起こると考えられたのではない。欧州での開戦前から日本のみならずアメリカにおいても、日米必戦論は大きな潮となって広まっていたのである。その中でもアメリカの対日戦争世論に最も影響を与えたホーマー・リー『無智の勇気 *The Valor of Ignorance*』(一九〇九年)は、望月小太郎訳『日米必戦論』、池享吉訳『日米戦争』というタイトルで共に一九一一年に邦訳され、合わせ鏡のように日米相互の危機感と軍備増強論を増幅させていた。また、日本でも一九一〇年前後から阿武天風「日米戦争夢物語」(『冒険世界』一九一〇年四月増刊号)などの日米戦争小説が次々と発表され、日露戦争のベストセラー戦記『此一戦』を書いた海軍軍人、水野広徳が一三年に執筆した日米戦争未来記『次の一戦』が一四年六月に公刊されるなど、第一次世界大戦開戦直前には日米必戦論が一つのピークを迎えていたのである。

こうした日米戦争未来記は軍事的シミュレーションに基づくとはいえ、あくまでもフィクションであり、架空小説にすぎなかった。しかし、フィクションであれ、それらが要求され広く江湖の読者を獲得していったのは、日米開戦が不可避の事態として実感をもって予想され、ある意味では渇望されていた事実があったからに他ならない。そして、一三年にはアメリカのカリフォルニア州で排日土地法問題が起き、中国への借款問題や袁世凱政権承認をめぐって就任直後のウィルソン大統領と鋭く対立するなど日米間の緊張は高まり、開戦をめぐる議論が現実味を帯びて沸騰してきていたのである。このことはフィリピンやグアムに海軍拠点をもち、軍事的にも対立が表面化していたアメリカとの戦争の方が多くの国民の関心をひいたという反面、遙か遠く距《へだ》たったヨーロッパでの戦争にはほとんどの国民が強い興味をもってはいなかったことも意味していた。それがまた第一次世界大戦が人類史上初の総力戦として戦われたという認識が一部の軍人を除いては希薄となり、同時に総力戦の惨害を切実に感じることによって生じた国際連盟規約による「戦争の違法化」という国際法上の大転換についての認識が国民に広まらない原因ともなったのである。

このように日本にとっての第一次世界大戦は、日米戦争を不可避の宿命として想定することから出発しただけでなく、事実上も戦火は交えないまでも外交戦においてアメリカと対立の度を深めていった。それゆえに戦中・戦後を通じて多くの国際問題の処理において日米戦争を回避するのか、交戦も辞さないとするのかという判断を迫られることになったのである。この戦争が日米戦争を孕む「世界大戦」と名づけられて出発し、大戦後の一九二〇年に発表された樋口麗陽の架空小説のフルタイトルが「第二次世界大戦――日米戦争未来記」(『新青年』一九二〇年一月号)であったことは、帝国日本にとっての第一次世界大戦の意味を考えるうえで大きな示唆を与えているのではないであろうか。

すなわち、帝国日本にとって第一次世界大戦を日独戦争としてだけ捉えるのは不十分であり、シベリア戦争をその一環とし、あくまで外交戦にとどまったとはいえ日英・日中・日米間の外交戦争が交錯する複合戦争としてあったこと、そしてその外交戦において日米対立が激化したことにおいて第一次世界大戦が第一次日米戦争とも言いうる局面を呈したこと、そしてそれによって東アジアの国際秩序もまた大きく変動するに至ったことなどに留意しつつ世界史的意味を考える必要がある。また、対内的には総力戦へと戦争形態が転換したことに対応するなかで、資源獲得のための自給自足圏と国家総動員体制の形成がいかに進められ、それが軍縮や植民地統治などの問題とどのような連関をもって変動していったのかについても目配りしておかなければならないはずなのである。

一　複合戦争としての第一次世界大戦

第一次世界大戦の開戦は、シベリアから南洋諸島に至る広大な空間における国際環境の磁場変動をもたらした。イギリス、フランス、ドイツ、ロシアなどの参戦国が戦場であるヨーロッパに国力と関心を集中せざるをえなくなったことによって、一種の権力的真空状態がそこに現出したからである。そのなかでも各国が権益を獲得し、いわゆる「瓜分《かぶん》」状態にあった中国にいかなる政治力学が働くかという問題は、東アジア世界の趨勢を左右する動因となっていた。しかし、それは同時に、辛亥革命後の混乱状態にあったとはいえ、中国にとっては各国が獲得していた権益を回収する機会が訪れたことを意味していた。こうして期せずして生まれた政治変動の時空に主要な政治的アクターとして登場したのが、日本とアメリカであった。アメリカは一八九八年にフィリピンを領有して東アジア国家ともなっていただけでなく、中国東北部（以後、歴史的用語として満洲と記す）などへの経済的進出を図るために、九九年には伝統的対外政策としてのモンロー主義を捨てて中国における領土保全・門戸開放・機会均等の三原則を提唱していたのである。そして、領土保全という原則に忠実であるかぎりにおいて、中国にとってのアメリカは租借地や権益の拡張を要求する日本などへの防壁としての有意性をもっていた。他方、アメリカにとっては中国において権益の独占的拡張を図ろうとする日本を牽制することこそ、三原則を貫くことに他ならなかった。ここに親米・反日という中国外交における基本枠組みが生まれ、そこから争点ごとの政治選択がなされることになる。ヨーロッパでの開戦直後、中国がアメリカ政府やドイツ政府に東アジア地域における中立化を働きかけたのも、日本が参戦すれば中国国内の租借地や権益を確保するために中国に出兵することは必至であるとして、これを回避するためであった。他方、日本も中国に局外中立を要請したが、その理由は中立国である中国と戦闘を交えることなく戦闘能力の希薄化したドイツの租借地を占領することができるとともに、戦後の講和会議において中立国の中国に発言権を与えることなく権益を確保するためであった。

そして、日本の参戦目的が日露戦争後にロシアから継承していた南満洲鉄道や旅順・大連などの租借権の期間延長にとどまらず山東半島のドイツ権益の奪取であると考えられた限りにおいて、アメリカやイギリスが日本の参戦に警戒的であったのは当然であった。もちろん、日英は同盟関係にはあったが、一九〇五年の第二次日英同盟で改定された空間的範囲はインドまでであってヨーロッパでの戦争は適用外であった。また、一一年の第三次日英同盟では移民問題や中国をめぐる日米対立に巻き込まれることへの警戒感とカナダなどの自治領防衛を顧慮したイギリスの要求によってアメリカを対象外とすることとなった。つまり、大戦前にはイギリスにとって日英同盟よりもアメリカとの関係強化が重要な課題となっていたが、イギリスとしても日本を対ドイツ包囲網に組み込んでおき、さらに日本の東アジアでの行動を規制するためにも同盟を維持しておくことが必要だったのである。

このように日本との衝突の可能性が高まっていたアメリカが日英同盟の対象外となったことは、国際情勢の変化に応じた同盟関係のあり方を再検討する段階に日本が入っていたことを意味していた。そして、参戦問題とはまさに日英同盟の空洞化を認識しつつ、フランスやロシアなどとの同盟強化を求めるのか、それとも日英同盟そのものを今一度強化するのかという外交路線の選択と緊密に係わっていた。参戦をめぐる加藤高明外相と山県有朋、井上馨ら元老との対立は、この外交路線の対立そのものであり、そこで考慮されなければならなかった要点は中国とアメリカにいかなるスタンスをもって臨むかという問題であった。

日英外交戦としての参戦外交と対米警戒

日本の参戦について、概説書や教科書などにおいてはイギリスの依頼により日英同盟に基づいて対独開戦したとする記述が多い。確かに、日本が参戦した最初の契機となったのは八月七日にイギリスが中国沿海における商船の安全確保のためドイツの武装艦船を捜索・駆逐するように依頼してきたことが公式な発端ではあった。しかし、イギリスが四日に参戦する以前の一日から加藤外相は日本が積極的に参加する意向であることを伝えており、三日には海軍が青島《チンタオ》のドイツ軍を攻撃するための作戦方針を決定して上陸地点を山東半島の龍口にすることまで定められていた。その際、主力艦隊である第一艦隊は待機することになっていたが、その理由は日本が出撃している隙にアメリカ艦隊が攻撃してきた場合に対処するためとされており、アメリカを想定敵国としていた海軍に対米警戒感がいかに強かったかを示している[平間 一九九八]。他方、陸軍参謀本部も同じく三日に「対独作戦所要兵力」を決めて作戦計画の立案に着手していたが、寺内正毅朝鮮総督も日本が参戦を遅らせればアメリカが中国利権を奪取するのは明らかであるとして、この戦争が中国をめぐる日米の利権争奪戦となることを前提として速やかに参戦することを勧説していた。

そして、四日、加藤外相が参戦への合意形成のために閣議を開いている最中にイギリスから香港や威海衛《いかいえい》が危機に瀕した場合は日本の軍事力に期待するとの電報が届いたことを受けて、日英同盟における「協約上の義務として必要なる措置を執ることあるべし」という外務省告示を発していたのである。しかし、この報に接したイギリスは九日に日本の軍事行動開始を見合わせるように要望してきた。自らもドイツ権益の取得を考えていたイギリスが日本に参戦を打診してきたのは大戦中、日本がドイツに敵対することを明確にさせ、東アジア、とりわけ中国の山東半島で単独軍事行動に出ることを抑えておくことに狙いがあった。しかし、日本がイギリスの牽制策を逆手に取って山東半島上陸作戦を認めさせようとしたことが明らかになったために出兵依頼を取り消してきたのである。これに対して加藤外相は既に陸海軍が臨戦体制に入っている以上、これを押しとどめることはできないとして、イギリスの意向に拘わらず単独でも参戦する方針を伝えた。その際、ドイツの租借地である膠州湾を最終的に中国に返還する用意があるとしたため、一二日、イギリスはドイツ占領地以外では軍事行動を行わないという戦地局限を条件として日本の参戦に同意したのである。日本は「日英同盟の情誼」によって参戦することを公表し、青島占領作戦も日英共同軍によっておこなわれたが、この共同出兵も日本に戦地局限という条件を遵守させるためのイギリス軍による監視の意味をもつものであった[参謀本部編 一九一六]。つまり、日本の参戦の内実は日英の情誼というよりは相互不信の現れに他ならなかったし、大戦中もイギリスは日本への警戒をさらに強めていくことになった。

複合戦争における外交戦

もちろん、山県らの反対にも拘わらず日英同盟こそが日本にとって同盟の骨髄であるべきだという確信をもっていたのは加藤外相その人であり、日英の対立など想定さえしていなかった。加藤外相としては日中間の係争課題となっていた満蒙における日本の権益についてイギリスが承認を与えると確信していたからこそ青島や膠州湾を占領し、その返還を条件に中国にも認めさせようとしていたのである。しかし、同じく中国における日本の権益を確実にすることを前提としながらも、日本の「対支政策を確立し従来の怠慢と誤謬を矯正して更始一新を策するの好機」(「対支政策意見書」大山梓編『山県有朋意見書』)であるとして日中提携の更新を主張したのが山県有朋であった。山県はまた加藤外相の日英同盟一辺倒の姿勢を批判し、戦後のことを考慮してドイツに怨みを抱かせない措置を取り、さらにロシアが戦後再びアジアへ進出することにも配慮して、日本が日英同盟によってやむをえず参戦することを周知させておく必要性を強調した。山県の意見は日英同盟から日露同盟に基軸を移すことが、アメリカに対抗して中国での日本権益を確実にするという判断に基づくものであった。大戦を日本の国運を発展させるための「大正新時代の天佑」とみた井上馨も日英同盟だけではなく、日英仏露による四国同盟によってアメリカを牽制しつつ東アジアにおける日本の利権を確実にすべきであることを説いていた。そして、山県・井上・大山巌・松方正義の元老と大隈重信首相は「支那人をして従来日本に対する不信と疑惑とを一掃し、以て我に信頼せしむることを主眼となす事」、「支那をして米国に傾けしめざる様、また米をして我を疑わしめざるよう信義を米に披瀝して、日米間国交の親善を進むる事」(井上馨侯伝記編纂会編『世外井上公伝』第五巻)などを決定していた。

こうした元老たちと加藤外相との相異は、大戦中にいかにアメリカに対抗しつつ中国における日本の権益を拡充していくかという方法論の違いであるとともに、大戦終了後に列強がアジアに復帰した際にいかに孤立することなく対中権益を維持していくかの相違でもあった。加藤外相はイギリスがアメリカにも影響力をもっているとして対英関係だけを重視したため、自らが推進している対中国政策がアメリカの強い反発にあった際に日英同盟が機能しない事態への配慮に欠けるところがあった。加藤外交が青島戦争において中立宣言をしていた中国に対する国際法上の権利侵害という問題を引きおこし、対華二一カ条要求において中国の反日ナショナリズムを激発させただけでなく英米の対日不信感を深め、ブライアン米国務長官が日本の対華要求に不同意であるとする一九三二年一月のスチムソン・ドクトリンの先蹤とみなされる覚書を一五年五月に出す事態に立ち至ったのは、日英同盟を過信したための対中・対米外交における失策であった。他方、山県や井上らの日露同盟路線も一九一七年のロシア革命によって一挙に挫折してしまい、同盟外交の新たな模索が大戦中から始まるのである。

ところで日本の第一次世界大戦については、日独戦争としてのみ捉えられるのが通例であり、青島と赤道以北の南洋諸島の占領も対独問題とみなされている。しかし、それが対中外交戦でもあり、対米外交戦でもあったことは看過できないはずである。なぜなら青島占領でも中立地帯への侵犯など国際法適用をめぐって中国との対立を招き、対華二一カ条要求を強要する手段として軍事力行使による要求貫徹にも着手しており、同時にそれは日米対立が深刻化していく過程でもあったからである。また、南洋諸島の占領もアメリカにとってはフィリピン統治への脅威そのものであった。そして、ニュージーランドやオーストラリアなどのイギリスの自治領にとっては日本軍の南進として危機感を呼び、軍事衝突の可能性もあった。こうした事態を考慮するとき、日本にとっての第一次世界大戦とは実際に戦火を交えた日独戦争とシベリア戦争とともに、外交戦争としての日英・日中・日米間の抗争からなる複合戦争であったと捉え直すべきであり、それらを貫く通貫軸となっていたのが日米外交戦であった。そして、一般にシベリア出兵と称されているシベリア戦争も、ウラジオストク出兵、北満・ザバイカル出兵、間島出兵、北樺太出兵という異なった四つの出兵の複合として、目的に即して捉える必要があるように思われる［山室 二〇一〇］。

二　総力戦への対応と資源確保問題

さて、第一次世界大戦は人類が史上初めて体験した総力戦（total war）となり、戦争の勝敗が軍事力のみならず経済力・技術力・精神力などの総体としての国力によって決着するという戦争形態の転換を生んだ。一九世紀までの世界の諸戦争が兵力を含め、ほぼ開戦までに備蓄された戦力で決着がついたのに対し、第一次世界大戦では戦時下での戦力造成力が勝敗を決することとなった。戦争は大量の砲弾・重火器などを投入して戦われる物量消耗戦となり、一九一四年九月のマルヌ会戦における弾薬消費量は日露戦争における両軍の全消費量に匹敵するものとなった。戦費総額でも日本が日露戦争で二一億ドルを費やしたのに対し、第一次世界大戦では直接戦費二〇八三億ドルに達していた（陸軍軍事調査部『近代国防の本質と経済戦略其他』）。そうした物量戦を支えるために女性を含む多くの国民が勤労動員され、また威力を高めたＴＮＴ火薬のほか毒ガス、戦車、飛行機、潜水艦などの新兵器を開発するための科学技術力が求められることとなった。さらに飛行船や飛行機による都市爆撃がおこなわれたことで戦場と銃後の境が消え、食糧・衣料不足などによってあらゆる国民の日常生活が戦争遂行と一体化せざるをえなくなった。こうした総動員体制は国民の目を自らの生死を決する政治のあり方に向けさせることになり、それは一方で普通選挙権や婦人参政権の要求となり、他方でロシアやドイツにおいては政治体制転換を要求する革命の勃発となって現れたのである。

総力戦体制への対応

こうした戦争形態の転回の結果として大戦後の各国が選択を迫られたのは、平時から戦時の準備を進める必要がある総力戦において政治と軍事、言い換えれば政府・議会と軍部とがいかなる関係をもって経済政策や国民教育に係わっていくのかという問題であった。もちろん、他方では総力戦が国民生活の総破壊を意味する以上、軍備縮小のみならず戦争そのものを違法化し廃絶していかなければならないとして、国際連盟をはじめとする「機構による平和」や不戦条約などにつながる「法による平和」を求める運動もまた世界的な流れとなっていった〔山室 二〇〇七〕。日本においで戦争形態の変化は『欧州戦争実記』(博文館)などの雑誌や新聞、そして記録映画などを通じて国民の耳目には達していたが、その変化を自らの存亡に係わる問題として対応したのは軍部であった〔纐纈 一九八一／黒沢 二〇〇〇〕。

日本の陸海軍は大戦の実態と戦訓を把握するため、参戦からほぼ一年後の一五年九月にそれぞれ臨時軍事調査委員を任命し、それまで部内各機関でおこなっていた戦時調査を統合した。その調査対象は戦争遂行のための軍制から戦術・装備・動員・補給・運輸・器材など全般におよび、二二年三月まで調査が続けられた。その調査結果は「海外差遣者報告」「臨時軍事調査委員月報」をはじめとして委員個人名で『偕行社記事』などにも掲載され、纏まった成果としては第五版まで改訂発行された『欧州交戦諸国の陸軍に就て』などがある。このほか各部局でも国防政策への報告が出されたが、そのなかで注目されるのは『帝国国防資源』と『我国軍備と支那との関係』(ともに一九一七年刊)である。『帝国国防資源』はドイツの戦時自給経済に関する文献を読んで衝撃を受けた参謀本部第五課(支那課)兵要地誌班班長の小磯国昭らが東部内蒙古を含む中国の資源調査をもとに作成したものである。そこでは総力戦において勝敗を分ける経済力を国際分業体制に頼ることは危険であり、資源をいかに自給できるか否かが最大の鍵となるとして、「支那の原料を欧米人に壟断《ろうだん》せられざる」自給自足体制の確立を要請した。そして、資源に乏しい日本が「戦争持久活力の競争」を戦い抜くには「支那の供給力に負う所、将来益々多からん」としたうえで、英独海軍戦による輸送封鎖を教訓に挙げて資源を確実に供給するためには大陸との運送連絡路として対馬海峡に海底鉄道トンネルを造る必要があると提言していた。海軍もまた『我国軍備と支那との関係』において総力戦遂行のためには日中を一体とした自給自足体制の確保が不可欠であり、対中関係が「直接我海軍に影響を及ぼすこと、彼の米国海軍力の消長と同一結果を来すもの」と結論づけていた。

以上のような調査や報告などを基に陸軍は一六年一月に軍団編成などを検討するために軍事研究会を、一八年一月に「科学工芸の発達に伴い、殊に欧州戦役の実験に徴し兵器材料その他陸軍軍需の改良進歩を図り併せてこれが供給力等を研究」することを目的として臨時陸軍軍需調査委員会を、海軍は一五年一二月に材料調査会(後に兵資調査会)を設置した。そして国家が民間工場を軍需生産のために動員できる軍需工業動員法を一八年に制定して、朝鮮・台湾・樺太にも施行し、その実施機関として軍需局や軍需評議会が設置された。また、陸軍省兵器局に工政課や航空課、海軍省に艦政課などが新設されて工業・科学動員による装備一新に向けて動き出していった。さらに、総力戦の基本ともなる国民動員や思想戦への対応として一九年には陸軍大臣官房に情報係(翌年、新聞班と改称)が、二三年には海軍軍事普及委員会が設置されたのである。

資源供給地としての中国への対応

このように第一次世界大戦が終結を迎える以前から、日本では総力戦に対応していたが、そこでの眼目となっていたのは中国の鉄・石炭などの軍需資源をいかに確保していくかという問題であった。鉄・石炭などの資源確保は対華二一カ条においても要求はされていたが、総力戦に対応するなかで改めて日本の軍備を左右する重要性をもつことが認識されるに至っていたのである。しかし、対華二一カ条要求に対する反日・排日気運が高まるなかで、持続的に資源を確保していくためには中国側からの積極的協力を欠かすことはできない。そのためにも加藤外相の威圧的な外交からの転換が必要となった。それが寺内正毅内閣における日中経済提携という方針であり、具体的には段祺瑞《だんきずい》などの北方政権に軍事的・経済的援助を与える方策が採られた。それが外務省ルートを通さず、寺内首相の私設公使とみなされた西原亀三の斡旋で実施された総額一億四五〇〇万円にも及ぶ西原借款であった。西原自身は戦時において安定的に継続した経済動員をおこなうためには「日支の経済的親善」を平時から進めて中国と日本を経済上同一圏内に置き、それを基礎として東亜経済同盟を構築するに至るための方策として経済借款を重視したものであった。これはまたアメリカによる対中借款に対抗するためでもあった。しかし、借款自体は孫文ら南方勢力各派との内戦のための戦費や段祺瑞らの政治資金として使われたため、所期の目的を達成することはなく、中国の内乱を助長し国家間の正常な経済提携を阻害するものとして国内外から非難を浴びただけに終わった。

このように第一次世界大戦の戦訓として中国が改めて軍需資源供給の要地として注目されることになったが、日中関係が不安定な中で陸海軍がともに強調したのは、軍需物資を持続的に輸入していくためには中国だけにとどまらず、「北にシベリアの処女地あり、西に支那・満洲の富源あり、南に豊穣なる印度洋および南洋の諸島あり」としてインドネシアの石油、マレーの錫・ゴムをはじめとする資源調達地域の対象をアジア全域に広げていくことだった。現在の東南アジアを指す「東南アジヤ」という地域概念が世界に先駆けて一八年三月刊の小学校『尋常地理書』に現れることになったのは、南洋諸島の占領を前提として総力戦への対応が空間意識の拡張に繋がったことの一例である。また、他国がシベリアから撤兵した後に日本が二〇年五月に起きた尼港《にこう》(ニコライエフスク)事件の賠償に対する保障占領として北樺太出兵(二五年五月に撤兵)を強行したのは、海軍艦船の燃料として石油を確保するためであった。

三　世界改造としての軍縮への対応

このように第一次世界大戦がもたらした衝撃は、総力戦や国家総動員体制への対応として現れた。しかし、そうした戦争形態に変化したからこそ掃滅戦に帰結するしかない戦争そのものを回避する方法をとるべきであるとの主張が日本でも大戦中から高まっていた。そのため一九一八年の国防方針改定によって陸軍の戦時兵力を五〇師団から四一軍団とする構想に対しても、軍団への改編という名目による実質的軍拡であるとして真の軍縮を要求する論説が『中央公論』などの各誌に続々と掲げられるに至った。また、既にみたように総力戦体制を創出していくためには平時から軍備充実と産業振興とを並行して進めることが必要であったが、限られた財源の下では両者のいずれかに比重がかかることは免れなかった。しかも日本では戦時好況が一九二〇年三月に戦後恐慌によって暗転したことによって、二〇年度予算案によって決定された大型の戦艦八隻・巡洋戦艦八隻からなる八八艦隊を建設する計画は日本財政を破綻の危機に追い込みかねない状況になっていた。

他方、第一次世界大戦後、日本が中国に支配力を強め、赤道以北の南洋諸島を国際連盟委任統治領としたことは、ハワイからグアム島を経てフィリピンに至る海上防備線を分断されたアメリカにとって重大な問題であった。二一年にアメリカ大統領となったハーディングが軍備制限および太平洋・極東問題を討議するためにワシントン会議を招集したのは、軍縮によって各国の財政負担を縮減してヴェルサイユ体制に照応する軍縮体制を太平洋・東アジア地域に創り出すためであった。この会議において日英同盟は廃棄され、日本は山東半島の旧ドイツ諸権益を返還することとなり、シベリアからの撤兵も宣言した。しかし、最大の難題であったのは海軍軍縮問題であり、日本国内でも鋭い意見の対立が生じた。反対の中心は恐慌に直面した財界であったが、結果的には海軍内でも強硬な反対論は抑えられた。

それは二〇年度の経常支出総額が七億円という財政状況のなかで、八八艦隊が完成した場合の維持費六億円は実行不可能な支出だったからである。

これに対して、戦力上でも劣勢にある状況にあって日米関係の改善を不可欠と考えていた原敬首相と加藤友三郎海相は、財政破綻を回避する意味でもアメリカが提言する軍縮を積極的に支持していた。野党の中でも軍備縮小同志会を組織した尾崎行雄などが軍縮論を展開していた。尾崎は一九二一年出版の浅野利三郎著『太平洋外交史』の序文で「欧州大戦は実に世界改造の第一歩にして、爾来社会百般の事象一として新紀元を画せざるはなし。……露独二大軍国の崩壊は延《ひ》いて国際連盟を成立せしめ軍備制限を提唱せしむ。かくて世界の外交思想は根本的に刷新され、今において軍国主義を夢見るが如きは時勢に迂なり」として、国際連盟結成と軍縮による「世界改造」の意義を訴えていたのである。尾崎は二月の第四四議会に、海軍軍備を英米と協議して制限し、陸軍軍備を国際連盟規約によって縮小するという軍備制限決議案を提出していた。また、第四五議会でも大岡育造や犬養毅などが軍縮に関する決議案などを出していたが、このうち犬養の軍縮論の背景にあったのは、第一次世界大戦後における国際関係の変化に対応した「産業立国主義」を採ることであった。犬養は大戦中に連合国のなかに生まれた日本への警戒感を解消するためには軍国主義を放棄する必要があり、軍事中心の行財政構造を産業振興のための予算に組み替え、武力によってではなく貿易を通して資源を獲得する必要を説いた。そして、産業開発を進める人材確保のために師団の削減と兵士の在営年限短縮を要求していたのである（鷲尾義直編『犬養木堂伝』中巻）。

軍縮と精兵主義

こうした軍縮要請が議会に出され、論壇でも『東洋経済新報』の石橋湛山らにリードされた軍国主義否定の産業・経済立国論が高まっていくなかで、政府も一九二二年には軍備整理に着手せざるをえなくなった。日本陸軍史上初の山梨半造陸相による軍縮案は兵員六万二五〇〇名、軍馬一万三四〇〇頭を削減し、二三年から一一年間で三億五千万円余の経費節減を図り、兵役年限を短縮するとしていた。しかし、この山梨軍縮は次なる戦争を軍人中心の短期決戦と想定した従来からの武力戦論に立つものであったため、総力戦に対応した軍備改革が必要であるとする批判が田中義一や宇垣一成などから出された。田中は二三年に陸相に就くと総力戦に備えるための軍制改革に着手し、宇垣次官を委員長とする制度調査委員会を発足させた。そして田中の後を承けて陸相となった宇垣の下で、四個師団を削減する軍縮が行われた。この二五年の宇垣軍縮では節減された二億八千万円が、航空兵科・戦車隊・高射砲隊などの新設、飛行隊・重機関銃隊・自動車隊などの増設、軍用科学研究施設の拡充、青少年訓練の実施などに充てられた。また、現役将校を中等学校の軍事教練教官として温存し、軍の財政負担なしに軍事訓練をおこなう制度を始めた。要するに、節減された経費のほとんどを総力戦に対応するための装備拡充に振り替えたのが宇垣軍縮であり、尾崎などが要求した軍備そのものの縮小とは異質のものであった。しかし、四個師団削減という手段をもってする装備拡充には上原勇作、福田雅太郎などの武力戦派からは士気の低下を招くとして強い反発が出され、宇垣ら総力戦派との路線対立が強まることとなった。国防はあくまで軍人が責任をもつべきだとする上原らは、資源に乏しく工業力に劣る日本には大量の兵器を要する長期戦に耐える国力がない以上、緒戦における積極的攻勢によって短期決戦で勝敗を即決する必要があると主張し、緒戦に投入する常備軍の兵力を最大限に保持することを要求していた。しかも、欧米に比して科学・工業の発達が遅れ、国力に劣る軍隊が兵器や装備で競争しようとすることは戦う前から敗北したことになるとみて、日本軍の特性である果敢な精神力をもった軍隊による精兵主義を第一とする編成と訓練が重要であるとして装備改善を重視する総力戦論に反対していたのである。こうした国防路線の相違が伏線となって、その後の統制派と皇道派の対立を生むことになった。

しかし、当時の日本の工業力においては戦時兵力の四分の三への兵器・弾薬の補給が限界という実情にあったため、武力戦論を採るとしてもまずは軍事費を削減して工業育成を進める必要があった。まして総力戦に対応する装備拡充路線を採るためには、より重点的な工業への予算の傾斜配分が不可欠となるはずであったが、軍事費を削減して産業振興予算に振り替えることは組織防衛上おこなわれなかった。このため陸海軍ともに劣った戦力をカバーするのは精神力であり、それは「名状すべからざる悲壮なる教育訓練を重ね」るしかないという精神鍛錬主義だけが突出していったのである。

四　植民地統治への衝撃

第一次世界大戦はアジア・アフリカに植民地をもっていた英・仏・独などが大量の兵士や労働者などを動員したことによって世界規模の戦争となり、その結果として本国と植民地の支配・服従関係は変わることとなった。日本の場合、植民地からの公式な動員はおこなわれなかったものの、そうした世界的な植民地状況の変化もあって大戦前後を通じて植民地統治は危機に直面し、それに対応するための統治体制の再編に迫られていたのである。

台湾では一九一二年の林圮埔《りんいほ》事件に始まり、一三年に南投・台南・東勢角など各地で抗日蜂起が起きていた。苗栗《びょうりつ》事件と総称されるこの蜂起では一二一一名が逮捕され、二二一名が死刑、二八五名が有期徒刑に処せられていたが、その首謀者として一四年に処刑された羅福星は「我は日本の国法を犯すと雖《いえど》も、我が事業はこれ天の命ずる所なり。台湾総督府の官吏よ、我は今年失敗すと雖も明年の成功を期す。我台民の独立を承認せざれば必ず事を挙げん。……汝ら忘るる勿《な》かれ、伊藤〔博文〕を制せし安重根のある事を。今我一死せんとするは只《ただ》台民をして虎口より救出せんがためのみ」(山辺健太郎編『現代史資料21・台湾1』)として台湾における民族独立運動が朝鮮の抗日運動と同質性をもつものであることを訴えていたのである。この事実は朝鮮と台湾とを異法域として分断しておく必要性を改めて認識させ、強圧的統治に拍車をかけるものとなった。しかし、台湾での蜂起もまた激越化し、一五年には一九五七人が逮捕され、死刑八六六名、有期徒刑四五三名の判決が出た西来庵《せいらいあん》(タパニー)事件が起きたため、「日台融合」の内地延長主義への統治政策の転換を図らざるをえなかった。

また、朝鮮では一九一〇年の韓国併合によって朝鮮駐箚《ちゅうさつ》軍が置かれたが、これは内地の在来師団を交替で派遣していたものであったため、〇七年の韓国軍解散以来絶えることのない抗日武装闘争に対処すべく常駐師団を設けることが課題となっていた。この師団常駐は東アジアにおけるロシアの南下を牽制する意図も併せて含んでいた。そして、辛亥革命後の中国の流動的情勢を勢力圏拡大の好機と判断した上原勇作陸相は、一二年に二個師団を増設して朝鮮に駐屯させる案を提議した。しかし、日露戦後の財政難や国際関係を顧慮した西園寺公望首相が拒否したため上原陸相の単独辞職となって内閣は崩壊し、次いで生まれた桂太郎第三次内閣が議会無視の態度を取ったことから「打破閥族・擁護憲政」を掲げた第一次憲政擁護運動に発展、ついに桂内閣が退陣に追い込まれる大正政変につながったのである。ここには中国への勢力拡張と朝鮮統治と内政という三つの次元が緊密に結びつくに至った帝国日本の政治的連関の位相が示されており、その反面で植民地拡張が国内の財政や立憲主義と相容れない事態が生まれていた。こうした情勢の変化を察知した山県らは国民に人気のある大隈重信を首相に据えて増師問題の解決を図ろうとし、その意向を受けた大隈内閣の下、一五年の第三六特別議会において二個師団増設、軍艦新造費などの追加予算案が可決された。これによって第一九師団が羅南に、第二〇師団が竜山に置かれて、朝鮮軍となったのである。

国境を跨ぐ独立運動

しかしながら、軍隊駐留による威嚇にも拘わらず、朝鮮独立運動は第一次世界大戦期間中にウィルソンの民族自決主義やレーニンの民族解放主義などの影響を受けながら更なる高揚をみせ、ついに一九一九年の三・一独立運動として噴出したのである。三・一独立運動は増派した軍隊と警察の武力を使って鎮圧されていったが、それは逆に中朝国境と朝露国境のそれぞれを跨ぐ地帯に独立運動を激化させることとなった。しかし、国境を越えて中国やロシアの領土内に日本軍を進めることはできず、朝鮮総督府と朝鮮軍は国境外から攻勢をかけては戻る独立運動に手をこまねくしかなかった。この跨境地帯の独立運動を討伐するための契機となったのが、第一次世界大戦に伴う日華共同防敵軍事協定の締結とシベリア出兵であった。

当初、中国の参戦に反対だった日本も戦時中に獲得した中国での権益を英仏に保証させたことによって、中国の参戦支持に転じ、段祺瑞政権にヨーロッパに派遣する軍隊としての参戦軍を組織させ、その軍事指導にあたっていた。そして、シベリア出兵を視野に入れるなかでドイツ・オーストリア軍を対象として日中間で共同防敵軍事行動をとることを定めた日華軍事協定が陸海軍それぞれに一八年五月に締結されたのである。この協定は対華二一カ条要求第五号にあった日中兵器同盟を実現する目的をもって着手されていたが、直接にはロシア革命後の内戦状態が続くなかで革命以前にロシアの勢力範囲とされた中国東北部北方域(北満洲)からバイカル以東のシベリアに進出するにあたって、日本軍が中国国内で自由な軍事行動をとるために要求したものであった。当然、この協定には中国の主権を無視し、中国を日本の軍事的支配下に置くものであるとして中国各地で反対運動が巻き起こり、日本に留学していた学生二四九二人のうち一二〇七人が抗議のため帰国するという事態もうまれた。こうして山東半島占領や対華二一カ条要求への反対運動として広がった反日・排日の気運は、さらに高まりをみせ、そのなかで生まれたネットワークが五・四運動へとつながっていったのである。

これらの反対を押しきって共同防敵軍事協定を結んだ日本軍は、一八年八月には北満洲を占領し、さらに多数の朝鮮人が居住していた中国の間島地区へも出兵することが可能となった。このように日本のシベリア出兵は、朝鮮統治そして満洲支配とも緊密に結びついたものだったのである。もちろん、シベリア出兵の目的は、公式にはボリシェビキ勢力とドイツ・オーストリア軍による「独勢東漸」を阻止することにあるとされたし、同時に西部戦線に合流する予定のチェコスロバキア軍を救援すれば速やかに撤兵するとも宣言されていた。しかし、それはあくまでアメリカに協調して出兵せざるをえなかったための表向きの宣言であって、日本軍の真の目的はロシア革命で混沌としている北満洲からバイカル以東のシベリアに及ぶ地域を支配下に置くことにあった。そうした日本軍の意図を警戒したアメリカは当初は反対していたが、最終的には北満洲などで軍事行動を取っていた日本を監視する必要もあって共同出兵を提議することとなった〔参謀本部 一九二四／細谷 二〇〇五／原 一九八九〕。日本がアメリカの提議を待ったのは、政府と軍部の中に日米関係の更なる悪化をおそれる議論とともに、アメリカの資金力や軍事力の援助なしにはシベリア出兵を遂行できないという意見が強かったためであった。これに対して単独自主出兵を主張していた伊東巳代治や後藤新平らはアメリカとの共同出兵提案が日本を牽制するためのものであるとの判断から、アメリカ軍の出兵を「米禍東漸」とみて反米感情を強めていた。そして、いったん共同出兵に決すると、日米同数と決められていた兵員数を越えてチェコスロバキア軍救援とは無関係な軍事行動を取っただけでなく、各国が撤兵した後も出兵を続けたため日米間の関係はさらに悪化することになったのである。

間島出兵と張作霖懐柔工作

こうしたアメリカの非難を受けながらも、日本は北満洲からの出兵はあくまでも共同防敵軍事協定に基づく日中共同出兵であり、その兵員数もアメリカとの合意の枠外のものであると主張した。しかしながら、北京政府はそれを日中共同出兵として認めようとしなかったため、日本軍は東三省巡閲使として中国東北部に勢力を拡大していた張作霖の懐柔工作を図った。この背景には大戦後、英米などが中国に関心を再び持ち始めたため、日本としては中国本部よりも満洲での権益を確実にする必要があったこと、また一九二〇年には日本が支援していた参戦軍が第一次世界大戦の終結によって辺防軍へと編成替えされたために日本の北京政府への発言権が低下したことなどがあった。

このように日中政府間の関係が疎遠になっていく中、二〇年九月、朝鮮独立運動の拠点の一つとみられていた中朝露の国境に近い琿春《こんしゅん》で四百余名の馬賊が領事館や日本人住居を襲撃し、死者十数人を出すという事件が起きた〔東尾一九七七〕。馬賊の中には約百名の「不逞鮮人」と五名の過激派ロシア人が加わっていたとされたことから、ここに「不逞鮮人の禍根を一掃する」という目的とボリシェビキ思想の「赤禍南漸」とを阻止するという目的とが合致し、シベリア派遣軍と朝鮮軍そして張作霖軍を加えた日中共同軍事行動として「不逞鮮人」討伐のための間島《かんとう》出兵がおこなわれた。しかし、実際には中国軍は積極的に参加しなかったし、「不逞鮮人の集団」を発見することができないままに三七五名を射殺し、民家・学校・教会など三百余棟を焼却したため、間島在住の宣教師などから非難が起こり、国際的にも衝撃を与えた。また、この出兵に対しては張作霖の基盤であった吉林省で省議会・総商会・学生連合会などが日本軍の撤退を要求、日貨排斥という言葉を避けた「国貨提唱」の名目でも排日運動が展開されることになり、北京政府の抗議も強まったため二一年五月になって日本軍は撤退した。他方、間島出兵で形式的ながら日本に協力した張作霖は増強した軍事力を背景に北京政界への進出を図った。日本はこれに反対して東三省統治に専心することを閣議決定をもって要求したが聞き入れられず、最終的には二八年三月関東軍が張作霖爆殺によって決着を図ろうとしたが、かえって子息の張学良による東三省と国民政府との合流を促すことになったのである。

そして、間島出兵にも拘わらずこの後も間島地方は朝鮮独立運動の策源地として強化され、二六年には朝鮮共産党満洲総局が組織され、三〇年には中国共産党満洲省委員会の指導下に入って反日武装蜂起を指導した。これに対し、満洲事変を工作して満洲国建国を強行した関東軍は「匪賊討伐」作戦を続行したが、間島地方はシベリアと繋がりながら、金日成をはじめとする反満抗日軍による朝鮮独立運動の拠点として満洲国の存立を脅かし続けたのである。

おわりに

以上、概観してきたように第一次世界大戦は、日露戦争後の閉塞状況にあった帝国日本にとって一種の跳躍台としての意味をもった。国内では大戦景気によって不況から脱し、対外的には英・独・仏・露などの勢力が東アジアから退いた間隙をぬって中国そしてシベリアへと権益の拡張を図る機会となった。しかし、そのことが中国で反日・排日の気運を生みだして国権回収運動を高揚させ、台湾や朝鮮での独立運動を激化させることともなった。また、参戦外交や山東半島占領問題などをめぐる日英対立は、日本の東アジア政策の基盤であった日英同盟の一層の空洞化をもたらした。さらに、日露戦争以後、日系移民問題や満洲経済権益などをめぐって亀裂を生じていた日米関係は対華二一カ条要求やシベリア出兵問題などをめぐって対立の度を深めることとなった。

かくして第一次世界大戦後の日本が直面したのは、総力戦へと転換した戦争形態に対応できる国内体制の再編成をおこないつつ、こうした戦時中に生じた帝国内外の問題にいかに対処していくべきかという難題であった。そこで問題となったのは日本本土だけでは確保できない軍需資源や食糧を安定的に供給できる自給自足圏の形成であり、それは植民地統治の再編と中国との経済的・軍事的提携にいかに対処するかということであった。なかでも植民地統治への再検討は、前述したような台湾での武装蜂起や朝鮮での独立運動が続出する中で火急な対応を要する課題として浮上していた。第一次世界大戦はヨーロッパにおいても植民地からの動員などによって本国との結びつきを強め、それゆえに植民地の発言権を高め、その中で帝国の崩壊による植民地独立をもたらしていたが、帝国日本もまたそうした世界的趨勢から無縁ではありえなかったのである。とりわけ、ウィルソンの民族自決論は東欧を主眼としていたにも拘わらず、台湾や朝鮮でも自らの独立運動を正当化する普遍的理論として受容された。大戦後の日本で植民地に自治権や議会開設を認める主張が現れたのも、本国内での普通選挙権や婦人参政権を要求することと植民地側の要求が世界的民主主義思潮としてパラレルな性質をもつことを認めたからに他ならなかった。「世界の大勢に逆行する危険なる頑冥思想を撲滅」し「戦後世界の新趨勢に順応して、国民生活の安固充実を促進する」ことを大綱に掲げた黎明会(一八年一二月発足)の福田徳三が朝鮮に速やかに憲法政治を布《し》き朝鮮国会を開設せよと呼びかけたのも、その一例であった(「朝鮮は軍閥の私有物に非ず」『黎明会講演集』第六輯、一九年八月)。また同じ黎明会会員で大戦後の国際関係が「帝国主義より国際民主主義へ」と転換し、国内政治が「民本主義」によって律せられるべきことを主張した吉野作造は、三・一運動など朝鮮統治の現状に鑑みて①朝鮮における学校や朝鮮人官吏への差別撤廃、②軍人と憲兵による武断政治の廃止、③同化政策の放棄、④検閲廃止と言論自由の保障、の四点を最低限の政策課題として要求していた(「朝鮮政治の改革に関する最少限度の要求」『黎明会講演集』同前)。

これに対し、帝国統治という観点からも植民地の意味づけは変わらざるをえなかった。総力戦体制を作りあげるために本国における重工業化が必要となれば、米騒動にみられたような本国における食糧欠乏を解消するための食糧自給基地として台湾や朝鮮の農業が重要性を増すからである。朝鮮における産米増殖計画や台湾における蓬萊米の生産奨励などは、そうした本国と植民地との分業体制を取りつつ、植民地の財政的自立と帝国全般の産業振興が課題となったことを示すものであった。そして、帝国内での自給自足圏形成では獲得できない鉄・石炭・石油などの重要資源を確保するための対象として第一次世界大戦のなかで浮上してきたのが同一経済圏となすべきはずの中国であった。しかし、その日中関係は対英米関係と緊密な相関性をもって展開していた。日英同盟消滅後、幣原喜重郎外相が「米英協調」と「対中国不干渉」をともに尊重する外交路線を採ったのもそのためであった。他方、アメリカもまた第一次世界大戦中に悪化した日米関係を修復するスタンスを取った。その現れが反目していた新四国借款団の形成においてアメリカが日本の満蒙既得権益を限定的ながらも認めるという妥協的態度を一九二〇年に示したことであり、新四国借款団は「小国際連盟《リトル・リーグ・オブ・ネーションズ》」とさえ見なされていたのである〔三谷 二〇〇九〕。

しかし、イギリスのシンガポール軍港強化やアメリカでの二四年排日移民法の成立、そして中国における排日運動の噴出などへの幣原外相の対応が軟弱外交の非難を浴びて挫折すると、田中義一内閣は「積極政策」を取って山東出兵を繰り返し、満蒙を特殊地域として日本の支配下に置くことで問題解決を図ろうとして再び中国のみならず英米との対立を増幅させていった。そして、First World War を Last World War にすべく創られた国際連盟から脱退した日本とドイツによって引きおこされた戦争は、再び世界を巻き込む Second World War へと転化していくことになるのである。

【文献一覧】

黒沢文貴 二〇〇〇 『大戦間期の日本陸軍』 みすず書房
纐纈厚 一九八一 『総力戦体制研究』 三一書房
参謀本部編 一九一六 『秘大正三年日独戦史』(復刻版全四冊、ゆまに書房、二〇〇一年)
参謀本部編 一九二四 『西伯利出兵史――大正七年乃至十一年』(復刻版全三冊、新時代社、一九七二年)
原暉之 一九八九 『シベリア出兵――革命と干渉 1917-1922』 筑摩書房
東尾和子 一九七七 「琿春事件と間島出兵」 朝鮮史研究会論文集、一四号
平間洋一 一九九八 『第一次世界大戦と日本海軍』 慶應義塾大学出版会
細谷千博 二〇〇五 『シベリア出兵の史的研究』 岩波現代文庫
三谷太一郎 二〇〇九 『ウォール・ストリートと極東』 東京大学出版会
山室信一 二〇〇七 『憲法9条の思想水脈』 朝日新聞出版
山室信一 二〇一〇 『複合戦争と総力戦の断層――日本にとっての第一次世界大戦』 人文書院
Repington, Charles à Court 1920, *The First World War: 1914-1918*, London : Constable.
Strachan, Hew (ed.) 1998, *World War I: A Histry*, New York: Oxford U.P.

トピック・コラム

世界戦争と終末思想

川瀬貴也

超自然的なカタストロフィ(大破局)が訪れ世界が滅亡する、という終末思想は古今東西に存在するが、近代東アジアにおいても、数々の新宗教運動が終末思想を唱えた。日本の新宗教にも、特に創唱当初には終末論的かつ排外主義的な傾向が散見できるのは周知の通りである。一九世紀以降の東アジアの新宗教は封建体制の揺らぎと近代化に伴う「痛み」、そして侵略・戦争を含めたウェスタン・インパクトを契機としてその教えを形成、成熟させたといえる。また、戦争や天災を神からの警告、いわゆる「天譴《てんけん》」と見なす発想も洋の東西を問わないが、戦争や天災それ自体が終末の端緒と見られることも多い。ことに第一次世界大戦や一九二三年の関東大震災は、その破壊の規模が桁違いであり、まざまざと「この世の終わり」を見せつけ、宗教者は「世界の破滅」と「世界の変革(の始まり)」を同時に感じ、終末思想を尖鋭化させた。アメリカにおいても、ものみの塔(エホバの証人)が、第一次大戦をサタンの支配が終わりキリストが再臨する終末の兆しと捉えたことはその一例である。

日本において終末思想を背景にこの世の変革を説き、弾圧された教団が複数あるが、代表的なものとして、大本とほんみちを取り上げよう。大正期の大本は出口王仁三郎《でぐちおにさぶろう》(一八七一—一九四八)を筆頭に大本の世直し思想である「立替え立直し」を基盤に置く「大正維新」を自前の新聞と機関誌で唱え、目覚ましい進展を遂げていたが、国体思想にすり寄った結果、却ってその「異端的性格」が浮き彫りになり、一九二一年の第一次大本事件、そして一九三五年の第二次大本事件の二度の弾圧で徹底的に組織は破壊された。一九一三年に自らが救世主であるとの悟りを得た大西愛治郎《おおにしあいじろう》(一八八一—一九五八)による天理教の分派ほんみち(発足当初は天理研究会)は、「現在の天皇には徳がない」「救世主たる大西を中心に社会変革をしなければ、来たるべき大戦により日本は滅びる」という文書を一九二八年に各方面に送りつけ、不敬罪容疑で教団幹部が一斉に逮捕された。この両教団は、ともに日本が「神国」であり世界に対して特別な使命を担っているという意識を持っており、まさに近代日本の国体論のラディカルな「異端」として広範な支持を得たのである(安丸良夫『近代天皇像の形成』岩波書店、一九九二、二二二頁)。

仏教においては、在家中心の日蓮主義の動きが目立つ。第一次大戦後は日蓮主義の興隆期で、その信奉者は社会主義(ロシア革命の影響)や米騒動などに対抗し、理想の日本を形作る思想の持ち主と自認していた。特に田中智学《たなかちがく》(一八六一

―一九三九）の国柱会は、法華経と国体思想を結びつけ（法国冥合）、天皇を法華経による理想世界の中心とする一種の「メシアニズム」を説いた。石原莞爾《いしはらかんじ》（一八八九―一九四九）の「最終戦争論（日米の戦争によって世界の最終的な趨勢が定まる、とするもの）」も、この田中の「神学」の影響から生み出されたものといえる（大谷栄一『近代日本の日蓮主義運動』法藏館、二〇〇一）。石原は「満洲事変」の立案者として知られているが、彼によれば「満洲事変は最終戦争に対する準備」と位置づけられ、最終戦争の日本の勝利により天皇のもとでの「八紘一宇《はっこういちう》（田中智学の造語）」の世界統一が実現するというヴィジョンを持っていた。これも一種の終末思想と言えるだろう。

のぼりを掲げ，たすき掛けで街頭布教におもむく大本信者たち（宗教法人大本提供）

　キリスト教においては、大正末期から昭和初期にかけてのホーリネス教会が「再臨」を強調し、「癒し」の業をともなって急成長したことも注目される（池上良正『近代日本の民衆キリスト教』東北大学出版会、二〇〇六）。一方、植民地とされた朝鮮半島においては、自らを亡国の「イスラエル人」になぞらえ、一刻も早く「審判の日」の到来を願うような神秘主義的な終末論的キリスト教が隆盛した。

　このように一九一〇年代から二〇年代にかけて、一種の「近代」の行き詰まり――漱石や啄木の嘆きと通底するような――と戦争の影を感じながら、宗派を越えて「終末思想」が伏流していたのである。

　時代は少し下るが、史上最大の惨禍をもたらした太平洋戦争について、宗教者はどのように見ていたかを少し紹介しよう。天照皇大神宮教《てんしょうこうたいじんぐうきょう》教祖の北村サヨ（一九〇〇―六七）は、太平洋戦争を欲に駆られた「蛆《うじ》（神意を理解しない人間をこう呼ぶ）」の戦争と見なし、マッカーサーを「蛆退治の恩人」と見なすほどラディカルであった。石原莞爾も敗戦を天意と見なし、無条件の絶対平和主義を唱導することが日本の使命だと述べた（津城寛文「大本霊学と日蓮主義――近代日本の「公共宗教を目指すもの」」『岩波講座 近代日本の文化史５』岩波書店、二〇〇二、二三二頁）。出口王仁三郎は「弾圧は神の恩寵である。おかげで大本は戦争に関与も協力もせずに済んだ」とさえ述べたという。満洲事変の一九三一年を皇紀に直し、その二五九一年を「地獄の始め」と言霊論で読みかえた彼の目には、焼け野原が自らが夢想していた「日本」の新たな世界のスタートラインと見えたのだろう。終末思想とは、新たな世界のスタートを言祝《ことほ》ぐ思想でもあるのだから。

個別史／地域史

I　改革と革命

個別史／地域史Ⅰ

光緒新政から辛亥革命へ――地域社会の変動を中心に

藤谷浩悦

はじめに

辛亥革命は、二千年に及ぶ中国の王朝体制に終止符を打ち、中国史上初めて国民に主権があり、国民の選挙で指導者が選ばれるという共和政体を樹立し、かつ国会に議席を持った政党による内閣の組織、すなわち議院内閣制を敷いた。これまで、中国近代史研究においては、一つには欧米のフランス革命や日本の明治維新を視野に入れつつ、歴史が段階的に発展するという暗黙の前提の下に、二つには清朝の瓦壊という事実を念頭に置きつつ、いわば革命の成就という結果から原因を遡及する形で、考察のなされることが多かった。しかし、このような研究は、一九七〇年代以降、歴史の「進歩」に対する観念が崩れ、歴史の多様性が追求される中で、見直されるようになった。一九七〇年代以降の中国近代史研究の特徴は、「近代」の構造的同一性や均質性に着目しつつ、明末以降の長期的な変化、すなわち地域社会の社会的、経済的な変動に焦点を当てている点にある［藤谷 二〇〇三］。この結果、辛亥革命についても、地域社会の動態的な変化に着目した、多彩な研究がなされた。ただし、これらの研究でも、辛亥革命について、地域社会の規範を未来に対するある種の共同幻想と結び付けて考察し、辛亥革命の多様性を跡付けようとするものは、ほとんどなかったように思われる。

辛亥革命は、中国国内において、列国の侵略に対抗し、清朝の統治を否定する動きが高まる中で起きた。この辛亥革命を考える場合、次の五点の政治的、社会的な動向の分析が鍵となるであろう。第一点は、清朝政府の「近代」化政策、具体的には光緒新政における官制改革、教育改革、産業振興の進展である。第二点は、光緒新政を地域社会で推進した、革新的な郷紳《きょうしん》(地方の有力者)の台頭である。第三点は、日本留学中に革命思想に触れ、中国同盟会などの革命団体に参画した、知識人の活動である。第四点は、官憲や郷紳の苛斂誅求によって多発した、民衆蜂起の勃発である。民衆蜂起は、会党などを介する場合が多かった。第五点は、末劫論《まつごう》(終末論)の流布である。末劫論とは、王朝末などに唱えられた、世界が破滅するという予言を指す。そして、白蓮教など民間宗教では、末劫の到来と救世主の降臨、至福の世界の顕現という内容を備えた。この五点の中で、研究が第一点と第二点の間の緊張関係に着目し、辛亥革命における郷紳の清朝からの離反を投機的なものと見なすならば、郷紳革命論となる。また、革新的な郷紳の台頭の背景に、第三点の革命派の言説に見られるような、産業資本の成長などの新しい社会的、経済的要求を見出すならば、ブルジョア革命論となる。そして、研究が第四点の民衆蜂起の政治的、社会的変革に示した力量を強調するならば、民衆革命論となる。これに対して、これまでの研究でほとんど注目されてこなかったのが、第五点の側面、すなわち辛亥革命の前夜に末劫論が流布したことの意味である。

周知のように、民衆蜂起が単なる経済的な理由、すなわち生活の困窮などから、大きな拡がりをみせることは少ない。すなわち、民衆蜂起は、経済的な理由に基づく限り、各地の個別事情に制約されており、ために個別分散的な性格を持つ。この民衆蜂起が地域の枠組みを越えて大きな拡がりをみせ、政府や王朝の瓦壊を引き起こすまでに至るためには、「正義」の感覚など、地域社会の規範に支えられる他に、未来に対するある種の共同幻想が必要となる〔小林、二〇〇八 一五八―一五九頁〕。本論では、この問題を考える手掛かりとして、辛亥革命の前夜、末劫論が流布したことの意味を取り上げる。末劫論の背景には、何者かの作為が看取されなければなるまい。と同時に、末劫論には、民衆の恐怖と願望が投影されている。これら民衆の恐怖と願望は、地域社会の規範と深く関わり、かつある種の共同幻想を形成したといえよう。従って、末劫論の流布に着目し、地域社会の規範やある種の共同幻想という観点から辛亥革命を考えることで、辛亥革命の多様性に言及することは、可能になる。

一　光緒新政の光と影

光緒新政と民衆蜂起

一九〇一年一月二九日、西太后は、光緒帝の名義で、軍機大臣以下、各地の総督や巡撫にあてて、朝政、国政、吏治、民生、学校、科挙、軍制、財政の全般にわたる政治改革案を二カ月以内に提出せよとの懿旨《いし》(皇太后や皇后のおおせ)を下した。これに対して、湖広(湖北・湖南)総督張之洞と両江(江蘇・安徽・江西)総督劉坤一による連名の会奏の他、各地から改革を求める上奏が相次いだ。そして、清朝政府は、これらの上奏に従って、一連の改革を行った。これを光緒新政と呼ぶ。光緒新政では、まず外交を所管する外務部、実業を所管する商部(のち農工商部)、教育行政の学部などの中央官庁が設置され、実業振興や近代教育導入のための法的制度的整備が進められた。また、近代化された新軍が設置され、その士官を養成する陸軍武備学堂も各地に設置された。新学制も設置された。更に、改革は、張謇らの働き掛けもあって、立憲君主制の実現に向けて動き出した。一九〇八年に清朝が欽定憲法大綱を公布し、一九〇九年に各省に諮議局を設置すると、諮議局議員は国会の早期開設を要求した。また、一九一〇年には、北京に諮議局選出の民選議員と勅選議員からなる資政院が開設された。すると、清朝政府は、一九一三年をもって国会を開設すると宣言した。

このような光緒新政は、中国に近代的な諸制度を導入した反面、義和団事件の賠償金と共に民衆には過重な税負担を与え、民衆蜂起を引き起こす要因となった。何となれば、光緒新政の結果、戸口調査の遂行の他、学校、巡警局、自治公所が設置され、これらの費用が新税として民衆に課せられたからである。この他にも、民衆蜂起は、大別して次の三点の原因によった。第一点は、戸口調査である。各省では憲政実施の準備として戸口調査が行われたが、民衆はこれを「洋人」に人を売るためのものと捉えた。第二点は、米価高騰である。自然災害の他、郷紳が税の課徴を強化したため、米価が高騰した。第三点は、ケシ栽培の禁止である〔山下 一九六五〕。民衆蜂起は、一九〇六年から一九一一年まで、一九〇八年を除いて毎年一〇〇を越える数が記録され、中でも一九一〇年は二一七という異常な数に達した。これらの民衆蜂起の特徴は、郷紳と民衆の激しい衝突にある。民衆蜂起における郷紳と民衆の衝突は、一九〇六年では一三三のうち三一、一九〇七年では一三九のうち四四、一九一〇年では二一七のうち九七に達した。この理由は、地方自治が施行されたことによって、郷紳が地方自治に名を借り、民衆に対して苛斂誅求を強めた点にある〔王 二〇〇八〕。

一九一一年、四川省は、清朝政府の鉄道国有化政策に激しく反対し、辛亥革命に一つの路を開いた。この四川省は、古来より「天府の国」と呼ばれ、豊穣な地域の一つに数えられた。ところが、一九〇〇年代初頭、この四川省で民衆蜂起が多発した。四川省の民衆蜂起は、次の七点の傾向を持った。第一点は、一八九〇年代後半以降、蜂起の件数が急増したことである。第二点は、一度蜂起が起こると、急速に隣接地域に波及したことである。第三点は、紅燈教や哥老会などの宗教結社や会党が、大きな役割を果たしたことである。第四点は、農村手工業の職人が人夫・苦力《クーリー》や失業遊民などと共に参加したことである。第五点は、一八九七年や一八九八年頃を境に、反キリスト教運動が列国に対する反対運動に性格を変えたことである。第六点は、中国同盟会の関与が中国同盟会の宣伝に効果を果たし、清朝政府に打撃を与えたことである。第七点は、一般の民衆を巻き込み、人民戦争の様相を呈していたことである〔西川 一九七八〕。そして、一九一〇年末から一九一一年にかけて、中国の各省では銅元の濫発が貨幣価値の下落を引き起こし、貨幣価値の下落が物価の騰貴を招き、多くの店舗が倒産した。特に、長江流域では、物価の高騰が飢饉とあいまって民衆の生活を直撃し、多くの飢民を生み出した［菊池 一九六〇］。

地域社会の統合と亀裂

清朝は一九〇三年に「欽定学堂章程」を、一九〇四年に「奏定学堂章程」を発布し、近代学堂制度の設置を宣告した。そして、科挙は、一九〇四年を最後に廃止された。近代学堂制度の特徴は、科挙が皇帝に直属した礼部（六部の一つ）によって執り行われたのに対し、近代学堂制度が内閣を構成する学部の担当にかかり、結果的に皇帝の権威を弱め、教育改革を推進した地方官憲と郷紳の権力を上昇させた点にある。また、近代学堂制度は、学堂の設立や教員の養成など、科挙に比べて膨大な経費を必要とした。更に、学堂の財源が富者や貧者の別なく徴収されたにもかかわらず、学堂が沿海部や都市に集中し、学生も富者の子弟に偏り、富者と貧者、都市と農村、沿海と内陸の亀裂を深めた。学堂の学生は、家族から離れて自我の意識を高め、同年代で集って同類の感情を持ち、雑誌を発刊して団体を結成し、学堂の監督に反発して学生運動を起こした［応 二〇〇二］。近代学堂制度は、科挙の「公平の原則」を崩し、「公平の原則」の下に隠蔽されていた地域社会の亀裂を顕在させた。また、近代学堂制度は、奨励のために、学堂出身者、留学修業生に進士、挙人の号を授与する路を残し、科場の習気、すなわち「発財昇官（出世して金もうけをすること）」の気運を濃厚に漂わせた［中村 一九八四、一八一頁］。

一九〇二年以降、清朝による光緒新政の遂行、とりわけ立憲制の採用と地方自治の実施は、江南の地域社会で郷紳の権勢を伸長させると共に、郷紳間の世代交代を加速させた。何となれば、一九〇〇年代には、近代学校制度の設置や海外への留学生の増加により新しい知識を取得した郷紳が誕生したからである。彼らの多くは省を単位に行動したため、「省紳」とも呼ばれた。もともと、清代の江南の地域社会では、郷紳間の共同関係や一定の社会管理が、善挙

（慈善事業）や団練（自衛団）の結成、水利事業などを通じて進んでいたが、一県の内部に留まっていた。ところが、一九〇〇年代になると、郷紳の活動の範囲は省に拡大した。彼らの改革のまなざしは、一つには官僚機構の末端に位置し、行政事務や徴税、治安維持に従事した胥吏《しょり》や地保に、他の一つには民衆の気風や生活状況、教育、宗教、アヘン吸飲に向けられた。これらの郷紳は諮議局を舞台に活躍し、積極的に法政団体を設立し地方自治を推進した。そして、「私徳」の励行と「公益」の維持が強調された。ただし、地方自治の推進は、郷紳を広範に結び付けた反面、郷紳と民衆の間の亀裂も顕在させた。いわば、地方自治は、求心力と離心力の二つの作用を果たしたのである［田中 二〇〇九］。

一九〇〇年代初頭、中国から多数の留学生が日本に渡り、新しい学問に触れた。そして、欧米の思想が中国に大量に流入し、中国の伝統的な学問と融合する中で、新しい思想が生み出され、未曾有の社会的、文化的変動を引き起こした。まず、留日学生は、日本で「科学」的な人種論に触れ、黄帝という想像上の始祖や漢族の観念を生み出し、更に太古の昔に漢族が西方のバビロニアから中国に至り、優勝劣敗の法則に従って土着の苗族に勝利するという漢族西方起源説を作り、「排満」論の理論的な根拠とした［石川 二〇〇二］。のみならず、同時期には政治意識、社会思想の面で急激な変化が引き起こされ、愛国主義とでも称される思潮が起きた。この中で、「国民」の概念が、ジャーナリズムの発達、進化論、特に「群」の発想に刺激されて、強固なものになった。また、外国に対するボイコット運動は、各都市内部で分立していた社会編成を乗り越えて展開した。ここにおいては、中国は地理的にも歴史的にも一体であるという発想が世界地図や「中国史」の創成を通じて現われ、かつあるべき社会的、文化的秩序が辮髪を剪る、死者を追悼するなどの行為を通じて示されたのである［吉澤 二〇〇三］。

二　辛亥革命の勃発

一九一一年の政治と社会

一九一一年五月、清朝は幹線鉄道の国有化政策を決定し、続いて四国借款団との間に正式な借款契約を締結した。清朝政府がこの国有化政策を決定すると、各省では反対運動が起こった。先ず、湖南省では郷紳や商人が諮議局に集まり、幹線鉄道の国有化に反対した。また、四川省、湖北省、広東省などでは、激しい反対運動が繰り広げられた。特に、四川省では、ほとんど全ての省民から鉄道建設用の資本が集められており、ために保路同志会、保路同志軍が作られ、反対運動は激烈を極めた。次に、五月八日、清朝は、前年の詔に従い、皇族の奕劻《えききょう》を総理とする「責任内閣」を成立させた。内閣の閣員は、一三名である。一三名のうち、満洲族は八名、漢人は四名、蒙古族が一名である。また、八名の満洲族のうち、五名が皇族であった。更に、行・財・軍の重要ポストは、満洲族が占めた。「親貴内閣」と呼ばれる所以である。同内閣が成立すると、中国の各地では不満が高まった。七月四日、各省諮議局聯合会は、皇族ではない大臣が内閣を組織するよう都察院に代奏を求めた。しかし、翌七月五日、清朝政府は、各省諮議局聯合会の請願に譴責を加えた。この動きに前後して、六月初め、北京で憲友会や憲政実進会、辛亥倶楽部が結成され、各省に人員を派遣し、支部の設立を図った。

中国同盟会は一九〇七年頃より分裂の兆しをみせ、同年八月の共進会の分立に至った。共進会の目標は、会党を基礎にした「排満革命」にあった。一九一〇年夏、宋教仁、譚人鳳ら、湖南省など長江流域出身の同盟会会員は、孫文の方策に反発して新たな戦略を討議した。ここで、宋教仁は、上策に中央革命論、中策に長江革命論、下策に辺境革命論を掲げた。一九一一年四月、黄興らは広州で黄花崗蜂起を図った。しかし、同蜂起は蜂起計画の漏洩で失敗に帰した。六月、譚人鳳は、黄花崗蜂起の失敗を受けて香港をへて漢口に至り、漢口で共進会の焦達峯と会合し、再び蜂起計画を画策するに至った。七月、宋教仁、譚人鳳など、長江流域出身の同盟会会員は、同盟会本部が華南での蜂起に固執したことに反発し、上海で中部同盟会を結成した。湖北省では、これ以前に幾つかの革命団体が設立されており、これらの団体は共進会、文学社の二団体に統合された。ただし、共進会は会党の成員が多く、文学社は軍界や学界の関係者が多数を占め、相互の交流は希薄であった。やがて、譚人鳳は共進会と文学社の融合を図り、湖北中部同盟分会を結成した[松本 二〇〇一、六六頁]。

各省では、不穏な情勢となる中で、様々な謡言が出現した。一九一〇年の長沙米騒動で出現した掲帖(ビラ)には、一九〇六年の萍瀏醴《ひょうりゅうれい》蜂起の首謀者の一人、姜守旦の名と共に、末劫の到来、中秋節の蜂起、白い頭巾の救世主の到来、漢の復興を暗示する言葉が、暗号のように散りばめられていた。白は世界の浄化を意味し、中秋節は満洲族の滅亡する日とされた。この白い頭巾や中秋節の蜂起の謡言は、萍瀏醴蜂起でも現われていた。中秋節の蜂起の謡言は、一つには中秋節の郷土奪回伝説、すなわち「殺家韃子」伝説(元末の漢人のモンゴル人に対する蜂起伝説)に由来した。そして、この「殺家韃子」伝説は、預言書の『焼餅歌』における「手に大刀九十九を執り、韃子を殺し尽して方《はじ》めて手を罷めん」の文句と結び付き、中秋節における末劫の到来の預言を内包するものとなった。この世界観の特徴は、本源的に至善な世界が悪の侵入によって破滅に瀕したとして、人間の身体に憑依した神将や天兵の力を借り、悪をこの世界から追放することによって本源的な世界に回帰しようとした点にある。そして、この世界観は、本源的に健全な人間が瘟神《おんしん》(流行病の神)の影響により病気に陥ったとして、瘟神の駆逐により健全な身体に回帰しようという病気の世界観と同じ構造をとったのである[藤谷 二〇一〇]。

革命軍の蜂起と末劫論

一九一一年一〇月一〇日、湖北省の武昌で新軍の兵士が蜂起した。これより先、新軍の兵士は一〇月六日、農暦では八月一五日の中秋節に蜂起を計画していた。ただし、街路や路地では「中秋節に満洲人をやっつけるのだ（八月中秋殺韃子）」という謡言が流布し、蜂起日が延期された。一〇月九日、漢口の秘密機関で爆弾が暴発し、一〇月一〇日に新軍の兵士は窮地に陥り、蜂起を敢行した。兵士は、まず武昌城内の兵器庫を奪取して軍備を整え、次に湖広総督衙門《がもん》を攻撃した。湖広総督瑞澂が逃亡したため、翌一〇月一一日朝には湖北省城全体が革命軍によって占拠された。武昌蜂起の報は、中国全土を駆け巡った。一〇月二二日は湖南省長沙と陝西省西安、翌二三日は江西省九江、二九日は山西省太原、三〇日は雲南省昆明、三一日は江西省南昌で革命軍が蜂起した。一一月には経済の中心地、上海で革命軍が蜂起し、次に貴州省貴陽、江蘇省蘇州で革命軍が蜂起し、更に浙江、広西、安徽、広東、福建、山東、四川の各省が独立した。革命軍の蜂起は、燎原の火のように中国全土に広がり、武昌蜂起後僅か二カ月足らずで、華中・華南のほぼ全域が清朝の支配から脱し、清朝の支配地域は北京から漢口に至る京漢線を軸として河北、河南、東三省の一部にすぎない状況となった［狭間 一九六九］。

一九一一年一〇月一〇日の武昌蜂起後、各省の革命軍の蜂起では、湖北省の女子軍、上海の女子軍事団、女子北伐隊、上海女子国民軍、女子経武練習隊、広東省の女子北伐隊など、女性の活躍が目立った［小野 一九七八］。また、各地で貧農の蜂起が起きた。一一月八日、江蘇省の揚州では、孫天王が揚州軍政府都督の名義で革命を布告し、三年間の漕糧（北京に船で輸送する租税の穀物）の免除と雑税の全廃、商人による物価吊り上げの禁止、物価の抑制（米価は一石三元以下、豚肉は一升二〇〇元以下）を約束した。江蘇省の常熟、無錫、江陰の一帯では、千人会の会員が「皇帝もいなくなったのであるから、地代を納めなくてもよくなったのだ」と述べて、蜂起を起こした。また、呉江県でも、千人会の会員が「王朝が代わったのであるから、この田は地主の所有ではない」と述べて、土地所有の回復を求めた〔山下 一九六五／小島 二〇〇五、一七六頁〕。これらの蜂起には、会党が介在した。また、湖南省の西部、いわゆる湘西地方では、苗族などのマイノリティが漢族の抑圧に抗して蜂起を起こしていた。いわば、女性、貧農、マイノリティのエネルギーが武昌蜂起を機に噴出し、蜂起を支えた。そして、湖南省では、各地の蜂起を縦断するように、末劫論、すなわち末劫の到来と救世主の降臨、至福の世界の顕現という考えが流布した。

一九一一年一〇月六日、湖北省の武昌では「中秋節に満洲人をやっつけるのだ」という謡言が起きたが、陝西省でも中秋節を前に同様の謡言が発生し、恐慌状態になった。中秋節の蜂起の謡言は、民衆の革命に対する期待が謡言となって顕在したといえよう。一〇月二二日、湖南省城で革命軍が蜂起すると、新軍の兵士や会党の成員は白い腕章を付け、各家々には白い旗が翻った。また、街路や路地では、戯劇の武生(武劇を演ずる役者)の装いをした若者が出現した。更に、金環日蝕が見られ、彗星が出現し、金星も最高高度に達した。戯劇の武生の装いをした若者は、一九〇〇年の義和団でも出現している。このため、若者は、義和団と同様に、自らを戯劇の世界の英雄と一体化させることで悪を平らげ至福の世界の実現を目指したように思われる。すなわち、白い衣服や白い頭巾は、一九〇六年の萍瀏醴蜂起の兵士の象徴であった。一九一〇年の長沙米騒動でも、焼き討ちの首魁は白い腕章を付けていた。湖南省の革命軍は、白い腕章を付け、家々に白い旗を掲げさせることによって、暗黙裡にこの革命が末劫の到来に伴なう救世主の使者の手になることを演出しようとしたのではなかろうか。いわば、革命軍は、末劫論を巧みに利用することによって、革命的気運を醸成していたのである〔藤谷 二〇一〇〕。

革命軍政府の樹立

一九一一年一〇月一〇日の武昌蜂起以降、僅か二カ月足らずで、華中・華南のほぼ全域が清朝の支配から脱し、独立を宣言し、革命軍政府を樹立した。この特徴は、次の五点にある。第一点は、これらの省の多くは、革命軍の蜂起以前に、郷紳が革命の側に立って独立を宣言した。第二点は、郷紳が推戴した革命軍政府の長官、すなわち都督は、清朝の総督や巡撫である場合が多かった。すなわち、江西、貴州、浙江、広東の各省では総督や巡撫は固辞して都督に就任しなかったものの、江蘇、広西、安徽、福建、山東の各省では総督や巡撫が都督に就任した。ただし、彼らの大部分は、後に交代した。第三点は、各省の都督には本省人(その省の出身者)が就任するという経緯をたどり、本省人が都督に就任しなかったのは雲南、貴州、福建、山東の四省だけであった。この例外的な四省のうち、福建省と山東省の場合は、清朝の総督や巡撫が都督に就任し、本籍回避の制(官吏が原籍地に派遣されないこと)が適用されたことによった。第四点は、各省の都督がこの後も頻繁に交代したが、軍人の都督になる場合が多く、その数は一二省にも及んだ。第五点は、軍人が都督になると、郷紳が民政を掌握した。この五点の特徴には、本省出身の軍人による都督就任、郷紳による財政と民政の掌握という、省を単位とする軍閥政権の構図が顕在している[市古 一九七七、三五六—三五七頁]。

一九一一年一一月中旬、南方諸省の軍政府代表は、上海から武昌、更には漢口イギリス租界に場所を移して各省代表連合会を開催し、臨時政府組織大綱を決定した。ここでは、袁世凱が革命側に付くならば、臨時大総統に推挙することも決議された。ただし、上海に残った各省の連絡員は、各省代表連合会とは別に大元帥の選挙を行い、暫定的に大元帥に黄興《こうこう》を、副元帥に黎元洪《れいげんこう》を選出し、大元帥による中華民国中央臨時政府の組織を決議した。ただし、この決議は、武昌の各省代表連合会の反対で頓挫した。いずれにせよ、各省の軍政府の代表が、武昌と上海に分かれて、全く別々の決定を下したのである。このように、臨時政府の成立が危ぶまれる中、一九一一年一二月二五日、孫文が上海に到着した。南京の各省代表連合会は、孫文を中華民国臨時大総統に選出した。一九一二年一月一日、孫文は南京で臨時大総統に就任し、中華民国の建国を宣言した。一月二八日、臨時政府組織大綱の規定に基づいて、臨時参議院が南京で組織された。そして、各省代表会議は解散された。

湖南省では一〇月二二日に革命軍が蜂起し、焦達峯が正都督、陳作新が副都督に就任した。しかし、一〇月三一日、焦達峯と陳作新は、行政の混乱を理由に、新軍の兵士によって殺害され、代わって前湖南諮議局議長の譚延闓《たんえんがい》が湖南都督に就いた。湖南都督譚延闓は、行政機構と軍事組織を整備した。ただし、革命軍の募兵により、湖南省の軍隊は九万近くになった。一九一二年にも、湖南都督譚延闓は、軍事会議を開き、以降軍事の補充を行わず、正規軍以外の「敢死隊」「決死隊」などは全て解散し、正規軍の最下級兵士の月給も七両から五両二銭に減額することに決した。兵士は反発し、湖南都督の交代を公言した〔曽田 一九七六〕。一九一二年になっても、各地で蜂起は続いた。これら蜂起の中心は、会党と解散兵士、下層革命党員であった。会党は各地に勢力を張った。そして、大量の兵士が解雇された結果、解散兵士は会党と計って蜂起を起こし、下層の革命党員も政権から排除されたために湖南都督府の顛覆、政治の改造を標榜してテロ活動を起こした〔清水 一九七四〕。辛亥革命は軍隊の肥大を生み、軍隊の肥大は財政を悪化させ、財政の健全化のために籌餉局を設立し義捐金を募ると、義捐金は民衆に強制的に割り当てられて不満を煽り、軍隊を削減すると失業兵士が各地に滞留し、治安が悪化した。

三　中華民国の亀裂

政党政治の展開

一九一二年一月一日、孫文は「臨時大総統宣言書」の中で、「五族共和」を称えて漢族、満洲族、モンゴル族、ウイグル族、チベット族の平等と団結をうたい、中華民国による清朝の多民族的構成の継承を宣言した。一月二八日、南京参議院は、各省連合会を母体に開院し、皇帝に退位後年四〇〇万両《テール》の歳費を給付する等の優待条件を議決した。二月一二日、宣統帝溥儀は、この条件に従って退位した。ここに、清朝は滅んだ。周知のように、孫文は革命運動の展開の過程で、「韃虜の駆逐」と「中華の恢復」を主張していた。ところが、辛亥革命後に「五族共和」に方針を転換した。これは、漢族が、周辺諸民族の居住地域の喪失によって瓜分《かぶん》（中国の分割）の危機に晒されることを恐れ、中華民国の正統性の根拠を漢族の独立にではなく、「五族共和」という超民族的理念に求め、満洲族の排除から保護へと方針を転換することで、清朝の領域の継承を試みたものである。ただし、満洲族は、漢族と対等な立場で自発的に中華民国への参加を決断したのではなかった。換言するならば、満洲族は、支配的な地位の放棄と引き換えに、漢族を中心とする政府に一定の保護と地位を与えられたにすぎず、いわば漢族による排斥の対象となるか漢族の保護下に入るかの二者択一を迫られ、やむをえず後者を選択したのである［深町　一九九七］。

一九一二年二月一三日、すなわち宣統帝溥儀《ふぎ》の退位の翌日、臨時大総統の孫文は、一、臨時政府の首都を南京に設けること、二、臨時参議院の選出した新総統、すなわち袁世凱が南京で就任するのを待ち、大総統や国務各員が辞職すること、三、新総統が臨時約法などの法令を遵守すること、以上の三点の条件の下に、臨時政府に辞表を提出した。二月一五日、南京の中華民国臨時政府は、袁世凱を臨時大総統に選出した。臨時約法は、第一条と第二条で「中華民国は中華人民がこれを組織する」「中華民国の主権は国民全体に属する」と記した他、立法府の優越も定められた。しかし、袁世凱は、南京の訪問を拒み、三月一〇日に北京で臨時大総統に就任した。この結果、先の第一点と第二点は無視され、第三点のみが残った。袁世凱の臨時大総統就任と共に、南京の諸政権機構も北京に遷り、四月二九日に北京で臨時参議院が開会した。八月から一一月にかけて、袁世凱は国会組織法、参議院議員選挙法、衆議院議員選挙法、同施行細則を制定した。有権者は、一定の資産と学歴を持つ、満二一歳以上の青年男子である。そして、各政党は、国会議員選挙に向けて激しい選挙運動を展開した。

一九一二年初頭、同盟会の内部では、同盟会の公開政党への改組が議論された。一月二二日、同盟会は、「満清政府を顛覆する、中華民国を鞏固にする、民生主義を実行する」という誓詞修正案を採択した。三月三日、同盟会は

「中華民国を鞏固にする、民生主義を実行する」ことを掲げ、「男女平権」の主張を含む九項目の政策を発表した。ただし、これ以降、同盟会の内部では、大総統責任制をとる孫文派と議院内閣制をとる宋教仁派の間で、深刻な路線対立が起きた。やがて、同盟会は、統一共和党などの小政党と合併し、国民党に改組する過程で、民生主義を綱領から削った〔久保田 一九七四〕。八月二五日、国民党の成立大会が北京で開かれた。ここで、国民党は党綱から「男女平権」の項を削り、婦人参政権問題の合法的な解決に路を閉ざした。国民党が「男女平権」の項を削った理由は、このことによって男子のみの制限選挙だけでなく、現今の家族制度と男女の分業による社会秩序の維持を図った点にある〔小野 一九七八〕。

第二革命の挫折

一九一三年一月から三月にかけて、全国で国会選挙が行われ国民党が圧勝した。国民党の勝利の原因は、第一に列国の侵略に反対する民族主義の旗を掲げたこと、第二に資本家の発展を保証した民生主義の旗を掲げたこと、第三に袁世凱の表面的な妥協のもとに運動を進めたこと、以上の三点にある〔狭間 一九八〇〕。ただし、各政党は、選挙期間中の買収工作によって、大方の不評を買った。三月一〇日、宋教仁が上海で狙撃され、三月二二日に死亡した。容疑の線上に、袁世凱の名前が浮かんだ。すると、袁世凱は、参議院の批准をえずに、英仏独露日の五カ国銀行団と二五〇〇ポンドの善後借款の締結を図った。参議院は、善後借款の締結を臨時約法に対する違反と捉えた。国民党内は、武力で解決を図る「武力派」と法律で解決を図る「法律派」に二分され、前者は一挙に南方各省の独立に傾いた。七月一二日、前江西都督李烈鈞《りれっきん》は、袁世凱の討伐を宣言した。すると、南京、安慶、湖南省、広東省、福建省、四川省が相次いで独立を宣言した。第二革命の勃発である。しかし、討袁軍は各地で袁世凱の軍事力の前に敗れ、第二革命は失敗した〔藤谷 二〇〇九〕。一〇月に袁世凱は正式に大総統に就任し、一一月に国民党議員の資格を剝奪し、国会の機能は停止し、翌一九一四年一月に国会は解散された。

この間、一九一二年、中国各地では、各種の政党や社会的結社が、雨後の筍のように出現した。これより先、一九一一年一一月、江亢虎《こうこうこ》は、上海で中国社会党の設立大会を開いた。中国社会党の綱領の中には、個人の私有権を生存中には認めるが死後には公に帰すという、「世襲遺産制度を破除する」の一項目がある［小島 一九七二］。このため、一九一二年五月以降、各省で社会党に対する弾圧が続いた。湖南省では、軍人が社会党長沙支部に乱入して施設を破壊した。社会党本部は、湖南都督譚延闓との交渉において、「もし社会党を組織してならないというなら、禍を推し量れば孫大総統がその咎につらなることになる」と述べた［曽田 一九七六］。すなわち、社会党は、社会党の主張の正当性を孫文の民生主義に求めた。ただし、多くの人々が社会党に抱いた危惧は、社会党の「世襲遺産の制度を破除する」の一項と共に、会党が社会党を標榜して「均産主義（生産物の公平な分配）」を求め、「劫富済貧（富者の富を削り貧者に与える）」を実行した点にある。この背景には、貧民の「均産主義」の要求が存在した。そして、この要求が社会党の綱領や民生主義に正当性を求め、会党を媒介として噴出したといえよう。

一九一一年一二月二九日、孫文は同盟会の歓迎会で、「本会は三大主義を唱導している。現在、民族主義と民権主義の二つは達成されようとしている。しかし、大成を遂げようとするならば、多人の努力を待つ必要がある。まして、民生主義は現在でも未着手であり、今後の中国はこの点に尽力すべきである」と述べた。しかし、中華民国では、この点に邁進することはなかった［久保田 一九七四］。貧民の「均産主義」の要求が、社会党を標榜し会党を媒介として噴出した背景には、辛亥革命が貧民の「均産主義」の要求に根差しながら、中華民国では土地所有問題などに抜本的な解決が図られなかった点にある。この意味では、貧民の「均産主義」の要求は、従来の民衆蜂起の内容とは大きく異ならず、依然として課題であり続けた［小島 一九七二］。このような中で、中華民国においても、中秋節の蜂起の謡言が続いた。これらの謡言の特徴は、蜂起の中心が宗社党や会党と繋がりを持ち、蜂起の矛先が中華民国や各省の軍政府に向けられた点にあった［藤谷 二〇一〇］。

おわりに

これまで、辛亥革命史は、孫文の活動を中心に、革命勢力の生成・発展、更に辛亥革命の成就を基軸に描かれてきた。ただし、清末民初の政治と社会を、光緒新政以降の社会変動という観点から捉えた場合、次の二点の趨勢が明らかになる。第一点は、光緒新政によって、科挙の廃止における清朝の政治的、社会的、文化的基盤が動揺し、清朝の瓦解に至るというものである。第二点は、光緒新政によって、西欧の新しい思想が中国に流入し、中国の伝統的な思想と融合し、愛国主義のような新しい政治的、社会的、文化的変動が興起するというものである。ただし、これらは、各省の地域社会の亀裂も意味した。そして、都市と農村、富者と貧者、知識人と民衆の対立が引き起こされ、各地で民衆蜂起が多発した。もともと、民衆蜂起は、単なる経済的な理由に基づくだけならば、各々の地域社会の実情に制約されており、ために個別分散的な性格を持つ。この民衆蜂起が地域の枠組みを越えて大きな拡がりをみせ、政府や王朝の瓦壊を引き起こすまでに至るためには、「正義」の感覚など、地域社会の規範に支えられる他に、未来に対するある種の共同の幻想が必要となる。辛亥革命でこの役割を果たしたのが、末劫論で示され、かつ郷土の奪回という形で表わされた、本源的世界への回帰の考えであったのではなかろうか。

一九〇五年、孫文は欧米を歴遊して日本に立ち戻り、華興会などの諸団体を糾合して中国同盟会を結成した。中国同盟会の綱領は、孫文の三民主義、いわゆる民族主義、民権主義、民生主義に基づき、「韃虜を駆除し、中華を恢復し、民国を創立し、地権を平均にする」という内容からなった。民族主義は満洲族の排斥と漢族支配の回復、民権主義は共和制国家の樹立、民生主義は地価の上昇分の徴収による貧富の格差の是正を意味した。この中にあって、民族主義は、郷土の奪回という点で末劫論と親和性を持った。末劫論の特徴は、目指された世界が幸福で満ち足りた世界という以外、具体像を持たなかったことにある。孫文らの功績は、清朝の打倒による郷土の奪回を共和制国家樹立に結び付け、政治的、社会的、文化的変革に一つの道筋を付けた点にある。しかし、辛亥革命で清朝が倒れ、中華民国が建設されると、国民党は綱領から民生主義を外し、「男女平権」の項も削った。また、「民意」を体現すべき国会も、「民意」に背いて力の源泉を失った。そして、中華民国においても、中秋節の蜂起の謡言が、中華民国や各省の軍政府を標的として、毎年のように起こるのである。

一九〇七年以降、孫文らは南方に拠点を移し、広東省を中心に広西省、雲南省の辺境地帯で蜂起を企て、長江中流域の民衆蜂起にはほとんど関心を示さなかった。ここには、孫文のエリート主義と根拠地革命の発想が現れている。これに対して、共進会は、孫文らの南方を拠点とする革命方策に不満を抱き、中国同盟会の戦線から離脱し、革命の拠点を長江中流域に移した。そして、民衆蜂起を基盤に清朝の打倒を図り、末劫論を流布させた。ただし、このことは、革命の理念が、易姓革命（王朝の交代）や末劫論の論理によって換骨奪胎される危険性を孕ませた。孫文があくまでもエリート主義や根拠地革命に固執し、長江中流域の民衆蜂起に関心を示さなかった理由は、この点に存在したのではなかろうか。辛亥革命は、孫文らの思惑とは裏腹に、長江中流域の民衆蜂起を基盤に起きた。ここに顕在したのは、理念と現実、当為と実態の乖離である。中華民国の政治の混迷は、この乖離を埋めるべくして営まれた紆余曲折の軌跡であり、この紆余曲折の軌跡は中華人民共和国の現在にも引き継がれているのである。

【文献一覧】

＊　辛亥革命に関する史料集で、最も完備しているのは、中国史学会編『辛亥革命』全八冊（上海人民出版社、一九五七年）である。また、邦文のものでは、島田虔次・小野信爾編『辛亥革命の思想』（筑摩書房、一九六八年）、村田雄二郎編『新

編原典中国近代思想史第三巻　民族と国家——辛亥革命』(岩波書店、二〇一〇年)がある。
石川禎浩　二〇〇二　「二〇世紀初頭の中国における〝黄帝〟熱——排満・肖像・西方起源説」『二十世紀研究』第三号
市古宙三　一九七七　『近代中国の政治と社会(増補版)』東京大学出版会
小野和子　一九七八　「辛亥革命時期の婦人運動——女子軍と婦人参政権」小野川秀美ほか編『辛亥革命の研究』筑摩書房
菊池貴晴　一九六〇　「経済恐慌と辛亥革命への傾斜」東京教育大学文学部東洋史学研究室アジア史研究会・中国近代史部会
『中国近代化の社会構造』大安
久保田文次　一九七四　「辛亥革命と孫文・宋教仁——中国革命同盟会の解体過程」『歴史学研究』第四〇八号
小島淑男　一九七一　「辛亥革命期の労農運動と中国社会党」『歴史学研究別冊特集　世界史認識と人民闘争史研究の課題』
小島淑男　二〇〇五　『近代中国の農村経済と地主制』汲古書院
小林一美　二〇〇八　『中華世界の国家と民衆』上巻、汲古書院
清水稔　一九七四　「湖南における辛亥革命の一断面について——会党と立憲派を中心として」『東方学』第四七輯
曽田三郎　一九七六　「辛亥革命における湖南独立」『史学研究』(広島)第一三三号
中村哲夫　一九八四　『近代中国社会史研究序説』法律文化社
西川正夫　一九七八　「辛亥革命と民衆運動——四川保路運動と哥老会」野沢豊ほか編『講座中国近現代史第三巻　辛亥革命』東京大学出版会
田中比呂志　二〇〇九　「地域社会の構造と変動」飯島渉ほか編『シリーズ二〇世紀中国二　近代性の構造』東京大学出版会
狭間直樹　一九六九　「辛亥革命」『岩波講座　世界歴史二三　帝国主義時代Ⅱ』岩波書店
狭間直樹　一九八〇　「中華民国第一回国会選挙における国民党の勝利について」『東方学報』(京都)第五二冊
深町英夫　一九九七　「中華民国成立期の国家統一問題——多民族支配の正統性」『中央大学論集』第一八号
藤谷浩悦　二〇〇三　「中国近代史研究の動向と課題」『歴史評論』六三八号
藤谷浩悦　二〇〇九　「民国初期の政治的統合と地域社会——第二革命前後の湖南省を中心に」『東京女学館大学紀要』第六号
藤谷浩悦　二〇一〇　「辛亥革命の心性——湖南省の民衆文化を中心に」飯島渉ほか編『シリーズ二〇世紀中国一　中華世界と近代』東京大学出版会

松本英紀　二〇〇一　『宋教仁の研究』晃洋書房
山下(石田)米子　一九六五　「辛亥革命の時期の民衆運動——江浙地区の農民運動を中心として」『東洋文化研究所紀要』第三七冊
吉澤誠一郎　二〇〇三　『愛国主義の創成——ナショナリズムから近代中国をみる』岩波書店
王先明　二〇〇八　「士紳階層与晩清〝民変〟——紳民衝突的歴史趨向与時代成因」『近代史研究』二〇〇八年第一期
応星　二〇〇一　「社会支配関係与科場場域的変遷——一八九五—一九一三年的湖南社会」楊念群主編『空間・記憶・社会転型——〝新社会史〟研究論文精選集』上海人民出版社

個別史／地域史Ⅰ

チベットをめぐる国際関係と近代化の混迷

平野　聡

はじめに

二〇一一年、超大国への道をひた走る中国は辛亥革命百周年を迎え、近代中国ナショナリズムの「富強」の夢が実現した祝祭に酔うことだろう。しかしそれは同時に、清という世界帝国がつくりあげた、東アジアと内陸アジアにまたがる平和の完全な崩壊から百周年でもある。

湿潤な農耕地帯と乾燥した草原地帯をまたぐ平和は、中国の漢字文明によって安定した試しがなく、代わりに築かれたのは両者を隔てる壁、すなわち万里の長城であった。しかし、清がつくった内陸アジアの平和は違った。チベットを中心に発展し、モンゴルでも広く信仰されたチベット仏教は、内陸アジアの騎馬民族共通の信仰として満洲人にも広がった。満洲人の皇帝は、チベット仏教の最大宗派であるゲルク派（黄帽派。ダライ・ラマがその頂点にいる）を保護して大施主となることによって、はじめてモンゴルの騎馬兵力にも号令できた。したがって、チベット人やモンゴル人の固有の社会・文化は自ずと尊重された。さらに清は、チベット仏教の保護者としての座を争う敵国ジュンガルを一八世紀半ばに征服して新疆（新しい土地）と命名し、この地でジュンガルに従属していたトルコ系ムスリムの社会と文化を保護した。

これらの地域は礼部が管轄する朝貢国一般とは異なり、理藩院が管轄する藩部と呼ばれていた。朝貢国と藩部はどちらも本来、漢字文化の地である「中国」ではなく、その周辺を取り囲む漠然とした「天下」の一部分である。「中国」を統治した満洲人すら、自らはあくまで「外」から来た「夷狄《いてき》」であるという説明をした（雍正帝撰『大義覚迷録巻二』）。明末の悲劇を救うために山海関を越えて北京に入ったと主張する満洲人が「中国」ではない以上、他の非漢人国家・地域が「中国の一部分」であることは原理的にあり得ない。したがって、前近代においては朝貢国と藩部を総称して「外」「外国」「屛藩」と呼ぶことが一般的であった。

では両者の最大の違いは何か。それはひとえに、清の王権にとって必要不可欠な版図と見なされ、その地域の安定と繁栄のために清の皇帝自身が責任を負っていると認識しているか否かにある。朝貢国は、軍事力を以て朝貢を強要された朝鮮という例外があるにせよ、総じてそれぞれの王権の判断によって朝貢に来る存在であり、北京からみた恭順の度合いに応じて関係の濃淡が決まるに過ぎない。北京が決めた朝貢儀礼の体系が自国の王権のありかたと抵触すれば朝貢を回避し、単なる貿易関係＝互市にとどまることで、清と個別国の双方が実質的な利益を得ることも可能であった［吉澤 二〇一〇、九頁］。しかし、藩部とされた地域には、朝貢国・互市のように自ら清との距離を調整する自由はない。清史を通じて、欽差大臣が皇帝の名代として北京から派遣され、藩部諸地域は多かれ少なかれその監督を受けるという建前が形成された。藩部の平和を乱す勢力が現れれば、皇帝の名において厳格に排除される。藩部の形成がチベット仏教圏の保護、ならびに仏教の大施主の座をめぐるジュンガルとの対立と密接に関わっていることが、皇帝と藩部の関係を中央権力と自治領の関係に類似したものにした。

問題は、このようにして形成された前近代の秩序が、一九世紀半ば以後の列強の角逐、そして近代的な諸観念の荒波にさらされたときに一体どのように変質したのか、ということになろう。この過程を通じて、満洲人を頂点とする多文化帝国の版図は、最大多数を占める漢人を中心とする「中華民族」の「統一多民族国家」「神聖なる領域」と読み替えられて今日に至っている。しかし、その領域の中に組み込まれたモンゴル・チベット・新疆では、ここ一世紀来しばしば独立・自立・高度自治を目指す動きが起こっている。

そこで本稿では、清から民国へと至る民族問題の緊張の過程を、とくにこの時代を大きく特徴づける近代国際関係のアジアへの波及・近代化・国民国家形成といった論点との関連で、チベット問題を中心に考えてみたい。

従来、中国と内陸アジア諸民族の関係については、この地域が近代史の過程において英露両国の角逐の舞台となったこと、そして近代中国による「主権」への固執と諸民族の独立・自立志向が同時に強まってきたことを踏まえ、議論の前提となる清と内陸アジア諸民族の関係を近代国際法的な視点からみてどのように解釈するのかという側面が重視されてきた。とくに、清または近代中国と内陸アジアの個別地域の関係は、「主権国家における中央と地方の関係」「名目上の宗主権と個別民族による事実上の自立的政治運営の組み合わせ」「独立国家相互の関係に比肩しうるもの」のいずれであったのかを、チベット・モンゴル問題の展開と組み合わせて論じるものが多かった(1)。それらは総じて、国際関係・近代国際法中心のアプローチと呼びうるものであり、中国の民族問題が国境線を跨いだ問題として、国際政治の緊張と連動していることを考慮すれば、当然そのような視点は欠かせない(2)。

しかし同時に、当時の史料から見えてくるのは、「緊張の原因を作り出している、おくれた人々」に対する偏見・誤解が近代的な諸観念によって膨張し、それが局地的な紛争を近代的な民族問題へと変えていくという展開である。また、ミクロな地域レベルでの支配構造の変容と緊張が、外部勢力の介入と相俟って次第に全局的な緊張へとつながっている問題も無視できない(3)。そこで本稿では、これらの諸相を織り込みつつ、チベット、そして内陸アジアを取りまく近代史の困難を概観することにしたい。

一　清と内陸アジア

そもそも清の支配は、近代的な領域主権国家の支配と比べて極めて粗放な、密度の低い支配であった。前近代の漢人社会においてすら、その地方支配の枠組みにおいては、中央から知県として派遣された科挙官僚が任を全うするため、彼の下で働く在地の胥吏《しょり》、そして士大夫《したいふ》層との協力が欠かせなかった。「中国」においてすら中央と地方の関係はこのようであった以上、皇帝権力と藩部諸地域との関係はさらに粗放な枠組みに基づいていた。藩部を管轄する行政機関である理藩院は当初「蒙古衙門《がもん》」として発足したものであり、満洲人の軍事支配にとって必要不可欠な同盟者・騎馬兵力が居住している地域を保護し維持するための機関であった。だからこそ先述の通り、藩部は政策決定面で朝貢国とは異なる存在として扱われていた。

もちろん、それは「主権」に基づく関係ではない。藩部との関係維持は何よりもモンゴル騎馬兵力の維持、黄教＝チベット仏教ゲルク派の維持、そしてジュンガル滅亡後に帰順したトルコ系ムスリム社会の安定維持という点に力点が置かれていた以上、それは「地方」「末端」社会に対する主権国家の緻密な支配とはほど遠い。むしろ清の藩部支配は大まかにみると、死活的な問題が起こらない限りどちらかと言えば消極的なものであり、皇帝の権威が流布していれば良しとするものであった。

なお、ひとくちに藩部といっても内実は多様である。一六三〇年代という早い時期に清に帰順した南(内)モンゴルの場合、有力王公が盟・旗の長(ジャサク)として封じられ、それまでの自由な移動が厳しく制限されただけでなく、年班(一種の参勤交代)による北京との往復や皇帝主催の狩猟訓練への供奉が義務づけられるなど主従関係が強調された。やや遅れて清に帰順した北(外)モンゴルや青海モンゴルの場合も基本的には南モンゴルと近似の枠組みに置かれ、庫倫《クーロン》辦事大臣・西寧辦事大臣は八旗の構成員から選抜されていた。

いっぽう、今日のチベット自治区に相当する範囲を支配していたダライ・ラマ政権は、一七二〇年に清軍がジュンガルの影響を排除して初めて藩部と位置づけられた。しかし、活仏ダライ・ラマ(幼少期は摂政)が政治と宗教の頂点に君臨し、僧俗の大臣を中心とする内閣と官僚機構・独自の常備軍が機能するダライ・ラマ政権に対し、清の関与は限定的であった。

今日の中華人民共和国は、一七二〇年にダライ・ラマ政権が藩部となり、さらに駐蔵大臣職がダライ・ラマ政権の政務を監督するようになって以来、チベットには一貫して「中国の主権」が及んでいると主張する。そして、チベットで大きな混乱が起こるたびに駐蔵大臣の監督権限が強化されてきたこと、及び一七九二年には乾隆帝がネパール侵入事件の善後処理の一環として黄金の壺をラサのジョカン寺と北京の雍和宮に与え、活仏選びにあたってくじ引きを求めた[4]ことを根拠に、「中央政権のチベットに対する主権」は強化されたと説く。しかし、特にこれといった問題がない限り、駐蔵大臣は大施主たる皇帝の代理人としてラサに駐在するに過ぎず、しかも凡庸な旗人の閑職として駐蔵大臣のポストが配分され続けたため(「張蔭棠参劾有泰等請代奏致外務部電」光緒三二年一一月一八日)、その監督権は形骸化するのが常であった。とくに一九世紀半ば、太平天国の乱に見舞われた漢人社会で地方軍事力が台頭して分権化の流れが進んだのと同様、チベットのダライ・ラマ政権もヒマラヤでの紛争に対して自前の軍事力で対抗した。そして駐蔵大臣はといえば、チベット独力による勝利を皇帝が嘉する旨を伝えるだけの存在に過ぎなかった。このような駐蔵大臣がラサで「主権」を体現していたと考えるのは難しい。

むしろ、清の最盛期に形成された版図支配の原則は「中外一体」であった。それは大まかに言えば、漢人の中国、満洲人、モンゴル、チベット、トルコ系ムスリムそれぞれが独自の文化と社会を持つ存在として独自性を維持し安定しさえすれば良く、その結果として「中国」と外藩を跨ぐ平和が生まれるとする発想であった。このような視点に基づけば、チベットのダライ・ラマ政権は、「中外一体」を支える「外」の一大勢力として「成功」した存在であった。

　こうしてチベットのダライ・ラマ政権は、時代が降るにつれて「駐蔵大臣の監督権」とは裏腹に、事実上の自主・自立傾向を強めていた。太平天国の乱とアロー号戦争が終息し、清が近代国際法を受容し始める一八六〇年代よりも前には、そのようなチベットを「分裂主義分子」扱いする視線は生まれようがなく、むしろ仏教の聖地として清廷に尊重され続けた。

　いっぽう、今日チベット人と総称される人々が居住するのは、甘粛南部・青海・四川西部・雲南北部の広範囲にも及ぶ。ダライ・ラマ政権の支配下ではないこれらの地域では、寺領・土司《どし》領、さらにはダライ・ラマに寄進された土地が複雑に入り組み、それぞれが形式的には西寧辦事大臣や四川総督・雲南巡撫・青海モンゴル王公などに従属しつつも、実際には外部の干渉を余り受けない地域支配が成立していた。しかも、清代前期には青海モンゴルに従属していたチベット人部族が一八世紀末以後強勢となり、徐々に青海モンゴル諸王公の既得権益を侵したのに対し、清廷や西寧辦事大臣は有効に対処できなかった（松筠「籌辦青海各事宜折」嘉慶四年一一月初一日）。

　このように、前近代のチベット高原では大小さまざまな支配が成立し、それぞれが建前としてはチベット仏教を保護する満洲人皇帝の権威を尊重しつつ、周囲の諸勢力とのあいだに多様な関係を構築していた。それは前近代における「天下」思想や粗放な支配、そして皇帝の保護を受け入れた人々の文化を尊重することで版図を統合しようとする「中外一体」観の行き着いた結果である。しかし、そこに外部からの新たな緊張や全く異質な観念がもたらされた結果、そのような「平和」は終焉を迎えざるを得なかった。

二　通商と仏教

今日の中国は、チベット問題の最大の原因は「帝国主義者が祖国とチベットを離間させたためである」と主張する。「中国」ではなく満洲人の皇帝と結びついていると考えていた「外」の藩部の人々が「中国」を祖国と認識していたとは到底考えられないが、清とチベットの関係が近代以後激変したことと、ユーラシア大陸全体での英露角逐を切り離して考えられないことも確かである。

英国のチベットへの関与は、インド植民地経営およびアジア貿易の進展の延長上にある。一七五七年のプラッシーの戦いでインドにおける優越を得た英国は、海路のみならず陸路でも東アジアへの貿易路の開設を模索し、一七七四年にはベンガル総督ヘスティングスが青年ボーグルをチベットのタシルンポ寺に派遣した。その最大の目的は、タシルンポ寺の座主であり、チベット仏教黄帽派第二の活仏として大きな影響力を持つパンチェン・ラマ(当時は六世)の影響力によって、乾隆帝からチベット経由貿易の認可を得ることにあったものの、この時点では成果を得られなかった。当時は英国が銀を流出させて海路で中国茶を購入しており、清としてはチベットの社会・経済的流動化を引き起こしてまで、互市に過ぎない英国との貿易を拡大する必要を全く感じていなかった。

しかし、その後英国はアヘン貿易で銀を清から流出させ、ついにはアヘン戦争と一八四二年の南京条約締結を通じて、清を近代国際関係の枠組みに引き入れた。またこの時期、ヒマラヤからチベットへの通路にあたるシッキムに大きな変化が起こった。シッキムは、一六四二年にチベットでダライ・ラマ政権が成立して以来、黄帽派の支配を嫌う他宗派の有力者が逃亡して建国した小王国であるが、ダライ・ラマ政権は自らの影響力下にあると見なし、したがって清も間接的に藩部の延長とみていた。それゆえに英国は長らくシッキムへの介入を控えていたものの、清の国力低下に乗じて王国の内紛に介入し、シッキム南部のダージリン周辺を英印領としたのち、一八六一年に保護国とした。

以来、ダージリン周辺は中国茶に代替する茶の一大産地および避暑地にのし上り脚光を浴びた。しかもこれらの計画は、西洋・キリスト教文明をアジアの未開地域に及ぼすという「白人の責務論」の色彩を帯びていた。そこで英国ではヒマラヤ・チベット経由の中国貿易論が急速に高まり、重慶を拠点にチベットの陸路と長江の水運を結合させ、華中を拠点に英国製品の市場を拡大する計画が幅広い注目を集めた[Lamb 1960, pp124, 144]。また、インドからビルマ北部及び雲南を経由して重慶に至るルートも注目された。

一八七五年、雲南西部の騰越にて英国探険隊の通訳が殺害されたマーガリー事件は、このような文脈に由来する。事件の善後処理として李鴻章と英国駐北京公使ウェードが取り交わした芝罘《チーフー》協定は、清が賠償金の支払いと謝罪使の派遣を受け入れさせられたものの、清英関係が偶発的な事件によって揺らぐのを回避し貿易を発展させることを主眼としており、とくに付帯条項では英国人のチベット経由での遊歴を承認していた。

清の総理衙門外交は、南京・北京条約以来の近代外交および国際法の受容の現実に照らして、彼らが伝統的「中国」だけでなく、藩部を含めて「China」を代表しているという立場をとるようになった。このため、総理衙門がチベットを介した第三国との関係をダライ・ラマ政権・駐蔵大臣に代わって処理するのは当然の対応であった。しかも総理衙門は北京条約締結以来、「天朝」と「夷狄」という図式に基づいて「夷務」を処理し得なくなり、あくまで自国と外国の対等性に基づいて自他を呼称する必要が生じた結果、外交文書においてはChinaに対応した自称として「中国」を用いるようになっていた。

「チベットは中国の一部分」であるという説明がなされるとすれば、筆者の管見の限りこの時期以後のことである。そして英国は、Chinaがチベットを影響下に置いていると認識して一八世紀以来行動していたことから、当然のように北京を介してチベットに英国人の受け入れを求めたのであった。このことは同時に、「清＝China」と見なす西洋の側、すなわち英国あるいは近代国際法こそが、清に「中国の一部分としてのチベット」という言説を提供したことを意味する。伝統的な「天下」の一部分である「(文化的)中国＋藩部」の版図は、こうして近代的な「(領域的)中国」として切り取られた。

しかしチベットのダライ・ラマ政権は、このような動きの中で完全に受動的な立場に置かれ、気がついてみれば英国との関係において、馴染みのない「中国の主権」という論理に基づいた「英国人のチベット通過」という決定を北京から強要された。もっとも、もしそれまでのチベットと英領インドの関係が良好で、国境線での日常的な接触を通じた相互理解の端緒があったとすれば、問題は単に近代国際法の論理に基づくチベットの北京に対する従属の強化というレベルでとどまったかも知れない。この時点における致命的な問題は、先述の通り英領インドのシッキムに対する介入と、帝国主義的意図による通商・キリスト教拡大策がますます強化され、もう一つのチベット仏教国ブータンも英印側の圧迫を受けて混乱の度合いを深めていたことから、ダライ・ラマ政権は英国人を「仏教の敵」と見なさざるを得なかったことにある(「開導蔵番委員裕鋼黄紹勛日下番情開導益難挽転(附)蔵番大衆公稟」光緒一三年一〇月一六日)。

この結果、英国人のチベット遊歴・通商路開拓という問題は、英国人を受け入れることによって主権を明確にしようとする総理衙門外交と、仏教と英国人は相容れないと信じ込むダライ・ラマ政権との対立へと転化した。とくに一八八六年には、チベット遊歴を本格的に試みるマコーレー使節団がチベット側に排除されたほか、その翌年にはチベット軍がシッキム側に越境して要塞を建設し、その地点が英印領かチベット領であるかをめぐって両者が鋭く対立した。その結果、英・チベット両軍が衝突してチベット側が敗北し、一八九〇年には清廷と英国の間で中印蔵印(シッキム・チベット)条約が締結され、シッキム・チベット間の国境線が確定するとともに、清もシッキムにおける英国の保護権を正式に追認した。

これに対しダライ・ラマ政権側は一層態度を硬化させ、事あるごとに駐蔵大臣と衝突するようになったが、この時期の清とダライ・ラマ政権の関係悪化を考えるうえでもう一点、今日の四川省西部、瞻対(ニャロン。今日の甘孜チベット族自治州新龍県)での緊張の高まりは無視できない。チベット高原の東南部カム地方のうち、金沙江の東側は各地に拠る土司の支配が展開する土地であったが、瞻対の地に拠るゴンボ・ナムギャルが一八四八年に周囲の土司の領地を侵犯した際、軍事力不足にあえぐ清はダライ・ラマ政権に援軍を依頼して征伐し、ゴンボ・ナムギャルの領地は一八六五年、出兵費代わりにダライ・ラマへ賞与された（「理藩院典属司為奉抄瞻対賞達頼喇嘛管理上諭諮四川総督呈」同治四年一二月）。その結果ダライ・ラマ政権は、ラサから瞻対に官僚と常備軍を派遣して管理するようになったが、中央チベットからみて言わば「植民地」とも言える地における彼らの支配は過酷を極め、さらには周辺の土司とも衝突した。そこで一八八〇年代に入ると、瞻対地方の扱いをめぐっても清とダライ・ラマ政権が齟齬をきたすようになった。

一応当時は、清・チベット関係のさらなる悪化を避けるため、清は瞻対問題についてダライ・ラマ政権に対し、周囲の土司との境界画定と苛政の改善を求めるにとどめた（「丁宝楨等奏請勘明内地与瞻対界址以杜侵凌之漸片」光緒七年正月初七日）。とはいえ、瞻対地方の混乱が周囲に拡大すれば、北京・四川からラサに至る主要路が遮断され、英印・チベット・清の関係が動揺した際の対応が困難になる可能性が浮上した。そこで、総理衙門や駐蔵大臣（とくにシッキム辺界問題深刻化の際に任にあった升泰）は、問題の根源をチベット人の頑迷さ、とりわけ通商の利益を重視せず仏教護持を理由に外来のものを拒否しようとする態度に求め、チベットに対する冷淡な姿勢を強めていった。逆に彼らからみて、英国はそれなりに評価すべき存在に変わっていた。何故なら英国は北京からみて、条約港を通じた貿易の利益、そして洋務を推進する上で不可欠な技術・知識・関税収入をもたらす「泰西商主の国」と映ったからであり（「諭僧俗番官及各領袖喇嘛界外通商一事不宜拒絶」光緒一三年一一月二五日）。当時は朝鮮・台湾問題をめぐって日本と、そしてベトナム問題をめぐってフランスとの対立が相次いだことも、相対的に良好な英国イメージの形成に与った。

このような清の対応は自ずとダライ・ラマ政権側の猜疑心をかき立てた。しかも当時は、ロシア領ブリヤート出身の僧ドルジエフがラサで頭角を現し、「ロシア皇帝こそ仏教の保護者である」と宣伝していた。そこで、親政を始めて間もないダライ・ラマ一三世はドルジエフを介してロシアと急接近し、単に清廷の影響力が事実上ダライ・ラマ政権に及ばなくなっただけでなく、ロシア南下の意図はインド制覇にあると認識した英印当局の警戒心を極限にまで高めた。

三　主権と新政

一九〇三年、英領インド当局は将校ヤングハズバンドが率いる武装使節団をチベットに送り込み、積年の懸案であった英国とチベットの直接往来の確立とロシアの影響力の排除を実現させようとした。この動きはただちにチベット軍との全面衝突を招き、とくにギャンツェ(江孜)では激しい攻防戦が展開されたが、近代兵器を前にしてチベット軍は為す術もなく壊滅的打撃を受けた。そこで一九〇四年にヤングハズバンド軍はラサに進駐し、ダライ・ラマ政権に対して上記目的の実現および一日五万ルピーの出兵費を要求した。

当時のインド総督カーゾンはこの軍事行動の意義について、清との関係悪化を望まない本国に対して次のように説明している。

我々の見地からみて、China当局を通じてチベットに何かを伝えようとする過去の政策は明らかに誤りであった。何故なら、チベットと我々の間にあるこの第三者が干渉していたためである。我々は、Chinaのチベットに対する所謂宗主権が、両者を満足させるのに便利な虚構に過ぎないと確信した。〔中略〕かかる状況の下、ラサのChinese Amban(駐蔵大臣)は総督ではなく大使である。Chinaの宗主権を示すためにチベットにいる中国兵は、僅か五百名の装備不十分な集団に過ぎない。我々はダライ・ラマとの直接往来の道を開くべきである[F.O. 228-2562]。

モンゴル・トルキスタン人の手を借りて中国内陸から直接の圧力をかけようとする我々の政治的ライバルを遠ざけるために重要な中立地域において、チベット人がロシア人ではなく我々の援助、少なくとも精神的な援助を得ることを望む。最も友好的に、真の援助を与えることが可能なのは英国のみである[F.O. 535-1]。

英印当局はこのように、一九世紀後半における清・チベット・英印関係の曲折を通じて清のチベットに対する影響力が破綻したと見て取った結果、「清＝China の宗主権」を前提としてチベットに関与する政策を全面的に放棄した。しかしこのような方針は、チベットからみればやはり高圧的なものであったことは言うまでもなく、ダライ・ラマ一三世はその後一九〇八年までモンゴル・北京への逃亡生活を強いられた。

清廷はそのようなダライ・ラマに保護の手を差し伸べるどころか、「皇帝の聖容を守らずに逃亡した」ことを理由にダライ・ラマの称号を剝奪するという挙に出た。この措置は後に取り消されたものの、ダライ・ラマと清の間に深刻な溝が生じたことは否めず、一九一〇年になるとダライ・ラマ一三世は「仏教の敵」だったはずの英領インドへ亡命した。更に翌年、辛亥革命が勃発して清が崩壊すると、既に形骸化した満洲人皇帝のチベット仏教保護が完全に終焉し、漢人の中国とチベットが同じ皇帝権力に従属するという理由もなくなったことから、ダライ・ラマ政権は北モンゴルと歩調を合わせて独立を宣言し、合わせて領域内に住む漢人を全て排除する「駆漢令」を発するに至った。

いっぽう清は、このような混乱の根本的な原因が、近代国家主権・宗主権に比して曖昧な従来の皇帝権力と藩部の関係にあると認識し、一八六〇年代以来次第に認識された清＝近代中国の主権の中にチベットを固定しようと躍起になった。とくに、ヤングハズバンドがラサに到着した当初の駐蔵大臣有泰は、ダライ・ラマ一三世への幻滅が募る余り、侵略した側のヤングハズバンドを歓迎して遠路の労苦を労っただけでなく、英国とダライ・ラマ政権が直接交渉する旨を定めた英・チベット間のラサ条約を強要されて自ら署名しかけるなど、近代国家主権を全く理解しない行動をとっていた。北京の外務部はこのような対応に対し「中国の主権を損ねるので決して調印してはならない」と厳命する電令を発したことは言うまでもないが（「外務部嘱勿画押致有泰電」光緒三〇年八月初四日）、出先の高級旗人すら国家主権の何たるかを全く理解していない現実が露わになった以上、「中国のチベットに対する主権」の明確化を急がなければならないという危機感がかき立てられたのである。

しかも当時はちょうど、日露戦争での日本の勝利に刺激されて近代中国ナショナリズムが急激に台頭していた。ナショナリストの間では、新たな「中国の主権」の範囲の中に満洲人を組み込むか否かについて分岐があったとはいえ、総じて従来の「中国+藩部」からなる清の版図の中に単一の国家主権を設定し、その範囲で完結する「中国の歴史」を創出することで、従来の「王朝名あれども国名なき天下国家」とは完全に時代を画することについてはほぼ共通認識が形成されつつあった。(5) また当時は、「日本の成功は、国家が主権を明確にして国民を統率し、教育と殖産興業に努めて民智と国富が増し、国語の普及によって共通の国民意識と公論形成能力を得た国民の政治的意見が民選議院に集約され、ついに立憲主義が実現したことにある」という言説が急速に信じられるようになっていた。この結果、日本と同様に国民統合・富国強兵を達成し、弱肉強食の「天演」=法則を制する帝国主義国家として雄飛するためにも(少なくとも清末において「帝国主義」という概念は負の意味で用いられず、しばしば賛美の対象であった)、中国もただちに普通教育と殖産興業を推進し、共通の「中国人」意識と近代合理主義的な態度を全国民に植え付けなければならないという議論が沸騰した。これが、清末における未完成の政治改革=新政の基本的な背景である。とりわけ、言語・文字を異にし、儒教道徳も浸透せず「共通の国民性」が希薄なチベット人・モンゴル人・トルコ系ムスリムの思想観念を上からの強制力で激変させることは、一刻の猶予もならない課題と認識された。

チベットにおける主権明確化・国民教育という問題を考えるうえでは、前節でも述べたカム地方東部(四川西部)の情勢も無視できない。英印の圧迫に直面した清は、ダライ・ラマ政権と漢人の中国のあいだに横たわるチベット高原東部の安定こそ焦眉の急であると考え、四川総督・錫良に命じてカム地方東部の社会改造を断行した。それは具体的には、漢人移民(とくに四川の遊民)の招募と開墾、強大化した寺院の僧侶数の制限、ニャロン(瞻対)のダライ・ラマ領における改土帰流(既存の土官支配を廃して中央から派遣された流官の支配に帰する、の意)の実施、そして洋式軍隊の配属を主な内容としていた。しかし、間もなく事態は暗転する。ヤングハズバンド軍の脅威に対応すべくカム西部のチャムド（察木多）に進駐するよう命じられた駐蔵幇辦大臣・鳳全が、まず金沙江東側のカム東部パタン（巴塘）で武断統治を開始すると、その支配そのものや外来軍人・移民の流入による物価上昇・食糧不足に対する地元チベット人の不満が急速に高まった。とりわけ、パタンにフランス宣教師の教会が相次いで開設される一方、仏教寺院の僧侶削減・高僧殺害が立て続いたことが憤激を誘い、ついに鳳全が殺害される事態となった（「巴塘百姓稟打箭炉頗本巳将鳳全及洋人一並誅戮」光緒三一年三月初二日）。

この結果、清廷の焦燥感は極点に達した。まず英印との関係では、改めてチベットの地位をめぐる清英間の協議がなされ、一九〇六年に清英蔵印条約が締結された。この時点では英国で政権交代がなされ、対清関係では平和を旨としたことから、清が真にチベットへの実効支配を確立するのであれば英国はチベットに一切干渉しないという立場を明確にした（「外務部奏中英商議蔵約請旨辦理折」光緒三二年三月初一日）。この結果、清＝近代中国がチベットに対して主権を有する旨が、英国との関係において確認された。

それをうけて、実力を以てチベットの社会改造を断行する動きが一層強まった。既に鳳全殺害という事態が起こっていたカム地方については、改土帰流と近代化・仏教排斥を武力で推進するべく川滇（四川・雲南）辺務大臣が設置され、その任に就いた趙爾豊は各地で抵抗するチベット人を虐殺し、寺院を破壊した。また、新たに駐蔵大臣に就任した張蔭棠は、清末新政をチベットにおいて推進するべく、ダライ・ラマ政権に対して様々な要求を突きつけた。とくに、チベット側がヤングハズバンドの侵入などの混乱を招いたことを糾弾する張蔭棠の問責文は、チベットにおける近代化の端緒が国際的な緊張の中で極めて抑圧的な性格を伴って進められたことを如実に物語っている。

ダライは少数の青二才を信任し、徳や力・敵国の強弱虚実を図ることなく軽挙妄動した。漫然として戦争への備えをせず、愚民を駆って錆びた武器を執り強敵と戦うのであれば、それは児戯に等しく、自らの民を自ら殺すことに等しい。〔中略〕嗚呼！　世界の如何なる国も、貧者は弱くして富者は強し。智者は興り愚者は滅ぶ。経典を敬虔に念じても巨砲を御するには足りない。〔中略〕商戦の敗は、兵戦の敗よりも害は甚だしい。今日地球上では万国が交通し、関を閉ざし市を絶やして立国できるという理は断じて存在しない。少しでも時務を知る者は貿易を禁じる昔日の迂見を破除すべきである。商務が旺盛であれば国は富み、国が富めば備蓄と機械を調えて兵が強くなるのは自然の理である。（「張蔭棠為抄送査辦西蔵事件与商上噶倫三大寺僧俗問答詞致軍機処諮呈」光緒三三年正月一八日）

このように述べた張蔭棠は、ダライ・ラマ政権の要人に対して事あるごとに「天演物競（弱肉強食）の公理」「孔孟三綱五常の正理」「愛国・合群・尚公・尚武の新義」を説いたほか、チベット側の費用で漢文学堂を開設させて「祖国の枢要に同化させる」こと、そして交通建設・鉱山開発によって「将来は中国の一大植民地とする」ことを構想していた（「張蔭棠詳述辦理蔵務情形及参劾曲吉等原委致外務部丞参函」光緒三三年三月二五日）。

その後、張蔭棠に次いで駐蔵大臣に就任した聯豫は、川滇辺務大臣の趙爾豊と歩調を合わせてチベットにおける破壊・殺戮を重ね、しかもラサに送り込まれた軍隊は流民が圧倒的多数を占め、哥老会員が数多く紛れ込んでいたため、彼らは混乱の中でさらなる狼藉を重ねた（「駐蔵川軍変乱情形及原因」）。こうした経緯の全てがダライ・ラマの対英依存と独立の模索につながったことは言うまでもない。

四　民国期の混迷と未完成のナショナリズム

清末新政の時点で、もし清にそれなりの財政基盤があれば、チベットにおける近代化政策はあたかも今日の中華人民共和国における「西部大開発」と同じようなものになっていただろう。裏を返していえば、今日の中国の少数民族政策は決して新しいものではなく、その源流は約一世紀前に国際的な緊張と西洋・日本由来の近代的諸観念の影響のもとで形成され、一貫してチベットをはじめ「少数民族」との間に深い溝をつくってきたということが出来る。

しかし、新たに生まれた中華民国は早くもダライ・ラマ政権（そして、同様に清末新政を強要された北モンゴル）に離反され、両者には英露両国の影響力が急速に及びつつあった。実際、ダライ・ラマ政権についていえば、英国からの武器購入、若手貴族のインド・英国本国への留学、そして郵便など諸制度の整備を通じてそれなりに近代的な独立国家への変革を模索していた。

清の版図を「神聖不可分の領土」と見立てて献身的に信仰することをナショナリズムの核心としている近現代中国にとって、そのような「独立」は自己否定に等しい致命的な問題である。そこで民国政府は、漢民族主義者である孫文が掲げるような、非漢人の激しい反発を必然的に引き起こす民族融合・単一民族国家論ではなく、事実上清の「中外一体」を継承して文化的独自性への尊重を考慮した「五族共和」を前面に打ち出し、チベット・モンゴル人からも「共和」への賛同を得ることを目指した。袁世凱政権は例えば、清末の混乱の責任を一律に聯豫・趙爾豊など清末の当局者に帰したうえで、インド逃亡で剝奪したダライ・ラマの名号回復、民国議会等の政府機構におけるモンゴル・チベット関係者の優待を提示した。

さらに、袁世凱政権の側が実際に「共和」の意義を説明する際には、彼らチベット・モンゴル人と満洲人皇帝の長年の関係に訴えることを怠らなかった。とくに、中華民国の成立は排満革命の勝利によるものであるという民国の正統教義は決して表に出されず、むしろ文殊菩薩皇帝（満洲人皇帝）が国難に際して五族の国民を共和政体に導くことで、国内を再び団結させて「瓜分」の危機を免れさせたと説明し、辛亥革命・中華民国の創始者は他でもない満洲人皇帝であるという「論理」を用意したのである（「楊芬為慰促達頼喇嘛速電大総統承認共和事致達頼喇嘛函」中華民国元年一二月一六日）。

もちろん、ダライ・ラマ一三世はこのような説明を受け入れなかった。とはいえ、少なくとも「五族」の国家としての中華民国を説明するとき、満洲人皇帝と清という国家を抜きにしては語り得なかったのである。宣統帝溥儀《ふぎ》が民国成立後も「清室優待」の名の下に紫禁城内での居住を許されたのも、「文殊菩薩皇帝が放逐された国家にとどまる理由なし」と考えるチベット・モンゴル人有力者に対する宣撫の意味が大きかった。また、チベット・モンゴル人部族が割拠する青海では、清代以来有力者を集めて青海湖を祀り皇帝の万寿を祈る「祭海」儀礼が行われてきたが、民国期に入ると儀礼の様式は一切清代と同じままに「当今皇帝万歳」という牌位が「中華民国万歳」と書き換えられ、衛兵が清の官服を着たまま「偽の聖旨」を読み上げていたという〔青海省志編纂委員会編 一九八七〕。さらに、のちにカム地方で国民党組織の設立が図られた際、孫文像と釈迦像を並べて「国民党義と仏教は矛盾しない」と宣伝することではじめて地元民に受け入れられたという経緯もある〔格桑澤仁 一九七四、四頁〕。満洲人皇帝の仏教保護によって間接的に「中国」とつながっていたに過ぎないチベット・モンゴルで、中国ナショナリズムを急に浸透させることは原理的に不可能であり、全ては過去との連続でしかなしえなかった。

だからこそ一層、民国にとって頼るべき価値は「主権」しかない。袁世凱政権は英露両国に対し、彼らがダライ・ラマ政権のチベットと北モンゴルを勢力圏とすることを阻止し、清から継承したと主張する国家主権を貫徹させるために外交攻勢をかけようとした。しかし、民国の存立は列強からの借款に依存せざるを得ず、不用意な軍隊派遣・英露両国の影響力排除はただちに民国自身にとっての致命傷となりかねなかった。ダライ・ラマ政権の国際的地位を協議するために一九一三年に開催されたシムラ会議、および北モンゴルについて同様の目的で開催されたキャフタ会議において、英露両国は中華民国との関係を保つべく「中国の宗主権」については否定しなかったものの、自らの権益は維持するため、ダライ・ラマ政権及び北モンゴルについては事実上独立状態に等しい「自治領」とすることに固執した。民国側は強硬な国内世論を受け、交渉でそれを覆そうとしたものの、結局は英露両国の拒否に遭遇し、民国としては最終的な批准をしないことで最大限の抵抗を示すのみであった。

　これ以後民国の側では、国際的な権力の空白を見計らってダライ・ラマ政権と北モンゴルに主権を及ぼそうとする動きが繰り返された。ロシア革命の隙を突いて北京政府が軍事力を投じ、モンゴルの自治を否定したことはその代表例である。また蔣介石も、抗日戦争の後方としての内陸アジアの価値が高まる中（開発西北論）、ダライ・ラマ一三世の葬儀、チベットの内紛で南京に逃亡して来たパンチェン・ラマ九世の帰還、青海で生まれたダライ・ラマ一四世のラサ入りなど、あらゆる機会を捉えて国民政府の主権をダライ・ラマ政権に及ぼそうとした。しかしその都度、英国からは抗日のための借款供与をめぐる牽制を受け、最終的に国民革命軍のラサ進軍を諦めざるを得ないという経緯があった。(6)毛沢東が一九五一年に人民解放軍の圧倒的な力量のもと「一七条協定」をダライ・ラマ政権に受け入れさせ、英国との関係を断ち切らせることに成功したのは、インドの独立と朝鮮戦争勃発によって一時的にチベットが国際政治上の空白となったためであろう。

　中華人民共和国の前半期に失政の限りを尽くした毛沢東が、今日の中国ナショナリズムの立場から高く評価されるとすれば、ナショナリズムにとっての「核心的利益」と見なされたチベットへの主権行使を実現させた点が該当するのであろう。しかし清の版図・領域は漢人社会のダイナミズムと無縁な力学によって形成されたものである。その矛盾に悩み続ける中国の現状が改めて近年、中国とチベット・国際社会との認識のずれというかたちをとって浮上しているのである。

（1）　例えば以下の諸研究を参照のこと。
　Lamb, Alastair, *Britain and Chinese Central Asia: The Road to Lhasa 1767 to 1905*, Routledge and Kegan Paul, London, 1960.
　鈴木中正『チベットをめぐる中印関係史――十八世紀中頃から十九世紀中頃まで』一橋書房、一九六二年。

van Walt van Praag, Michael C., *The Status of Tibet*, Westview Press, 1987.
W・D・シャカッパ、貞兼綾子監修、三浦順子訳『チベット政治史』亜細亜大学アジア研究所、一九九二年。
W. Smith, Jr., Warren, *Tibetan Nation: A History of Tibetan nationalism and Sino-Tibetan Relations*, Westview Press, 1996.
馮明珠『近代中英西蔵交渉與川蔵辺情——従廓爾喀之役到華盛頓会議』国立故宮博物院、一九九六年。

王貴・喜饒尼馬・唐家衛『西蔵歴史地位辯』民族出版社、二〇〇三年。

(2) このような視点を強く提示している先行研究として、以下を参照。
加々美光行『知られざる祈り——中国の民族問題』新評論、一九九二年。

同『中国の民族問題——危機の本質』岩波現代文庫、二〇〇八年。

毛里和子『周縁からの中国——民族問題と国家』東京大学出版会、一九九八年。

(3) 例えば、小林亮介「ダライラマ政権の東チベット支配(一八六五—一九一二)——中蔵境界問題形成の一側面」『アジア・アフリカ言語文化研究』第七六号、東京外国語大学アジア・アフリカ言語文化研究所、二〇〇八年、を参照。

(4) ネパールで成立間もないグルカ王朝はチベットの富を奪うべく、大寺院・タシルンポ寺の一部活仏と密通のうえチベットに侵入した。その際乾隆帝は、チベット仏教寺院の堕落は活仏選びの不正(権力者が占いの内容を左右し、結果として凡庸な子供が活仏に選ばれ、寺院が腐敗する)に大きな原因があると考え、くじ引きによって多少なりとも活仏選出過程が公正になると考えた。乾隆帝「御製喇嘛説」張羽新『清政府与喇嘛教』西蔵人民出版社、一九九五年、を参照。

(5) 最も代表的な議論として、梁啓超「中国史叙論」『飲冰室文集』巻六、台湾中華書局、一九六〇年。

(6) 当時の国民政府のチベット関与政策については以下を参照。
中国蔵学研究中心・中国第二歴史档案館編『十三世達頼圓寂致祭和十四世達頼転世坐床档案選編』中国蔵学出版社、一九九一年。

同編『九世班禅内地活動及返蔵受阻档案選編』同、一九九二年。

同編『黄慕松呉忠信趙守鈺戴伝賢奉使辦理蔵事報告書』同、一九九三年。

【文献一覧】

吉澤誠一郎　二〇一〇『清朝と近代世界』岩波新書

「開導蔵番委員裕鋼黄紹勛日下番情開導益難挽転（附）蔵番大衆公稟」光緒一三年（一八八七年）一〇月一六日（呉豊培編『清代蔵事奏牘』中国蔵学出版社、一九九四年、五九三―五九四頁）

「外務部嘱勿画押致有泰電」光緒三〇年（一九〇四年）八月初四日（『元以来西蔵地方与中央政府関係檔案史料匯編』中国蔵学出版社、一九九四年、一四二八頁。以下『元以来西蔵檔案』と略）

「外務部奏中英商議蔵約請旨辦理折」光緒三二年（一九〇六年）三月初一日（王彦威・王亮編『清季外交史料』巻一九六、文海出版社・台北、一九六四年、八―一五頁）

格桑澤仁　一九七四（初出一九三五）『邊人芻言』文海出版社・台北

松筠「籌辦青海各事宜折」嘉慶四年（一七九九年）一一月初一日（哲倉・才譲編『清代青海蒙古族檔案史料輯編』青海人民出版社、一九九四年）

青海省志編纂委員会編　一九八七『青海歴史紀要』青海人民出版社

「駐蔵川軍変乱情形及原因」（前掲『元以来西蔵檔案』二三四六頁）

「張蔭棠為抄送査辦西蔵事件与商上噶倫三大寺僧俗問答詞致軍機処諮呈」光緒三三年（一九〇七年）正月一八日（『元以来西蔵檔案』一五二三頁）

「張蔭棠参劾有泰等請代奏致外務部電」光緒三二年（一九〇六年）一一月一八日（『元以来西蔵檔案』一五一四頁）

「張蔭棠詳述辦理蔵務情形及参劾曲吉等原委致外務部丞参函」光緒三三年（一九〇七年）三月二五日（『元以来西蔵檔案』一五三九頁）

「丁宝楨等奏請勘明内地与瞻対界址以杜侵凌之漸片」光緒七年（一八八一年）正月初七日（『元以来西蔵檔案』一二七〇頁）

「巴塘百姓稟打箭炉頗本已将鳳全及洋人一並誅戮」光緒三一年（一九〇五年）三月初二日（四川民族研究所編『清末川滇辺務檔案史料』中華書局、一九八九年）

「諭僧俗番官及各領袖喇嘛界外通商一事不宜拒絶」光緒一三年（一八八七年）一一月二五日、総理各国事務衙門（前掲『清代蔵事奏牘』六三四―六三八頁）

雍正帝撰『大義覚迷録　巻一』（近代中国史料叢刊第三十六輯）、文海出版社・台北、一九六六年

「楊芬為慰促達頼喇嘛速電大総統承認共和事致達頼喇嘛函」中華民国元年(一九一二年)一二月一六日(『元以来西藏檔案』一三六〇頁)
「理藩院典属司為奉抄瞻対賞達頼喇嘛管理上諭諮四川総督呈」同治四年(一八六五年)十二月(『元以来西藏檔案』一二六四頁)
F. O. 228-2562, Government of India to Load G. Hamilton, Jan. 8. 1903.
F. O. 535-1, India Office to Foreign Office, Nov. 11. 1903.
Lamb, Alastair "Britain and Chinese Central Asia: The Road to Lhasa 1767 to 1905" Routledge and Kegan Paul, London, 1960.

個別史／地域史Ⅰ

日本統治初期台湾における「理蕃政策」

李文良
（中文翻訳）北村嘉恵

序言

日本の台湾植民地支配は異民族支配である。統治者と台湾住民との間には、支配者と被支配者という関係だけではなく、日本民族と非日本民族という民族の相違が存在した。この二重の差異が相乗した結果、研究者が歴史的な問題を検討する際にしばしば民族の差異を最も重視する要因となってきた。つまり、資本主義経済の観点から出発し、統治者の「掠奪」という課題に向かい、そこから「掠奪」行為に対する植民地人民の「抵抗」に及ぶのだ。具体的には次のような叙述である。本来台湾住民のものであった資源を日本がいかに掠奪し、内地資産家に開放したのか。そして、台湾住民は、いかに資源を日本人に奪われ、資源の分配過程において利益から排除され、それがゆえに日本の植民地統治に対して抵抗したのか。このような「掠奪／反抗」という民族史観は、戦後台湾の国家意識および反帝国主義の道徳観に合致するため、初期の日本時代台湾史研究において最も普遍的な解釈枠組みとなってきた。

研究史上「理蕃政策」と呼ばれてきた日本時代の蕃人蕃地に関する研究も、当初は、基本的にかかる歴史観のもと進められてきた(1)。すなわち、その最終目的は常に、台湾総督府が日本帝国の代理人として蕃地資源を獲得するため、いかに種々の手段を用いて効果的に蕃人制御を達成したかを明らかにすることにあった。藤井志津枝が博士論文を加筆修正して出版した『日拠時期台湾総督府的理蕃政策——一八九五—一九一五』(一九八九年)は、その代表的な著作といえよう。藤井はその論文の序言において、「日本が台湾を占有した後、その権力機構である「台湾総督府」が、その政策および施策において、いかに台湾先住民を圧迫し、台湾山地の富を掠奪したのか。日本側の記録では「理蕃」と概括される、その政策」が自分の検討対象だと述べている。また、「台湾の山地についても、日本は「殖産興業」という前提のもと「合法的」な手段で台湾先住民の土地財産および樟脳の利益を奪取したのであり、この過程が理蕃政策の重点にほかならず、本研究の内容でもある」[藤井 一九八九、序言]とも述べている。研究の課題・方法の点でも成果の点でも、藤井の研究は現在に至るまで先駆的な位置を占めており、理蕃政策に言及する研究者が藤井の設定した議論の枠組みおよび結論を脱することは難しい。

総じていえば、藤井志津枝の研究は、もっぱら戦前に総督府警務部門が編纂出版した『理蕃誌稿』および矢内原忠雄の『帝国主義下の台湾』(一九二九年)を継承したものである。藤井は、表面的には、総督府が山地を制圧する過程を、「理蕃政策」を通じて詳述しているが、実際の関心は、日本帝国主義が植民地で「殖産興業」政策の装いのもと台湾山地資源に触手を伸ばす点にあった。換言すれば、「理蕃」は「殖産」を進めるための手段にすぎず、「殖産」こそが本来的な目的であった。藤井が総督府の理蕃の過程を詳述する目的は、隠れた殖産の企てを顕在化させることにあったのだ。藤井のいわゆる「理蕃政策」とは、殖産に従属する理蕃政策である。両者は相互補完的な一体のものであり、「殖産」と「理蕃」の間には矛盾や衝突はありえない。それゆえ、藤井の研究では、蕃人統治に重点が置かれ、資源の収奪過程と蕃地の殖産開発、治安、林業政策との間の齟齬に関する言及は稀である。

『理蕃誌稿』は、既存の文献中、総督府がいかに「台湾先住民を圧迫し、台湾山地の富を掠奪したか」という状況と歴史過程を最もよく示す資料である。これは、『理蕃誌稿』編纂の動機が、台湾山地制圧をいかに効率的に達成したかを理蕃の担い手である警務部門自らが宣揚するという点にあったためである。たとえ檔案資料が大量に出土して容易に活用できるようになった現在であっても、多くの一次資料を収めた『理蕃誌稿』は、依然として理蕃政策研究の最も重要な参考資料である。台湾総督府の理蕃史研究におけるその位置は、漢人の抗日運動史研究における『台湾総督府警察沿革誌』に相当する。しかしながら、つとにその限界が指摘されてきたように、警察沿革誌は社会の治安維持を担う警察部門が「社会運動」ないし「抗日運動」を取り締まる立場から編纂した資料集であり、官憲側の資料だけを利用すれば陥穽にはまりやすく、相対的な資料で裏付けることによって、はじめて当時の社会の実情に接近しうる［呉ほか 一九八九、一五二―一九七頁］。また、『理蕃誌稿』は理蕃に関係する部分のみを載録する場合が多く、研究者が原資料に立ち返ってその全文の文脈を明らかにしなければ誤読に陥りやすく、ひいては論述上の誤りにつながる［北村 二〇〇八、一〇―一四頁］。したがって、『理蕃誌稿』を単純な文献資料とみなすより、史観および固有の枠組みを備えた著作だと捉えるのが妥当である。

仮に「掠奪／反抗」史観の論断が正しいとすれば、日本の台湾統治は時間の推移とともに、植民者の「掠奪」と被植民者の「抵抗」との悪循環により、争乱と暴力の一途をたどるだろう。だが、実際の統治の展開は、上述の「掠奪／反抗」史観が推論したのとはまさに反対である。植民地の抵抗と鎮圧は明らかに統治前期に集中しており、後期になると非常に安定した状態に入る。普通行政区内の漢族系武装抵抗活動は、一九〇二年に徹底的に解体・鎮圧され、一九一五年の西来庵事件を経て完全に終熄を告げた。蕃地の状況も基本的に同様である。相違点は、総督府が一九〇二年以降にようやく蕃地の実質支配を徐々に完成していったため先住民の抵抗が普通行政区に比してやや遅れたというだけにすぎず、蕃地社会も統治末期には安定的な状態に入ったのである。

既往の研究成果からみれば、近藤正己の研究が最も「掠奪／反抗」史観を脱したものといえ、理蕃政策史に大局的な研究枠組みを新たに提出したという意義がある。一般的には一八九五年の日本領台の時点から問いを立てるのに対して、近藤の問題意識は、日本統治末期に見られる奇怪な事実から出発する――「なぜ決して人口数が多いとはいえない高砂族が、かえって大東亜戦争期に志願率がとくに高くなったのか?」。近藤は日本統治下の半世紀にわたる蕃地支配を通覧した後、一九三〇年に発生した霧社《むしゃ》事件が理蕃政策の改革上、重要な位置を占めることを見出した。理蕃行政の柱である警察部門を再編成したほか、現行理蕃政策をも全面的に検討し直し、翌年末には以後の理蕃の最高指導綱領となる「理蕃政策大綱」を完成させた。近藤正己は、事件後に発行した『理蕃の友』等の文献を利用して、「理蕃政策大綱」の登場から実行にいたる過程を詳細に描写した。近藤は、新たな「理蕃体制」は、第一線で理蕃の任務を担う警察の指導・教育事業に重点を置き、かつ、先住民の生活安定を保持することにより同化の教化目標を達成するよう強調したと捉えている[近藤 一九八九]。これをもとに我々は、新たな理蕃政策が効を奏した結果、台湾先住民は、霧社事件時の強烈な仇日意識と打って変わって、最後には日本帝国の戦争に望んで参加したのだと推測することができる。近藤の研究はまた、総督府の理蕃政策の改革は、現実の統治の困難――蕃人の暴動、安定的な統治の維持――を打開するために行った手直しであり、「拓殖」ないし「資本主義」に奉仕するために、山地での資本の拓殖に有利な環境を創り出したわけではないと示すこともできる。これは、拓殖と理蕃とを常に一体化して捉えてきた伝統的な「掠奪/反抗」民族史観とは異なる観点である。事実、蕃地の殖産開発と、総督府の蕃地統治、林業政策とは深刻な矛盾と衝突を終始はらんでいた。

この十年来、理蕃政策に関する史料および研究は、いずれも大きく進展した。まず史料については、四つの注目すべき点がある。第一に、植民地現地統治機構の公文書の整理と公開である。当時、植民地の最高行政機構であった台湾総督府の行政文書――台湾総督府及び附属機構の公文類纂は、原史料破損のため整理不能なわずかなものを除き、すでに画像のスキャニングおよび標題全文のデータベース化が完成しインターネットから検索、閲覧、ダウンロードが可能である。公文類纂には、行政の政策決定・法令制定の詳細な過程や、各種の調査報告を含み、我々が総督府の理蕃政策や山林産業の実状および先住民社会を理解する助けとなる。第二に、日本時代に警察部門が作成、保管、更新してきた戸籍簿冊――『本籍戸口調査簿』『寄留戸口調査簿』『除戸簿』等を含む――が、現在も各戸政事務所に保存されている。戸籍台帳は、各戸構成員の出生、婚姻、異動、死亡、改姓名等の状態を詳細に記録しており、我々が当時の先住民の家庭および社会状況を理解する助けとなる〔近藤　一九九四〕。第三に、一九二八年に成立した台北帝国大学（現・国立台湾大学）は、その教職員が統治後期の山地開発や集団移住、熱帯栽培業等の事業に参画した関係から、『蕃人所要地調査書』『理蕃課授産講習』『山地開発調査』『林業ニ関スル調査書』等の貴重な史料を残している〔呉　一九九四〕。第四に、先住民および理蕃警察のインタビュー記録や回想録が相次いで出版されている。たとえば、『山深く情遙か――タイヤル女性チワスラワの生涯』『遙かなるとき台湾――先住民社会に生きたある日本警察官の記録』『部落の記憶――霧社事件の口述歴史』などが挙げられる。理蕃政策に対する個人の観察や所感は、時代および経験によって複雑かつ多彩であるが、それゆえにこそ官側の報告書における個人の観察や意見とは異なるものを我々に開示してくれる。

近年、理蕃史料の大幅な拡充により、理蕃政策史研究も前進をみた。相変わらず霧社事件が研究者の関心の主な焦点ではあるが、厳密な歴史学研究の論文のほか、霧社事件を題材として、よく考証された小説、漫画、映画等の創作も相次いで現われ、たびたび社会的に話題となり、活発な議論を引き起こしている。もっとも、総体としてみれば、やはり理蕃政策研究は霧社事件から広がりつつあり、「教化」〔李　二〇〇三／北村　二〇〇八〕、「集団移住」〔李　一九九七〕、「授産」〔陳　一九九八〕、山地産業、蕃人観光旅行〔鄭　二〇〇五〕、林業〔洪　二〇〇四〕、身分と法制度〔松田　二〇〇三〕等を含めて、一定の研究成果が蓄積されている。人類学や地理学等などフィールドワークを重視する学問領域の研究者が相次いで加わったことで、長期のフィールド参与観察も理蕃政策史研究に必須の基本的技術・力量となっている。また、先住民の学者が現れ、大学の研究者とは異なる現地の視点を提供している。

一　初期撫蕃制度　一八九五―一九〇二年

領台初期に西部の平野部で漢人のゲリラ戦が頻発したため、総督府は一時山地の実質支配を棚上げにせざるをえず、「綏撫《すいぶ》」を主とする対蕃政策を採用した〔藤井、二頁〕。蕃地蕃人に対する主権の宣言は、清朝時代の「通事」を通じて行われた。すなわち、「通事」が官員を連れて山に入るか、蕃人頭目を呼び出し、「会見」の場を設け、官員が蕃人に対して政権交代を宣言し、礼品や酒食を恵与し、身分を登録し、形式的な接収を完了した。総督府の蕃人蕃地に対する主権の宣言は、行政組織を整備し、官員を駐在させ、兵力の動員により掃討、鎮圧を進めるという直接統治方式をとる西部の平野部とは明らかに異なっていた。総督府にとっては、蕃地およびその住民は「会見」儀式の後に「日本帝国臣民」になるものであった。一方、先住民の立場からすると、両者が上下の臣民という隷属関係になったというよりは、それぞれに主権をもった平等な盟約を結ぶ儀式であったといえる。

一八九六年四月、総督府は軍政統治の終結と民政時代への移行に対応して、蕃地を特殊行政区とした。街・庄などの普通行政機関を設置せず、清代の撫墾局制度を参酌して、叭哩沙《ばりしゃ》、大嵙崁《たいこかん》、五指山、南庄、大湖《たいこ》、東勢角、埔里社、林圯埔、蕃薯寮、恒春、台東等、一一の地方に撫墾署を設置し、蕃民の撫育、授産、取締りおよび蕃地の開墾、山林、製脳等の事務を担うこととした〔王 一九九四、四八一―四八五頁〕。いずれも、河川がちょうど平原の山麓地帯から山地に入る地点に位置し、交通往来の戦略的要地であり、漢蕃貿易および地方開発により活発な商業活動が行われていた地域である。清朝末期には清朝もこれらの地域に撫墾局を設置し、蕃地蕃人経営を行っていた。

地方行政機関は地方統轄のために設けたものである以上、当然、政務遂行上の便のため所轄管内に設置すべきである。しかしながら、前述した一一カ所の撫墾署のうち九カ所は普通行政区域内の蕃地に隣接した山間地の小市街地に

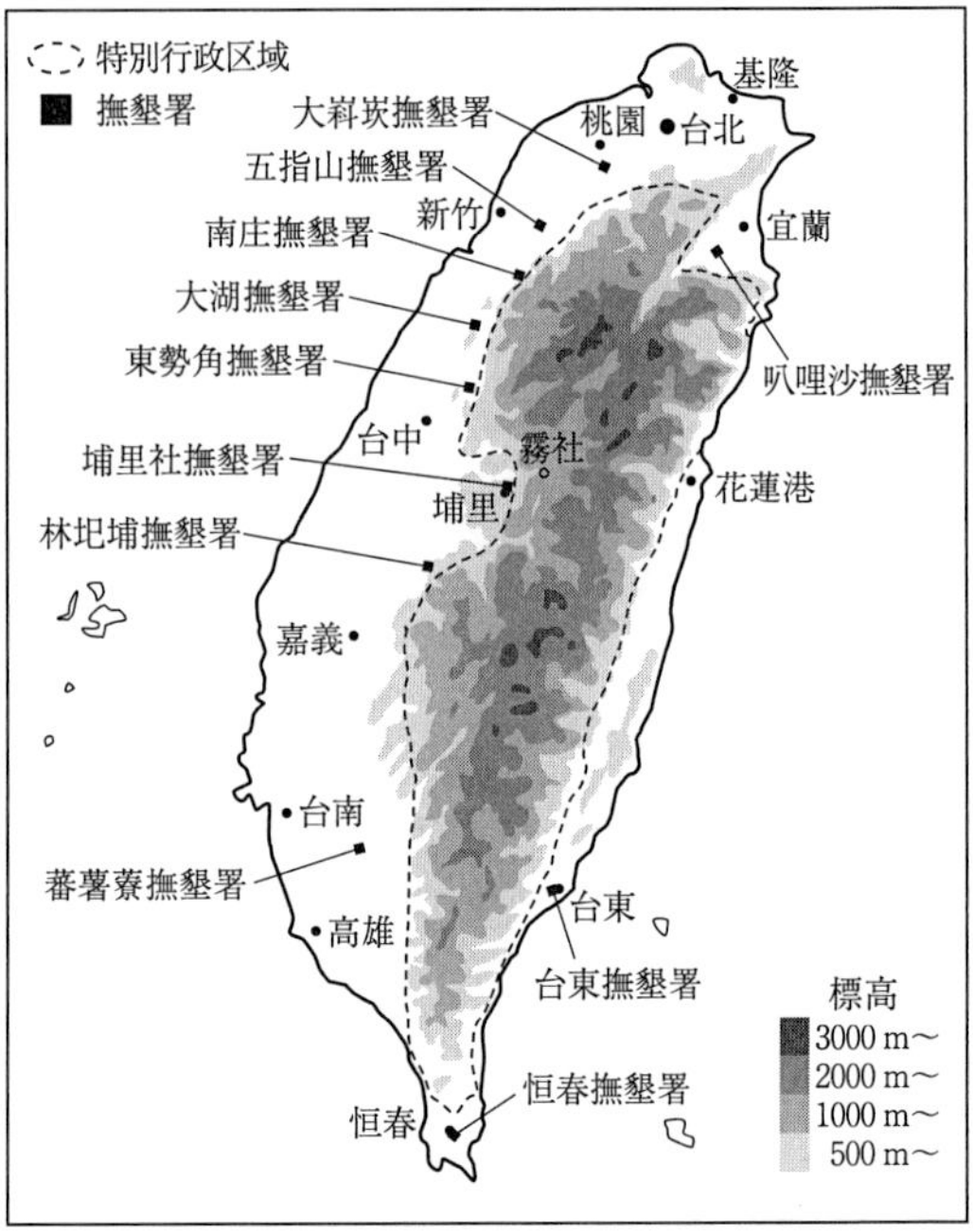

図 1　台湾略図（1890 年代末．作成：北村嘉恵）

設けられ、恒春および台東の二カ所にいたっては平地に位置していた。つまり、蕃地内に設置された撫墾署は皆無であった。これは、領台初期の総督府の統治力がなお蕃地の周辺に限られ、山地に入りこんで先住民を実質的に支配するに到っていないことを意味する。蕃地は主に従来の部落の頭目が、彼らの旧慣にしたがって先住民世界の秩序を維持していた。これが「綏撫」といわれる時期の理蕃政策の重要な特徴である。

総督府がいまだ実質的に山地社会を支配していなかったとはいえ、蕃地の拓殖経営については、清朝末期以来の状態が継続し、中断することはなかった。蕃地内には暫定的に設置された樟脳製造工場（製脳工場）が点在し、製脳（樟脳製造）、伐木、開墾に従事する非常に流動的な人々が数多く散住していた。日本軍警の勢力が事実上蕃地に及ばず製脳従業者や関連施設を保護できなかったことから、清代以来、民間の主導によって設けられた武装隘勇等の防蕃施設も維持されていた(2)。総督府はまもなく、撫墾署が普通行政区域に位置しかつ軍警要員を欠いたままでは、蕃人を効果的に治めることができないばかりか、蕃社と製脳業者とのあいだの衝突や、樟脳密造、銃器売買等の違法行為に対処することもできないということを認識した。

一八九八年六月、新任民政長官後藤新平は撫墾署を全面廃止し、蕃人蕃地事務を各地方庁下の辨務署へと移管した。

辨務署には警察吏員が配置されたとはいえ、依然として普通行政区域内に位置した。総督府は、短期間にさらなる人員と資金を蕃地経営に投入しえないという制約のもと、経費補助という方法で、蕃地の武装防蕃施設の掌握を漸次試み、あわせて、清代に製脳権を取得した業者に改めて申請を求め、間接的に山地の製脳事業の管理・統制を進めるとともに、民蕃の紛糾に対処しようとした。しかしながら、蕃地社会は、この措置によって安定化しなかったばかりか、かえって悪化するという局面に立ち至った。蕃人が脳丁(製脳労働者)や開墾民を襲撃殺害する「蕃害事件」は一九〇〇年にピークに達し、蕃人教化施設は就学者が逃げ去り閉鎖となった。辨務署もまた効果があがらず廃止され、業務は地方庁の総務課に移管された。この過程を通じて、総督府は次第に、強大な直接支配の行政組織を蕃地に確立することだけが、蕃地統治を安定させ、教化策を推進し、山林経済の利益を守るための唯一の方法だと明確に認識するようになった。

二　理蕃戦争と警察支配体制　一九〇三―一四年

一九〇二年七月、普通行政区域での漢人の武装抗日運動が徐々に制圧されるに至った時期、「隘勇線制度の大変革の引き金となった」南庄事件が新竹庁下で生起した。南庄事件の動揺は台湾中北部の新竹、苗栗、台中等の各庁にまたがる広範囲に及び、政府側が相次いで入手した情報は、政府の補助を受けていた隘丁および管理者が今回の事件に関与していることをも示していた。そこで、総督府は軍隊を動員して鎮圧するとともに、この失態に焦点を据えた改革に直ちに着手した。その柱は、中部の隘勇線の整理統合および隘丁制度の廃止であった。「平地行政ノ稍〻《やや》完備セントスルト共ニ蕃地行政ノ発展ヲ促シ」〔台湾総督府警察本署『理蕃誌稿』第一巻、一七九頁、以下『理蕃誌稿』〕つつあったため、総督府は、蕃人蕃地政策の全面的な見直しに向けて、参事官持地六三郎を北部の蕃地視察に派遣した。持地はその後間もない一二月、総督児玉源太郎に「蕃政問題ニ関スル件取調書」を提出し、これが後の総督府理蕃政策変革の指導方針となった。

蕃政問題について、持地参事官は、既往の綏撫方針を「威シテ而《しか》ル後撫スル」という積極経営へと改め、統治組織を改革し、従来の警察、殖産、専売局が分掌してきた蕃人蕃地事務を、新たに設ける「蕃地事務局」が一元的に管轄するよう建議した。蕃人問題については、持地は「南守北進」「南撫北伐」を主張し、とくに北部のタイヤル族に対して、隘勇線敷設による広範な封鎖をもって囲い込みを強化し、北部の宜蘭、深坑、新竹、苗栗等の各庁に相前後して設置した四本の隘勇線を連結して、タイヤル族の生活空間の包囲を完成させようとした〔持地　一九一二、四九、七一—八二頁／台湾総督府警察本署蕃務掛　一九〇三〕。隘勇線地帯には、隘勇の管理組織、隘寮と隘寮の間を結ぶライン、電流鉄条網、地雷を敷設するほか、隘勇線を徐々に前進させて包囲網を縮小し、蕃地の占領と蕃人の収容という目標を達成する。最終的には、隘勇線の前進に伴い占領した「包囲地」の管理を進め、蕃地を漸進的に総督府の安定した統治下に置こうとするものであった。

一九〇三年における「隘勇線」の成立は、台湾の防蕃施設の発展上、重要な歴史的意義を有する。それは、隘勇線が国家の理蕃施設たることを具体的に示すだけでなく、清朝末期以来の段階的な拡張、整備の末に、ひとまず完成段階に到り、総督府の理蕃部門として警察がすべての蕃地を対象として統一的に管理するという認識が確立したことを意味していた。この後、一九一五年に総督佐久間左馬太が「五箇年計画理蕃事業」の完成により新たに理蕃方針を立て直すに到るまで、総督府の理蕃政策は基本的に持地六三郎の蕃地経営の構想に従って、「南撫北伐」の政策方針のもと、北部タイヤル族の武力討伐に重点を置いて展開する〔藤井、一二五—一三三頁〕。総督府理蕃部門が編纂し、官定版の理蕃報告書という性格を有する『理蕃誌稿』は、「明治三十六年〔一九〇三〕ハ実ニ理蕃ノ歴史上特筆スベキ革新ノ一期」だと明言している〔『理蕃誌稿』第一巻、二七七頁〕。

四月以降、総督府は、警察本署、殖産局、専売局および地方庁を含む、より大規模な事務分掌規定の改正を行った。すなわち、従来、総督府においては殖産局が、地方庁においては総務課が管轄してきた蕃人蕃地事務を、それぞれ警察本署および〔各地方庁の〕警務課に移管する一方で、警察行政系統に直接編入できない樟脳、森林、原野および砿山等の事務については、別途、蕃人蕃地に関わる事務は事前に警察本署長の「同意」を得てはじめて実施もしくは処分しうる旨を定めた。さらに、警察本署は職権の拡張に対応すべく、警察本署長の直属下に「蕃務掛」を特設し、蕃人蕃地に関する一切の事務を所管することとなった(明治三十六年訓令六十二―六十四号)。総督府は最終的に蕃地を対象とした特殊行政機構を設置するには至らなかったが、統一的な理蕃政策の必要に基づき、法令の改正をもって、一九〇三年四月以降、「蕃人蕃地ノ事務初メテ統一」されるに至った〔『理蕃誌稿』第一巻、三〇〇頁〕。ここに、警察を主体とする理蕃部門が成立した。これ以降、理蕃部門は林政、殖産部門を凌いで蕃地経営の最終的な政策決定権を掌握することとなった。

北部タイヤル族に照準を定めて隘勇線を前進させ、段階的に蕃地制圧を進めるという総督府の政策の展開は、非常に急速であった。統計によれば、総督府が隘勇線の前進により制圧した蕃地面積は、一九〇三年から五年間の間に四四万八六六二ヘクタールに達した。このうち七五%は、北部タイヤル族の生存領域であった土地を奪取したものである。一九〇八年までに、北部タイヤル族が分布する区域のうち五〇%近くの占領を達成していた。

占領地域の拡大にともない、総督府は山地の末端統治機構の設置に着手した。一九〇七年四月、総督府は「蕃地警察職務規程」を定め、庁長が台湾総督の同意を得た後、「対蕃上須要ノ地」に「蕃務官吏駐在所」を設置し、「監督並《ならびに》綏撫」に従事することとした(明治四十年訓令五十四号)。駐在所の名称は「蕃務官吏」であったけれども、配置された人員は警部、警部補、巡査、巡査補であり、実質的には警察機関であった。以後、各地方庁はこの法令に基づき、蕃地の適当な地点に相次いで駐在所を設置した。隘勇線の暫定性と機動性に対して、蕃務官吏駐在所は「蕃人統御の永久的施設」として設置され、その数は理蕃戦争の進展とともに安定的に増加の一途をたどった〔『理蕃誌稿』第二巻、七―八頁〕。しかも、警察駐在所およびその人員は、隘勇監督所および隘勇を改称して転用するのが通常であった〔林ほか 二〇〇七〕。

総督府の蕃地経営は、一九〇七年以降、討伐・警備という臨時的な防蕃機構から、撫育・監督という恒久的な駐在所へと、漸次、転換・移行したとはいえ、末端の人員のほとんどは新施設にそのまま引き継がれたため、山地統治は依然として軍事的性格の強いものとなった。比較的大きな変化は、総督府が、本島人との頻繁な接触により蕃人が本島人化するのを避けるために、本島人に代わって特に蕃人を隘勇・警手に採用し、蕃地の警備要員の民族構成を、従来の本島人中心から内地人および蕃人を主とする方向へと見直しを行った点である〔丸井 一九一四、七四頁〕。これ以降、駐在所の設置数は変動を繰り返し整理統合を重ねたけれども、一貫して五百カ所前後の規模を維持し、およそ五千名の警備要員を配置し、四五〇社・八万五千名ほどの山地先住民の統治にあたったのである。理蕃行政機関の末端組織として台湾蕃地内にくまなく配置された駐在所は、道路と電話線で結ばれた緻密な警備網となり、「各先住民部落に対応できるように監視するシステム」が形成されていた〔近藤 一九九二、三八頁〕。

一九一五年一月、台湾総督佐久間左馬太は、五カ年の討伐計画の完成にあたり、「此ノ成功ヲ将来ニ維持スルノ方法ヲ講スル」ために新たな理蕃政策を打ち出した。佐久間総督は、「理蕃事業の一段落を告け積極的蕃人制御の端緒を啓《ひら》きたり即ち威圧を以て主義としたる時期は已に過去に属し今や将に綏撫《すいぶ》を以て第一義となすへき新時期に入らんとする」と述べた。さらに、佐久間総督は、次のような七項目の積極的な計画を列挙した。①蕃人に適合的な簡易教育の普及、②都会の観光およびその他の社会教育、③蕃人に適合的な産業の奨励、④物品交換制度の改善、⑤蕃人医療施設の設置、⑥頭目手当の給与、⑦狩猟用銃器弾薬の貸与、等〔『理蕃誌稿』第三巻、二―五頁〕。七月、総督府は警備事務縮小のため蕃務本署を廃止し、警察本署の下に新たに理蕃課を設置した。この後、一九一九年に警察本署を警務局に改編したほか、総督府の理蕃行政機構は一九四五年の終戦に至るまで基本的に改編されることがなかった〔石丸二〇〇八、六五頁〕。

実際には一九一五年に総督府が台湾蕃地のすべてを征服したのではない。佐久間総督は新たな理蕃方針を打ち出した後まもなく台湾を離れたけれども、一九三〇年に霧社事件が起こるまで、総督府は佐久間総督の新蕃政方針を大きく変更することなく、蕃地において授産、教化、医療等の綏撫政策を鋭意推進する〔陳 一九九八〕。台湾総督府が一九〇三年から一九一四年に強硬な理蕃戦争を遂行したことの最大の意義は、蕃界を全面的に平定したということではなく、治安・授産・教育・医療・交易・土木等の各種の行政事務を担う警察職員を蕃地内に一定数配置したこと、つまり、以後の蕃地経営の警備と行政のシステムを構築したという点にあり、これが蕃地に特殊行政を施行する土台となる。

三　蕃地殖産経営　一九〇二―二〇年

一九〇二年、持地六三郎が「蕃政問題ニ関スル取調書」を提出した時、総督府は折しも南庄事件の原因究明と善後策の策定に着手していた。総督府の官僚の間では蕃地の製脳事業が事件の直接的な導火線になったと考えられていたため、蕃地拓殖方針も理蕃政策の一環としてあわせて検討の対象となった(3)。持地は報告書の中で、蕃地拓殖に対して厳しい批判を展開している。すなわち、専売局が一八九九年に成立して以降、十全な施政方針を欠いたまま、多くの小資本家に蕃地製脳権を与えた。これが、資本家が蕃地進出後に各自の思惑からそれぞれ個別に撫蕃方法を講じることにつながった。その結果、しばしば蕃人の反抗を招き、さらには蕃地業者への襲撃を招来し、ついには総督府の討伐と封鎖にまで進展し、資本家の事業を中止せざるを得なくなっただけでなく、蕃地の秩序も混乱状態に陥ったのだと。持地は、多くの小資本家が蕃地に群がるような拓殖政策を廃し、少数の特許大事業家だけを蕃地に入れるよう建議した。ただし、総督府は、将来的に御しがたい大事業家が生まれるのを避けるとともに責任区域を明確にしておくため、河川や山脈等の自然の地形に基づき蕃地をいくつかの事業区に分割して複数の特許事業家に与え、各事業家に当該特許区域内で製脳、伐木、開墾等の事業を経営させる一方で、特許区域内の道路開鑿および防蕃費用の負担義務を特許事業家に負わせることとした。特許事業地域は、すでに防蕃施設を設置した「包囲地」、あるいは、討蕃計画に組み込まれ、まもなく占領する領域に限定することとした〔持地　一九〇二、二六―二七、六〇―六三頁〕。

総督府の新たな蕃地殖産方針は、専売局の初期の施策に対する批判に基づくものではあったけれども、両者の相違は「封鎖／開発」の対立というよりは、方法上の相違にすぎなかった。蕃地を積極的に拓殖するという目標からすれば、両者の立場にはなんら相違はない。持地の考えにおいて、蕃地拓殖は理蕃経営に利するところもあり、両者は決して対立するものではない。一九〇七年二月、警察本署長代理の大津麟平が北部蕃界を視察した後に佐久間総督に提出した報告の中には、このような考えがはっきり表れている。すなわち、「隘勇線ト開墾トハ最密接ノ関係アルモノニシテ早ク開墾セラル、所ニアリテハ線ヲ維持スル上ニ於テ最モ便宜多シ開墾耕作者ハ即チ隘勇ノ後援トナルヲ以テ前進地ノ開墾ハ成ルベク手続ヲ寛ニシ速ニ開墾ニ著手セシムルノ取計アランコトヲ望ム」とある。大津は当時桃園庁で蕃地拓殖を申請中であった三井を例に挙げ、三井のような大資本家に任せれば蕃地拓殖の進展はいっそう加速すると述べている〔『理蕃誌稿』第一巻、五一二頁〕。

総督府が強硬な討蕃政策を採用したのとほぼ同時期に、著名な殖民政策学者である竹越与三郎がより急進的な「会社による蕃地拓殖論」を提出している。竹越は英国の殖民政策からインスピレーションを得て、台湾の蕃地経営については、総督府の監督のもとで「生蕃地特許会社」を組織し、討伐の権限等を含む蕃地の「政権」を一切この会社に委ねて二〇―三〇年間経営させ、資金を投入させ、政府は期限が切れた時点で拓殖の完成した山林を改めて入手すればよいと考えた。総督府官僚および殖民政策学者の主張は、国家が資本家の力を「利用」して理蕃政策を進めるという志向がとくに強く、矢内原忠雄が述べたような、国家がその権力を用いて資本に仕えるというものではない。にもかかわらず、台湾総督府の理蕃政策および蕃地殖産政策の変革が、日本資本主義が植民地台湾へ膨張する時期と一致しているのは、決して意外なことではない[涂 一九七五、二八二—二八五頁/Tavares 2005]。

三井は、総督府が理蕃戦争を行っている時期(一九〇三—一五年)に台湾蕃地へ進出し殖産事業を営んだ最も代表的な企業である。一九〇七年四月、三井はとくに「同族会事務局殖民掛」を「山林部」へと改編し、「農商務省山林局に多年在職し、山林および殖産の経験を有する柴田栄吉主事」に植林および台湾の製脳・開墾事業を任せた。三井は、それから間もない同年一二月、蕃地殖産事業に参入し、深坑庁管内の製脳事業を引き継いだ。一九〇八年には、台湾北部のガットン渓における土倉組の檜伐採事業を三井が引き継いだ。四月には、三井物産合名会社がドイツのサミュエル・サミュエル商会に代わって台湾樟脳の海外販売事業を担うこととなった。それと同時に、先に三井物産台北支店長斉藤吉十郎が代表となり樟樹造林および水田開墾という名目で総督府に申請していた桃園庁の蕃地三カ所、総面積一万ヘクタール近くに及ぶ林野の拓殖も、相次いで許可を得た。さらに加えて、三井八郎右衛門の名義で台北、桃園庁内に少なくとも二カ所の、総面積一万ヘクタール余りの林野を総督府に申請し、明治四二年一一月には文山堡蕃地に一万二二二ヘクタールの林野を有する土倉組の買収が認められた。一九〇九年一一月、三井合名会社の営業開始の前夜に至るまでに、三井は少なくとも三万ヘクタールの林野の利用権を取得し、その事業地は桃園、台北、新竹の三庁にまたがり、北台湾蕃地の最も重要な企業体となっていた[李 一九九七、一九六—一九八頁]。この後、三井が統轄する蕃地の面積は増加し続け、一九二九年には三万七一一八ヘクタール、一九三九年には四万一九六六ヘクタールに達した。

注目すべきは、三井は主に総督府の林野貸渡および売渡規則を通じて台湾林野の使用権を取得したという点である。これらの法規は、台湾総督が「随意契約の方式」で林野の申請を認可しうると明確に定めている。三井による集中的かつ迅速な北部蕃地の獲得は、総督府が蕃地殖産の利権を特定の内地財閥三井の経営に委ねるつもりであったことを明示している。三井が大量に蕃地の利権を獲得した明治四〇年代は、北台湾の隘勇線の前進が最も積極的に展開した時期でもある。三井が取得した土地のほとんどは、隘勇線が前進した後に旧隘勇線との間につくられた「包囲地」であった。「弊社〔三井〕創業時代ハ台中州下南投事業地ヲ除キ他ハ何《いず》レモ隘勇線前進ニ依リ包囲セラレタル区域」であった〔三井合名会社台湾出張所〈以下三井〉一九三五、一八頁〕。

三井が一九三五年に出版した報告書によれば、台湾事業は製茶、農作、山林、軽便鉄道の四部門からなり、土地利用の区分は、茶園一九〇〇ヘクタール、田畑一五三〇ヘクタール、造成林一万二二六〇ヘクタール、造林予定地一万二〇〇ヘクタール、その他一万一六三〇ヘクタールであった〔三井　一九三五、四頁〕。その事業内容は、三井の蕃地拓殖事業が、植林伐採を主とした伝統的な山林産業ではなく、総督府が一九〇三年に確立した新蕃地拓殖方針——特許大資本家に蕃地の包囲地で総合的な拓殖経営を進めさせるという方針——をよく反映していることがわかる。

開墾、製脳、製茶等の事業は膨大な労力を必要としたが、三井の事業地は未開発の蕃地に位置し、人口の密集する普通行政区域からは遠く離れていた。このため、安定的かつ十分な労力供給が、三井が台湾蕃地拓殖事業を進める基本的な要件となった。現存する資料から判断すれば、三井はもっぱら移植した本島人を会社の直営農場の労力に充てるという形で経営を進めていた。前述した三井合名会社の事業報告書によれば、茶園栽培はすべて会社直営であり、「耕作者トシテ本島人ヲ使役」しており、水田は「茶園耕作者ノ定住並《ならび》ニ生活ノ安定策トシテ経営」し、「茶園耕作者ニ分配セシムル」ことを原則としていた。三井はさらに、多岐にわたる補助および保護の措置を講じて、普通行政区域の本島人の蕃地定住をいざなった〔三井　一九三五、六、一六頁〕。一九二九年の統計資料によれば、三井が収容していた定住農耕民は一〇〇九戸、七〇九六人、臨時労働者は五一七〇人、合計一万二二六六人に及ぶ。当時、三井はまぎれもなく台湾蕃地で最大の雇用者を抱える企業組織であった。

一九〇八年から北台湾蕃地で展開した三井の山林事業が経営計画のなかに先住民を組み込んでいなかったのは、主として総督府の当時の政策目標が先住民の征服であり先住民への授産ではなかったことによる。持地六三郎の『蕃政問題ニ関スル取調書』は、将来の「理蕃政策」の見通しを述べる際、「攻蕃」および「防蕃」に言及するのみで、山地住民の生業問題には一切触れていない。報告書は「理蕃政策ノ実行方法」という一節において、包囲地を大資本家に開放し蕃地外から「集団移住」を招き寄せるよう主張しているが、ここでの関心も、拓殖活動がいかに隘勇線の経営に利するかという問題であり、先住民の生活の安定ではない。このような状況下で、三井が、台湾蕃地の殖産事業において、山地先住民の雇傭を一顧だにせず蕃地外から大量の本島住民を移住させたのは極く自然なことであった。

結　語

台湾の山地およびその住民は、日本の統治時代に、戦争と征服という方法により、はじめて国家主権の実効支配の下に組み込まれた。台湾の長期的な歴史発展からみると、台湾先住民は、西部の平原に居住する漢民および熟蕃のように清代（一六八三―一八九五年）に長期にわたる中華帝国の統治下に置かれたことはなく、「中華・日本帝国」という重層的な文化経験を有していない。台湾先住民は、たとえ日本統治に組み込まれたとしても、総督府の厳格な蕃界管制政策のもとで特別行政区として区別され、西部平原一帯とは隔てられていた。先住民は相対的に単純な民族環境と経済体制および厳重な統制施策のもとで日本植民統治時代を経験することとなった。一九四五年終戦の後に台湾を接収した国民政府は、日本時代の山地政策を継承し、同じような教化策を展開した。総体としてみれば、一七世紀に漢人が大量に台湾に移住してきて以来、山地住民は西部平原一帯の漢人移民とは隔離されており、たとえ二〇世紀初頭に彼らが強制的に同一政権の支配に組み込まれた後においても、大きな変化はなかった。

総督府が理蕃戦争を遂行する間、先住民制圧のために日々拡大編制された武装隘勇は、隘勇線の前進にともない山地が統治下に組み込まれ、後には適度な編制替えを経て以後総督府が山地を統治するための主要な人員となった。理蕃事業の完成に従い蕃地の大部分が戦争状態を脱して太平の時代に入っても、統治者の立場で先住民との接触の第一線に立っていたのは依然として理蕃戦争時期の警務人員であったということが理解できよう。彼らは征服者の態度をもって自分たちが征服した先住民を統治した。国家の統治勢力がはじめて山地一帯に進出するに従い、総督府は大量に先住民を動員して駐在所や学校、宿舎など官公の統治施設を建設する労力に充てた。総督府の強圧的な山地支配は、後の先住民による大規模な反抗の導火線となった。一九三〇年の時点で霧社事件が台湾中部の先住民タイヤル族の主導のもと大規模に展開したのは、上述した歴史過程のひとつの自然な結果だといえる。

理蕃のモデルとしてしばしば内台の官吏の視察地となった霧社が、日本領台期間を通じて最も惨烈な日本人死傷者を生んだ反抗的行動の生起した地点となったことは、島内外の強い関心を集めた。総督をはじめとして、総務長官、台中州知事、警務局長を含む高級官僚はみなこのため辞職を余儀なくされ、帝国議会においても責任を追及する激しい声があがった。新任総督太田政弘は関係行政部門に事件の原因究明と理蕃政策の改革を指示した。第一線で実際に理蕃事務を担う警察人員の素質が、霧社事件を招いた根本原因だとみなされた。一九三一年一二月、総督府は「理蕃政策大綱」を公布し、理蕃警察の教化と改革に重点をおいた新たな理蕃体制を打ち立てた［近藤 一九九二、一九九六］。これ以降、総督府は先住民の「集団移住」をさらに拡大し続け、彼らを山脚地帯に集住させ、先住民を水田定地耕に従事する農民に改造すべくつとめた。これは、今日我々が山地に行けばなお見ることのできる先住民社会の基本的な姿である。日本の領台以前から長期にわたって国家統治に編入され、定住し、かつ広く社会慣習を形成してきた漢族系台湾人に比して、山地先住民は、日本統治期間を通じて、生業方式から言語文化、教育、居住地、社会組織等に到るまで、およそあらゆる面で統治者により徹底的に改造された。

台湾は高山国家である。総面積三・六万平方キロメートルの地に、三〇〇〇メートルを越える高峰がそびえ、海抜五〇〇メートル以上の山地が台湾の総面積の約半分を占める。さほど天候がひどくない限り、島のどこにいても顔さえ上げれば緑深い山林を見ることができる。しかしながら、平地の住民は山林に対して一様に疎遠な感覚を抱いている。その重要な歴史的要因は、日本統治期に完成した山林の国有化に加えて、長期かつ厳格な山地管制政策により、山林の社会化が進まず、住民がおしなべて山林意識を欠いていることにある。日本による半世紀の植民統治を経た後、山林に疎遠感を抱いているのは、おそらく平地の漢人のみではなく、元来山地で常に山林と向き合ってきた先住民も似たような感覚を有しているにちがいない。領台初期の林政官僚が林政と蕃政を統一するという立場から先住民を林業家にするという考えを一時有していたほか、日本時代を通じて、総督府が後に実施した理蕃政策は、理蕃討伐であれ、現地集約であれ集団移住であれ、農耕民化であれ労働者化であれ、いずれも先住民の従来の生業方式を改変し、山林との距離を広げるものであった。一般に特殊行政区である蕃地に法律は及ばないけれども、山林は国有に属し、任意の占有利用を禁じる規定が逆に蕃地に適用され厳格に施行された。森林に囲まれて住む先住民は、山林国有化のゆえに自由に材木を伐採し利用することができなかった(できない)のである。

＊ (訳者注)本文中の「蕃人」「蕃地」「理蕃」「蕃政」等歴史的表現については、原著の表記に従った。

(1) 清朝の官府は、南島語系に属する台湾の先住民を「番」と称し、華南内地から移住した漢「民」と区別した。番は納税の有無により生番と熟番(平埔番)に区別され、生番は帝国版図外の番地に居住した。日本の領台初期には清代の区別および呼称を踏襲し、後になって人類学者が言語、文化等の異同により生蕃(高砂族)をタイヤル、ブヌン、ツォウ、サイセット、パイワン、ピユマ、アミ、ヤミ、ルカイ等の九族に分類した。このうち「北蕃」と称されたタイヤル族が、理蕃戦争の主な対象であった。

(2) 一九世紀以降、拓殖活動が山地に接近するにつれて、人々は生番の襲撃を防備するため、しばしば要害の地に隘寮を設け、武装した隘勇を招請して防備にあたらせるとともに、隘防施設の保護を受ける住民から費用を徴収した。日本の領台初期、民設の隘勇のほかに、政府の経費補助および統制を受ける隘丁、各地方庁や事業組織が設置した警丁、壮丁等があり、制度は入り組み、効果は芳しくなかった。「隘勇線」とは、点在する隘寮を結ぶ防備線を指すが、当初は地図上ないし観念上の仮想線であり、後に鉄条網で結んだ具体的な工事となった。

（3）　樟樹伐採による製材や製脳は、清代台湾の重要な山林産業のひとつであった。当初は主に生薬や防腐剤等に使われた樟脳は、一九世紀セルロイドの発見によって、工業原料として世界の注目を集めるようになった。総督府は明治三二年に台湾樟脳局を設置し、専売制を施行した。翌年から一〇年の間、樟脳専売の平均収入三八五万円で、台湾の経常歳入のおよそ一九％を占め、総督府財政の主たる財源であった。

【文献一覧】

青木説三　二〇〇二　『遥かなるとき台湾――先住民社会に生きたある日本警察官の記録』関西図書出版
北村嘉恵　二〇〇八　『日本植民地下の台湾先住民教育史』北海道大学出版会
近藤正己　一九九二　「台湾総督府の「理蕃体制」と霧社事件」『岩波講座　近代日本と植民地　第二巻』岩波書店
近藤正己　一九九六　『総力戦と台湾――日本植民地崩壊の研究』刀水書房
竹越与三郎　一九〇五　『台湾統治志』博文堂
涂照彦　一九七五　『日本帝国主義下の台湾』東京大学出版会
松田京子　二〇〇三　「領台初期における台湾原住民をめぐる法学的言説の位相――「帝国臣民」の外縁と「帝国」の学知」『大阪大学日本学報』二二号
持地六三郎　一九〇二　『蕃政問題ニ関スル取調書』国立中央図書館台湾分館蔵
持地六三郎　一九一二　『台湾殖民政策』冨山房
石丸雅邦　二〇〇八　「台湾日本時代的理蕃警察」国立政治大学政治学研究所博士論文・台北
王世慶　一九九四　「日拠初期台湾撫墾署始末」『清代台湾社会経済』聯経出版社・台北
Kumu Tapas(姑目・荅芭絲)　二〇〇四　『部落記憶――霧社事件的口述歴史』翰芦図書出版有限公司・台北
呉密察・若林正丈　一九八九　『台湾対話録』自立晩報出版社・台北
呉密察　一九九四　「蕃地開発調査与「蕃人調査表」、「蕃人所要地調査書」」『台湾史料国際学術研討会論文集』国立台湾大学歴

史学系・台北

洪広冀 二〇〇四 「林学、資本主義与辺区統治——日治時期林野調査与整理事業的再思考」『台湾史研究』第十一巻第二期・台北

近藤正己 一九八九 「霧社事件後的「理蕃」政策」『当代』第三〇期

近藤正己 一九九四 「北部パイワン族の戸籍簿からみた改姓名」『台湾史料国際学術研討会論文集』国立台湾大学歴史学系・台北

台湾総督府警務局 一九三二 『理蕃誌稿』（復刻版、南天書局・台北、一九九五年）

台湾総督府警察本署蕃務掛 一九〇三 『内湾蘇澳間蕃地予察図』

綢子絲莱渥 一九九七 『山深情遥——泰雅族女性綢子絲莱渥的一生』時報文化出版・台北

陳秀淳 一九九八 『日拠時期台湾山地水田作的展開』稲郷出版社・台北

鄭政誠 二〇〇五 『認識他者的天空——日治時期台湾原住民的観光行旅』博揚文化・台北

藤井志津枝 一九八九 『日拠時期台湾総督府的理蕃政策』国立台湾師範大学歴史学研究所・台北

丸井圭治郎 一九一四 『撫蕃ニ関スル意見書』国立中央図書館台湾分館蔵

三井合名会社台湾出張所 一九三五 『台湾ニ於ケル三井合名会社事業概要』三井合名会社台湾出張所・台北

李佳玲 二〇〇三 「日治時期蕃童教育所之研究——一九〇四—一九三七」国立中央大学歴史学研究所修士論文・桃園

李敏慧 一九九七 「日治時期台湾山地部落的集団移住与社会重建——以卑南渓流域布農族為例」国立台湾師範大学地理学研究所修士論文・台北

李文良 一九九六 「日治時期台湾林野整理事業之研究——以桃園大渓地区為中心」国立台湾大学歴史学研究所修士論文・台北

李文良 一九九九 『中心与周縁——台北盆地東南縁浅山地区的社会経済変遷』台北県立文化中心・台北

林一宏、王恵君 二〇〇七 「従隘勇線到駐在所——日治時期李崠山地区理蕃設施之変遷」『台湾史研究』第一四巻第一期・台北

Tavares, Antonio C. 2005, "The Japanese Colonial State and the Dissolution of the Late Imperial Frontier Economy in Taiwan, 1886–1909", *The Journal of Asia Studies*, Vol. 64(2).

個別史／地域史Ⅰ

辛亥革命と「アジア主義」

山田　賢

はじめに――竹内好と「アジア主義」

「アジア主義」について語り出そうとするならば、まずは竹内好に触れないわけにはいかないだろう。そもそも「アジア主義」という認識の枠組をもって近代日本の一面を叙述すること自体、竹内の眼差しに寄り添って歴史を再構成していく行為なのだから。竹内と「アジア主義」に言及した研究は既にして汗牛充棟ではあるものの、改めて竹内にとっての「アジア主義」とは何だったのか、という問題から出発しないわけにはいかないのである。

これもよく知られているように、竹内は「アジア主義」というものを、それ自体で自立的に完結する思想体系としては認めていない。それは、「ある実質内容をそなえた、客観的に限定できる思想ではなくて、一つの傾向性ともいうべきもの」であり、「それぞれ個性をもった「思想」に傾向性として付着するものであるから、独立して存在するものではない」。にもかかわらず「アジア主義」を一個の問題として設定するのは、「アジア主義とよぶ以外によびようのない心的ムード、およびそれに基づいて構築された思想が、日本の近代史を貫いて随所に露出していることは認めないわけにはいかない」(「日本のアジア主義」)からである。

この命名しがたい「心的ムード」を、竹内自身が他の場所において述べている表現を借りて言語化するならば、

「朝鮮や中国との関連なしには生きられないという自覚」(「日本人のアジア観」)、あるいは「日本と中国との運命的共同体の実感的把握」(「北一輝」)に基づいて立ち現れる「アジアを主体的に考える姿勢」(「日本人のアジア観」)である、ということになるだろう。しかし、「実感」や「姿勢」は、「思想」の生まれ出た原点であったとしても、もちろん「思想」それ自体ではなく、ただその背後で響くだけなのだ。ゆえに、堅固な実体なき「アジア主義」は、それ自体の「史的な展開をたどることはできない」(「日本のアジア主義」)と宣言されるのである。

すなわち、竹内にとって「アジア主義」とは、「文明一元観」に塗りつぶされ、「遅れたアジア」を視界から欠落させていったように見える日本の近代において、にもかかわらず、対抗的に、そして執拗に響き続けている通奏低音である。彼はそれを、進歩と文明を信仰する「優等生」の、そして同時に「ダラク」した近代日本における、実現されなかったオルタナティブとして救いあげようとした。もし「アジア主義」の試みが成功したならば、「西欧的な優れた文化価値を、より大規模に実現するために、西洋をもう一度東洋によって包み直す、逆に西洋自身をこちらから変革する、この文化的な巻返し、あるいは価値の上の巻返しによって普遍性をつくり出す」ことも可能であったのかもしれない。しかし、竹内の見立てによるならば、近代日本の社会は「脱亜」の完成とともにアジアを認識する能力を次第に失っていったし、その後に訪れた戦後日本の社会は、「第二の文明開化」とともに、「明治以来つちかってきたアジアを主体的に考える姿勢」を完全に喪失したのである。

竹内における「アジア主義」とは、最初から喪失の自覚とともに語り出された夢想であったように見える。そのようにあるべきでありながら、そうではなかったという悔恨ゆえに、「アジア主義」は日本近代を通底する一貫した異議申し立てとして実体化され、その夢見られた原点から、「抵抗」を放棄して近代文明に追従した日本社会を批判する視座が立ち上げられることになる。こうして、「アジア主義」は、時間軸に沿った「史的展開」への従属から解放され、いつでも、どこからでも立ち上がる、「抵抗」する主体のすぐれて倫理的な営みとして選別されるのである。

したがって、たとえ「アジア主義」を自称したとしても、それを「「思想」としてのアジア主義と認めうるかどうか」は、竹内にとって全く別問題であった。いわば竹内にとって「アジア主義」とは初めから過剰なほどの夢を託された容器であったのだと言えよう。

だとすれば、私たちは、竹内の眼差しに寄り添いながら「「思想」としてのアジア主義」を選別していくよりも、もう一度、時間軸をたどりつつ近代日本におけるアジアへの視線を叙述していくことを改めて選び取るべきなのだろう。かりに「アジア主義」としか呼びようのない思念が確かに存在したとしても、それは同時代におけるアジア認識という大きな氷山の尖端として顕現する。すなわち、水面の上に現れた異形の姿だけを「思想」の名に値するか否かという基準によって記述の対象とするのではなく、それらを、同時代の社会が緩やかに共有していたアジア認識の基底から読み解き、記述し直す凡庸な努力を継続することがおそらく必要なのだ。

とは言え、小稿もまたかかる課題を全面的に実現するものではなく、ごく限られた尖端の一部に触れるに過ぎない。第一に、「アジア」認識の多様な問題群の中から、小稿が触れるのは「中国」認識の問題に止まる。これは筆者の能力による制約でもあるが、本巻が主として対象とする一九一〇—二〇年という時期には、一九一一年の辛亥革命、一九一五年の二一カ条要求、一九一九年の五・四運動などの事件が次々に生起し、日中関係の大きな転換点に当たっていたこと、そして日本社会にとって中国をどう捉えるのかがとりわけ大きな問題となっていたことを重視するゆえでもある。第二に、時間軸の中では、一九一一年の辛亥革命をめぐる動向に焦点を定めながら、あわせてその前後一〇—二〇年、すなわち一九〇〇年頃から一九三〇年代頃までを視野に収めて論及したい。そこまで鳥瞰しておけば、「アジア主義」の命運について一通りの見通しを得ることができると思われるからである。

一　東亜同文会と中国認識

竹内好は「同文(同種)」という言葉についてこう述べている。「私は(あるいは私たちは)この「同文同種」というコトバが大きらいだった。うすよごれた、不潔な感じがして、自分が使えなかっただけでなしに、人が使うのを見ても、その一語でその人の学問はおろか、人格までも軽蔑してしまった。同文同種観に反撥することを通じて私たちは学問形成をおこなってきた」(『中国を知るために　第一集』)。

また、竹内より若干年長である吉川幸次郎は、その著述の中で繰り返し日本社会における中国理解の欠如を論難しているのだが、吉川が一九四一年九月に発表した一文「翻訳時評」(『中国文学』七六号)に次のようにある。「われ〳〵の社会は、一見、非常に支那のことを気にしてゐるかのやうに見える。……がしかし、世間は一たいどれほど本気に支那のことを気にしてゐるのであらうか。実は非常に冷淡であるやうに思はれる。支那の問題が目の前にぬつとさしせまつて来たので、やむを得ず気をもみ出したのであり、実はいや〳〵ながら気にしてゐるといつた風が見える」。吉川は中国とまともに向き合おうとしない日本の社会に厳しい批判の矢を放ち、竹内は「同文同種」という定型化された――換言すれば「思想」としての挑発力、みずみずしい生命をとうに失って陳腐化していた――発想にもたれかかって中国を語る語り口に激しく反撥する。竹内と吉川の肌合いの違いは明らかなのだが、にもかかわらず両者は、同時代の日本社会における中国理解の「不在」にいらだっている点において、あたかもメダルの表裏のように相似する。彼らが自己の学問形成を行った一九三〇年代、すでに同時代日本の社会からは、中国を理解しようとする熱気も、あるいは理解する能力も失われていたのかもしれない。もちろん、このような見立てには、ただちに次のような反論がありうるだろう。一九三〇年代から四〇年代初頭はたとえ侵略戦争というかたちであれ、日本社会が深く中国と関与せざるを得なかった一時期であり、広く中国学に関わる大量の言説が生産されたのではなかったか、と。しかし吉川の言を借りるならば、それは「いやいやながら気にしている」に過ぎないということになる。少なくとも、竹内や吉川の中国学が、日本社会における中国理解の不在という〈喪失の自覚〉から出発したことは銘記しておいてもよいであろう。

竹内好は、さきに引用した一節に続いて「のちに、明治の思想史をいくらかのぞくようになってから、この偏見はうすれ、「同文同種」にもよき時代があったことを知った」と記している。ここまで長々と竹内好の回想を引いてきたのは、小稿における叙述の出発点が「東亜同文会」であると同時に、竹内の回想自体が、後の時代における「同文」「同種」ということばの記憶にかかわる史料でもあるからだ。すなわち、「同文」「同種」などのことばが、確かにある種の理想とともに語り出された一時期があったにもかかわらず、理想の記憶は竹内の青年時代には忘却され、彼の目に映っていたのはただ「東亜」の〈一体性〉を正当化するために唱えられていたひとりよがりな、無残な過去の理想の抜け殻であったのかもしれない。やや性急に結論を先取りして述べるならば、一九〇〇年頃から一九三〇年頃までの近代日本における「アジア主義」の歴史は、日本社会全般における中国、そしてアジアへの共感能力の喪失とパラレルに叙述されるしかないのではないか。

いささか先走り過ぎたが、一八九八年、「東亜同文会」の成立から始めることにしよう。一八九八年、東亜会と同文会が合流して結成した団体が「東亜同文会」である。このうち東亜会は、一八九七年、福本日南の渡欧送別会を契機に、中国問題に関心を寄せる言論界・政界の有志が集まったものである。参加者には、犬養毅、江藤新作（代議士、江藤新平の子）、陸羯南《くがかつなん》、福本日南、井上雅二、佐藤宏、内田良平、宮崎滔天、平山周らがいた。一方、同文会は一八九八年、貴族院議長、近衛篤麿を中心に、漢口楽善堂、ならびに日清貿易研究所において荒尾精の薫陶を受けた宗方小太郎、井出三郎、白岩龍平らによって推進された。荒尾精はすでに一八九六年、台湾にてペストに罹患し病没していたが、荒尾が創設した日清貿易研究所に飛び込んだ白岩龍平を初め、このグループにおける荒尾の影響は大きなものがあったと思われる。一方、のちに宮崎滔天が日清貿易研究所について「当時余等は其《その》校長たる荒尾精君及び其一派の人々を目して支那占領主義者の一団なりとなし、異主義の集団なりとしたるを以て、其粟《ぞく》を食ふを好まず」〔宮崎 一九七一、五八―五九頁〕と回想していることから示唆されるように、この二派は心情と構想の両面において、必ずしもしっくりと折り合っていたわけではなかったのかもしれない。一八九八年の東亜会・同文会合流に際しても、清朝打倒を目指す革命派に同情的な東亜会に対して、基本的には清朝を援助して現状を維持すべしとの立場を取る同文会が対立、結局、近衛篤麿の仲介により「支那の保全」を綱領に据えることで妥協が成立したという経緯がある。したがって、東亜同文会を一枚岩の組織であったと見ることはできないのだが、それを前提にした上で、当時、東亜同文会、ならびにその周辺にいた人々がどのような語り口で「中国」を記述していたのかを検討しておこう。

まずは東亜会人脈に大きな影響を与えた荒尾精から始めよう。軍人として漢口楽善堂を根城に中国事情の調査に当たっていた荒尾精は、一八八九年に帰国ののち、軍を辞して日清貿易研究所を設立、日中間の貿易振興を唱えたことで知られる。荒尾の中国論として『対清意見』(一八九四年)を取り上げよう。

欧亜ノ両陸ハ、東西其《その》文華ヲ異ニシ、黄白ノ二色ハ、本来其種族ヲ同《おなじ》クセス、所謂西力ノ東漸ナルモノハ、直ニ二者ノ競争ヲ意味スルニアラスヤ……顧フニ印度ノ一タヒ覆亡ノ禍ヲ履《ふ》メルヨリヤ、東方ノ故国旧邦ハ漸次豺狼《さいろう》ノ食餌ト為《な》リ、今ヤ我帝国ヲ除クノ外ニハ、僅《わずか》ニ支那朝鮮ノ二国ヲ剰《あま》セルノミ、其貧弱ヲ極メテ未タ絶滅セス、老朽ヲ極メテ未タ倒斃《とうへい》セス、尚《なお》一線一脈ノ気息ヲ通シテ宗廟社稷《しゃしょく》ヲ至危極難ノ境ニ維持シツ、アルモノ、抑《そもそも》又天意ノ未《いま》タ東方亜細亜ヲ厭棄セサルモノアリテ存スルニ由《よ》ルカ、天ニ順《したが》フモノハ存シ、天ニ逆《さから》フモノハ亡《ほろ》ヒ、天ニ従フモノハ成リ、天ニ背クモノハ敗ル、深ク鑑《かんが》ミサルヘケンヤ、然《しか》ラハ之《これ》ヲ為ス宜シク如何スヘキヤ、曰ク、天意ニ順フヨリ良キハ莫《な》シ、何ヲカ天意ニ順フト謂フ、曰ク、他ナシ、彼《かの》貧弱ナルモノヲ救護シテ富強ナラシムル是《これ》ノミ、彼老朽ナルモノヲ釐革《りかく》シテ壮剛ナラシムル是ノミ、此事ヤ、実ニ我帝国ノ天職ナリ、天ニ順フノ責務ナリ〔荒尾　一八九四、八二―八四頁〕

荒尾によれば、現在の世界は西方と東方、白種と黄種の「競争」の時代である。その中で衰えたりと言っても、なお中国・朝鮮が自立しているのは、「天意」がいまだ「東方亜細亜」を見捨ててはいないからである。「天ニ従フモノハ成リ、天ニ背クモノハ敗ル」。我が国の取るべき道は、「貧弱ナルモノヲ救護シテ富強ナラシムル」こと、「老朽ナルモノヲ釐革シテ壮剛ナラシムル」ことであり、それこそが天意に従い我が国の果たすべき「天職」であると言う。

この文章の冒頭にも見えるように、西洋と東洋の文華・人種の不同（裏返せば東洋における同文同種）といった表現は、確かに様々な変奏によってこの時期の記述にまま登場するのだが、しかし同文同種であることによってただちに東アジアにおける「輔車」（相互扶助）が論理的に帰結するわけではない。近隣にて「貧弱」なるものあれば救護し、「老朽」なるものあれば壮剛ならしむることが「天意」であり、少なくとも語り口における根拠は「天」という普遍的な原理に置かれている。もちろん、「天意」はいったん宣告されれば、それは絶対的であるゆえに、本当に天意であるかどうかを証明することは不可能であり、その意味で独善性を免れないことも明らかである。しかし反面、絶対的な原理であるゆえに、それは日本の外交的指針をも拘束し、機会主義的な逸脱を許さない論理にも転化し得るだろう。

『対清意見』公表の翌年、一八九五年、荒尾は再び『対清辨妄』を著し、「領土大割譲を求むべからず、償金多額を貪るべからざる」を主張し、「動《やや》もすれば当局より迂腐視され、一世よりは怯懦《きょうだ》視されんとする」〔井上　一九一〇、二〇三頁〕状況に追い込まれた。もちろん荒尾精に師事した井上雅二の証言は割り引いて聞く必要があろうが、いずれにせよ「一旦戦の利あるを見るや、意忽《たちま》ち驕《おご》り深く思《おもい》を将来の難局に致さず、遼東割取すべし、山東占領すべし、四百余洲我馬蹄の蹂躙に任すべしと云うが如き状況」の中において、荒尾の議論が状況ときしみを生じせしめるようなものであったことは確かであろう。

荒尾にとって日清戦争は朝鮮独立のため、「天意」に基づいて行われたものであり、その点において同時代の日本社会の動向に等しく、「義戦」であるとの確信は揺るがない。しかし義戦であればこそ、その目的が達せられた以上、大規模な領土の割譲や巨額の償金などの非望を抱いてはならない、という結論が導かれることになる。「我国ハ東洋ノ先導者」であり、「清韓両国ノ誘掖《ゆうえき》者」(『対清意見』)でなければならない、と宣言されていたように、荒尾にとっては日本こそが「貧弱」、「老朽」の中国・朝鮮を導く「先導者」の地位にあることは自明の前提であり、文明化の観点からアジアはあらかじめ階層的に序列化されている。ただし、「興亜」の使命は、「天意」という高い原理に基づく「天職」であり、その原理に背馳する行為を容認すべきではないのである。

このような「天職」という語り口は、東亜会の人脈に連なる人々にも共有されている。東亜会の設立に参画した佐藤宏を引いておこう。佐藤宏は福本日南の知遇を得て、その紹介により陸羯南の日本新聞社に入った。以後、主に『日本人』などを舞台として旺盛な執筆活動を開始、『支那新論』を発表するも、翌一八九九年にわずか三〇歳にて病没している。

清国を補翼して其《その》独立を扶植するは我国の天職なり。我邦は牙城なり、清国は我か大陸の外部なり。清国若《も》し欧洲列国の分割に遇《あ》へば、我か蕭牆《しょうしょう》の中亦《ま》た自ら危からん。唇亡ひて歯寒し。(「支那朝野の真相を説きて同国を改造するは日本人の責なる所以を論す」『日本人』第六三号、一八九八年)

吾人の支那に対する天職は当《ま》さに彼邦を誘導啓発するに在り。支那人は大国民たるの資格を有せざるに非ず、単に之を誘導啓発する者なきが為めに軍隊は怯懦《きょうだ》にして用を為さず、官吏は貪婪《どんらん》にして廉恥《れんち》地を払ひ、庶政は弛廃《しはい》して紀綱全く破れたり。左《さ》ればとて個人を視ば勇気腕力共に絶倫なり。……商人は正直なり、数十万の取引を座談に決し、毫も過誤なかる可《べ》し。……日新文明の学術を以て其少壮子弟を薫陶せば、支那の人才も亦た続々輩出す可し。〔佐藤 一八九八、二四五―二四六頁〕

佐藤の議論においても、日本が既に獲得した文明の精華に基づき、中国を「誘導啓発」することこそ日本の「天職」であるという語り口が用いられていた。ここでも中国は日本により「誘導」される対象として位置づけられるのだが、同時に、中国人は個々人の有する高い能力ゆえに国家体制が整えば「大国民たるの資格」を備えていることも確信的に言明されており、この点でも荒尾精をはじめとする当時の中国論との共通性を感じさせるものとなっている。

後に辛亥革命に関わっていく宮崎滔天、平山周らはいずれも誕生直後のある種の熱気に満ちていた東亜同文会に参画し、その雰囲気を熟知していたはずである。一八九九年一二月に芝紅葉館にて開催された大会には、出席者として、宮崎滔天はじめ、『三十三年之夢』に登場する革命派の支援者、末永節・末永純一郎・福本日南・山田良政等の名前が見えている。すなわち、辛亥革命に投じていった宮崎滔天等の「アジア主義」も、東亜同文会を成立させた同時代の潮流と無縁に形成されたわけではなかったと考えるべきであろう。

なお、最後に佐藤宏における「同種同文」の用例に触れておこう。

清国革命の徒が我か政府に望む所と我か志士に望む所とは殆んと別なり。……然《しか》れとも彼等は実に我を以て同種同文、東西復活の為めに余力を惜まさる義勇仁俠の大人となす。我豈《あ》に彼等が欽慕依頼するの情に負《そむ》く可けんや。

（「革命の気清国の天下に磅礴《ほうはく》せり」『日本人』第七九号、一八九八年）

この文脈の中では、「同種同文」は日本側の自己認識というよりも、むしろ中国側・革命派からの日本への期待とともに語り出されたことばであり、その期待に背くべきではない、というところに眼目がある。ここでは立ち入った検討はできないのだが、「同文同種」とは、むしろ中国側の知識人たちから差し伸べられたことばだったのである。繰り返すように、東亜同文会に連なる人々にとって、「同文」、「同種」はなじみある語彙ではあったが、「同種同文」であるゆえに自明に中国との連携が説かれたわけではない。ナイーブに「同種同文」を信じるには、彼らはあまりにも中国社会について熟知していたと言うべきであろう。「同文同種」ということばがためらいなく使用されていくとき、中国はすでに〈見えなくなっていた〉のかもしれない。

二　秘密結社へのまなざし——平山周『支那革命党及秘密結社』をめぐって

辛亥革命の周辺において産み落とされた中国論の名著の一つに、平山周『支那革命党及秘密結社』(一九一一年)がある。もしこの書物がなければ、私たちの中国秘密結社に関する知識は非常に貧しいものになっていたかもしれない。ところで、彼が『支那革命党及秘密結社』に盛り込んだ知見の主要な部分は、おそらく一八九八年冬に獲得されている。その事情を述べる前に、平山周・宮崎滔天の孫文との出会いについて触れておくことにしよう。

一八九七年、宮崎滔天は日本滞在中の孫文のもとに押しかけていた。『三十三年之夢』によれば、孫文は革命談義をふっかけた二七歳の未知の青年・滔天に対して「熱情の燃えて溢るる」が如くに、革命の必要性とそのための支援を説いた。「余は固く信ず、支那蒼生のため、亜州黄種のため、また世界人道のために、必らず天のわが党を祐助するあらんことを。君らの来たりてわが党に交を締せんとするは、すなわちこれなり。……諸君もまた力を出だして、我が党の志望を助けよ。支那四億万の蒼生を救い、亜東黄種の屈辱をすすぎ、宇内の人道を回復し擁護するの道、ただ我が国の革命を成就するにあり」。これより滔天は「我が国人士中、彼の如きもの果たして幾人かある、誠にこれ東亜の珍宝なり」と深く孫文に傾倒し、中国の革命運動に関与していくことになる。このとき宮崎滔天は平山周を誘って孫文に引き合わせている。孫文は、犬養毅の配慮によって、平山のお雇い語学教師の名目で引き続き日本に滞在することになった。

ほどなくして一八九九年夏、宮崎滔天は、孫文の革命運動を大きく前進させる転機となるかに思われる、ある出来事に立ち会うことになった。広東に入ろうとしていた滔天は、旧知の畢永年が湖南から秘密結社・哥老会の頭目を引き連れてやってくるとの連絡を受け、これを香港にて待つことにした。もし彼ら秘密結社の頭目がこぞって孫文への協力を約束してくれるならば、革命にとって力強い味方になるかもしれないからである。『三十三年之夢』には、このときの状況が次のように描かれている。

先是、湖南の同志畢永年君の書至る、云ふ哥老会の頭目数人を率ゐて香港に至らんとすと、陳君仍《よつ》て余が内地に入るを止めて、其来を待たしむ、一日陳君復《ま》た来り云ふ、今日哥老会の一行到着せり、而して畢君来らずと、仍て一書を出し示す、畢君その一行を陳君と余とに紹介せるものなり、書中略伝を附し、その人物を説明する所、簡明痛快、三国志水滸伝中の人を叙するが如し、乃《すなわ》ち先づ○○○、○○の両肱に面す、挙止風貌亦《ま》た古色あり、実に読書弁論の士と其趣を異にす、彼曰く、世運大《おおい》に開《ひらけ》て、国情亦《また》昔日と異れり、豈《あに》吾党独り旧態を固守すべけんや、吾徒の来つて諸君の教《おしえ》を乞はんとするは、是《これ》が為なりと、略《ほ》ぼ三合、興中、哥老の三会を合して一つとなし、孫君を推して統領となさんとするの意を漏らし、且つ曰く、今の世、外間の事情に通ぜずして漫《みだ》りに竿を揚げて立たんか、恐らくは不測の禍を百年の後に貽《のこ》さん、而して吾徒中能《よ》く外間の事情に通ずるものなし、仍て孫君に望を属する殊に深し、願くば畢君の至るを待つて共に此事を議せんと、嗚呼《ああ》是れ余輩が多年の宿願なり、而して今却て彼等より来りて此議を提す、欣躍何ぞ堪へん、然《しか》れども是亦偶然にして茲《ここ》に至るにあらず、南万里が前年の湖南遊その因をなし、畢君の尽力此縁を作《つくり》たるなり　〔宮崎　一九七一、一五二―一五三頁〕

ここにも述べられているように、秘密結社と孫文の橋渡しをしたのは、湖南の人、畢永年と、「南万里」こと平山周である。彼は、前年末からこの年の二月にかけて畢永年とともに湖南に入り、秘密結社と接触していた。東亜同文会の機関誌であった『東亜時論』第二号（一八九九年三月二五日）に、中国調査から帰国した会員・平山周へのインタビュー記事「湖南地方視察一斑」が掲載されている。平山は、湖南の秘密結社、哥老会について次のように述べていた。

湖南は夫《そ》の有名なる哥老会の開山にして其《そ》の会員十二万人の多きに上り会員中には多数の兵士あり……今や支那

十八省中殆んど其会員あらざるの地なく之《これ》を合すれば無慮二百万に上る由《よし》にて彼らは一意満州を仆《たお》すを以て目的とする者なれば朝廷にとりては誠に憂慮すべき者なるべし、惜む所は彼らの中世界の大勢に通ずる者少きに在り……余は今回始めて哥老会の事情を知り得て其の組織の整然たるに一驚を喫したり、此事は我先輩諸氏の熟知せらるゝ所にして且つ彼等に対する徳義もあれば余は秘密を守りて已《や》むべし……而して湖南の哥老会は必らずや他日革命軍の一勢力たるべきなり

平山周は、中国の秘密結社について、整然たる規律を持った反清政治結社であり、いまは世界の大勢に暗く、十分に文明化されていないものの、いずれ革命において中核的な役割を果たすだろうと考えていた。そしてもう一つここで注目すべきは、これらが「先輩諸氏の熟知」するところであり、少なくとも平山の知りうる範囲においては一般的に受け入れられていたという叙述である。たとえば、漢口に滞在していた荒尾精なども哥老会については確かに「熟知」していたであろう。『対清意見』にも哥老会などの「秘密結社」について言及している。

一種ノ革命党ナルモノアリ、絶対的ニ満清転覆ヲ以テ其《その》終局ノ目的ト為シ、宗教若《もし》クハ旧慣ニ由リ、各々盟約ヲ立テ、秘密結社ヲ成セリ……哥老会ノ如キハ……規律ノ厳正ニシテ踪跡《そうせき》ノ摸捉スヘカラサル、固《もと》ヨリ尋常ノ朋党草賊輩ト同日ノ論ニアラス　〔荒尾　一八九四、七四―七五頁〕

こうした秘密結社の規律と統率については、中国渡航経験のない佐藤宏も「会匪《かいひ》等到る処に民を安《やすん》し、秋毫も犯す所なく、財を分ち、物を散し、各郷の老幼男女其恵を蒙《こうむ》らさる者なし」〔佐藤　一八九八〕と述べており、このような語り口は、東亜同文会に集った人々に比較的幅広く共有されていたと見てよいであろう。彼等にとって「秘密結社」とは不可思議な異形のものではない。むしろ信頼するに足る中国社会のもっとも良質な部分である。にもかかわらず彼ら秘密結社がその理想のごとくに清朝を打倒し得ないでいるのは、「徒《いたずら》に水滸伝梁山泊の古法に則り、鳥集獣散、秩序的の行動を取らさる」〔佐藤　一八九八、一三二―一三三頁〕からである。だとすれば、本来「大国民たるの資格」を

備えている中国人を、「日新文明」を以て「誘導啓発」するように、秘密結社もより文明的な様態へと誘導していく必要があるだろう。

東亜会の創設に関わり、のちに宮崎滔天に誘われて孫文の支援にも加わっていく福本日南は、一八九八年、「東大陸の為にフランク、マソン的秘密結社を興す可し」（『日本人』第五九号）を発表し、「亜細亜の亜細亜」を回復し「人類の公敵」を滅するために、東アジア共通の「秘密結社」を興すべきであると説いていた。彼は、「秘密結社」についてこのように述べる。

蓋《けだ》し惟《おも》ふに秘密結社なるものは文明の道途に於て一たび無かる可《べ》からざる要素なり、政権一族一党の手に托し、教権一宗一門の徒に帰し、赫灼《かくしゃく》たる権力を挟みて、国民同等の権利を無視し、人類奉教の自由を蔑如するに当りては、公然の手段を以てしては、之《これ》を奈何《いかん》ともする能《あた》はず、是《ここ》に於てか秘密結社の要を見る、故に正道なる秘密結社は一の確乎たる目的を有せざるはあらず、確乎たる目的とは何ぞや、『人道の進歩』即ち是れなり、文明的同等を享有し、信仰的自由を申受けんと欲するもの即ち是れなり。

福本にとって秘密結社とは圧政を排除する「人道の進歩」を目的とするゆえに、文明の途上において必ず誕生すべきものであった。「東大陸」（中国）においても今や「志士仁人」が崛起しつつあり、これは「一縷の繋望」となっているものの、彼らは「世界の大勢に昔《くら》く、経国の方策に迂」なるゆえに、「近世の文運に於て一日の長たる東国人（つまり日本人）の宜しく提撕《ていせい》指導す可《べ》き所」であると結論されている。

平山周の周辺にして、東亜同文会に連なる人々の「秘密結社」観を確認してきたが、彼らにとって「秘密結社」は中国社会独特の奇怪な宿痾ではない。むしろ清朝の打倒という高い次元の政治的目的と厳格な規律を持った中国社会の精髄である。しかし、彼らは旧態依然にして「世界の大勢」に暗いため、これを「文明」へと導いていくべきなのだ。そのような発想を前提としつつ『三十三年之夢』を読み直してみると、宮崎滔天の回想する哥老会幹部のことば

――「世運大に開て、国情亦昔日と異れり、豈吾党独り旧態を固守すべけんや、吾徒の来って諸君の教を乞はんとするは、是が為なり」――は、あらかじめ期待されていた語り口であったことが理解できるだろう。

ここで詳細に触れることはできないが、私見によれば中国の「秘密結社」は、流動性の高い中国近世社会の中で洗練されてきた相互扶助ネットワークに他ならない。確かに平山周の秘密結社への造詣は追随を許さない。しかし、文明化した〈われわれ〉の指導によって中国は自ら変革しうる、と彼らが信じたとき、「秘密結社」もまたその実像に関わりなく、自身の確信にふさわしいかたちで解釈されたのではなかったか。すなわち、高い志と厳格な規律を持った政治結社でありながら、古い伝統の中にあって世界の潮流を知らず、それゆえに〈われわれ〉の関与によって正しい道を歩むべき者として。

清朝の打倒を究極の目的とする「秘密結社」のイメージは、日本人の革命支援者によって、ある欲望とともに語り出され、孫文らの革命派、そして「秘密結社」それ自身による共犯関係の中で確立していったのである。

三　夢のあとで――革命の前、革命の後

一九〇八年、三宅青軒によって発表された『豪傑小説　日の丸太郎』という娯楽小説がある。「日の丸太郎」なる豪傑が、東京に留学している中国の革命派を援助して、清朝が革命派逮捕のために派遣した豪傑たちと大乱闘、これを次々に打ち負かしては意気投合、最後は革命の気運高まった広東へ旅立つという物語である。娯楽小説というものが、あらかじめ読者の抱いている欲望に寄り添いながら語り出される定型的な語りであるとするならば、その語りの鋳型には、同時代において空気のように共有されているありきたりな――そして周知のものであるゆえに心地よい――情念が流し込まれているはずである。

日の丸太郎は清朝の追っ手から救い出した留学生、李良完らに言う。「君等は支那の志士と見えるな……先刻の話しなどを聞くと、わッしやァ気の毒になッて堪《たま》らねい。斯《こ》うして支那語を話すわッしだ、お前の国の事情も知て居る、ねえ、疑ぐり深い愚図々々《ぐずぐず》したチャン根性は止《よ》して、わッしと一緒に家へ来ねえ」。ここには、「疑ぐり深い愚図々々した」という定型的なイメージと「チャン」という蔑称が何のためらいもなく提示されているのだが、同時に、日の丸太郎は中国語に堪能にして、中国事情に通じ、清朝から追われる「志士」に力を貸そうとする快男児である。こうして清朝から派遣される豪傑たちを次々に打ち負かしては彼らを説き伏せて味方につけていく。「併《しか》し可惜《あったら》豪傑を殺すのは惜しいもの、降参しろ、今の清国の為めに意地を張たッて詰《つま》らねい、真に国を愛する心があるのなら、先刻も言ッた通りの日清合併策、ねえ、日清韓五億の人数を合せて東洋に大々帝国をおッ立てヽ、西洋の碧眼玉毛唐の奴等を踏躙《ふみにじ》つて遣《や》るんだ。何《ど》うだい、解つたか」。そして物語の終末、広東から「南清の豪族は大抵革命に賛成した、各々密かに其《その》用意をして居る。太郎君に出張を請ひたし」との暗号電報を受け取った日の丸太郎は中国に旅立っていく。

現在の私たちから振り返れば、この小説には、「日清合併」しての東洋の「大々帝国」樹立など、後年の「大東亜」を想起させるような苦いざらついた感触を残すものなのだが、同時に、中国の革命運動が「豪傑小説」冒険活劇の素材として消費されていたことにも驚嘆せざるを得ない。このとき中国はまだ日本社会にとって必ずしも極度に縁遠いものではない。それどころか中国事情は娯楽小説の素材となりうるほどに馴染み深い対象なのだ。一九四一年の吉川幸次郎の回想――中国に対して「非常に冷淡」で「いや〱ながら気にしてゐる」風にしか見えない日本社会――を想起すれば、その対照は明白であろう。そして、中国という存在が少なくともより身近に感じられた辛亥革命までの雰囲気が大きく変わっていくのは、一九一五年の二一カ条要求と、これに反発する日貨排斥運動以降のことである。

一九一六年に刊行された小寺謙吉『大亜細亜主義論』は、まさにそのような状況の中で産み落とされた「アジア主義」であった。

是れ支那をして、大亜細亜主義の一支柱たらしむるには、先《ま》づ支那を指導し、以て政治的・経済的・社会的・文化的に其《そ》の形質を大《おおい》に改良するの必要あるが故なり。……然《しか》るに支那は、日本に指導せらるゝを不快とし、日本に此種の議論の行はるゝを視て、以て一層、猜忌の念を嵩むるに似たり、洵《まこと》に思はざるの甚しきものと謂ふべし、斯《かか》る誤解は、支那が列強の帝国主義集中の下に立ちて、現に其の独立を維持せるは日本の威力に負ふ所多きを無視したる謬想なるのみならず、凡そ此種の非常識感情を、根本より抛棄するに非ざる限りは、支那の回復は、百年河清を俟《ま》つと均しく、竟《つい》に望む可《べか》らざるなり……更に政治上の強き意味を以て言へば、日本は支那を指導するの権利を有し、支那は日本の指導に信頼せざる可らざるの義務あり、何となれば、日本は東亜の動揺より来る危険を防止する自衛的必要の為め、支那をして内外に対する自国の平和を保証せしむるの権利を有するのみならず……日本は亜細亜に於ける唯一の先覚者たればなり。〔小寺 一九一六、四六七―四七〇頁〕

日本はアジアにおける「唯一の先覚者」として、たとえそれを中国がいかに嫌悪しようが、中国を指導する「権利」を持ち、中国は日本の指導を受け入れる「義務」があるという。これを同じ時期に執筆された北一輝の『支那革命外史』と比較すれば、懸隔は鮮明であろう。

武漢に発せし支那革命党は北清事変の薩長的攘夷党が日本思想によつて合理化せられしのみ。……この説明は換言すれば、日本が支那の恐怖たる時に於て所謂排日運動の中堅は、則ち革命党なりと言ふことなり。憐なる鶏よ、爾が抱きし卵は終に爾の産める鶏なりしことに安んぜよ。日本の興隆と思想とに抱かれて孵化せる支那の国家的覚醒は、三国干渉に対する臥薪嘗胆の大教訓を服膺すべし。……日本的愛国魂が漸く支那に曙光を露はして彼等革命党となれるに於ては、日本の或る場合の処置に対して排日運動を煽起するは寧ろ却て歎美すべき覚醒にあらずや。〔北 一九五九、二一七―二一八頁〕

北一輝の語り口においても、中国の「覚醒」は「日本の興隆と思想とに抱かれて孵化」したものに他ならず、荒尾精、佐藤宏、福本日南等と同じく、日本が中国を導くという関係性は明白な前提である。すなわち、論理の枠組においては、「先覚者」日本による中国への指導を説く小寺と相似するのだが、北一輝を、そして辛亥革命以前における東亜同文会一派と小寺とを隔てるのは、中国社会そのものに対する関心と、中国という他者を包み込んだ上で、相対的により普遍性を備えた原理を語り出そうとする意志の所在である。中国の抗議運動を「非常識感情」と切り捨てる小寺の議論は、同時代の日本社会における対中感情となめらかに寄り添った語り口なのだが、北一輝はナショナリストたる論理的帰結として、中国におけるナショナリズムの昂揚にも称揚すべき価値を認め、「排日運動」を「歎美すべき覚醒」と叙述するのである。

『支那革命外史』に「太陽に向つて矢を番《つが》ふ者は日本其者《そのもの》と雖《いえど》も天の許さゞるところなり」という一句がある。竹内好は、「戦争中、この箴言を愛用した」(「北一輝」)。辛亥革命の熱狂が去った後、「排日運動」のなかで急速に中国への関心を失っていく日本社会の中において、肩をそびやかすような奇矯な語り口で叙述された書物の一句を、日中戦争の最中に中国研究を志した竹内は呪文のように念じ続けていた。北一輝も、そして竹内好も、日本の針路と中国の針路、そして「天」意の調和的な合一を楽観的に信じられる、「アジア主義」の幸福な時代を生きることができなかったのである。

おわりに

「支那」を南方の保守的・退嬰的、惰弱な農耕民族の世界、「満蒙」を北方の進取的、勇猛果敢な騎馬民族の世界として二分し、北方騎馬民族の世界を日本民族の「故郷」と見なす一九三〇年代のツラン民族論を始め、二〇世紀初期日本におけるアジア論の特徴の一つは、〈中国の不在〉である。すなわち、日本と中国とは、異質にして没交渉な世界として叙述され、その結果、中国は不可思議な論理に支配された異世界として、はじめから共感的理解の対象外に置かれることになる。

ところで、一見したところでは問題を複雑にしているのは、小寺謙吉の『大亜細亜主義』をはじめ、アジア主義を標榜する言説はその後も継続的に生産され、あたかも日本の社会はアジア・中国に大きな関心を寄せていたかに見える、ということである。もはや紙幅も尽きこれ以上詳細を論じることはできないのだが、それらは小寺の議論がそうであったように、むしろ中国に対する理解の不在、ないし定型的な中国イメージにもたれかかりながら構築された虚像の上の「アジア主義」に過ぎなかったのではないか。にもかかわらず、それら虚像がまさに同時代に共有される定型的イメージとなめらかにシンクロするゆえに、結果的に当時の政治情勢にも利用されつつ、支配的な言説として流通する局面さえ現れるのかもしれない。〈中国〉は近代日本の眼差しから欠落していたにもかかわらず、その空虚な不在の上に、にわか仕立てのアジア・中国が声高に語られる。この構図の中では、むしろ近代日本における基調に過ぎなかった日本・中国異質論をより精密にトレースすること――たとえば津田左右吉『支那思想と日本』（一九三七年）――が時局への抵抗となるのだろう。吉川幸次郎のいらだち、竹内好の平野義太郎『大アジア主義の歴史的基礎』（一九四五年）へのほとんど異常なまでの憎悪には、このような背景を想定すべきなのである。

翻って一八九〇年代から一九〇〇年代初頭に中国の革命運動に没入した「アジア主義」者たちはどうだったか。彼らが、中国社会の基底にじかに触れようと欲し、行動したことは間違いないであろう。にもかかわらず、「文明」一元論の世界像の中で、彼らは多かれ少なかれ日本が中国を「教導」する関係にあることを疑わなかった。だとすれば、もともと「文明」の論理に触発されて生成された彼らの「アジア主義」が、後のアジア侵略に抗する原理を示し得なかったことも当然であったのかもしれない。辛亥革命への心情的共感が風化していった後、情念の失せた空洞に残るものが、むきだしの日本優位観のみであるのならば、「アジア主義」者たちの一部がすみやかに侵略主義へと転向していったことも容易に理解できよう。辛亥革命の興奮が去った後には索漠とした侵略主義が姿を現すのだが、それは革命の前に抱かれていた夢と完全に断絶していたわけではなかったのである。

【文献一覧】

荒尾精　一八九四『対清意見』博文館
井上雅二　一九一〇『巨人荒尾精』佐久良書房
北一輝　一九五九『支那革命外史』(『北一輝著作集』第二巻)みすず書房
小寺謙吉　一九一六『大亜細亜主義論』東京宝文館
佐藤宏　一八九八『新支那論』八尾商店
竹内好　一九八〇―一九八二『竹内好全集』筑摩書房
東亜文化研究所編　一九八八『東亜同文会史』霞山会
中村義　一九九九『白岩龍平日記――アジア主義実業家の生涯』研文出版
並木頼寿　二〇〇八『日本人のアジア認識』山川出版社
平山周　一九一一『支那革命党及秘密結社』(『日本及日本人』第五六九号附録)
古屋哲夫編　一九九六『近代日本のアジア認識』緑蔭書房
松浦正孝編　二〇〇七『昭和・アジア主義の実像――帝国日本と台湾・「南洋」・「南支那」』ミネルヴァ書房
三宅青軒　一九〇八『豪傑小説　日の丸太郎』大学館
宮崎滔天　一九七一『三十三年之夢』(『宮崎滔天全集』第一巻)平凡社
山室信一　二〇〇一『思想課題としてのアジア――基軸・連鎖・投企』岩波書店

トピック・コラム

連省自治

田中比呂志

一九一二年の中華民国成立以後、南京国民政府成立までの時期を北洋軍閥時期、北京政府時期、あるいは民国前期などと呼ぶ。この時期に起きたトピックを並べてみるならば、袁世凱政権の誕生と崩壊、第一次世界大戦の勃発、二一カ条要求、新文化運動の展開、五・四運動の展開、南北政府の分立、軍閥政権の成立、軍閥戦争の激化、国共両党の結成と第一次国共合作の成立、北伐戦争の進展、などとなる。

一九一六年、袁世凱の病死により政権が崩壊した後、北京だけでなく広東にも「中央政権」が成立した。北京のそれは袁世凱の後継者の座を巡って安徽派、直隷派、奉天派などの軍閥が、あるときには提携してもう一派と対抗し、戦争を繰り広げた。また、その北方軍閥政権は南方に勢力を拡大することを目指し、これによりさらに戦争が発生した。一方、南方には孫文が地元の軍閥に依拠しつつ広東政権を樹立し、北方の軍閥戦争にも参入し、反直三角同盟を形成するに至っている。そしてこの時期に成立した孫文の中国国民党と陳独秀らの中国共産党とは、反軍閥で手を結び、一九二四年、第一次国共合作を成立させている。

このように、南北の政権はそれぞれ勢力拡大を意図するが、その行為はその狭間にある各省にとっては南北両政府に対する不信感を増大させるものでもあった。各省の地域エリートは省議会を拠点として南北両政府とは距離を置き、省憲法を起草・制定して省自治を達成し、各省が連結してアメリカ的な連邦制国家を形成していこうとする運動を連鎖的に展開した。これを連省自治運動と称している。だが、憲法、あるいは憲法草案を制定するといった一定以上の成果をあげたのは湖南を先頭に、広東、浙江、四川などの数省にすぎない。とはいえ、全一一省において運動があったことも事実であり、かなり広範にわたる影響があったことは間違いない。

湖南をはじめとする各省は、清末民初時においては必ずしも「先進的」な地域ではなかった。面白いのは清末地方自治運動で先進地域だった江蘇省のあるエリートの嘆き節である。「湖南、浙江、四川、雲南、広東、貴州などの省はおのおの自ら憲法を制定し、まさに正しい道を競っている。我が江蘇はこれまで泰然自若として礼儀に厚く、南方の強者であることを自認していた。しかし、今や人に先んずるところとならず、反対に人後に甘んじているではないか」(「蘇社縁起」一九二〇年六月頃)。

連省自治運動の特徴の一つは、古代以来の中国史の国家形成(中央と地方との関係)に特徴的な「大一統—分裂」という

湖南省憲法成立を記念して発行された銅貨(1922年)

「リズム」が貫徹しているということだ。統合された王朝の成立、そしてそれが崩壊してそこから新たなる主体が生まれて、大一統に向かうという「リズム」である。だが、同じような「リズム」が見られるとはいえ、新しさも見られる。その一つは省が主体となっていることであろう。省は、王朝時代には最高レベルの地方行政区画ではあったが、地方自治は適用されなかった。ところが、清末に各省ごとに諮議局という議会が設置され、民国以後は省議会に衣替えし、これにより省議会を拠点として省自治的状況が漸進的に形成された(清末時においても、地方自治は県以下に認められていたに過ぎない)。辛亥革命時にも諮議局を核として南方の各省は清朝(中国ではない!)からの「独立」を宣言し、一九一二年一月、南京に「独立」各省が集結して連省的政権を樹立するに至っている。そのような動向が極大化したのがこの時期なのである。運動の主体は省議会に集まった地域エリートだった。彼らは省議会を基盤として南北の政権から距離を置き、その支配から離脱しようとした。とはいえ、決して中国からの離脱を意図していたわけではない。

　連省自治運動のもう一つの特徴は民主的性格である。自治は民主的理念によって支えられ、南北の軍閥政権の支配を否定した。地域エリートを結集させたのも民主的理念であった。そしてそれは最終的には省憲法の制定となって結実した。

　だが、これら一連の運動をどのように歴史的に評価するかについては、話はそう簡単ではない。というのも、連省自治運動が短期間に挫折してしまったからであり、その後は結局のところ中国国民党による統一政権が樹立され、連省自治的枠組みが全く雲散霧消してしまうからである。それ故、その歴史的位置づけは難しいと言わざるを得ない。

　では、より一歩踏み込んで連省自治運動やこの時期を検討するためには、いったいどのように切り込んでいったらよいのであろうか。おそらく、その有力な手がかりは戦争、軍隊、暴力などを、どのように位置づけるのかではないだろうか。北京の政権の暴力からの自立を支えていたものは、実は各省軍閥の暴力であったし、各地域の軍閥支配も、実は、その地域の住民の支持によっても支えられていたからだ。民主と暴力とは表裏一体の構造をなしていたのである。暴力をどう位置づけるかという問題は、中国近現代史を貫く、重要な課題といってもよいであろう。

人物コラム

宮崎滔天

山室信一

「支那四億万の蒼生《そうせい》を救い、亜東黄種色の屈辱を雪《そそ》ぎ、宇内の人道を回復し擁護するの道、ただ我国の革命を成就するにあり」(『三十三年之夢』)という理想と情念をもって中国革命に身を挺する孫文に賛同し、自らも日本さらに世界の変革に生涯を賭けた滔天《とうてん》(本名・虎蔵、通称・寅蔵。一八七一―一九二二)は、現在宮崎兄弟資料館のある熊本県荒尾に生まれた。兄には中江兆民と交わり、「泣いて読む盧騒《ルソー》の民約論」の詩を遺して西南戦争で戦死した八郎、土地所有平等を自然権とみる立場から平均再配分を訴えて土地復権同志会を結成し、孫文の平均地権思想に影響を与えて中国で実現しようとした「百姓の使者」民蔵らがいる。そして、管仲甫と称し辮髪となって横浜の中国人商館で言語習慣を学び、中国を根拠地として革命を世界に広げるという「中国革命主義」を唱えて滔天の行く手を決定づけたのも、兄の彌蔵であった。

こうした兄たちの薫陶を受けた滔天は徳富蘇峰の大江義塾や東京専門学校などに学んだ後、中国やタイに渡って植民開拓事業などにも係わったが目的を達しえずに帰国し、フィリピン独立運動家のポンセや日・中・朝が連携する「三和主義」による平和達成を唱えていた朝鮮の亡命政治家・金玉均などと交友を重ねた。

そして、一八九七年、彌蔵の同志であった陳少白を通じて面会した孫文に中国革命達成の可能性を見いだした滔天は、終生無私の支援を続けることとなった。九八年、再び中国へ渡航した際には戊戌の政変で香港に逃れていた康有為の日本への亡命を助け、さらに孫文らとの合作を斡旋したが成らなかった。一九〇〇年、台湾総督児玉源太郎から銃器弾薬供与などの約束を得た孫文は広東省の恵州で蜂起したが、調達した銃器が廃銃であったことなどもあって失敗に帰した(恵州事件)。この銃器調達にあたった滔天に横領の嫌疑がかけられて内田良平らと内訌が生じたため、滔天は身を転じて浪曲師・桃中軒雲右衛門の門に入り、桃中軒牛右衛門と号した。滔天は孫文の運動や自作の浪曲『落花の歌』や『明治国姓爺』を語って革命思想の普及を図り、自らの半生を綴った『三十三年之夢』は漢訳されて孫文の存在を広く中国に知らしめることに資した。

その後、一九〇五年には日本を拠点に活動しながらも分立していた孫文派の興中会、章炳麟派の光復会、黄興と宋教仁などの華興会の大同団結を内田良平らと仲介し、中国同盟会が結成された。その機関誌『民報』創刊にも参画して自宅を発行名義所とし、また翌年『革命評論』を発行して中国やロシアにおける革命機運の紹介に尽力した。

そして、一九一一年一〇月一〇日、武昌で革命派が挙兵するや滔天も支援のため何《か》天烱《てんけい》と共に上海に渡り、翌年一月南京における孫文の臨時大総統就任式に参列した。孫文に代わって大総統となった袁世凱は滔天に対し恩賞として米穀の輸出権を与えようとしたが、孫文を支持する滔天はこれを拒否、その後も蔣介石や毛沢東など多くの中国人との交流を重ねていった。晩年は『上海日日新聞』への投稿など文筆活動に従事したが二二年に病没、翌年には上海で孫文らの主催による追悼会が催されたが、そこでは「中国革命に絶大の功績」を果たした「日本の大改革家」として、業績が讃えられた。

中国革命支援が「泥棒の提灯《ちょうちん》持ちか国家の幇間《ほうかん》になる」ことを峻拒した滔天の生涯は、「余は人類同胞の義を信ぜり、余は世界一家の説を信ぜり、余は遂に世界革命者を以て自ら任ずるに至れり」との自持《じじ》を基盤に、「理想は実行すべきものなり、実行すべからざるものは夢想なり」という信念に貫かれたものであった。しかし、赤貧洗うがごとき生活の中、家庭を顧みない滔天の革命支援を石炭の小売りなどで支え続けた妻槌子《つちこ》の助力なしには理想の追求も幻夢に終わったであろう。なお、槌子の姉貞子《つなこ》は夏目漱石の小説『草枕』の奈美さんのモデルとされる。

『三十三年之夢』執筆当時の滔天

また、一九一八年に吉野作造らの援助を得て赤松克麿らとともに新人会を結成し、二一年には既婚者であった柳原燁子《あきこ》（白蓮）との結婚で騒がれた長男の龍介は、父と同じく日中交流に尽力し続けた。そして、三七年七月には近衛文麿首相の密使として蔣介石との和平協議を図る途次、神戸で憲兵隊に逮捕されて果たせなかった。

「日本といふ国は理想を容《ゆる》さぬ国なり。道理の研究を允《ゆる》さぬ国なり」と看破していた滔天は、一九二〇年、雑誌『日本及日本人』のアンケート「百年後の日本はどうなるか」に対して「残念ながら我が国は、明年も、百年後も、世界の大勢に引《ひ》き擦《ず》られ行くの外はあるまじ」と答えている。

果たして滔天が予言したように、日本は理想も道理も究めないままに世界の大勢に引きずられ続けていく他ないのであろうか。

宮崎龍介・小野川秀美編『宮崎滔天全集』（全五巻、平凡社）の他、半生記に島田虔次・近藤秀樹校注『三十三年の夢』（岩波文庫）が、評伝に上村希美雄『宮崎兄弟伝』（全六篇、葦書房および熊本出版文化会館）、渡辺京二『新版・評伝宮崎滔天』（書肆心水）などがある。

人物コラム

袁世凱と孫文

深町英夫

袁世凱(一八五九―一九一六)は河南省項城県に生まれ、若くして軍職に就くと清朝北洋新軍を編制して次第に頭角を現し、直隷総督兼北洋大臣に任ぜられると、軍隊のみならず司法・産業・教育の近代化にも尽力した。孫文(一八六六―一九二五)は広東省香山県に生まれ、ハワイ・香港で西洋式教育を受け、革命による民族共和国の樹立を図り、秘密会党・在外華僑・留日学生を主な勢力基盤とした。一九一一―一二年の辛亥革命に際し、独立を宣言した南方各省は中華民国南京臨時政府を組織し、一度は孫文が臨時大総統に選ばれたものの、袁世凱が清朝に迫って皇帝の退位を承諾させると、孫文は袁世凱に地位を譲ることになる。

その直後の一九一二年八月から九月に、袁世凱と孫文は北京で一三回にわたり会談した。話題は財政・外交・遷都・政府人事から、モンゴル・チベット独立問題まで多岐にわたったが、両者の間に見解の相違が生じた形跡はほとんどない。

この間、会談を終えて深夜に迎賓館へ戻った孫文と、彼を送ってきた袁世凱の幕僚で総統府秘書長の梁士詒《りょうしい》との間で、次の様な会話が交わされたという。

孫「私が項城〔袁世凱〕と話したところ見解はほぼ同じで、私の政見の多くは彼にも納得できた。ただ一つ私には今でも解せないことがあるので、君が説明してくれないか。」

梁「何でしょう。」

孫「中国は農業立国だから、農民自身のために徹底的な解決を図ることができねば、革新は容易でない。農民自身の問題を解決しようとするならば、耕す者が田畑を持たねばならない。私がこの政見に言及した時、きっと項城は反対すると思っていた。ところが彼は反対しないどころか、それを当然のことと肯定したのだが、これが私には解らない。」

梁「あなたは各国を周遊して大地主の搾取を目撃し、また南方に生まれ育って小作人の苦痛を目の当たりにしたので、耕す者が田畑を持つことを主張しておられます。項城は北方に生まれ育ち、いまだ足跡は長江を越えたことがなく、北方は自作農が多くて小作農は非常に少ないので、項城は耕す者が田畑を持つのは当然の道理だと思っているのです。」

自分と同じ広東人である梁士詒の説明に、孫文は大笑したという(『三水梁燕孫先生年譜』)。

この逸話が記録されているのは、袁世凱の死から二三年、孫文の死から一四年を経た、一九三九年に完成した梁士詒の年譜である。孫文の「耕者有其田（耕す者が田畑を持つ）」という主張は、彼が連ソ容共政策の採用に伴って農民運動への支援を開始した、最晩年の一九二四年に初めて定式化された。それまでは、経済発展により大都市の地価が高騰して貧富の格差が拡大するのを予防するため、地価を確定して上昇分は国家に帰すべきことを唱える、「平均地権」が彼の主要な土地政策だったのである。

　しかし、辛亥革命以前にも孫文は幾度か農村の土地公有化を提起しており、袁世凱との会談でもそれに言及した可能性は十分にある。出身も経歴も対照的な袁世凱と孫文が、図らずも土地政策をめぐり見解が一致したことには、象徴的な意義があろう。孫文は国家が経済発展を管理下に置くことにより、社会の分極化を抑えることを説いたのだが、まさに袁世凱は国家主導の産業近代化を推進していたからである。

張家口駅を視察に訪れた孫文（中央）と梁士詒（その左）（1912年9月）

　臨時大総統を辞任した直後に孫文は、銀行・鉄道・水運等の重要産業を国有化して大資本家の出現を防ぐという「節制資本」を、「平均地権」と並ぶ綱領として唱え、全国鉄道網の建設事業に取り組み始めた。そして、南京臨時政府交通部の流れを汲む中華民国鉄道協会の会長に就任した後、上述の様に北京で袁世凱と会談した際、「一〇年で一〇万キロの鉄道を敷設する」計画を披露して、「籌画全国鉄路全権（全国の鉄道を計画する全権）」を与えられたのである。また、清朝時代から交通官僚であった上述の梁士詒が会長を務める、北京政府交通部系列の中華全国鉄路協会の名誉会長にも推挙され、孫文は二つの協会の合併を提案している。

　だが、それぞれ南方と北方に基盤を持つ両協会が合流することも、孫文の鉄道計画が推進されることも、実際にはなかった。この会談の期間中、孫文は華中・華南の地方エリートを勢力基盤とする国民党の理事長に選出されたが、国民党が多数を占める国会と臨時大総統袁世凱との対立から、翌年には第二革命が勃発して二人は不倶戴天の敵となったのである。その後、袁世凱は国会を閉鎖して独裁権力を確立するが、華南各省の軍事エリートは実質的な割拠勢力と化しており、彼等が発動した護国運動により袁世凱政権は崩壊する。

　歴史に「もしも」は禁物とは言い古された言葉だが、もしも第二革命が起こらなければ、孫文が袁世凱と南方地方エリートの仲介者となり、全国鉄道網計画の実現によって中国の政治的・社会的統一を促進し、議会政治も定着に向かっていたかもしれないと想像するのは、楽観的にすぎるだろうか。

個別史／地域史

Ⅱ　第一次大戦とアジア

個別史／地域史Ⅱ

日英関係とインド問題

本田毅彦

はじめに

本章では、日英関係分析における軍事的観点の重要性を意識しながら、一九一〇年代前半から一九二〇年代半ばまでの時期のインド問題について考察を試みたい。アジアにおけるパックス・ブリタニカの本質は、イギリス海軍による海洋支配と、インド軍によるインド亜大陸・アジア島嶼部の支配にあった。イギリス海軍は圧倒的なテクノロジー上の優越を保持する存在であったし、インド軍は無尽蔵にも見えるインド社会の人的資源を、必要に応じて柔軟に、しかもイギリス本国にとっては無償で活用できた。「ブリティッシュ・ラージ British Raj」(イギリスによるインド支配、の意味)は高度に軍事化された政治体だったが、それはイギリス帝国の防衛、インド国境の守備、インド域内の植民地的秩序の維持という、三つの目的のためだった[Omissi 1994, p. 194]。

本章の考察する時代の大半において日英関係を規律したのは日英同盟であり、それが軍事を目的としたものであったことも言うまでもない。同盟を通じて両国は、ロシア、ついでドイツ、そしてボリシェヴィズムからの脅威に対抗しながら、アジアにおける双方の利益を共同で維持・拡張することを意図していた。また、日英同盟が廃棄された後の時期に関しても、第二次世界大戦に至るまで、日英関係の最も重要な課題は、本質的には軍事的なものだった[波

多野 二〇〇一]。

一 第一次世界大戦前

インドをめぐる政治・社会・軍事情勢

インド統治に関わりを有したイギリス人たちは、一九世紀半ば以降、日露戦争終結に至るまで、ロシアがインド亜大陸の周辺地域から「インドの富」を狙って侵攻を企てている、との強い警戒感を抱いていた。そして英露両国の間では、こうした地域を舞台として政治・軍事的影響力をめぐる駆け引きが行われている、と表象され、イギリス人たちはそのような争いに「グレート・ゲーム」という名称を与えた。日露戦争の終結にともない、グレート・ゲームは一時的に解消した。しかし、弱体化したロシアに代わってドイツがインドへ触手をのばし始める。ドイツは、イスラーム圏への工作を積極化したが、その目的は、イギリスのインド支配を動揺させることだった[Hopkirk 1994]。

インド亜大陸内の政治・社会情勢に関しては、一九一〇年前後を境として、それ以前の時期におけるナショナリズム運動の高揚と、それ以後の時期におけるイギリス側の対応の奏効が見られた。副王・総督カーゾンにより「分割統治 divide and rule」の意図から仕組まれたベンガル分割(一九〇五年一〇月に施行)に反対する闘争が、インド・ナショナリズムの性格を一変させ、実力行使をもためらわない傾向を生じさせた。その際、日露戦争での日本軍の勝利がインド社会にもたらした衝撃も看過できない。ブリティッシュ・ラージは、実はその「権威」の多くが「こけおどし bluff」だった。イギリスが長くライヴァル視してきたロシアが「支配されるべき人種」の日本人によって撃破されたことで、インド亜大陸におけるイギリス人たちの「不敗の仮面」もずり落ちかけた。

イギリス側の対応は、硬軟織り交ぜたものだった。政庁内部での警察機構の位置づけを見直してその実効性を高め、テロリズムを鎮圧していった。他方、ムスリムたちに対し、ベンガル分割によって彼らが多数派となる州が誕生する利点を説き、統治権力に従順な全インド・ムスリム連盟を一九〇六年に結成させた。一九〇九年には新たにインド参事会法を制定し、インド人たちが全インド・レヴェルの政治プロセスに関わることを可能にした。

さらに、インド人民衆からのブリティッシュ・ラージへの心理的支持を再構築するため、大がかりなイヴェントも実施された。一九一一年一二月のデリー・ダーバーである。ジョージ五世が旧都デリーを訪れ、自らがイギリス国王＝インド皇帝となったことをインド人臣民たちに告げ、彼らからの忠誠の表明を受ける壮麗な儀式を行った。このイヴェントに際してイギリス側は、インド人臣民への「恩恵」と称してベンガル分割の撤廃とデリーへの首都移転も発表した。

デリー・ダーバーの組織者だった副王・総督ハーディングは、その翌年、新都となったデリーへの到着直後にテロの標的にされ、重傷を負った。首謀者はラース・ビハーリー・ボースというベンガル出身のテロリストだった［中島二〇〇五、三二―三六頁］。副王・総督へのテロは衝撃的だったが、イギリス側のナショナリズム運動抑圧策は、全体としては成功を収めた。国民会議派は分裂し、テロリズムを選んだ者たちはインド警察によって鎮圧された。また、ブリティッシュ・ラージの根底的基盤を成すインド軍は、十分に安定しているように見えた。

インド軍内部の状況

インド軍は志願した植民地住民から成る傭兵軍であり、インド人兵士（セポイ）たちのリクルートメントは「尚武の諸人種 martial races」という原理（言説）に基づいて行われた。「尚武の諸人種」原理は、セポイの乱に際しての経験からイギリス人たちが紡ぎ出したものだった。「うまれつきの身体的、道徳上の特質のおかげで最良の戦士である」とイギリス人たちが認定した、特定のカテゴリーのインド人だけが軍務に選抜された。

セポイの乱以前の一八世紀から一九世紀初頭にかけてイギリス人たちは、インド南部の住民や低カーストのベンガル人たちをヨーロッパの諸軍隊で培われてきた手法で教練し、個々の戦士の戦闘力に依存するムガール帝国軍や、高カーストのヒンドゥー教徒が構成するその同盟軍を打ち破らせていた。つまりイギリス人たちは、インド社会において劣位におかれていた共同体を西洋化することで勝利を収めた。しかし、マネイジシュによれば、「一度主人になってしまうと、イギリス人たちは自身がカーストに伝染」し、少なくとも軍事的には、上層諸カースト、とりわけ北部のブラーフマンたちを西洋化することに熱心になった[Menezes 1999, pp. 144-187]。そしてこのことが、一八五七年に「暴力的反動」をもたらすことになった[Callahan 2007]。

セポイの乱を鎮圧した後、イギリス人たちはインド兵のリクルート先の変更を行った。反乱を起こしたセポイたちのリクルート源を徹底して排除し、イギリス側への忠誠を維持したセポイたちのリクルート源の優遇を開始した。つまり、「尚武の諸人種」原理に基づくインド軍の構成は、インド社会内において独自の背景を有する少数派コミュニティの幾つかを武装させ、多数派のコントロールに利用する、という分割統治の一つのスタイルだった[Killingray 1999]。イギリス人たちは、国民軍からはほど遠く、特異な性格を持つインド軍の存在がブリティッシュ・ラージの根幹を成すことを十分に認識しており、セポイたちからの忠誠心を確保するため、念入りな福利制度を設けていった[Roy 2002]。

日英関係の、日本軍とインド軍のありようへの反映

第一次世界大戦が始まる直前の時期、日英関係の推移は、日本軍、インド軍のありようにどのような影響を与えていたのか。まず確認しておかなければならないのは、日英同盟におけるインドの位置づけである[スティーズ 二〇〇二]。一九〇二年の締結に際し、同盟の適用範囲にインドを含めるか否かは争点の一つだった。イギリス側はインド

保全のために日本軍部隊を利用することを期待したが、日本側はそれを望まなかった。一九〇五年に締結された第二次同盟では、日本の朝鮮に対する優越権を承認するのと引き換えに、同盟の適用範囲がインドにまで拡大された。一九一一年に締結された第三次同盟では、対ドイツ同盟の性格が前面に出された。

日英同盟締結後、実務レヴェルでは、日本軍とインド軍の連絡はそれなりに着実な歩みを重ねた。ロシア軍の動向に関して日本軍とインド軍の間で情報を常時交換し、共有することが有益だと判断され、そのための窓口として駐在武官を交換することになった。日本軍側からは参謀本部に所属する佐官級の将校が送り込まれ、インド政庁、インド軍司令部で活動した［今村 一九六〇、一二一―一二二頁］。イギリス軍側からも、インド軍所属の将校が在京イギリス大使館に派遣され、日本の参謀本部、陸軍省と連絡をとりながら活動した。さらに、駐在武官とは別に、語学将校と称して派遣されたイギリス人将校たちがおり、その中にはインド軍所属者が多かった。

日本軍側では、日露戦争中、印度駐剳《ちゅうさつ》武官だった東乙彦中佐がインド軍司令部経由でバルチック艦隊の動静を参謀本部へ伝え、日本政府から高く評価された［吉村 二〇〇四］。

イギリス側では、とりわけ在印のイギリス人たちが、日本人を「尚武の諸人種」の一つとみなし、利用することを意図していた。「サムライ」のイメージは、イギリス人たちが「尚武の諸人種」として考えるそれに適合的だった。インド軍所属の二人のイギリス人士官が、次のような発言を残している。一八九三年にヤングハズバンド大佐は、日本陸軍の近衛連隊の兵士はグルカ兵に匹敵すると述べ、一八九五年にバロー中佐は、日本兵をインド軍のセポイと同列にランクし、インド連隊の士官の方が日本の士官より優れていると記した［アイオン 二〇〇一］。

二　第一次世界大戦中

インドをめぐる政治・社会・軍事情勢

世界大戦が始まる直前、ブリティッシュ・ラージの転覆を意図してガダル(革命)党が活動を開始した。同党はベンガル州、パンジャーブ州から北米へ移民したインド人たちによって構成され、宗教的色彩はなかった。同党の活動は、世界大戦直前の諸帝国をめぐる国際情勢の流動化という文脈の中にあった。ドイツ外務省からの強い働きかけがあり、活動資金の多くもドイツから供給された。アイルランドの反英運動との連携も顕著だった。世界大戦の開始にともない、ガダル党メンバーの多くがインドへ戻り、急進派と合体した。また、ガダル党の盟友であるドイツは、イギリス帝国への「ジハード」をオスマン帝国のスルタン=カリフに宣言させることに成功した[Hopkirk 1994, pp. 54–65]。

他方、インド国内の主要なインド人政治家たちは対英協力を選択した。当初イギリスは限られた規模の陸上兵力しか有していなかったため、十分に訓練を積んだインド軍部隊への強い期待が生じた。戦争が長引くにつれ、イギリスはさらに大量の兵員の必要を感じるようになり、インドにおいて集中的な募兵活動を始めた。また、従来イギリスは、インドの潜在的経済力を抑える政策を行ってきたが、軍需品の供給力を増大させるため、工業化を阻んできた縛めを解くことにもなった。

こうした状況を目にしたインド人政治家たちは、イギリスの戦争努力にインド社会が協力すれば、戦後には自治権を獲得できる、との確信を抱いた。ティラク、ガンディー、ジンナーらはインド人民衆に対して、インド軍に志願し国王=皇帝のために戦うことを呼びかけた。この時期の彼らの言説は、この戦いを契機としてインド軍を国民軍化する意図を彼らが抱いていたこともうかがわせる[Ganachari 2005]。

イギリス側はインド植民地から大規模に兵員を調達する決意を固めたが、志願制の原則を維持する必要から、「尚武の諸人種」以外からもリクルートすることを余儀なくされた。セポイの乱以降徹底して回避してきた、ベンガル出身者からなる部隊の編成すら行われた[Deshpande 2002]。しかし、従来のリクルートメント方針から完全に逸脱することへのためらいも強かったため、「尚武の諸人種」の故郷としてセポイの主要な供給源の役割を果たしてきたパンジャーブ州から、大量動員が図られることになった。

インド軍内部の状況

一九一五年、インド軍内部で二つの深刻な反乱（未遂）事件がほとんど同時に生じた。ラホール兵営反乱未遂事件とシンガポール反乱事件である。

ラホール兵営反乱未遂事件は、ボース率いる急進派とガダル党メンバーが共謀し、パンジャーブ州のラホール兵営に所属するセポイたちにはたらきかけて反乱を起こさせようとしたものだった［中島 二〇〇五、四一―四七頁］。インド軍兵士を扇動して反乱を生じさせ、イギリスによる支配を打倒するという方法論を、ボースとガダル党メンバーたちは共有していた。パンジャーブ州の戦略的重要性、ガダル党メンバーの多くが同州出身であるため、セポイへのはたらきかけが容易に行えること、などの理由から工作の標的としてラホール兵営が選ばれた。決起予定日は一九一五年二月二一日だったがイギリス側の防諜組織により捕捉され、決起直前に摘発された。ボースは日本へ逃亡した。

シンガポールでは、同地から香港への移動を命じられたインド軍部隊が一九一五年二月一五日に反乱を起こし、イギリス側は日本海軍陸戦隊の助力を得てこれを鎮圧した。反乱の原因については、研究者の間で見解の相違がある。桑島は、反乱兵とガダル党メンバーの間で連絡があった可能性を指摘し、反乱兵たちが世界大戦を自分たちの戦いだと考えられなかったことが原因だったのではないか、とする［Kuwajima 1991, pp. 45–78］。これに対してオミッシは、部隊内での微細な不満を処理できなかったことが反乱につながったのであり、ナショナリズム的背景はなかった、とする［Omissi 1994, pp. 147–150］。反乱開始後、シンガポールで捕虜になっていたドイツ海軍将兵をセポイたちが釈放しようとし、彼らに指揮を依頼するという「奇妙な」行動をとったことを考えると、ここでもガダル党メンバーからのはたらきかけがあった、と考えるべきであろう。

しかし、これら二つの事件はインド軍全体の動向の中では例外的であり、世界大戦中のセポイたちの国王＝皇帝への忠誠は一般に安定していた。セポイたちのために福利厚生システムが入念に作りあげられ、デリー・ダーバーのようなイヴェントが一定の効果を挙げたことが大きかった。第二次世界大戦時のインド人兵士については、イギリスのために戦うことがインドの独立につながる、との意識が広く共有されていたことが指摘されており、第一次世界大戦時にも、彼らがインド人政治家たちからの呼びかけの「正しさ」を信じた、との側面がまったくなかったわけではないだろう。しかし、ヨーロッパで戦ったセポイたちが大戦中に故郷に宛てて送った手紙の内容を分析したオミッシによれば、彼らが最も気に病んでいたのは、「尚武の人種」に属する戦士たちにふさわしく、と言うべきか、仲間の兵士たち、そして妻や母が戦士としての彼らの「はたらき」をどのように見るか、ということだった。彼らはまた、国王＝皇帝への忠誠を熱心に表明していたが、それは明らかに、彼らの認識ではジョージ五世が、かつてムガールたちが占めていた王座を占めている人物だから、だった[Omissi 1999, pp. 9–21]。

インド軍部隊はイギリス帝国の利益のために存分に活用された。世界大戦中、七万人弱のインド兵が戦死したが、そのほぼすべてが国外、とりわけヨーロッパ戦線とメソポタミア戦線においてだった。

日英関係の、日本軍とインド軍のありようへの反映

ラホール兵営反乱未遂事件の首謀者ボースの日本への逃亡と、シンガポールでの反乱鎮圧への日本軍の協力は、大戦期間中に生じた、軍事的観点から見た日印関係上の最も重要な事実であろう。

日英同盟の規定に基づき、日本海軍陸戦隊の兵士たちはシンガポールでの反乱鎮圧に協力した[吉村 一九九九]。日本軍兵士に降伏した反乱インド兵は、日本側が彼らをイギリス側に引渡すのを知り、失望感をあらわにした。桑島は、

鎮圧する側にまわった日本人の中には、反乱インド兵たちの「誰の戦争なのか」との疑念を共有する者はいなかった、と指摘する[Kuwajima 1991, pp. 80-105]。

日本政府に関しては、日英同盟の精神に忠実であるとすれば、イギリス国家への大逆罪の容疑者であるボースたちの逮捕に積極的に協力するのが自然だった。しかし日本社会のいわゆるアジア主義者は、インドでのボースたちの活動に共鳴し、これを保護しようとした[中島 二〇〇五、五三―九八頁。大塚 二〇〇九、八三―八八頁]。イギリス政府からの要請を受けた日本側当局がボースたちに国外退去命令を出すなか、頭山満、大川周明らが彼らの逃亡・潜行を助けた。

インド軍にまつわって生じ、日本人たちが一定の役割を果たしたこれら二つの事件は、既存の国際政治体制に対する日本人たちの思考の二つの相が、インドというプリズムを通すことで明確になることを示している。国際政治の舞台で「列強」としての地位を得つつあった日本の指導者たちは、国際政治における支配層の他の部分(イギリス)と協働・競合する中でさらに利益を得るべきだと考え、被支配層による反抗の鎮圧に協力した。他方、日本社会の中には、日本政府のこうした方針に違和感を抱き、被支配層中の不満分子と連携して体制を覆すことを目指す者たちがおり、一定の影響力を有していた。そのように考え、行動する日本人たちにとって日英関係は、むしろ敵対者間のそれに転ずるべきものだった。

イギリス側は、敵国ドイツからの工作にさらされているインド統治の保全に関して、日本の対応が非協力的なのではないか、との疑念を持ち始めた。イギリス側は、ラーラ・ラージパット・ラーイ(急進派の指導者だった)の訪日に際して日本人たちが示した歓迎ぶりに当惑させられていた。ボースたちが追放されないこともイギリス側の不満に追い打ちをかけた。さらにイギリス側は、大川の発するインドに関する言説が日本社会に及ぼす影響も懸念した。大川は『印度に於ける国民的運動の現状及び其の由来』を一九一六年に出版したが、イギリス側からのはたらきかけをうけ、日本政府内務省は同書の発売頒布を禁止した。

一九一五年二月、杉山元《はじめ》中佐が印度駐箚武官に就任した。インド軍司令部経由で各地の戦闘の推移について情報を入手し、日本の陸軍参謀本部へ伝えた。参謀本部では、「インド情報は正確迅速」との評価を得ている。

大戦期間中、イギリス政府は、日本軍部隊のインド派遣の可能性に関心を示した。インド軍所属のイギリス人将校を語学将校として日本軍部隊に勤務させてきたのも、こうした状況を予期してのことだった。イギリス政府の意向を受けた日本政府は、その適否について検討するよう参謀本部に求め、参謀本部は現地の杉山の見解を聴取した。杉山は、インド西部の状況を視察した後に報告書を執筆し、一九一五年一二月に参謀総長上原勇作に宛てて提出した。日本軍部隊をインドへ派遣することになった場合、どれほどの規模で、どれほどの装備が必要か、また、どのような役割を果たすことになるのか、などを具体的に検討している。ついで杉山は、日本軍部隊のインド派遣にともなう政治的意味合いを分析する。日露戦争での勝利以来、インド人社会では日本への敬意・好意が維持されている。また、大戦が始まって以後、日本の産品のインド市場への進出も目立って容易になった。こうした好条件が、日本軍部隊のインド派遣によって損なわれる可能性が高い。したがって派遣は見合わされるべきだ、と[杉山元 一九一五]。日本政府は日本軍部隊のインド派遣を行わなかった。

三　第一次世界大戦後

インドをめぐる政治・社会・軍事情勢

世界大戦の帰趨が見え始めると、世界各地で民衆レヴェルの政治的覚醒が生じ、諸帝国による競合的世界支配という枠組みが揺り動かされた。戦後処理にあたっての民族自決原則の提示、ロシア革命の成功などが現状打破への期待感を世界各地で高め、一九一九年一月に始まったパリ講和会議は、そうした期待感の焦点となった。この間、ほとんど継起的に生じた朝鮮万歳事件（三・一運動）、アムリッツァル（ジャリアンワラ・バーグ公園）虐殺事件、五・四運動は、被支配民衆の覚醒と、そうした事態への支配層からの反動の開始を告げていた。

　支配層を怯えさせたのは、講和条約への失望が民衆をボリシェヴィズムに向かわせる可能性だった。一九一九年を通じて「反共産主義の恐慌」がヨーロッパ、アメリカ、イギリス帝国を覆い、政治指導者たちは「見慣れぬ共産主義からの脅威に直面してパニックに陥り、方向感覚を失った」[Read 2008]。イギリスによるインド支配にとり、こうした脅威が現実のものとなったのが第三次アフガン戦争だった。グレート・ゲームの係争地だったアフガニスタンは、一九〇五年にイギリスの保護国になっていた。しかし大戦中、ドイツはその工作員をガダル党メンバーとともにアフガニスタンに送り込み、同国軍のインドへの侵攻を使嗾《しそう》した。大戦後は親ソヴィエト派のアマーヌッラーが同国の王位につき、ついにインドを攻撃した。一九一九年八月にラワルピィンディー条約が結ばれ、イギリスはアフガニスタンの独立を承認する[Hopkirk 1984, pp. 76–94]。かくして、伝統的な、北西辺境からの脅威に対するインド政庁、インド軍司令部の警戒感が、ボリシェヴィズムからの攻勢に対する危機感に形を変え、その戦略思考を大戦後も強く規定することになった[Moreman 1999]。

　アフガニスタン情勢が不穏な気配を漂わせるなか、一九一九年四月、国境をはさんで近接するパンジャーブ州で生じたのがアムリッツァル虐殺事件だった。既に一九一七年の段階でイギリス政府は、インド社会の継戦努力を維持するため、「インドに漸次自治を供与する」との宣言を出していた。しかし同宣言を受けて作成され、一九一八年七月に公表されたモンタギュー＝チェルムスフォード報告書の内容は、インド社会の輿論を納得させるものではなかった。

　イギリス側は、より実質的な自治の付与を求めるインド社会の機運がボリシェヴィズムの浸透と結びつくことを警戒し、一九一九年三月に弾圧法であるローラット法を制定した。イギリス側の対応の強硬さは、自信と不安がないまぜになって生じていた。大戦を通じてセポイたちの忠誠を確保したことから、大戦後もインド軍を基盤とする統治システムの継続は可能であり、ドイツからの援助を失った革命運動も一掃しうる、と考えられた。他方、ガダル党的な組織が、今後はソヴィエトからの援助を得てイギリスによるインド支配を脅かす可能性が高い、との危機意識も存在した。

パンジャーブ州は二〇世紀初頭から経済不振に悩まされており、そのために多くの住民がカナダへの移住を試みた。それにもかかわらず、大戦中、パンジャーブ州住民はインドの他の地域に比べてより大きな負担を課された。戦死したインド軍兵士七万人弱のなかではパンジャーブ州出身者が半数以上を占めていた[Omissi 2007]。また、同州のムスリムに関しては、スルタン＝カリフを敵とすることへの抵抗感を飲み込まされた、との思いも存在した。国王＝皇帝のために過大な犠牲を払ったとの意識はパンジャーブ州住民の中で特に強く、モンタギュー＝チェルムスフォード報告書への失望感、ローラット法への憤りを契機として動揺が生じやすい状態になっていた。

一九一九年四月一〇日、アムリッツァルで自治を求める示威行為が暴動につながった。そしてその三日後、同市のジャリアンワラ・バーグ公園で人びとが演説に耳を傾けていると、インド軍部隊が警告なしに発砲した。三七九人のインド人が死亡し、一二〇〇人近くが負傷した。セポイの乱以後、これほどの程度と規模の残虐な治安行動をインド軍部隊が行ったことはなかった。発砲を命じたダイヤー准将は、「みせしめ」として残虐にふるまったつもりだった。しかし同事件は、彼が意図したのとは正反対の方向へインドの歴史を転換させた。植民地支配の本質を見せつけられたインド人たちの間では、可能な限り早くそれから脱すべきだとの思いが決定的となり、反英非協力運動が燎原の火の如く燃え広がった。

事件が加害者側のイギリス人たちに及ぼした衝撃も小さくなかった。事件後に任命された調査委員会はダイヤーを譴責し、彼は将校としての地位を辞することを余儀なくされた。しかしダイヤーがイギリスへ帰国すると、上院は彼の行動を是認する決議を通過させ、ダイヤーは「インドを救った男」として本国のメディアから褒め称えられさえした。しかし事件後、インド社会に澎湃として沸き起った反植民地主義の機運に直面したイギリス人統治担当官たちの中では、植民地支配の本質があらわになった後、その長期的継続に懐疑的になりながらも、それでもなおイギリスによるインド支配を持続させるため、新たな手法を模索する動きが始まった。

イギリス側が露出させた「暴力」に対置する形で「非暴力」の大義を掲げ、ナショナリズム運動の主導権を手にしたのがガンディーだった。さらにガンディーは、一般民衆をもまきこんで全インド規模に達した運動に対し、「非協力」(植民地政府の諸制度のボイコット、非インド産品のボイコット)を通じての自治獲得というプログラムを与え、また、インドのムスリムたちが開始したカリフ制を擁護する運動(ヒラーファト運動)への支持をヒンドゥー教徒たちに呼びかけることで、ムスリムからの支持を得ることにも成功した。

守勢に立たされたイギリス側は、インド人民衆の支持を国王＝皇帝の側へ取り戻すための「ＰＲ」活動の一環として、イギリス皇太子(後のエドワード八世)をインドへ送り込んだ。これに対してガンディーは、皇太子の訪問にちなんで行われるすべての儀式を全インド人がボイコットすべきだ、と宣言する。一九二一年一一月一七日、皇太子がボンベイに到着する直前、歓迎式典会場から数百メートルしか離れていない場所でガンディーは約六万人の群衆に向かって演説し、イギリス製織物が焼却されるさまを共に見守った[Garga 2007, pp. 34-35]。大戦前のデリー・ダーバーで見られた、インド人民衆の国王＝皇帝に対する忠誠心の表明とのコントラストが、イギリス人たちにショックを与えた。

しかし、一九二二年二月、非協力運動が最高潮に達しつつあったまさにその時、運動参加者によるインド人警察官焼殺の責任をとると称して、ガンディーは運動を突然中止した。民衆の失望と混乱は深刻であり、架橋されたかに見えたムスリムとヒンドゥー教徒の間の懸隔も広がった。ガンディーにとり「非暴力」の大義が失われかけたことは衝撃だったが、それと同時に、彼のカリスマをもってしても運動全体の統制が利かなくなっており、このままそれが激化すれば鎮圧のためにインド軍が再び動員され、インド社会全体が内乱状態になる、との認識もガンディーの決断には作用していた。運動の激化については、「レーニン指導のボルシェビキがインド国内の革命派を通じて相当の揺さぶりをかけ」たことも大きかった［金子 二〇〇八、三九一頁］。

イギリス側は、モンタギュー＝チェルムスフォード報告書に効力を与える形で、一九一九年一二月に新たなインド統治法を施行した。同法の本質は「全インド・レヴェルでの自治権の否定、州レヴェルでの不完全な自治権の付与」だとされ、その「不十分さ」に憤ったガンディーは、同法をボイコットし、その施行に非協力を貫くよう呼びかけた。しかし国民会議派の中には、インド統治法が提供する新たな枠組みに参入し、インドの政治状況の変化を図っていくべきだと考える者もいた。彼らはガンディーらの反対をおし切ってスワラージ党を組織し、選挙を通じて議席を得、イギリス権力に対する体制内野党勢力として振舞い始めた。本章の文脈にとって重要なのは、こうしたインド人政治家たちが全インド議会でも発言を始めたことにより、インド軍の海外派兵、すなわち、イギリスの利益のためのインド軍部隊の傭兵的運用が極めて困難になった、という事実である［Deshpande 2002］。

インド軍内部の状況

しかし、そのインド軍自体は、両大戦間期のインド社会において、その動向から「孤立」していた。「内的葛藤にもかかわらず、両大戦間期中、インド人将校たちの職業的責任感が、国王＝皇帝から、ナショナリスト・リーダーたちにシフトすることはなかった」［Kundu 1998, pp. 46-47］。また、インド人政治家たちの大半は、イギリスによる支配の主要な装置としてのインド軍のありよう、という本質的問題に深く取り組もうとはしなかった。民衆は軍隊について無知なままであり、教育を受けた中産階級の関心も、軍内での自分たちの雇用機会の拡大にむけられるのにとどまった。他方、その子弟を士官学校へ送り込み始めたインド社会の特権階層は、インド軍の本質を問うことで彼らの社会的地位が損なわれるのを望まなかった。このように、インド人社会一般がインド軍問題について「気乗りのしない姿勢」をとることになった(ができた?)のは、インド独立運動が「非暴力」という大義を維持し続けたから、だった。「スワラージは、軍隊の兵士や将校の頭上を越え、民衆に直接アピールすることで達成された」とクンドゥは指摘する[Kundu 1998]。アムリッツァル虐殺事件が反英運動の高まりを招いた、との反省から、インド軍部隊を直接的な弾圧に用いればかえって不測の事態を招くとイギリス側は考えるようになっており、両大戦間期のインド軍の政治的「孤立」は、実はイギリス側が望んだものでもあった[Kudaisya 2004]。

したがって、インド軍内部の状況は両大戦間期をつうじて一般に「平穏」だったが、ある程度の意義を帯びた変化とみなせるのが、インド軍将校の「インド化」の開始だった[Heathcote 1995, pp. 205–222; Sundaram 2007]。他方、インド人兵士たちに関しては、戦後、その多くが動員を解除され、インド軍の規模は急速に縮小した。新兵のリクルートメントについては、大戦前の「尚武の諸人種」への依存という原理が復活した。これに対してインド人政治家たちは、「尚武の諸人種」原理はまさしく植民地主義的思考法だと批判し、それに基づくリクルートメントへの抗議を全インド議会の場で行った。しかしインド政庁は、リクルートメント方針に関してはインド人政治家たちに譲歩しなかった[Omissi 1994, pp. 42–43, 163–166]。

日英関係の、日本軍とインド軍のありようへの反映

一九二一年、裕仁皇太子が欧州諸国を歴訪した。同盟国イギリスの訪問は特に重視された。日本政府の方針は、国際連盟規約を含むヴェルサイユ条約に調印したことによって日英同盟の効力が弱められた、という現実は受け入れつつも、日英間の密接な関係を今後も基軸とする、というものだった。したがって、大戦中および講和会議の際に生じ

た相互の不満や不信を皇太子の訪問を機に改善することも意図された。

しかしイギリス側では、日英同盟継続への意欲は弱まっていた。ロシア、ドイツというイギリス帝国の国際政治上の優位を脅かしてきたライヴァルは既に排除され、逆に、東アジア・太平洋における日本の進出意欲への警戒感が、大戦中にイギリス帝国内での発言力を高めた自治領カナダなどによって語られていた。

日英同盟が解消された場合に日本側が受けるだろうショックを想定し、あらかじめそれを慰撫する意図もあってか、イギリス側は裕仁皇太子一行を歓待した。日英同盟の解消が決まった直後の一九二二年、前年の裕仁皇太子の訪英に対する答礼として、インド訪問を終えたイギリス皇太子を日本に立ち寄らせてもいる。

ワシントン会議での交渉の結果決まった日英同盟解消に関して、日本側からは感情的な反応も目立った。これに対しイギリス側は、国際政治の場でのアメリカのパワーの拡大と、イギリス帝国のアメリカへの依存の深まりを踏まえた、現実主義的な政治判断を行ったつもりだった［ニッシュ 二〇〇二］。しかしイギリス側でも、インドを基軸としてイギリス帝国の政軍略を考えようとする政治家たち、インド現地で統治を担当している者たちの見方は、イギリス政府の判断と必ずしも同一ではなかった。第三次アフガン戦争の経緯からも、インドに視座をおくとすれば「北西辺境からの脅威」はなお現実的であり、また、ガンディーの指導する非協力運動が、ボリシェヴィストたちの浸透によって暴力革命に転化する可能性も排除できなかった。しかし、そうした可能性に対処するため、大戦中に拡大したインド軍の規模を維持するという選択肢は、イギリス側にはとりえないものだった。また、アジアにおける「帝国」を保持するため、イギリスがアメリカの力に期待しうる可能性は低かった。それに対し、日本帝国の食指が直接及ばないインドについては、むしろ日本軍部隊との「連携」が便宜だとの、伝統的な思考がなお有効であるように見えた。

日英同盟解消後も、日本軍とインド軍は駐在武官の交換を続けた。日本側からは、たとえば一九二二年一一月に本間雅晴中佐が、一九二七年四月に今村均中佐が印度駐劄武官に就任している。今村によれば、「日英同盟が解消した後も、日印両軍は、共に印度北側地域と、シベリア方面に於ける、ソ連邦の情報交換を必要と認め、右の制度を持続していた。従って在印英軍に、派遣されている唯一名の連絡日本武官としての、私に対する取扱いは丁重」だった[今村 一九六〇、一二一—一二二頁]。他方、一九三二年の関東軍の「情勢判断」では、「必要な場合、インドについてその安全を保障する旨の提案を行うべきこと」が指摘されていた[細谷 一九八二]。

おわりに

第二次世界大戦直前の時期に至っても、イギリス帝国はアジアにおける有効な防衛体制の構築に本腰を入れようとしなかった。太平洋戦争が始まると、東南アジアのイギリス植民地は日本軍部隊によって容易に蹂躙され、日本軍部隊は北東辺境からインドに迫った。両大戦間期、イギリス帝国は、あいかわらずインド北西辺境の防備に腐心し、北東辺境を顧慮することがなかった。しかし、ブリティッシュ・ラージを、その歴史上初めて軍事的に脅かしたのは、北東辺境からの日本軍部隊の侵攻の可能性だった。イギリス側は、アジアにおける帝国の核であるインドの保有をめぐっては、日本との協調が不可欠であることを認識し、その保持に努めてきたつもりだった。東方からの侵攻にたいするインドの防備体制の欠如は、彼らのそうした認識と、それに基づく政軍略判断の破綻を反映していた。他方、太平洋戦争中、ラース・ビハーリー・ボース、スバス・チャンドラ・ボースなどを擁し、日本陸軍参謀総長として対インド工作を推進させたのは、第一次世界大戦期にインドにあって駐劄武官を務めていた杉山元だった。

【文献一覧】

ハーミッシュ・アイオン（ジョセフおよびマリコ・クラーク訳）二〇〇一「開国前後の日英軍事関係」『日英交流史 1600-

2000 3 軍事』東京大学出版会(以下、同書を『日英交流史3』と略記)
今村均 一九六〇『皇族と下士官』(今村均大将回想録第二巻)自由アジア社
大塚健洋 二〇〇九『大川周明——ある復古主義者の思想』講談社
金子民雄 二〇〇八『ヤングハズバンド伝——激動の中央アジアを駆け抜けた探検家』白水社
デイヴィッド・スティーズ 二〇〇一「相互の便宜による帝国主義国の結婚——一九〇二—二二年の日英関係」『日英交流史 1600-2000 1 政治外交I』東京大学出版会(以下、同書を『日英交流史1』と略記)
杉山元 一九一五「印度西域視察報告 印度駐武官杉山元」『杉山元関係文書』127-1、憲政資料室
中島岳士 二〇〇五『中村屋のボース——インド独立運動と近代日本のアジア主義』白水社
イアン・ニッシュ 二〇〇一「同盟のこだま——一九二〇—一九三一年の日英関係」『日英交流史1』
波多野澄雄 二〇〇一「むすびにかえて」『日英交流史3』
細谷千博 一九八二「日本の英米観と戦間期の東アジア」『日英関係史 1917-49』東京大学出版会
吉村道男 一九九九「第一次世界大戦末期における情報戦下の日本——在米インド人といわゆる「独探」問題」『政治経済史学』通号四〇〇
吉村道男 二〇〇四「日露戦争期における英領インド駐在武官報告」『外交史料館報』第一八号
Callahan, Raymond 2007, "The Great Sepoy Mutiny", in Daniel P. Marston and Chandar S. Sundaram (eds.), *A Military History of India and South Asia: From the East India Company to the Nuclear Era*, Bloomington, IN.(以下、同書を *A Military History of India and South Asia* と略記)
Deshpande, Anirudh 2002, "Military Reform in the Great War: Intentions and Compulsions of British Military Policy 1919–1925", in Partha Sarathi Gupta and Anirudh Deshpande (eds.), *The British Raj and Its Indian Armed Forces 1857–1939*, New Delhi.(以下、同書を *The British Raj and Its Indian Armed Forces* と略記)
Ganachari, Aravind 2005, "First World War: Purchasing Indian Loyalties, Imperial Policy of Recruitment and 'Rewards'", *Economic and Political Weekly*, Vol. 40, no. 8.
Garga, B. D. 2007, *From Raj to Swaraj: The Non-fiction Film in India*, New Delhi.
Heathcote, T. A. 1995, *The Military in British India: The development of British land forces in South Asia, 1600–1947*,

Manchester and New York.

Hopkirk, Peter 1984, *Setting the East Ablaze: Lenin's dream of an empire in Asia*, London.（京谷公雄訳『東方に火をつけろ――レーニンの野望と大英帝国』NTT出版、一九九五年）

Hopkirk, Peter 1994, *On Secret Service East of Constantinople: The plot to bring down the British Empire*, London.

Killingray, David 1999, "Guardians of empire", in David Killingray and David Omissi (eds.), *Guardians of Empire: The armed forces of the colonial powers c. 1700–1964*, Manchester and New York.（以下、同書を *Guardians of Empire* と略記）

Kudaisya, Gyanesh 2004, "'In Aid of Civil Power': The Colonial Army in Northern India, c. 1919–42", *The Journal of Imperial and Commonwealth History*, Vol. 32, no. 1.

Kundu, Apurba 1998, *Militarism in India: The Army and Civil Society in Consensus*, London and New York.

Kuwajima, Sho 1991, *Indian Mutiny in Singapore (1915)*, Calcutta.

Menezes, S. L. 1999, *Fidelity and Honour: The Indian Army from the seventeenth to the twenty-first century*, New Delhi.

Moreman, Tim 1999, "'Watch and ward': the Army in India and the North-West Frontier, 1920–1939", in *Guardians of Empire.*

Omissi, David 1994, *The Sepoy and the Raj: The Indian Army, 1860–1940*, Basingstoke, Hampshire, and London.

Omissi, David (selected and introduced by) 1999, *Indian Voices of the Great War: Soldiers' Letters, 1914–18*, Basingstoke, Hampshire, and London.

Omissi, David 2007, "The Indian Army in the First World War, 1914–1918", in *A Military History of India and South Asia.*

Read, Anthony 2008, *The World on Fire: 1919 and the battle with Bolshevism*, New York.

Roy, Kaushik 2002, "Logistics and the Construction of Loyalty: The Welfare Mechanism in the Indian Army 1859–1913", in *The British Raj and Its Indian Armed Forces.*

Sundaram, Chandar S. 2007, "Grudging Concessions: The Officer Corps and Its Indianization, 1817–1940", in *A Military History of India and South Asia.*

個別史／地域史Ⅱ

第一次世界大戦下の東南アジア経済と日本

籠谷直人

はじめに

本章の課題は、第一次世界大戦下における東南アジアと東アジア、とくに日本との経済関係に検討を加えることである。東南アジア経済は、一九世紀以降に欧米の植民地として世界市場に組み込まれ、先進工業国にたいして農産物や鉱産物などの第一次産品を供給した。現在の東南アジア経済史の到達点ともいえる研究〔加納ほか編 二〇〇二〕が示唆しているのは、イギリス、オランダ、フランス、アメリカ合衆国（以下、合衆国と略す）などの欧米の植民地であった東南アジア各国の経済は、本国との関係を通して、異なる様相をみせていたということである。表1は、一九三〇年代末の推計であるが〔加納 二〇〇一、九頁／Tate 1979, p. 28〕、東南アジア植民地にたいする各直接投資主体を概観したものである。ここでは、東南アジアの全体において、オランダとイギリスの投資比率が高いことが読み取れる。

しかし、東南アジア植民地を個別に見れば、フランス領インドシナ（以下、仏印と略す）においては、フランス本国の投資比率がきわめて高いことがわかる。そして、一九一三年の東南アジア各植民地の対本国貿易依存度をみても、仏印の対フランス本国への輸出依存度は二六％、輸入依存度は三〇％という、高い本国貿易依存度を示した〔加納 一九九五〕。仏印においては、「仏国が日本に対し法外な関税の障壁を設けて、ほとんど輸入禁止同様の最高税率を課し」

表1 1930年代末対東南アジア民間投資の投資元別比率推計
（単位：%）

投資元	蘭印	英領マラヤ	フィリピン	仏印	ビルマ	タイ	全東南アジア
イギリス	8	40	7	na	40	36	23
オランダ	43	na	na	na	na	na	28
フランス	1	na	na	80	na	na	11
アメリカ	4	4	34	na	na	na	8
スペイン	na	na	19	na	na	na	2.5
華　人	6	30	21	17	3	45	17.4
インド人	na	na	na	na	50	na	6.7
日　本	0.5	na	6	na	na	na	2
その他	2.5	13		3	5	4	1.2

Tate, D. J. M. *The Making of Modern South-East Asia Vol. 2: The Western Impact: Economic and Social Change*, Kuala Lumpur, Oxford University Press, 1979, p. 28 より.

〔見元 一九二六、六一頁〕たといわれた。そしてフィリピンの対本国のアメリカ合衆国の輸出入も、それぞれ三六%、四六%と、高い貿易依存度を特徴にしていた。土地の所有をめぐっても、フィリピンでは合衆国以外の「外国人の企業を歓迎せず〔台湾総督府官房調査課 一九三五、二五頁〕という特徴を有し、仏印も「外国人には土地は払い下げを為さず」〔同前四六頁〕という「排他性」を持っていた。東南アジア経済のなかでも仏印とフィリピンは、関税や特恵的取極め、そして投資条件を通して、本国の経済体制に強く従属していたといえる。

しかしながら、東南アジアにおいて多額の投資をうけたイギリス領とオランダ領の植民地は、こうした本国以外の諸国にむかって、必ずしも排他性を主張するものではなかった。むしろ、近年の東南アジア経済史研究は、イギリスとオランダの両帝国主義国が、国際基軸通貨の「信認に依存する、開放的な覇権」を行使し、東南アジア経済において「英蘭型」国際秩序を提供していたことを強調している〔杉原 二〇〇一、一二五八頁〕。

つまり、イギリスとオランダからの多額の投資が、東南アジアの第一次産品の生産と輸出の増加、労働力としての華僑と印僑の増加、そして彼等の本国送金の円滑化をもたらした。そして、こうしたモノ・ヒト・カネの連鎖は、東アジアの工業化に必要な市場をも提供した。シンガポールにおいては、日本製の「綿布取扱の主なる支那商は福建系及厦門《アモイ》系の商人」〔商工課調査 一九二一、九二頁〕であり、こうした華僑のネットワークが日本の工業化を支えた。本章は、東南アジアにおける英蘭型植民地経済が、ヨーロッパ本国以外の地域との経済的関係をも維持するような「開放性」を有していたことに注目して、東南アジアと日本の関係に検討を加えたい。第一次大戦の衝撃をうけて、インド棉花の買付の困難に直面した日本は、新たな国際決済の方法として、ジャワ砂糖の輸出や、東南アジアからの華僑送金に経済的利害を見出すようになる。

一　植民地経済の諸相——「英蘭型」植民地経済の差異

第一次大戦期の東南アジアを概観するうえにおいて、一九一四年八月に参戦した日本の対「南洋」地域認識が示唆を与えている。日本の南洋への関心の高まりは、日露戦争後にみられるが、合衆国やオーストラリアが、日本人移民の受け入れ制限を強め、日本の対外膨張の志向を大きく転換させたことも契機にしていた。しかしながら主要な転換は、一九一五年初頭に創立される「南洋協会」が東京を「拠点」にして成立したように、日本がドイツ領の「裏南洋諸島を占領」［堀口編　一九二五、二二―二七頁］したことを契機にしていた。

徳富蘇峰が率いる民友社の『現代叢書　南洋』［吉野編　一九一五］は、「広義の南洋」を「亜米利加に属せざる太平洋上の各島嶼、豪州、新西蘭《ニュージーランド》、蘭領東印度、裏南洋諸島の総体」であるとし、さらに「狭義の南洋」は、この「広義」の地域から「豪州、新西蘭」をのぞく地域であると定義した［吉野編　一九一五、二頁］。つまり、当時の「普通謂《い》う所の南洋」とは、オランダ領東インド（以下、蘭印と略す）、そしてドイツ領（メラネシア・ミクロネシア・ポリネシアの諸群島）といった「島嶼部」であり、英領マラヤを含む「大陸部」は含まれていなかったのである。図1にも示したように、一九二〇年においても、「南洋なる語に対しては従来定義的解釈を与へしものなし」［黒田　一九二〇、五頁］といわれ、英領マラヤをはじめとする大陸部を「南洋」に含ませることについては意見がわかれた。いずれにしても、

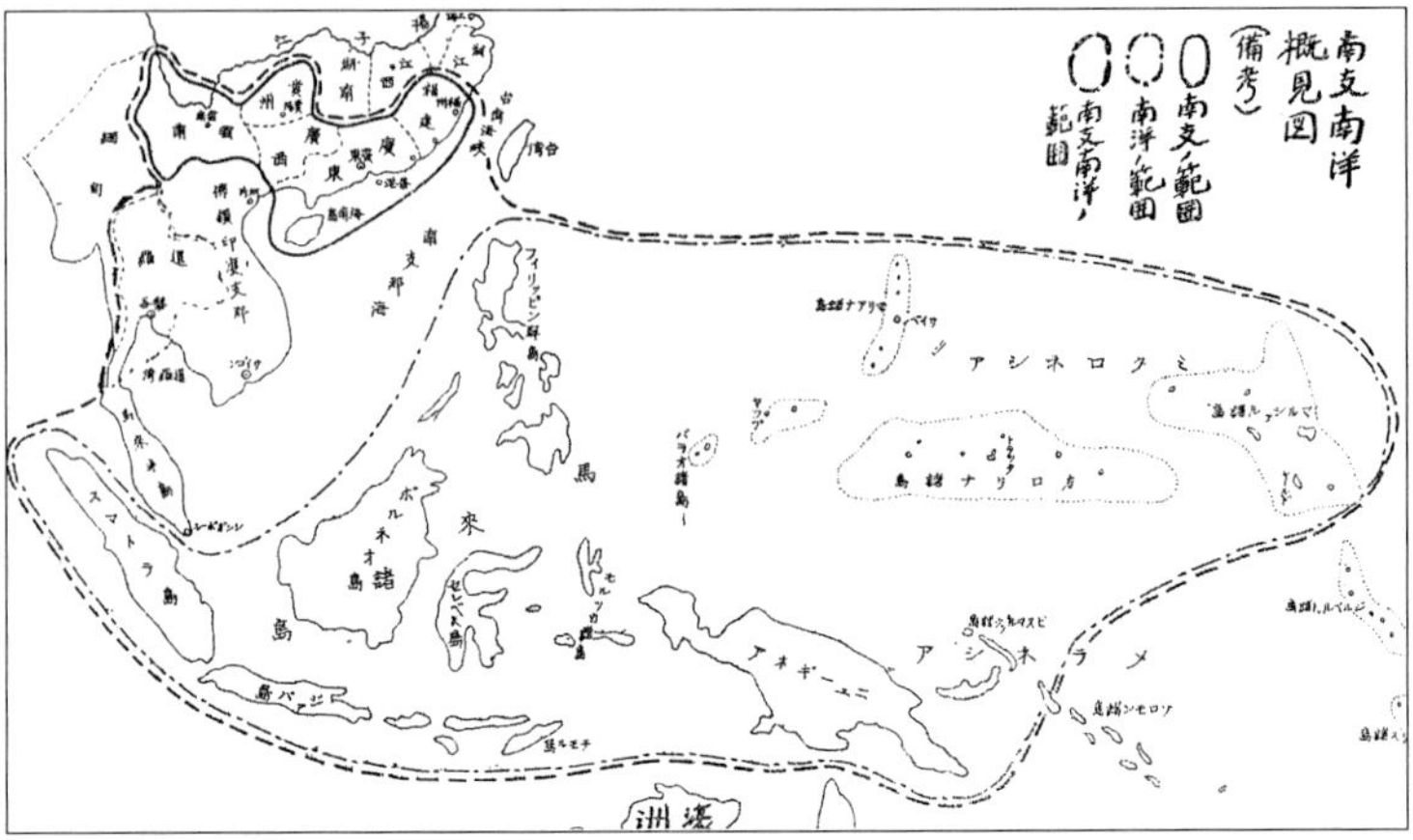

図1　「南支」「南支南洋」「南洋」の範囲（黒田周一「南支南洋の意義」『台湾時報』1920年5月号，4頁）
南支　————・—
南洋　—・—・—
南支南洋　————

大陸部は、福建や広東の中国南部の「南支」と接続して、「南支南洋」として認識されたときに、はじめて「南洋」に含まれたのである。それでは、どうして東南アジアの大陸部と島嶼部は、日本の南洋認識のなかで大きく区別されたのであろうか。そのことについて、民友社が次のように説明を加えている。

民友社は、東南アジアにおける華僑の存在を通して、東南アジア経済の諸相を次のように区別した。つまり英領マラヤでは、「英国人が富裕なる支那人の参謀、又は支配人と為《な》る」ような、植民地権力と華僑との「協働性」を持っていた。それに対して、蘭印では「欧州人は、如何に富有なる支那人なりと雖《いえど》もその顧問と為り、又は使用人たることを喜ばず」という、植民地権力の華僑への「排他性」を特徴にしていた。英領マラヤ（マレーシア）は「支那人に頼らざれば何事も挙がらざる事情の下に在る」のにたいして、蘭印は現地の「人口充分にして支那人に待つ所なき」［野村 一九二〇、二七頁］状況であった。白石隆氏が指摘するように、蘭印の華僑は「その経済力を政治権力に翻訳できない「権力なきブルジョワジー」として存在してきた」［白石 一

九八七、一三二頁〕といえる。

さらに民友社は、「馬来《マレー》半島の支那人は多く英語を解し得るも、蘭領東印度に於ける支那人は、蘭語其他の欧州語を解する者極めて少なく、土人と同様に馬来語を解するに過ぎざる」という差異があった。そして、「欧州語を解する者極めて少な」い蘭印においてこそ、日本人が「支那人と共同提携し得る」歴史的背景があると指摘していた〔吉野編 一九一五、一一四―一一五頁〕。後述する堤林《つつみばやし》数衛《かずえ》も、「台湾総督府が華南銀行、南洋倉庫と云うやうな貿易上の機関を向ふに作られ〔中略〕経済機関を殆ど独占している支那人と協同して仕事をすることに尽力」〔堤林 一九二六、四六頁〕するようになる。堤林は、一九一五年一月の対中国二一カ条要求と、一九一九年五月の山東還付問題を契機に生じた日貨ボイコットにたいしても、「華南銀行」や「南洋倉庫」という「日支合弁」事業は、有効な対応策と考えていた。日本にとってオランダ領の「南洋」という地域では、「マレー語を話す」華僑・華人との提携が、「南進」の好機であると考えられていたのである。換言すれば、イギリスの植民地権力と協働する「英語を話す」華僑・華人らにたいして、日本人は適わないと考えられていた。そうであるとするならば、ヨーロッパ植民地権力の対華僑認識の違いは、どうして生じたのであろうか。こうした英蘭の華僑認識の差異を、各地域の輸出向けの第一次産品の供給の違いから検討したい。英領マラヤの錫《すず》もしくはゴムと、蘭印の砂糖の違いに注目することになる。

英領マラヤから輸出される世界商品は、錫であった。地下資源である鉱物の産業は、ヨーロッパ人が「そこに行かなければ採掘できない」という地理的条件の制約を大きく受けた。たしかに植物は気温や雨量によって、その植生には個性があるもの、「移植」可能であるという点で、鉱物資源より地理的な空間の広がりは大きい。後述する蘭印の砂糖の価格が「大体玖馬《キューバ》価から決定される」〔川島 一九二四、七四頁〕という文脈は、その地理的な空間の広がりを示唆していた。それにたいして、鉱物資源は「植え替えできない」という意味では、その地理的制約を強くうける。英領マラヤの近代史が、錫の産出から描かれるということは、その地域の地理的制約が強かったことを含意した。英領マラヤの歴史は、熱帯の東南アジアを、錫などの第一次産品供給地として再編した過程であったといえる。

錫の採掘の歴史は、マレー人の首長と華僑移民との協働という文脈から始まる［Drabble 2000］。英領海峡植民地の錫の採掘は、とくにマラッカの華僑商人が、マレー人首長に資金を貸与し、そのマレー人首長が華僑労働移民を使役してなされた。そして、マレー人の首長は、錫を華僑商人に引き渡した。華僑商人は、労働移民にたいしてアヘンと食料をはじめとする消費財を提供した。移民は送り出し側の同郷であることが多かったから、マレー人首長は華僑のネットワークに依存していたのであり、そこから鉱山の権利金を受け取るか、徴税するような仕組みができあがった。こうした同郷に裏付けられたネットワークは、一八四八年にペラクで大錫鉱床が発見されたことや、マラッカの華僑商人がセランゴールの錫鉱山に投資しはじめたことで伸張した。

こうした華僑のヒト・モノ・カネのネットワークが伸張するなかで、インド政庁から独立した英領の海峡植民地（一八六七年）は、華僑間の衝突をふくむマレー諸国内の内紛を理由に、その政治的介入の意志を強めた。こうした政治的介入のなかで、イギリスは、マレー連合州を成立（一八九六年）させることになるが、そこでは中国語と英語をつかう華僑をつかって統治コストを引き下げた。イギリスの植民地権力と華僑との「協働性」は、錫という第一次産品の供給と深くかかわっていたといえる。植民地権力はアヘン、酒、賭博を通した徴税請負制度によって「新たに移住する」華僑から収入を得ることで、「自由貿易原則」を行使した［白石 二〇〇〇、六五―六六頁］。アヘンの徴税請負制度が有効であれば、関税収入に期待することはなかったからである。

錫の安定的供給と鉄道の敷設には、ペラク、セランゴール、ヌグリ＝スンビラン、パハンの連合協定が、一八九五年に結ばれ、翌九六年に発効したという政治制度面が重要であった。錫の採掘地域であった、ペラク、セランゴール、ヌグリ＝スンビランにおいて、錫の地下資源が豊富であったことと、そして、これらの地域が連合州として統治的な安定性を確保したことには有意な関係があった。錫の採掘地を鉄道で港と結ぶ時には、マレー連合州の広域的政治秩序の安定が不可欠であったからである。「錫は矢張り鉄道沿線の馬来《マレー》半島の各地で産出して、ここから出る鉱石を新嘉坡《シンガポール》に持ってきて、新嘉坡の製錬工場において精錬」〔三島 一九二〇、一二頁〕するためには、錫の採掘地をつなげて、シンガポールに収斂させるような鉄道敷設網の形成が必要であった。そして、シンガポールに志港する鉄道網にそって、次には、ゴムのプランテーションがひろがったのである。マレー連合州は、一八九〇年代からゴム園への課税免除措置を採用したことで、栽培面積を拡大させたのである。イギリスの植民地権力は錫とゴムの産出と志港型鉄道網の敷設によって、熱帯の東南アジアからマレー半島を第一次産品供給地として「切り取った」〔杉原 二〇一〇、一六一—一八頁〕といえる。

蘭印の砂糖経済において、看過されてならないのは、その経済が、ジャワ村落社会と隣接した、在地型プランテーションであったことである。ジャワは英領マラヤと違い、豊かな土地と人口を擁していた。ジャワには、耕作面積が九三〇万バウ(一バウは七反一畝一六歩)あり、そのなかで灌漑地が四三〇万バウあった。この灌漑地のなかで「米と甘蔗」を作った〔川島 一九二四、六三頁〕。つまり「四三〇万バウに対して先ず相当な米を作り、而して其余《その》裕あるところに甘蔗を作るので、甘蔗の耕作ということは米作の関係上大なる制限を受けて居る」〔同前六九頁〕という関係にあった。とくに人口の多いジャワでは、三〇〇〇万トンの米を自給して、五〇万トンをタイ、仏印、ビルマから輸入した。このことはジャワの米消費市場が、タイ、仏印、ビルマの小農を捉えたことを含意していた。英領マラヤとの対比で言えば、オランダの植民地権力は蘭印の在地農村社会に依存する限り、砂糖に代表される第一次産品の供給地として、東南アジアの熱帯からジャワを徹底的に「切り取った」とはいえないのである。

イギリスの植民地権力が、経済の基礎を、新たに移住する華僑に求めたのにたいして、オランダの植民地権力は、ジャワ農民にたいして、地税のかわりに労働力を負担させて、砂糖、藍《インディゴ》、タバコなどのヨーロッパ向けの第一次産品を作らせた(いわゆる「強制栽培制度」一八三〇—七〇年)。そして、オランダの植民地権力は、アヘンを、ジャワ農民に販売して政府収入を賄った。そして、その販売を請け負ったのが、ジャワの農村社会をよく知っている、「何代にもわたって居住し」、マレー語を話す、華僑であった[白石 一九八七、七二頁]。

オランダの植民地権力は、インドから輸入した政府卸しアヘンの独占販売権を、理事州を単位にして公開入札した。入札によって販売権を得た華僑の請負業者は、毎月、請負料を政府に納めたが、その際、もっとも重要なことは、このアヘン収入を確保するために、アヘンの販売価格を高く維持することであり、そして、それは密輸を徹底的に防止して、アヘンの独占販売を確立することであった。こうしたアヘン市場の規制を導入することが、華僑を通してなされた。

それは、華僑の「居留地指定制度、通行証制度、公館制度」の三つであった[同前七二頁]。オランダの植民地権力は、華僑の「居留地」を指定して、そこに居住することを義務付けた。居留地内の行政事務を担当したのが、華僑官吏の「公館」であった。そして、公館の発行する推薦状を得て、植民地権力から「通行証」を取得することなしには、居留地外での行動の自由を制限された。

こうした居留地の外への移動を免除され、ジャワ「村落経済への合法的アクセス」[同前七二頁]を得たのが、アヘン請負、その他の徴税請負業者の華僑であった。彼らは、密輸規制のもとに村落市場をも独占的に掌握し、ジャワの農民から米や砂糖を購入した。こうした統治機構のなかでは、マレー語を共通言語にした市場独占が優位を占めた。

一八八〇年代には、ヨーロッパの熱帯農産物価格が下落して、ジャワ農民の現金収入の低下から、公館を頂点とする華僑ネットワークが縮小した。あわせて居留地制度も緩和される方向にあった。しかしながら、アヘン請負入札に付された理事州（スラルカルタ、クディリ、スマラン、マディウン）や、諸州（ジェパラ、レンバン、スラバヤ、ケドゥ、ジョグジャカルタ）のジャワ中東部は、華僑の経済活動の拠点であり続けた。そして、こうしたジャワ中東部は、砂糖の産地と重なっていた[同前二二二―二二六頁]。なかでもスマランは、砂糖を取引する黄仲涵[Panglaykim & Palmer

1970〕、郭春秧、顔江守などの拠点であった〔佐々木 一九一七、二五頁／河野編 一九二〇、一七八―一七九頁／Willmott 1960〕。横浜正金銀行も「スマランは支那大商人の根拠地なれば預金吸収に少なからざる便利あり」〔横浜正金銀行スラバヤ支店、一九二〇年九月報告〕と評していた。オランダの植民地権力のアヘン市場規制が、スマランを有力華僑の拠点にしたのである。

そして、ジャワ中部のスマランには「日本商人の当領に商業を営める者の多くはここに本店を有する」〔佐々木 一九一七、二五頁〕と報告されたように、日本人貿易商も、このスマランに居住した。そのことは、日本人貿易商は、蘭印の華僑が拠点とするスマランに接近したことを含意していた。その歴史的背景については、先述の堤林数衛の報告が示唆を与えている。すこし長くなるが引用すると、次のようである。

> 蘭領印度政府の政治のやり方に就いては面白い変化がありまして、〔中略〕条約改正前に於きましては、亜細亜法律と欧羅法律との二つが蘭領東印度に布かれて居りまして、日本人も支那人も印度人も悉《ことごと》く亜細亜人の法律に依って拘束され、欧羅巴人に対する法律は別に厳然として存在したのであります。〔中略〕然るに日清戦争後日本の対外条約が改正されて、改正条約が蘭領印度植民地に及ぶことになりましてから、旧来他の東洋人と同一に扱われて居りました日本人が単《ひと》り引き抜かれまして法律上欧羅巴人と同一の待遇を受くることになりました。〔堤林 一九二六、四八頁〕

日本人は、東洋人中単り擢出でて欧州人対等の待遇を受けることになって居る〔中略〕千人足らずの日本人が蘭領印度の経済力を左右するのだから、八十万の支那人が承知しない。〔中略〕それで、〔華僑のなかから――筆者注〕日本に入籍しやう、入籍することに依て日本人並《なみ》の便宜を得ようと云う人が、相当見識あり、人格ある人の間にも出てきました。有名なる建源の主人〔黄仲涵〕の如き其《そ》の一例であります。兎《と》に角《かく》種々なる有力者が入籍された。今日爪哇《ジャワ》に於いて成功されて居る大稲埕の郭春秧氏も日本の国籍を得た一人である。入籍熱が非常に盛んになっ

て、台湾籍民にして日本人になり、向こうに行った人が沢山あります。〔同前五〇―五一頁〕

ここでは蘭印における「台湾籍民」の登場を、日清戦争後の条約改正による、日本と蘭印との政治的関係変化から説明していた。先述の台湾籍民の郭春秋は「日露戦争の時にも日本政府に献金をし」〔根本 一九四二、一一頁〕、そして一九一三年に日中合弁の銀行の設立を申し出たことは〔名倉編 一九三九、二五八頁〕、この堤林の談話を裏付けるものであろう〔南洋商会 一九二〇、三四頁〕。堤林数衛と郭春秋とは、事業の共同経営者としてたち現れていた。堤林数衛をはじめとする日本人事業家が、スマランを拠点とするようになるのも、同地がこうした台湾籍民の拠点であったことと深く関係していた〔堤林 一九一〇、一〇六頁〕。一九一〇年代の日本の南進は、スマランを拠点にした台湾籍民らの華僑・華人のネットワークに依存して事業を展開したと考えられる。

二　インド棉花買付け問題に対応したジャワ砂糖取引と華僑送金

日本が東南アジアに進出し、ジャワ砂糖の取引に乗り出すのは、銀価格の高騰とインド棉花の買付け難問題を契機にしていた。イギリス領インド〔以下、英印と略す〕と深くかかわる問題であった。

第一次大戦前に、銀一オンスが二五ペンスであった銀価は、一九一七年八月には四三ペンス、一九二〇年二月には九八ペンスに高騰した。こうした大戦期の銀価の高騰は、「銀産額ノ激減セルニ対シ、他方印度方面ノ銀吸収」〔大蔵省理財局国庫課編 一九一九、四頁〕を背景にしていた。「印度が銀市場に占むる地位は最も重要」〔横浜正金銀行調査課 一九二一、一五頁〕であったことは、第一次大戦期にインドの輸出が増加したことと、インド兵が第一次大戦に参戦したことと深くかかわっていた。

本来、インド政府は、「本国費 Home Charges」を、定期的にロンドンに送金する必要があった。本国費とは、英貨公債の利払い、官吏給与、鉄道収入などの本国への支払いであった。それゆえ、インド省は、ロンドンにおいて、インド政府(財務部)がその支払いを約束する「電信為替、手形 Council Bill」、すなわち「インド省証券」を売り出した。「当初、売出金額が Home Charges に限られて居た」が、インド・ルピーの対ポンド相場が、ロンドンからボンベイへの金輸入点であった一ルピー＝一シリング四ペンス八分の一に達すれば、インド省証券は、無制限に売出されるようになった。そして、もしインド・ルピーの対ポンド相場が下がれば、「逆証券 Reverse Council Bill」をインド政府が売出して、ロンドンでの金準備にあてた。つまり、インドの「為替は印度証券無制限売出により金輸入点を上らず、逆証券売出によって金輸出点を下がらず」に、一ルピー＝一シリング四ペンスの比価を維持するような「金為替本位制」〔台湾銀行東京調査課 一九二六、八—一二頁〕の枠組みとなった。

しかしながら、第一次大戦期に、インドの貿易出超は巨額となり、「倫敦に於ける印度事務省の所要額をも著しく超過し来たれるか為、印度に於ける通常国庫資金を以て之か支払に応すること能はざる」ことになった〔日本銀行臨時調査委員会 一九一八、二三八頁〕。つまりインドの輸出超過が、「印度に於ける銀貨準備額は漸次逓減」〔日本銀行臨時調査委員会 一九一八、二三八頁〕する結果になったのである。さらに、第一次大戦期においてエジプト、メソポタミア、東アフリカなどに派遣された「印度兵に対する支払」は、「銀貨」〔大蔵省理財局国庫課編 一九一九、一五頁〕によるものであったために、インド政府内の銀不足は、一層深刻な問題となった。大戦勃発期には、四億〇一五〇万ルピーであったルピー準備金は、一六年一二月には一億七七八〇万ルピーに減少し、「留比《ルピー》準備は再逓減するの形勢」に転じた〔日本銀行臨時調査委員会 一九一八、二三八頁〕。それゆえ、イギリス本国は、一九一六年一二月からロンドンにおけるインド省証券の売出しを制限した〔横浜正金銀行 一九二〇、四四四頁〕。

インド省証券の売出し制限は、日本にとっては、インド棉花の買付けにたいして大きな制約となったために、横浜正金銀行は、「上海に於ける所有銀の一部を現送し」〔日本銀行臨時調査委員会 一九一八、二三九頁〕た。その金額は、「六千万円位」〔井上 一九一七、一二五頁〕であった。

そして上海では、それをうけて、一九一六年末から一七年春にかけて「多額の銀塊を印度に吸収せられ延て金融市場の逼迫を来た」〔日本銀行臨時調査委員会 一九一八、二四〇頁〕したのである。また銀価格の高騰は「支那人の購買力を増加して其《その》輸入を促進」し、中国は「銀の海外吐出を余儀なく」された〔大蔵省理財局国庫課編 一九一九、一四頁〕。とくに一九一七年には「其印度に対する輸出のみにても三九〇〇万「オンス」以上に」〔同前一五頁／横浜正金銀行調査課 一九二七、九七頁〕なった。

さらに日本政府は、インド棉花の買付け資金を確保するために、「米国から流入する金の一部を印度に現送」した〔日本銀行臨時調査委員会 一九一八、二三九頁〕。インドに現送した正貨は、一九一七年一月から八月までに「約九四〇〇万円」〔同前二三九頁〕となった。インド側からみると、金輸入相手国は、一九一五年度においてイギリスが全体の五四％を占めていたが、一九一七年度には日本が輸入全額の五一％を占めるにいたった〔横浜正金銀行調査課 一九二七、七七頁〕。ところが、このアメリカ合衆国からの金の引き出しは、合衆国みずからの一九一七年九月の金輸出禁止につながり、インド棉花買付け問題は「再熱」〔日本銀行臨時調査委員会 一九一八、二三八頁〕したのである。

一九一七年に合衆国が金輸出を禁止すると、日本は「金資源を封鎖」されることになった。そこで、日本は、インド棉花の買い付けの為に、「南洋及香港方面に於ける印度宛輸出為替の買付」に注目した〔同前二三六頁／前田 一九二五、一六〇頁〕。日本銀行は、「印度へ爪哇《ジャワ》あたりから砂糖が参ります。其の砂糖の為替」〔井上 一九一七、一二五頁〕、つまり「砂糖の輸出によりて印度より一カ年七〇〇〇万円以上の取勘定」〔日本銀行臨時調査委員会 一九一八、二四〇頁〕があることに注目した。

あわせて、「支那移民の本国送金及東洋方面における貿易決済関係の利用」〔同前二四〇頁〕にも注目した。つまり、「インド省証券」の売り出し制限にたいして、日本は「対印為替を買い進むは勿論、香港新嘉坡《シンガポール》及南洋等に於て極力其《その》為替資金の調達を図」〔横浜正金銀行編 一九二〇、附録乙三〇三頁〕った。第一次大戦下における国際決済の方途として、ジャワの砂糖と華僑送金の二つに注目したのである。

それゆえ、日本銀行は「横浜正金銀行並台湾銀行」に、「八〇〇〇万円の対印輸出為替を買入れ」〔前田 一九二五、一七四頁〕させた。とくに日本銀行は、台湾銀行にたいしては「相当の印度宛為替を買取り」させるために、一〇〇〇万円の資金を提供した。台湾銀行は「華僑が我々日本の銀行のお客さんで、非常に沢山の預金をして呉れたからして、此《こ》の預金を以て日本とジャバとの取引に利用し、又ジャバと印度、ジャバと倫敦、紐育の間の取引にもそれを供給」〔山本 一九四一、一二五—一二六頁〕したという。

横浜正金銀行は、一九一六年六月にシンガポール出張所、一七年一月にラングーン出張所、三月にマニラ出張所、四月にスラバヤ出張所を開設した。台湾銀行は、一九一四年一〇月にロンドン支店を開設してから(後述)、一九一五年五月にスラバヤ出張所、一九一七年四月にスマラン出張所、一七年一二月にボンベイ出張所(後述)、一九一八年一月にバタビア出張所を開設した。第一次大戦期は、銀価の高騰、合衆国の金輸出禁止を背景に、日本の代表的な金融機関が「南進」したときでもあった。

台湾銀行は、一七年にボンベイ支店を開設するが、この開設は、「印度為替取引は従来本行は印度に店舗を有せさるか為《ため》種種の不利不便あり、〔中略〕為替決済と資金移動の関係」〔川北編 一九一九、三六三頁〕から求められた。台湾銀行は、「印度向爪哇《ジャワ》糖手形の買取に努め、専ら印度に資金を集中する方策を採り」、一九一七年には「印度及南洋向為替の買取高は六千数百万円に上り、其《そ》の内直接印度向のみにても二千万円」になった〔名倉編 一九三九、二七八頁〕。

第一次大戦期の銀価高騰と合衆国の金輸出禁止が、インド棉花買付け問題に対応して、日本の金融機関を東南アジアにおける「印度及南洋向為替」買付けに注視させることになったことを強調した。しかしながら、ここで看過してならないことは、こうした日本の金融機関の「南進」においても、「外国為替、国際金融の中心市場たる両地〔ロンドンとニューヨーク――筆者注〕に進出するのは必須」〔台湾銀行史編纂室 一九六四、四〇五頁〕であったことである。先述したように、台湾銀行の「ボンベイ支店に於ても亦《また》倫敦の為替市場を利用」した〔名倉編 一九三九、二七八―二七九頁〕。台湾銀行は、一九一四年一〇月にロンドン支店を開設するが、ここには日本をめぐるアジア間貿易における、決済の不安定な要因が背景となっていた。台湾銀行にとっては、なかでも「新嘉坡支店の如きは、片為替の途なき為《た》め資金上の損失多大にして、為に為替取引は甚だしく制限せらるることあり。また本行は特に支那との取引深き関係上、銀価騰落に因る危険を避けんが為には、支那為替も亦《また》結局の決済は之《これ》を倫敦に於いてするを便利とすること多かりき」状態にあった。台湾銀行の「倫敦支店は、斯《か》くの如く資金関係上の必要」から開設されたことを看過してはならない〔同前二八〇―二八一頁〕。南進する台湾銀行にとっても、ロンドン、ボンベイ、ジャワ等に支店出張所を設置して「英米其の他関係各地為替の疎通」〔日本銀行臨時調査委員会 一九一八、八八頁〕をはかることは決定的に重要であった。

また、一九一八年のイギリスは「米貨を得んが為に本邦に対し一億円の融通を要請し」〔同前二三九頁〕た。これにたいして日本は、「印度棉花買入資金として其の内二千万円は、之に相当する留比貨と政府所有の在米正貨とを交換」することを求めた。そして、「英国政府の承認を得た」うえで、「対印為替決済に其れだけ余裕」〔同前二四〇頁〕がでたように、大戦期においてもイギリスとの資金循環の紐帯は重要であった。以上のことは、一九一七年九月の合衆国の金輸出禁止が、ジャワをはじめとする東南アジアへの日本の接近を促し、あわせて金融センターとしてのロンドンの重要性を改めて認識させたことを示していた。第一次大戦期のアジアでは、円為替の利用が広がりつつあったが、それでも「最終的には英ポンドあるいは米ドル資金に振替えられる」〔東京銀行 一九六九、一一頁〕ような、国際金融センターの位置に変更はなかった。

三　ジャワの「砂糖トラスト」と鈴木商店の台頭

第一次大戦期において、日本人砂糖貿易商の参入は顕著であり、日本政府は、ジャワ砂糖の買付けを「三井、古河、鈴木の三商店」に委ね、三社は、「約三五万トン」を買付けたという〔前田 一九二五、一七三頁〕。すでに大戦勃発の直後に「砂糖買い付けのために、神戸の鈴木商店や、湯浅商店などから、時々店員が出張」〔保坂 一九一六、九六頁〕していた。

台湾銀行は、これら日本人貿易商の「買付保証をなし」、「スラバヤ支店の活況はすさまじいものがあって、米国向けや印度向けの砂糖ビルを買い取り、日本の在外正貨蓄積に相当の貢献」〔台湾銀行史編纂室 一九六四、四一四頁〕したといわれている。台湾銀行と鈴木商店の関係の緊密化は、第一次大戦下のインド省証券の売出し制限と値上げを背景にしていたのである。

鈴木商店は大戦前にも「世界貿易の中心であるロンドンに芳川旬之助を送って駐在せしめ、爪哇糖、ラングン、西《サイ》貢《ゴン》米の輸入の商売」〔白石編 一九五〇、一〇一頁〕に乗り出しており、戦時中には「ロンドン支店は直ちに〔中略〕神戸の本店に献策して爪哇糖を大量買い込」〔同前 一三四頁〕んだ。そして、「ロンドンの銀行家の信用状を極度に利用」〔同前 一三四頁〕したという。その後の鈴木商店の倒産を想起すれば、これは、いささか誇張した記述ではあるが、大戦期においてもロンドンの金融センターとしての役割が重要であったことを示唆していた。

台湾銀行が鈴木商店との融資関係を強めた背景には、ジャワにおける「砂糖トラスト」の成立があった。第一次世界大戦下の一九一七年から世界の砂糖生産が増加した。一七年に二九五〇万担、一八年には二八八〇万担《たん》（一担は百斤、約六キロ）を記録した。しかし、船舶は戦時必需品を優先して運ぶことになり、ヨーロッパ各国は砂糖の輸入制限にの

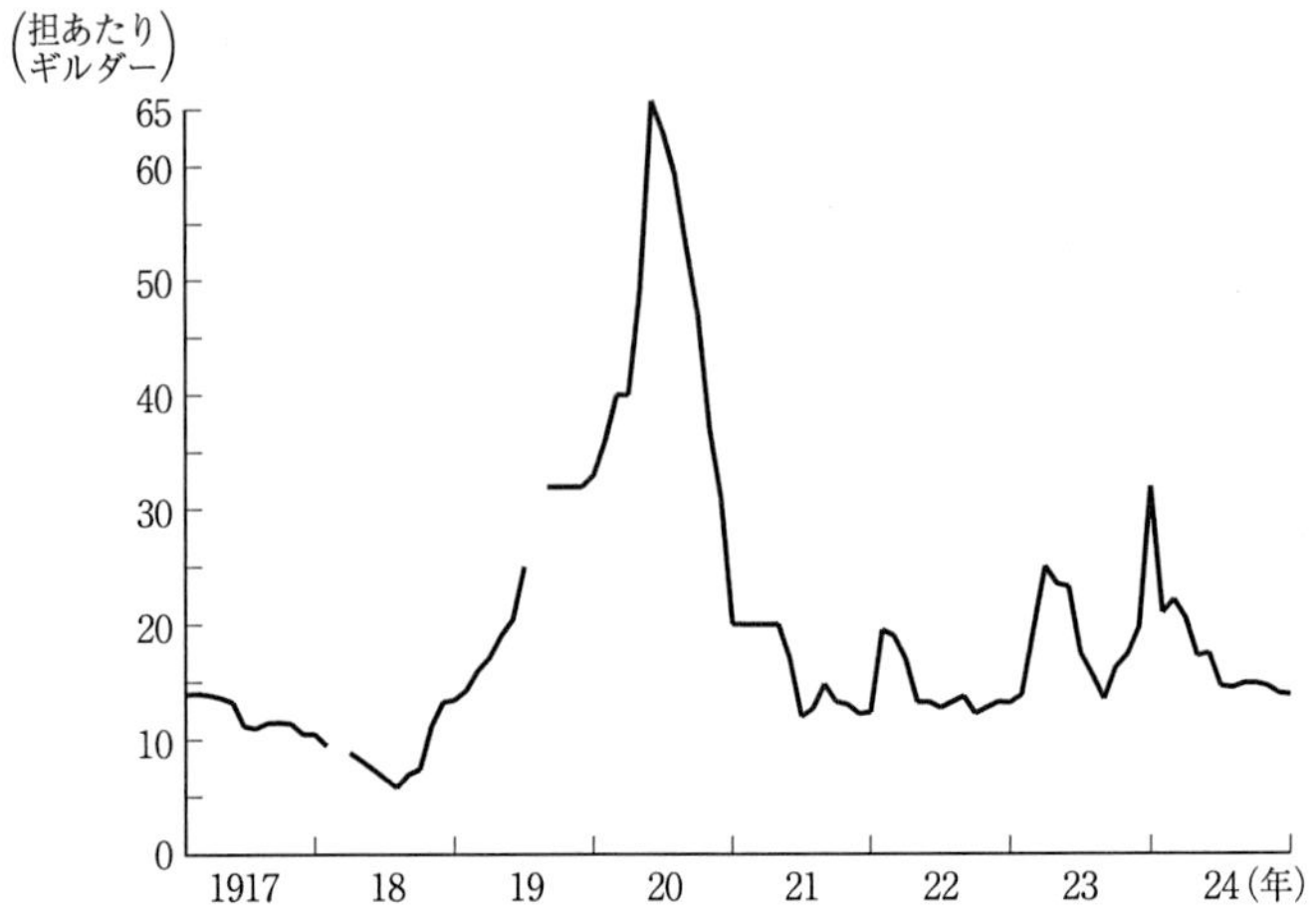

図2　ジャワ糖価格の変化と対トラスト砂糖買付け高(1917–24年)
(山下久四郎『日本糖業年鑑 昭和3年版』日本糖業調査書，1928年，110–114頁)

りだした。こうした需給関係の変化で影響を受けたのが、華僑商人であった。「一九一七年糖は主として支那商により買い付けられて居たから四月以後の受渡時期に至って困憊を始め引取不能頻発」〔上村 一九二六、三八頁〕した。図2に示したように、一九一七年六月に砂糖価格が下落したときに、その対応策としてジャワの糖業者の結集が試みられた。価格の下落によって「支那人は割合に破廉恥なもので、この年も自分たちの砂糖は引き取らない。各工場は非常に困って」〔川島 一九二四、七二頁〕おり、その対応として「爪哇糖連合会 Javasuiker Vereeniging; Java Sugar Association」を結成した。しかし、一七年の砂糖価格は、「下落の歩調を辿るために連合会員間に漸く意見の衝突」がでて、「自然解散」〔上村 一九二六、三八頁〕となった。

一九一八年五月から新糖が出回り始めたときに、ジャワでは米の不作と輸入の困難に直面した。それゆえ、ジャワの「米は高い砂糖は安い」〔川島 一九二四、七二頁〕という相場を招来した。砂糖のプランテーションは、米作と密接な関係を有する「在地型」であったからである。その意味では、一九一八年七月末以降の日本の米騒動も、ジャワ糖の価格形成において圧力を加えたといえる(トピック・コラム「米騒動」参照)。一九一八年七月に、蘭印の「総督は、爪哇糖の生産者及び輸出業者の重なるものを招待して、其の善後策に付き協議し」[同前七三頁]、「糖業勧告委員会」を設置して輸出砂糖の最低価格を決定した。同委員会は一〇月に解散したが、その組織化の業務は、一八年八月に結成された「砂糖トラスト」によって引き継がれた[植村 二〇〇一、五一—五二頁]。砂糖トラストは、アムステルダムに本部と、スラバヤに委員会を設けた。このトラストは、結局、「輸出業者との手を切った」[川島 一九二四、七三頁]形であったが、「爪哇製糖業者組合 VJP: Vereenigde van Java-Suikerproducenten: United Java Sugar Producer's Association」として生産者を主体に正式に結成された。ジャワの製糖企業約一八〇のうち、一五七企業が結束して出来た団体であった。各工場の生産した砂糖を、「共同に代表員に一任して売って貰う、其の売上代金を砂糖の生産高に按分比例して分配する」[同前六一頁]制度であった。そして砂糖の輸出は政府の許可制をとるようになった。砂糖価格を維持するためにジャワ糖の輸出制限が実施されたのである。

ジャワにおける砂糖の買付けには、砂糖トラストにおけるこの上位企業の委員の承認が必要であった。なかでも貿易商の買付けには「銀行の保証」[同前六三頁]を必要とした。もちろん信用の高い有力な貿易商にたいしては、そうした保証を求めなかった。Fraser Eaton, Wellenstein などは「保証なし」であり、日本人貿易商においても「三井約一五〇万担、鈴木商店約五〇万担位《ぐら》いは保証なし」といわれたが、それ以上の買付けには「「トラスト」指定の銀行の保証」[奥秋 一九二〇、五三頁]が必要であった。砂糖トラストの指定した銀行は、De Javasche Bank 爪哇銀行、Nederlandshe Handel Maatschappij 和蘭貿易銀行、Nederlandshe Indishe Handels Bank 蘭領印度商業銀行、Nederlandshe Escompts Maatschappij 蘭領印度割引銀行、Kolaniale Bank 拓殖銀行、Hong Kong Shanghai Bank 香港上海銀行、Chartered Bank of India and China 査打《チャータード》銀行、の七行であった。このほかに、砂糖トラストが指定した外国為替銀行としては、日本の横浜正金銀行と台湾銀行が含まれていたが、「邦商の利用しうるものは台銀と正金の二つのみで、他の外国銀行は一切之《これ》に応じない」〔奥秋 一九二〇、五三頁〕状況であった。それゆえ日本人貿易商は、ジャワ砂糖の買付けには、横浜正金銀行と台湾銀行に依存した。

一九二一年において対砂糖トラスト買付けの上位は、鈴木商店三七四万担、郭春秋の郭河東 Kwik Hoo Tong 二七九万担、Freaser Eaton 二七二万担であり、二二年は、鈴木商店三七四万担、郭河東二七九万担、Freaser Eaton 二七二万担、二三年は、鈴木商店四三二万担、郭河東三三九万担、三井物産二六二万担〔川島 一九二四、六七頁〕であった。そして砂糖貿易商間の取引としては、黄仲涵の建源 Kian Gwan、黄注 Oei Tjoe が主なものであった〔同前六七頁〕。

一九二〇年七月に日本人貿易商は、ジャワ糖の買付けに積極的になったが、ジャワ砂糖トラストは、「日本内地に於いては金融梗塞の声起こり、各銀行共貸出に警戒を開始」し、横浜正金銀行スラバヤ支店にたいしては、「最早信用状を開かないと声明」した。砂糖トラストからの信用状の発行は、台湾銀行に限定されたのである。そうした信用状発行の限定のなかで、「糖価は益々上騰の機運にあるので各我商人は買いたくてたまらない」〔奥秋 一九二〇、五三頁〕状態であった。砂糖トラストは、爪哇銀行を通して、日本の外国為替銀行としては、台湾銀行にたいしてのみ「保証額も五千万ギルダー」を認めた〔同前五三頁〕。

こうした信用状の発行制限のなかにあって、一九二〇年の砂糖価格は、高騰した（図2）。一九二〇年の日本人による砂糖買付けは、六五〇万担であった〔奥秋 一九二一、六九頁〕。それは、「唯一鈴木商店があって、かの欧州の砂糖委員会 Sugar Commission の間を奔走して地中海方面に売り込み、また米国に輸出して気焔を吐けるのみにて、巨商三井物産の如きも殆ど輸出をなすことを得ず、転売利喰《りぐい》を以って終始した」〔奥秋 一九二〇、五五頁〕結果であった。そうであるとすれば、鈴木商店は、積極的なジャワ砂糖の買付けをめぐって、台湾銀行との接近を選び取らなければならなかったことになる。周知のように一九二七年の金融恐慌下において問題となる、鈴木商店と台湾銀行の関係は、こうした砂糖トラストへの対応を背景にしていた。

おわりに――一九二〇年代の華南銀行と南洋倉庫

以上のように第一次大戦下の日本は、インド棉花の買付け難の問題を契機に、ジャワの砂糖取引を通して、「南進」を積極化した。そして、その過程においては「台湾籍民」をはじめとする華僑資本との提携も企図された。台湾銀行は、一九一五年にスラバヤ出張所を設けて、日本銀行の資金援助をうけながら、「為替買入」〔川北編 一九一九、三六一頁〕に従事したが、これは東南アジア華僑の送金網との接合を課題にしていた。そして、一九一七年にスマラン出張所を開設したことも、「華僑民に喰い込んで」〔根本 一九四二、三頁〕いくことを企図したものであった。当初、台湾銀行は、この華僑送金の予想額を五〇〇〇万香港ドル〔台湾銀行総務部調査課 一九一四、一〇頁〕とみていたようであり、「之を扱っているだけでも仕事になる」〔根本 一九四二、二頁〕と考えていた。実際に、台湾銀行は、一九一八年に一五〇〇万香港ドルの華僑為替に取り組んでいる〔川北編 一九一九、三八〇―三八一頁〕。

このときに台湾銀行は「南洋に行っている約七百万人の華僑民が年々本国に送金する金額は莫大」であり、「之を扱」うために、スマランの砂糖商の「郭春秧」〔根本 一九四二、二一―三頁〕に接近した。第一次大戦期に台湾銀行においては「スマランの預金が最高三八〇〇万ギルダーに上がり、〔中略〕本店の資本金よりも支店の預金高の方が多くなった」〔根本 一九四二、一二頁〕という。台湾銀行は、台湾籍民の「利用」〔台湾銀行総務部調査課 一九一六、二一四頁〕へと積極化したのである。

そして、砂糖の輸出取引においても「中央銀行であるジャワ銀行に対して日本で公債を担保に入れて台湾銀行に対して金融して貰う」〔根本 一九四二、一二―一三頁〕ことが多くなったという。ジャワ銀行は、本来は蘭印の中央銀行でありながら「変わった遣り方」〔久宗 一九二四、二九頁〕をしていた。商業金融面において、「中央銀行の爪哇《ジャワ》銀行があまりに商業銀行と競争的態度を以ってやることはどうか」〔同前二九―三〇頁〕という批判が出たほどであった。

そして台湾銀行は、華僑の預金吸収を目的に、「華南銀行」を設立し〔久末 二〇一〇、四一―四七頁〕、あわせて砂糖取引の増加を企図して、「南洋倉庫」をも設立させた。華南銀行は「柳生一義前台湾銀行頭取の古い熱心なる主張」〔下村 一九一九年、一七頁〕と台湾籍民の郭春秧の合作であった。華南銀行はその設立が計画された。「日本の銀行にボイコットをやっても、日支合弁に対してはやらないであろう」という予測のもとで、「日本の銀行にボイコットをやっても、」そして「銀行が本当に其の機能を発揮するには、どうしても倉庫と云うものが付いて行かなければならない」ために、南洋倉庫が作られた〔山本 一九四一、一一〇頁〕。しかしながら、一九二〇年代半ばの「華南銀行は台銀の貸付地盤を引き受けて活躍する筈にもかかわらず、方針その当を得ず、〔中略〕瀕死の状態」〔辻森 一九二六、二一〇頁〕であった。第一次大戦期に「台湾銀行に勧めて正金にさきだって南支、南洋に支店を設置させ、また日支合作の華南銀行をつくって華僑との連絡を密にしたが、「台銀、華銀などで投じた巨額の資本は戦後のデフレーションで実を結ばず」との結果になった〔石原編 一九四〇、一九八頁〕。先述したジャワの砂糖トラストも「未だ華南銀行に対しては信用状を開く権利を認めていない」〔奥秋 一九二〇、五三頁〕状態であった。

一九二〇年の南洋倉庫の筆頭株主は、台湾銀行と郭春秧であり、華南銀行の役員が多く含まれていた。「南洋倉庫」の顧問であった中川小十郎（台湾銀行）は、一九二一年一月に、南洋倉庫の建設を「経済上根底深き華僑と結合し以て列強の商権侵入に対抗する」、「国家的事業」と位置づけていた。そして「支那人株主を満足せしめさるへからす」ことを強調していた〔仁田編 一九三六、一六〇頁〕。しかし、南洋倉庫の事業成績は決して芳しいものではなかった。

南洋倉庫に深くかかわった日本人企業家が、郭春秧との交流をもつ、先述の堤林数衛であった。堤林は、一九二一年一月に、南洋倉庫の不振を、台湾総督府関係者に説明した。つまり「高率なる賃借料を支払ひ、而《しか》も一ケ年という長期の契約で多くの倉庫を一時に借入れして、之に入庫を当込《あてこみ》にしておりました砂糖は中途で他に転売せられて、倉庫は不用」となったことに、経営不振の理由をもとめた。砂糖の転売は、「糖価の非常な上値」〔仁田編 一九三六、一六五頁〕によって生じたという（図2参照）。そして堤林は一九二八年をもって南洋倉庫の役員を辞した。

南洋倉庫は「日支合弁でその親善の意味」をも有していたが、その期待は十分にかなえられなかった。すでに一九二五年には南洋倉庫は「本社の存在は支那側関係者の無視し去らんとするの実状」〔同前 一九二頁〕に直面したのである。南洋倉庫の株主の構成において、華僑のメンバーは激減し、大きな変化が生じることになった〔仁田編 一九三六、一二―二一頁〕。

そして、華僑の側においても、ジャワのスマランでは、植民地政府からの「戦時利得税その他の追及がはげしくて、建源の如きは三九〇〇万「ギルダー」の戦時利得税を課せられ、それで主人（黄仲涵）は新嘉坡《シンガポール》に遁《に》げた」〔久宗 一九二四、二四頁〕といわれたように、蘭印華僑の拠点であったスマランには、大きな課税負担が加えられた。神戸華僑の東南公司と得人和、そして王重山の報告によっても、「蘭領印度諸島に在る支那人の得意先は例の蘭領政府の戦時中の所得に対し重税を課せられ打撃を受け」（横浜正金銀行資料マニラ支店報告 一九二六、九月報告）たと強調していた〔大阪市役所産業部調査課 一九二九、一三五頁〕。スマランの「支那人取扱商人の破産」（横浜正金銀行スラバヤ支店 一九二七、一一月報告）が伝えられるなかで、南洋倉庫の顧問であった郭春秋も「後日辞任」〔仁田編 一九三六、一〇二頁〕した。第一次大戦の勃発を契機に、銀価の高騰、インド棉花の買付け問題に直面した日本は、ジャワ砂糖の買付けと華僑送金の吸収によって対応した。しかし、日本は、華南銀行と南洋倉庫に代表される華僑資本との連携が頓挫することで、一九二〇年代半ばに、東南アジア経済との関係を大きく後退させたのである。

【文献一覧】

久宗薫 一九二四「南洋に於ける金融問題」『台湾時報』一〇月号

久末亮一 二〇一〇「「華南銀行」の創設――台湾銀行の南進における「大華僑銀行」案の形成と結実 一九一二―一九一九」

『アジア経済』五一巻七号、アジア経済研究所
堀口昌雄編　一九二五　『南洋協会十年史』
保坂彦太郎　一九一六　『南洋通覧』警醒社書店
石原博編　一九四〇　『南方の将来性――台湾と蘭印を語る』大阪毎日新聞社・東京日日新聞社
井上準之助　一九一七　「日米為替関係と印棉買入資金問題」『井上準之助論叢二巻』一九三五年
上村政吉　一九二六　「砂糖に就いて」『台湾時報』六月号
植村泰夫　二〇〇一　「植民地期インドネシアのプランテーション」加納啓良ほか編『東南アジア史6　植民地経済の繁栄と凋落』岩波書店
大蔵省理財局国庫課編　一九一九　『銀相場ノ将来』
大阪市役所産業部調査課　一九二九　『蘭領東印度経済事情』
奥秋雅則　一九二〇　「爪哇一九二〇年糖買付事情」『台湾時報』一二月号
奥秋雅則　一九二一　「爪哇糖業を支配すべし」『台湾時報』二月号
加納啓良　一九九五　「国際貿易から見た二〇世紀の東南アジア植民地経済――アジア太平洋市場への包摂」『歴史評論』五三九号
加納啓良　二〇〇一　「総説」加納啓良ほか編『東南アジア史6　植民地経済の繁栄と凋落』岩波書店
川北幸寿編　一九一九　『台湾銀行二十年誌』
川島浦治郎　一九二四　「爪哇糖業の世界的地位」『台湾時報』三月号
河野公平編　一九二〇　『南洋総覧』下編、好文館出版部
黒田周一　一九二〇　「南支南洋の意義」『台湾時報』五月号
佐々木茂枝　一九一七　「蘭領印度及比律濱」農商務省商工局『第二回海外派遣官報告集　第四』
下村宏　一九一九　「下村民政長官訓示」『台湾時報』七月号
商工課調査　一九二一　「新嘉坡に於ける綿布の集散」『台湾時報』一〇月号
白石友治編　一九五〇　『金子直吉伝』金子柳田両翁公徳会
白石隆　一九八七　「アヘン王、砂糖王、チュコン――インドネシアにおける華僑財閥の系譜」東南アジア研究会編『社会科学

と東南アジア』勁草書房
白石隆 二〇〇〇 『海の帝国――アジアをどう考えるか』中公新書
杉原薫 二〇一〇 「グローバル・ヒストリーと複数発展径路」杉原薫ほか編著『地球圏・生命圏・人間圏――持続的な生存基盤を求めて』京都大学学術出版会
杉原薫 二〇〇一 「国際分業と東南アジア植民地経済」加納啓良ほか編『東南アジア史6 植民地経済の繁栄と凋落』岩波書店
台湾銀行史編纂室 一九六四 『台湾銀行史』
台湾銀行総務部調査課 一九一四 『南洋調査報告書』(一九一六年増訂再版)
台湾銀行総務部調査課 一九一四 『南洋華僑ト金融機関』
台湾銀行調査課(東京) 一九二六 『印度幣制改革問題』
台湾総督府官房調査課 一九三五 『南洋各地企業須知』
堤林数衛 一九二六 「吾人の対南洋方針」『台湾時報』五月号
東京銀行 一九六九 「円の対外価値(三)」『東京銀行月報』第二一巻第四号
名倉喜作編 一九三九 『台湾銀行四十年誌』
南洋商会 一九二〇 『南洋視察員報告書』新庄市立図書館蔵
根本英次 一九四二 『台湾銀行南方進出盛衰記』南洋経済研究所、南洋資料一一〇号
日本銀行臨時調査委員会 一九一八 「欧州戦争と本邦金融界」『日本金融史資料 明治大正編』第二二巻、日本銀行調査局
仁田利助編 一九三六 『南洋倉庫株式会社十五年史』
野村貞吉 一九二〇 「新嘉坡開港百年史」河野公平編『南洋総覧』上編、好文館
前田薫一 一九二五 『円為替の研究』白鳳社
三島増一 一九二〇 「印度及南洋視察談」『台湾時報』二月号
見元了 一九二六 「南洋概観」『台湾時報』一二月号
山本建治 一九四一 「南洋の華僑」南洋協会編『最近の南洋事情』
『横浜正金銀行』第二期第一集、第四集「「支店」岸資料」スラバヤ支店報告・マニラ支店報告、丸善(マイクロ資料集成)

横浜正金銀行編 一九二〇『横浜正金銀行史』(全五巻＝本篇、附録甲・乙)西田書店、一九七六年
横浜正金銀行調査課 一九二一『銀価強気観(一九二〇年度銀の需給を論じて一九二一年に及ぶ)』調査報告第三二号
横浜正金銀行調査課 一九二七『ボンベイ地金銀市場』調査資料二二号
吉野作造編 一九一五『現代叢書　南洋』民友社
Willmott, Donald Earl 1960, *The Chinese of Semarang: A Changing Minority Community in Indonesia*, Ithaca, Cornel University Press.
Drabble, John H. 2000, *An Economic History of Malaya, c. 1800–1990: The Transition to Modern Economic Growth*, Macmillan.
Tate, D. J. M. 1979, *The Making of Modern South-East Asia Vol.2: The Western Impact: Economic and Social Change*, Kuala Lumpur, Oxford University Press.
Panglaykim, J. and Palmer, I. 1970, "Study on Entrepreneurialship in Developing Countries: The Development of One Chinese Concern in Indonesia," *Journal of Southeast Asian Studies*, Vol. 1., No. 1.

個別史／地域史Ⅱ

東南アジアにおける植民地エリートの形成――英領期ビルマの場合

根本　敬

序

「東南アジア」という地域概念すらまだ一般的には存在しなかった二〇世紀最初の三〇年間、英領インド帝国ビルマ州、仏領インドシナ連邦、蘭領東インドなどの植民地では、都市部を中心に植民地エリートと呼ぶにふさわしい新しい人々が登場した。彼らはそれぞれの植民地空間において体制の支柱になることが多かったが、同時にその空間の基となる近代国家の枠組みを所与のものとして受け入れ、それを国民国家に変えるべく想定し直し、宗主国から独立させようとする動きを推進することも多かった。

本論考では英領ビルマ（正確には一九三七年三月まで英領インド帝国ビルマ州）の事例に注目し、東南アジアにおける植民地エリートの特徴について考えることにしたい。具体的には、一九一〇年代からはじまった同国におけるビルマ人中間層の台頭と、彼らが中心となって活動を展開した仏教青年会（ＹＭＢＡ）およびビルマ人団体総評議会（ＧＣＢＡ）の行動を見ることによって、中間層から登場したビルマ人政治エリートの形成過程と特徴について検証する。つづいて、植民地行政の中枢を担ったビルマ人高等文官（ＩＣＳおよびＢＣＳ-Ｉの中のビルマ人メンバー）についてとりあげ、彼らの特徴を簡潔に見たうえで、彼らが英国に対しビルマの政治的自立を明確に求めた政治エリートたちとどのような接点を有していたのかを考えることにする。このことによって、政治エリートと行政エリートに分けることができるビルマの植民地エリートの形成過程を確認するだけでなく、彼らのなかに併存した植民地支配体制の支柱としての役割とナショナリズム牽引の役割の両要素が、対立を含みつつも奥深いところでつながりを有していたことを明らかにしたい。本論考の目的はそこにある。

一　英国のビルマ統治とビルマ人中間層の台頭

英国は三回にわたる英緬《えいめん》戦争（一八二四―二六、五二、八五年。緬はビルマを指す）を経てビルマ王国（コンバウン朝――一七五二―一八八五年）を倒し、一八八六年、ビルマ全土を英領インド帝国 British Indian Empire の領域の一部に繰り入れ、同帝国のビルマ州 Province of Burma として統治を開始した（最初の一一年間は準州、一八九七年から正規の州）。その後、一九二三年導入の両頭制 Diarchy を経て、一九三七年四月にビルマ統治法 The Government of Burma Act を施行し、ビルマ州をインドから分離して英国の直轄植民地とした。それによって本国でもインド省からビルマ省が分かれた（大臣は兼務）。

英領期のビルマは管区ビルマ Administrative Burma と辺境地域 Frontier Area の二領域に分けられた。平野部を中心とする管区ビルマは、ビルマ州知事（一九三七年以降はビルマ総督）に代表されるビルマ政庁による直接統治がおこなわれた。一方、州面積の約三分の一を占める辺境地域は、東部のカレンニー、東北部のシャン、北部のカチン、北西部のチンを含む丘陵や山岳地帯から成り、土着の藩王らを介した間接統治が実施された。こうした分割統治は、必然的にビルマ全土に二つの異なる植民地空間をつくりあげることになった。ナショナリズム運動の展開により、ビルマ州全体を領域枠組みとした将来の独立ビルマ構想は登場するものの、それは管区ビルマの多数派住民であるビルマ民族を中心としたものとなり、実際のナショナリズム運動も管区ビルマの領域内で展開された(1)。

英国によるビルマの植民地支配は、当初、第三次英緬戦争直後の一八八〇年代後半に土着勢力の激しい抵抗に遭い、英国はそれを軍事力で強引に封じ込めざるをえなかった。この間、ビルマ側の抵抗基盤であった伝統的地域共同体のミョウを解体すべく、当時、弁務長官と州知事を歴任したクロスウェイトCrosthwaiteは中央集権的な村落法を導入し、首都ラングーンを中心とする支配の一元化を強めた。この結果、一九二〇年頃までに中央集権に基づく官僚機構による管区ビルマの統治が村レベルまで貫かれるようになった[Callahan 2003, pp. 24-25]。一方で、二〇世紀に入ってから都市部を基盤としたナショナリズムが徐々に台頭してくる。これは管区ビルマに住む多数派のビルマ民族を核にして「ビルマ国民」なるものを心のなかで想像し、そのことを広く人々に訴え、ビルマを「国民国家」として英国から独立させようとする運動であった。ビルマ・ナショナリズムの運動はけっして急速に発展したわけではなかったが、一九〇〇年代の半ばころに小さな芽を吹き始め、一九一〇年代半ばの第一次世界大戦期を経て、一九二〇年代に入ると大きな動きとなって管区ビルマ各地の都市部やその周辺に広がった。

ただし、農村部では都市部と関係なく大小さまざまな規模の反英運動が一九世紀末から何度も生じていた。それらのなかで一番規模が大きかったものは、一九三〇年末から三二年にかけて下ビルマ(ビルマ中央平野部の南側とデルタを中心とする地理的領域)を中心に広がった農民大反乱であった。最初に立ちあがった指導者の名前をとって一般には「サヤー・サン反乱」として知られるこの運動であるが、反徒となった農民らは英国による植民地支配体制によって打撃を受けた旧来の共同体の倫理的価値の復権を目指し、自らが理想とする支配者を求めた。そのため、運動の本質部分において都市部のナショナリズム運動と異なっていた(2)。

都市部を基盤に展開されたナショナリズム運動を直接的に支えたのは、ビルマ人中間層に属する人々であった。彼らは、二〇世紀初頭から一九一〇年代半ばの第一次世界大戦期(一九一四—一八年)にかけて管区ビルマにおいて登場している。世代的にはビルマ全土が英領インド帝国の一州として組み込まれた一八八六年よりあとに生まれた者を中心とする。ここでは便宜上、彼らを次のように二世代に分けてとらえることにしたい。

第一世代は一八八〇年から一九〇〇年生まれの集団で、一九一〇年代までに青年期を迎え、ナショナリズム運動の世界において二〇年代から三〇年代にかけて中堅ないしは年長の政治家となった人々である。第二世代は一九〇一年から一九二〇年に生まれた集団で、彼らの多くは一九二〇年代から三〇年代に青年期を過ごし、政治の世界では若手のナショナリストとして台頭し、日本占領期を経て政治エリートとなっていく世代である。ビルマ政治史を飾る一九一五年生まれのアウンサン Aung San、一九〇七年生まれのウー・ヌ U Nu、一九一一年生まれのネィウィン Ne Win らはこの世代に属する。

ビルマ人中間層として括ることのできる人々のもうひとつの特徴は、英国が導入した近代教育制度の下で育ったということである。彼らの学歴は高校中退ないしは卒業が多く、インド本土にあるカルカッタ大学の分校として位置づけられたラングーン・カレッジ（二年制、創設一八八五年）に進んだ者もいる。さらにごく一部ではあるがラングーン・カレッジ卒業後にカルカッタ大学に学士入学し、その後英国のオクスフォード大学やケンブリッジ大学に留学する者もいた（ビルマ州から直接留学する場合もあった）。一九二〇年代以降は四年制のラングーン大学（一九二〇年創設）へ進学する者が増えている。ただし、同大学の場合、厳しい進級制度のため、入学してもその多くが二年生から三年生に進級するときに落第・退学し、卒業率は毎年ほぼ二五％前後にとどまっていた［根本 二〇一〇、九四頁］。

英国統治下のビルマにおける官立や私立学校の教育は、王朝時代から続く寺院学校を除き、英語もしくは英語とビルマ語を併用しておこなわれた。その結果、英語に堪能なエリートとその予備軍を育て、ビルマ人中間層は英語という宗主国の言語と親和性を有する人々としての特徴を持つことになった。このことについてあるビルマ人歴史研究者は、一九世紀前半に英領インドで教育政策の策定に関わった英人マコーリー T. B. Macaulay が一八三四年に「（インドでは)血と肌の色はインド人であっても、好みや意見、道徳と知性においては英国人である人々から成る階層を形成する必要がある」と発言したことに注目し、その考え方のビルマ版が一九世紀の終わりから二〇世紀にかけてビルマ州に導入されたのだと解釈している[Aye Kyaw 1993, pp. 7-11]。しかし、それが事実だとしても、その結果として形成されたビルマ人中間層が、政治的にも親英的な集団になったとはいえず、次節以降で見るように、基本的に英側との協力姿勢を見せながらも、交渉・取引(バーゲニング)や大衆行動を通して、ビルマ・ナショナリズムの強化につながる成果を導き出そうとしたことに注意する必要がある。また、一九三〇年代後半以降は、ビルマ人中間層の若い世代(一九〇一年以降生まれ)を中心に、はっきりと反英独立を主張する集団「我らのビルマ協会(タキン党)」も登場するようになる。

ビルマ人中間層はその多くが英国による直接統治がおこなわれた管区ビルマの都市部とその周辺に住んでいた。職業上の特徴も明確で、地主(自作地主を含む)・教員・公務員・弁護士・商工業経営者に就いている者が多かった。そして彼らの子弟は前述した近代教育機関に通うことが通例であった。ビルマ人中間層が就いたこれらの職業は、いずれも植民地国家ビルマを支える重要な支柱であったといえる[Taylor 2009, pp. 124-148]。地主は植民地の国庫を支える地租負担者であったし、教員は近代教育システムに基づいて植民地の人々を「啓蒙」する役割を担っていた。また、公務員は「法による支配」に基づく中央集権的行政機関の担い手であり、弁護士はその法の運用基準を裁判官や検察と共に法廷を通じてつくりあげていく存在だった。そして商工業経営者は植民地経済を支える資本主義制度の重要な構成要素として機能していた[根本 二〇一〇、二八―三二頁]。こうした職業への従事者は人口の上では少数派であり、一九三一年の人口調査においても、英領インド帝国ビルマ州総人口(一四六四万七七五六人)のうち二・七%(三九万四一一二人)を占めるに過ぎなかった(Census of India 1931 に基づく計算)。しかし、家族を含む全体の数を推測すれば、当時の総人口の一割程度を占めたものと考えられる。

一方、ビルマ人中間層は植民地国家の重要な支柱だったとはいえ、彼らの上には政治・経済的立場において断然有利な英人がいた。また、ビルマ人中間層が進出した商工業・行政(公務員)・司法(弁護士)などの分野には、同じ中間層を形成するインド人や中国人移民の一部、それに少数民族のカレン民族(特にキリスト教系カレン人)や英系ビルマ人らがいて、厳しい競争にさらされたといえる。(3)ビルマ人中間層は自分たちの国において自分たちの政治的・経済的権利が公平に保障されていないことに不満を抱くようになり、第一次世界大戦期の後半以降、「民族自決」が国際的に大きな争点になると、その影響を受けながら政治運動へ関与するようになっていく。

二　政治エリートの誕生——仏教青年会(ＹＭＢＡ)の発展

ビルマ人中間層を出身母体とする植民地エリートは、政治エリートと行政エリートに大別することができる。ここではまず政治エリートに注目し、彼らがどのような過程を経てビルマ州に登場したのか、一九〇六年から二〇年にかけて活動を展開した仏教青年会(ＹＭＢＡ)の歩みを通じて見てみることにする。この団体はまだビルマ人中間層が政治力を持つ勢力として台頭する前に結成されており、結成当初の事情は次のとおりであった。

英国はビルマを統治するにあたって、宗教に関し中立政策をとっていた。すなわち、王朝時代のビルマの国家宗教であった上座仏教に対し支援も介入も排除もせず、キリスト教を強制することもなかった(英領期のビルマにおけるキリスト教のうち、多数派のバプティストの布教は英人ではなく米人宣教師によっている)。王朝時代には財施(財政的支援)と法施(仏教の法《ダルマ》による支援)に基づく国王と仏教僧団(サンガ)との相互依存関係が存在したビルマであるが、英国はビルマの王にかわって上座仏教を擁護することはおこなわなかった。その結果、ビルマ各地で仏教や仏教道徳・倫理の衰退とみなされる現象が生じ、そのことに対する危機意識から、一九世紀末以降、マンダレー、ミンヂャン、モールメインなどで上座仏教の復興を目指す団体が結成された。それらの動きを統合する団体を目指して結成されたのがＹＭＢＡだった。

一九〇六年五月一〇日、まだ二〇代前半の青年だったラングーン・カレッジ卒業生のバペー U Ba Pe, マウンジー U Maung Gyi, バイェン U Ba Yin の三人が、ラングーン市の中心部二八番通りにあるマウンジーの家に集まって、「仏教青年会（ビルマ語で *Bou'dabadha kalyanayuwa athin*）」という名の団体を発足させ、これがＹＭＢＡの出発点となった。彼らは前節で説明したビルマ人中間層第一世代の前半期（一八八〇年代生まれ）に属する人々である。団体の英語名称については、三人がラングーン市内を散歩しているときに見かけたＹＭＣＡ（Young Men's Christian Association キリスト教青年会）の看板からヒントを得てＹＭＢＡ（Young Men's Buddhist Association）に決めたという[Ba Maung 1975, p. 6]。当初は役職や組織の規約も持たず、バペーが実質的に組織の運営をおこなった[ibid., pp. 6-7]。このバペーという人物は、後述するビルマ字紙『トゥーリヤ』の編集責任者となり、一九二〇年代以降は植民地議会に入って政治家として大きな影響力を持つようになる。しかし、年長者を優先するビルマの文化的風土のなかにあって年齢の若さ（一八八五年生まれ、ＹＭＢＡ結成時二一歳）が影響して、創設メンバーの一人だったにもかかわらず、一九一〇年代半ばまで、彼はＹＭＢＡで指導力を発揮することはできなかった。

その後、一、二年のあいだに、ＹＭＢＡにはラングーン・カレッジの学生や卒業生のほか、公務員が入会するようになり、一九〇八年には英人行政官の資金援助により組織の目的を記した本を出版した。同年四月、バペーが幹事となって第一回目の全体会合をラングーンで開催するが（まだ「大会」という名称は用いていない）、親英派でバペーより五歳年長のビルマ人裁判官メイオウン U May Oung（ケンブリッジ大学卒、一八八〇年生まれ）らが出席し、英国との協調的雰囲気のもと、各地の仏教復興支援団体との連携強化やＹＭＢＡの支部づくりの推進などを決定するにとどまった[*ibid.*, p. 9]。二年後の一九一〇年五月にも、ＹＭＢＡならびにビルマ州各地の仏教復興支援団体の代表がラングーンに集まって会合を持ったが、各地の組織とＹＭＢＡの支部をまとめあげラングーンに本部を設置することを決定しただけであった[*ibid.*, p. 10]。

一九一〇年代前半までのＹＭＢＡの会員は、学生、公務員（退職者を含む）、商工業経営者などが中心で、その多くは英語に堪能な高学歴のビルマ人であった。また英人の会員も少なからず存在し、彼らはＹＭＢＡがＹＭＣＡと同様に政治的な活動はせず、社会事業を中心とした宗教的活動を行う組織だととらえていた[*ibid.*, p. 10]。実際、すぐあとに見るＹＭＢＡ全国大会での決議事項の内容をみると、その傾向ははっきりしていた。ただし、このころからすでにビルマ人会員のなかにＹＭＢＡの性格づけをめぐる見解の相違が存在し、バペーに代表される若い会員たちの多くは、組織の将来のアジェンダとして政治的活動もありうると認識していた[*ibid.*, p. 11]。

ＹＭＢＡの第一回全国大会は、組織結成から六年目となる一九一一年五月七日にラングーンで開催されている。先述のメイオウンが大会議長となり、一四項目にわたる決議をおこなっている。それらは組織の整備や拡大に関する事項が半分を占め、そのほかは学校における仏教教育の重視を訴えるものや、豪華さを競うようになった一般社会における仏教儀式（得度式、葬式）や結婚式へ警鐘を鳴らし、それらを本来の質素なものに戻すべく努力することなどの決議であった。また、生活全般における倹約や貯蓄精神の強調、飲酒の撲滅なども主張された[*ibid.*, pp. 11–13]。政治的な主張につながる決議は皆無だった。

ちなみに、この年の七月四日、結成当初からの会員であるバペーが中心となって、ビルマ字紙『トゥーリヤ *Thuriya*』（英語名 *The Sun*）が週三回発行されるようになった。翌年の八月には株式会社組織となり、一九一五年から日刊紙となった同紙は、ＹＭＢＡ関係の記事を常に優先して掲載し、その後、一九一〇年代後半のＹＭＢＡの政治化と一九二〇年のＧＣＢＡ結成を経て、一九三〇年代後半に至るまで、ビルマを代表する民族派新聞（ビルマ・ナショナリズム支持を明確に打ち出した新聞）としてビルマ近代史に名前を残すことになる。(4)

第二回(一九一四年五月、ラングーン開催)および第三回(一九一五年一〇月、マンダレー開催)の全国大会においても、YMBAの決議事項に政治的な色彩を帯びたものは登場せず、その内容は、組織の整備拡大に関することを除けば、仏教道徳と倫理、教育、僧侶の修行環境の改善に関することが多くを占めた。それぞれの大会では、冒頭に仏法僧の三宝に祈りをささげた後、英国王ジョージ五世(在位一九一〇—三六年)の健康を祈り、インド総督やビルマ州知事への感謝表明、さらに英国国歌まで斉唱している[*ibid.*, pp. 19–29]。こうした傾向も、第一次世界大戦がはじまって二年がたった一九一六年一〇月にヘンザダ(ヒンダダー)で三日間にわたって開催された第四回全国大会においては、ささやかな変化が起きている。この大会でも英国王、インド総督およびビルマ州知事への感謝表明や英国国歌の斉唱がおこなわれ親英的な雰囲気が維持されたが、バペーら若手ビルマ人会員が当時の植民地軍と別個に「ビルマ人の軍隊をつくるべき」という提案をおこない、また外国製布地の購入を出来る限り避けて「ビルマ製の布地の購入を人々に勧めるべき」という提案もおこなっている。政治性を帯びた前者の提案は却下されたが、後者は承認され[*ibid.*, pp. 33–40]、経済ナショナリズムにつながる主張をYMBAが公的におこなった最初の事例となっている。

また、この年は植民地化後のビルマで三度目となる英国人(西欧人)に対する「仏教関連敷地内において靴を脱ぐ」よう訴える運動が展開されたことでも特筆される。YMBAは全国大会でこの運動を決議したわけではなかったが、若手のビルマ人会員を中心に各地のYMBA地方支部が自主的に推進した[Cady 1958, pp. 189–193]。仏教関連敷地内で「靴を脱ぐ」ことはビルマに限らず上座仏教圏(タイ、ラオス、カンボジア)では当然のこととみなされているが、植民地下のビルマでは、少なくとも一九二〇年以前においては、西欧人は靴を脱ぐことなくパゴダ(仏塔)や寺院に出入りし、ビルマの宗教的習慣に従う姿勢を見せなかった。それに反発を抱いたビルマ人仏教徒の一部は、二〇世紀に入って二度(一九〇一年および一二年)、英人らに対し「靴を脱ぐ」ことを訴える運動を展開したが、YMBAの会員が展開した三度目の運動でそれは大きな広がりを見せることになった[*ibid.*, pp. 189–190]。

しかし、なんといってもＹＭＢＡが仏教復興支援団体から政治団体に変質しはじめるのは一九一七年からである。同年一〇月二日から四日にかけて管区ビルマ各地から約三百人を集めて開催された第五回全国大会では、英国国歌斉唱が本来の「神はわが慈悲深い国王を救われる God saves our gracious King」ではなく、「仏陀はわが慈悲深い国王を救われる *Buddha* saves our gracious King」に歌詞を変えて歌われた[Ba Maung 1975, p. 48]。さらに、同年一二月にインドのカルカッタへの訪問を予定していた英国のインド担当大臣モンタギュー Montagu に対し、ＹＭＢＡ本部からバペーを代表とする派遣団を送り、ビルマの統治体制の変革推進に関する申し入れを行うべきであるとする決議がなされた[*ibid.*, p. 44]。これはＹＭＢＡの歴史における政治決議第一号であるといってよい。バペーはこのときまでにＹＭＢＡ本部代表の地位にのぼりつめ、ＹＭＢＡが政治的なアジェンダへ取り組み始めることを決意していた。

英国はこのとき、第一次世界大戦における英領インド帝国の戦争協力に対する見返りとして、またインド本土におけるナショナリズム運動への妥協的措置として、一九一九年に両頭制の名称で結実する統治システムの導入準備をすすめていた。この制度は土着の人々を部分的に立法府（立法参事会＝植民地議会）と行政府（行政参事会）に参加させることを目的としたもので、行政府の機能は①州知事（英人）が管轄する保留事項部門、②立法参事会に責任を負う二名の植民地土着の大臣が管轄する移管事項部門（教育や農林行政など）、③インド総督（英人）が管轄する中央事項部門（防衛、外交、貨幣政策）の三つに分けられ、それ以前と比べ、土着の人々の政治と行政への参加を相当に強めようとするものであった。英国はしかし、この制度のビルマ州への適用を延期しようと考えていた。なぜなら、ビルマが歴史的にも社会的にもインドと大きく異なるため、とりあえずはインド帝国の中に残して、いずれ別枠で統治改革を考えたほうがよいと判断したためである。ビルマではそれに対する反発が強まり、ビルマがひきつづきインド帝国の一部として扱われること、制度が導入されても豪州やカナダなど英国の自治領より格下の植民地に置かれることなどへの反感が表明された。ＹＭＢＡはそうしたビルマ側の思いを英国に直接伝えるべく、インド担当大臣のモンタギューのカルカッタ訪問に合わせて代表団を派遣する決議をおこなったわけである。

その後、英側からモンタギュー大臣とのカルカッタでの面会を認める通知がＹＭＢＡ本部に届くと、同本部は臨時会議を開催して大臣への申し入れ事項に関する検討をおこなった。年長者や保守派の会員からは、ＹＭＢＡの目的はあくまでも仏教徒ビルマ人の文化的・経済的発展にあり、政治問題に関与すべきではないという主旨の反論が出されたが、大臣にビルマ人の政治的希望を正しく伝えることこそＹＭＢＡの使命であるという主張のほうが主流を占めた。その結果、大臣に伝える要求項目は、将来のビルマのインド帝国からの分離と自治領化までを視野に入れたよりストレートなものとなった[*ibid*., p. 51]。ＹＭＢＡ代表団はこれらの要求項目をカルカッタでモンタギュー大臣に申し入れたが、英側はそれを考慮することなく、一九一九年、インド本土の各州に両頭制を導入し、ビルマ州への適用は先送りした。

一九一七年一〇月の第五回全国大会を境とするＹＭＢＡの急速な政治化の背景には、第一次世界大戦における米国の大統領ウィルソンの民族自決原理と民主主義に基づく国際秩序の構築の主張が影響を及ぼしていた。米国は一九一七年四月、中立国の立場を放棄して第一次世界大戦に英仏側に立って参戦するが、民族自決原理はウィルソンの想定を超えてアジア各地のナショナリズム運動に刺激を与えることになり、それはインドにおけるナショナリズム運動の高まりを経てビルマにも及んだのである。

三　政治エリートの台頭――ＹＭＢＡからＧＣＢＡへ

ＹＭＢＡ内部における年長者を中心とする保守派の会員と、若手を中心とする革新派の会員とのあいだの亀裂は、文化団体としての活動を中心に組織を存続させるのか（保守派）、それとも政治団体としての性格を強めるのか（革新派）をめぐり、ますます深まっていった。すでに英人会員は組織から次々と離れていき、保守派のビルマ人会員の象徴的存在だったメイアウンもＹＭＢＡの政治化（＝反英化）に反発して一九一七年後半に退会するに至る。もはやＹＭＢＡはひとつの団体として維持することが困難な状況となった。

一九二〇年一〇月、ついにＹＭＢＡ本部から数十名の会員が飛び出し、新たに「ビルマ人団体総評議会 General Council of the Burmese Associations（ＧＣＢＡ）」という名の政治団体を結成した。仏教復興を目指す文化団体としてのＹＭＢＡはその後も解散することなく存在し、二一世紀の現在まで細々と活動を続けているが、一貫して政治と関わることはなかった。それに対し新しく結成されたＧＣＢＡは政治団体としての性格を明確に有し、ビルマのナショナリズム運動の牽引役を目指した。ビルマ人中間層はこのＧＣＢＡの最大の支持母体となり、かつ人員の供給源となった。ＧＣＢＡが産声をあげたこの段階で、ビルマ人中間層の第一世代（一八八〇―一九〇〇年生まれ）は二〇代から四〇代を迎えていた。

ＧＣＢＡはその公式名称にもあらわれているとおり、自らがビルマ各地のビルマ人による団体の総元締めとなって、ナショナリズム運動を政治的手段によって推し進めることを目指した。都市部に根拠を置きながら農村部への浸透も試み、オウッタマ僧正などに代表される政治に関心を持つ僧侶活動家たちと連携して、各地にウンターヌ・アティン *wunthanu athin*（「民族の志士結社」）やブー・アティン *bu athin*（「拒絶結社」）と呼ばれる農村直結型の運動体をつくりあげていった。それらを通じ、英国に対し自治領の要求や、人頭税・戸別税など当時の農民が不満を抱いていた税制度の廃止要求をおこなった。英国製品不買運動や納税拒否運動といったインド国民会議派が用いた戦術も採用した。ＧＣＢＡはまた、結成後約二カ月して生じたラングーン大学第一次学生ストライキの支援を通じ、学生運動との関係も築いていった。このストライキをきっかけに、ビルマ語・ビルマ文学・ビルマ史のほかに、数学や理科などの教科のすべてをビルマ語で教授する国民学校 *amyoudha kyaun* 設立運動が展開されるようになり、ＧＣＢＡは私立学校の形態で各地に開校されたこの国民学校を財政と人材の両面から支援した。それらの一部は財政難から廃校を余儀なくされたが、それでも一九三〇年代末の段階で管区ビルマ内に五一校が存在した[Guyot 1966, p. 13]。

しかし、ビルマ・ナショナリズムの総元締めを目指したGCBAも、両頭制の受け入れをめぐって内部で不協和音が高まっていく。英国はインド本土に遅れること四年、一九二三年に同制度をビルマ州に導入したが、GCBAはそれが最低限の要求事項の一つであったため歓迎はしたものの、一九一七年後半のYMBA期からすでにこの制度では不十分という議論が台頭しており、さらなる英国からの権限移譲を求める運動を展開していくことをめぐって組織内で意見が割れた。その結果、両頭制導入一年前の一九二二年に実施された第一回立法参事会議員選挙において、参加・不参加をめぐって内部対立が激化し、早くも最初の分裂を経験した。さらに一九二五年と二八年におこなわれた総選挙においても同じ理由から分裂が繰り返され、GCBAは一九二〇年代末には五つの派に分かれる状態となった。

GCBA系の政治家たちは一九三〇年代に入ると、今度はインドとビルマの分離問題をめぐって分裂・再編することになる。一九二〇年代後半以降、英国は英領インド帝国からビルマ州を分離する方向で検討に入り、一九三一年一〇月に英緬円卓会議を開催し、分離を前提とした将来のビルマのあり方について、GCBA系政治家を含むビルマ人の代表も招いて話し合った。翌一九三二年一月にはビルマの分離を正式に決定し、英本国の下院で分離後の新統治法(ビルマ統治法)の法案審議に入った。GCBA系各派のナショナリストたちの意見は二つに分かれ、同年実施された第四回立法参事会選挙でこの問題を争点に掲げ、「分離派」と「反分離派」に分かれて激しく選挙戦を戦った。もともとビルマは歴史的にも文化的にもインドと大きく異なるので、ナショナリストたちのあいだで「分離」は当然との思いはYMBA期から一貫して存在し、そのこと自体に反対する者はいなかった。この段階で「反分離派」に立った人々の理由は、英国がかつて両頭制の導入をビルマ州にだけ遅らせた事実を重視し、英国がビルマをインドから引き離す決断をした背景にインドに近い将来与える自治権をビルマには与えないか、与えるにしてもずっと遅らせる(ないしはビルマ側の権限を弱めたものにする）のではないかと危惧したからにほかならない[5]。

この段階でも植民地議会への参加を拒絶する派が存在した（ソオテイン派）。しかし、ビルマに対する自治権の段階的付与の第二段階として、一九三五年四月、英国が両頭制にかえてビルマ人の権限をよりいっそう強めたビルマ統治法を公布し（施行は二年後の一九三七年四月）、ビルマをインドから分離して英国の直轄植民地に切り替えると、すべてのグループがこの新しい統治法体制の受け入れを前提とした政治活動を展開するようになった。すなわち、植民地議会への積極参加を目指したのである[6]。

一九三〇年代以降のGCBA系政治エリートは、植民地議会を中心にしてビルマ・ナショナリズムの基盤強化によりいっそう突き進むことになる。彼らは英国が用意した植民地議会を自分たちの「土俵」とみなし、一九三七年四月のビルマ統治法施行以降は上下二院制と議院内閣制が導入されたため、さらに下院を舞台に大臣や首相となることを目標として活動し、その結果、激しい権力闘争を演じることになった。彼らは同時に、英国に対する協力姿勢を見せて相手の信頼を獲得し、その立場を活用して本来のナショナリストとしての要求をしぶとく実現させていく政治的バーゲニングを展開した。その先にはゴールとしてビルマの自治領（ドミニオン）の地位獲得が想定されていた。換言すれば、英国に対する「抵抗と協力のはざま」に立って政治活動を展開し、自治領獲得を目的とするビルマ・ナショナリズムの強化と、そこに至る過程において自らの権力基盤を確実に強めることを目指すことに専心したのであった。その結果、YMBA期以来のバペー（下院の重鎮）にはじまり、バモオ Ba Maw（初代首相）、ウー・プ U Pu（第二代首相）、チッフライン Chit Hlaing（下院議長）、ウー・ソオ U Saw（第三代首相）といった政治エリートが植民地議会を舞台に台頭し、その後のビルマ政治史の年表に名前を残すことになった。

ただ、こうした政治的バーゲニングを軸とするやり方は、圧倒的な力を持つ英国に対する相当な妥協を伴うため、常に自国のナショナリズムに対する「裏切り」として同胞に受け止められる危険性を有した。実際、一九三〇年六月には、ビルマ人中間層第二世代が中心となって「我らのビルマ協会 *Dobama Asiayoun*」という政治団体が結成され、英国が設定した植民地議会でしか闘おうとしないＧＣＢＡに対し「彼ら（英国）の側にたつ（対英協力的な）ビルマ人」だとする厳しい非難を浴びせ、英国に対し妥協的な姿勢をいっさい拒否する主張を展開した。一般にタキン党と呼ばれた同協会は一九三五年以降、活動を本格化させていく。(7) しかし、現実のビルマ政治においては、日本軍がビルマに軍事侵攻を開始する一九四二年初めまで、ＧＣＢＡ系の政治家による植民地議会での活動を通じて、ビルマを英国支配から政治的に自立させていく流れが強められていったといえる。

四　ビルマ人行政エリートとビルマ・ナショナリズムとの接点

最後に、これまで見てきたビルマ人政治エリートに加え、同じビルマ人中間層から登場した行政エリートについてその特徴を簡潔に指摘したい。そのうえで、彼ら行政エリートが、英国に対しビルマの政治的自立を求めた政治エリートとどのような接点を有し、ビルマ・ナショナリズムといかに関わったのかを見てみることにする。(8)

通常、近代植民地国家においては立法・行政・司法の三権のうち行政権が他の二つの権力を圧倒する傾向を有し、英国が植民地統治をおこなったビルマもその例に漏れない。植民地行政の中枢を担ったのはインド高等文官 Indian Civil Service（ＩＣＳ）と呼ばれるスーパー・キャリア集団で、一九三七年四月に英領インド帝国からビルマが分離されると、ビルマ高等文官 Burma Civil Service Class I（ＢＣＳ-Ｉ）がそれに加わった。彼らは難易度の高い採用試験合格後、通常二年間にわたる英国での訓練（大学教育）を経たのち、インド省によって正規に採用され、ビルマに戻ってキャリアをスタートさせた。まずは郡長となり、その後に政庁の局長級ポスト、県知事、管区長官などを歴任した。その途中で治安判事や高裁判事に就くことも多かった。当初は英人だけから構成された高等文官であるが、一九二一年に最初のビルマ人ＩＣＳが採用され、その後、一九二〇年代半ばからはじまった英国インド省による「行政の現地化」という考え方に基づき、ほぼ毎年、数名のビルマ人が採用されるようになった。日本軍のビルマ侵入一年前にあたる一九四一年一月段階で、ビルマの全高等文官（ＩＣＳ、ＢＣＳ－Ｉおよび中級文官からの特別昇進者）におけるビルマ人の比率は三二・八％（全一四九人中四九人）にまで達していた(9)〔根本 二〇一〇、一九八—一九九頁〕。

彼らはビルマ州（一九三七年四月以降は英領ビルマ）という植民地空間において、国家の機能と権力を具体的に象徴する存在であった。民衆から見て「国家」と「政府」と「高等文官」は実質的に同義語であったといっても過言ではない。したがって、そうした現実にあって高等文官職の道を選んだビルマ人は、宗主国である英国に第一義的な忠誠を誓った人々として位置づけることができる。すなわち、出身母体が同じビルマ人中間層であっても、二節と三節で見てきたビルマ人政治エリートとは異なる位置、より直接的にいえば積極的な対英協力者の位置にいた人々としてとらえることができよう。しかし、実際には彼らもビルマ政治の変動の影響を受けざるをえず、植民地官僚として英国に忠誠を誓う立場を維持しつつも、同じビルマ人中間層に属する者としてビルマ・ナショナリズムへの共感を抱き、両者の「はざま」に立って行動していたといえる。

全員が大卒で（うちラングーン大卒が全体の八六％）、高等文官試験合格後に英国の大学（オクスフォード、ケンブリッジなど）で教育を受けているビルマ人高等文官は、ＧＣＢＡ系の政治家に代表されるビルマ人政治エリートたちより学歴の面では圧倒的に優れていた。しかし、世代的には彼らの下に位置し、中級文官からの特別昇進者六人を除く四三人のビルマ人高等文官のうち、一節で分類したビルマ人中間層第一世代に属する一九〇〇年以前に生まれた者は四人しかいなかった（逆にＧＣＢＡ系政治家は圧倒的にこの世代が多い）。残りは全員一九〇一年以降に生まれた第二世代（ＧＣＢＡと対立したタキン党系活動家はこの世代が大半）に属していた（最年長は一八九五年、最年少は一九一九年生まれ）〔同前二〇六—二〇七頁〕。

ビルマ人高等文官が自分たちより年長のビルマ人政治エリートたちと接触する場はおもに二つあった。ひとつはビルマ人の大臣の指揮下で官僚として働く場合であり、もうひとつはキャリアを積むなかで治安裁判所判事のポストに就いたときに、治安維持関連の法律を犯して起訴されたビルマ人ナショナリストたちを裁く場合である。前者については、両頭制期(一九二三―三七年)においてはビルマ人政治家に与えられた大臣ポストが三つしかなく、かつそのうちの一ポストは高等文官と同じくインド総督に責任を負う立場にあったため(残り二つは植民地議会である立法参事会に責任を負った)、ビルマ人高等文官がビルマ人の大臣の指揮下で動く範囲は限定されていた。しかし、一九三七年四月のビルマ統治法施行後は様相が大きくかわり、議員内閣制に基づくビルマ人の首相のもとで最大一〇人から成る内閣がつくられ、GCBA系の政治家が大臣となるケースが増えた。彼らは植民地議会(下院)に責任を負っていたので、常に次の選挙が意識にあり、大臣として官僚を政治的な目的を持って使いこなそうとする傾向が強かった。そのため両者のあいだに軋轢《あつれき》が見られることもあったが、それでもビルマ人の大臣たちは高等文官に理解のある人物が多くを占め、大体においてGCBA系の政治家たちは高等文官を必要不可欠なものとみなし、軽視や敵視することは例外的にしかなかった[同前二〇八、二一一―二一二頁]。一方で、ビルマ統治法体制そのものを拒絶し植民地議会を混乱に陥れようと活動を展開したタキン党の場合も、同党の主要活動家の一人(チョオニェイン)が高等文官試験を堂々と二度も受験したという経緯が象徴するように(いずれも不合格)、ビルマ人高等文官や公務員および近代官僚制への反発をほとんど抱いていなかった。彼らは将来ビルマが独立したときに高等文官を国家運営において自分たちが活用できるという期待を有していたものと考えられる[同前二〇九―二一〇頁]。

このように、政治と行政との接点において、ビルマ人植民地エリート(政治家と高等文官)は比較的冷静に交流していたといえるが、もうひとつの接点の場である治安維持関連の法を犯して起訴されたビルマ人ナショナリストたちを、治安裁判所判事となった高等文官が裁く場合は事情が異なった。裁く側と裁かれる側というあきらかな上下関係が存在するため、ここではビルマ人高等文官がビルマ人ナショナリスト（一般活動家から植民地議会の政治家までを含む）に対し法に基づいて有罪判決を下すことがほとんどだった。だが、このときも、ビルマ人高等文官の側がビルマ・ナショナリズムへの共感を有する場合があり、そうした場合、その共感と治安関係の法律との板挟みに苦しむ事例が出てくる［同前二一一―二一二頁］。

ビルマ人高等文官は日本軍侵入時にビルマ政庁によって職を解かれるが、その多くは日本軍政のもとで官僚に「復帰」し、一九四三年八月に日本によって与えられた「独立」ビルマ国（バモオが国家元首兼首相を務めた政府）の行政機構において重要な職責を担っている。こうした事実は、ビルマ人高等文官が政治的中立を保ち、官僚として常にそのときどきの政治主導の下で粛々と働いたと受け止めることができると同時に、日本軍占領下の不十分な「独立」とはいえ、バモオ国家元首の政府が有する「国民政府」としての役割に彼らが積極的に応じ、日本占領下にあって自らにビルマ・ナショナリズムに連なる決断を下したことの証として受け止めることも可能である。英国は一九四五年五月にビルマに復帰するが、日本占領期のビルマ人高等文官らの対日協力は問題視せず、全員を高等文官職に復帰させた。彼らはしかし、ビルマの独立問題が急速に進展する一九四六年後半以降、ビルマ・ナショナリズムの流れに身を合わせ、日本占領期を経てビルマ人政治エリートのトップに躍り出たアウンサンを官僚として支える側にまわる。

ビルマの植民地エリートはこうして植民地支配体制の支柱としての役割と、ナショナリズム牽引の役割の両要素を、対立を含みつつも奥深いところで連接させながら、ビルマの植民地空間をビルマ人による自立した政治空間に変えようと努力してきたのだといえる。

（1）　ここでいうビルマ民族とはビルマ語を母語とし、上座仏教を信仰する人々のことを指す。一九三一年の人口調査で管区ビルマ総人口の七三・三五％を占めていた。

（2）　これについては[伊野　一九九八]に詳細な検証がなされている。

（3）　英系ビルマ人とは、英語でアングロ・バーマン Anglo-Burman ないしはアングロ・バーミーズ Anglo-Burmese, もしくはユーラシアン Eurasians と呼ばれ、一九三五年四月公布（施行は三七年四月）のビルマ統治法別項第三部一三条一項において、「インドもしくはビルマ土着の人間で、父もしくは男系の先祖のなかにヨーロッパ系の血統を有する人間が存在する者」と規定されていた。現実には「英語母語化したヨーロッパ系の血統を父方に有する者」と解釈したほうが正確である。彼らは一九三一年の人口調査で英領インド帝国ビルマ州全人口のわずか〇・一三％を占めるにすぎない極小集団であった。一九三〇年代から四〇年代にかけての彼らのアイデンティティ形成をめぐる歴史的考察については[根本　二〇〇四]を参照のこと。

（4）　『トゥーリヤ』紙は一九三八年にバペーの政治的後輩でもあるウー・ソオが、バペーを抑えて筆頭株主となったため、それを機に政治家ウー・ソオの御用紙に変質していった。

（5）　選挙では「反分離派」が大勝したが、英国は基本方針であるインドとビルマの分離をいっさい変えることなく、一九三五年四月にビルマ統治法を公布した。

（6）　ビルマ統治法の詳細と一九三〇年代のビルマ・ナショナリズムとの関係については、[根本　二〇一〇、三四―三七頁]を参照のこと。

（7）　「我らのビルマ協会（タキン党）」に関する詳細な考察については、[根本　一九九〇、同　二〇〇二、二二四―二三五頁]、および[Nemoto 2000]を参照のこと。このうち[根本　二〇〇二]はＧＣＢＡとの比較についても論じている。

（8）　英領期ビルマの高等文官に関する詳細な考察は、[根本　二〇一〇、一九四―二二〇頁]を参照のこと。

（9）　ここでいうビルマ人高等文官とは、正確には「英系ビルマ人とインド系を除くビルマ名を有するＩＣＳとＢＣＳ-Ｉの官僚と、特別昇進者として中級文官から高等文官にプロモートされた官僚の総体」を意味する。戦後の一九四六年、彼らの占める比率は四二・七％にまで上がる[根本　二〇一〇、一九八頁]。

【文献一覧】

伊野憲治　一九九八　『ビルマ農民大反乱（一九三〇―三二年）――反乱下の農民像』信山社
根本敬　一九九〇　「一九三〇年代ビルマ・ナショナリズムにおける社会主義受容の特質――タキン党の思想形成を中心に」

『東南アジア研究』第二七巻第四号、京都大学東南アジア研究センター

根本敬　二〇〇二　「ビルマのナショナリズム――中間層ナショナリスト・エリートたちの軌跡」『岩波講座　東南アジア史』第七巻、岩波書店

根本敬　二〇〇四　「「英系ビルマ人」が「ビルマ国民」になるとき――血統主義、出生地主義、「国家への忠誠」」根本敬編著『東南アジアにとって二〇世紀とは何か――ナショナリズムをめぐる思想状況』東京外国語大学アジア・アフリカ言語文化研究所

根本敬　二〇一〇　『抵抗と協力のはざま――近代ビルマ史のなかのイギリスと日本』岩波書店

Ba Maung, Thakin 1975, *Wunthanu Ayedoboun Thamain 1906–1936*, Yangon.（ビルマ語文献）

Aye Kyaw 1993, *The Voice of Young Burma*, Southeast Asia Program Series No. 12, Cornell University.

Cady, John F. 1958, *A History of Modern Burma*, Cornell University Press.

Callahan, Mary P. 2003, *Making Enemies: War and State Building in Burma*, Cornell University Press.

Census of India 1931 Vol. XI part II, Government Printing and Stationery, Rangoon.

Guyot, Dorothy H. 1966, "The Political Impact of the Japanese Occupation of Burma"（Ph.D. Dissertation）, Yale University.

Nemoto, Kei 2000, "The Concepts of *Dobama*（Our Burma）and *Thudo-bama*（Their Burma）in Burmese Nationalism, 1930–1948", *The Journal of Burma Studies*, Volume 5, Center for Southeast Asian Studies, Northern Illinois University.

Taylor, Robert 2009, *The State in Myanmar*, Hurst Publishers Ltd.

個別史／地域史Ⅱ

日本人の居留民社会

柳沢　遊

はじめに

本稿では、主に一九一〇年代における、中国・朝鮮の日本人居留民社会の動向とその歴史的特質を、その経済的諸階層に留意しながら略述するものである。

日露戦争後、「保護国」となった朝鮮、日本の租借地となった大連、旅順では、在留日本人の急増がみられた。また、日本による勢力圏への鉄道敷設が、朝鮮、「満洲」における人流と物流を変えていき、それが、都市の機能や人口吸収力を規定する場合もしばしばみられた。朝鮮では、かつて清国商人が経済活動を活発化させていた仁川の地位が低下し、それにかわって、ソウル(京城)や釜山の発展がみられた。すなわち、一九〇〇年京仁線、一九〇五年京釜線、馬山線、一九〇六年京義線の開通と開港場(木浦、馬山、群山)の増加によって、朝鮮内の商品流通網を大きく変化させた。のちに、朝鮮総督府鉄道局は、長距離運賃逓減制度などによって、植民地都市釜山への貨物発着の集中をはかった。この結果、併合時には、仁川の日本人人口は一万一一二六人で、京城(三万八三九七人)の三分の一以下になった［橋谷 一九九三、木村 二〇〇一、四六一―四六四頁］。中国東北部でも、大連・旅順に引き続き、満鉄沿線都市で日本人の増加が見られた。こうして形成された在外居留民社会には、どのような歴史的特徴が見られたのであろうか。

他の帝国主義国家の植民地経営とは異なり、零細な商人・サービス業者の進出が盛んであった日本の勢力圏内諸都市では、特有の居留民社会の構成と、その矛盾の発現の仕方が存在していた。日本の帝国主義政策が活発となる一九一〇年代では、第一次世界大戦の勃発と、新しい「植民地」候補地の出現が重要な意味を持っていた［柳沢　一九九九、第二章］。

本稿では、まず、日本人居留民定着のための居留民団政策に言及し、次に、上海における居留民社会の形成をあとづけたあと、主に大連を事例に初期日本人居留民社会の不安定性について述べていく。さらに、第一次大戦の勃発と一九一〇年代後半の東アジア経済のバブル的膨張のなかで、日本人居留民社会がどのような変貌を遂げていったか、また、バブル崩壊が在華日本人居留民社会にどのような問題を引き起こしたかを、大連、青島を中心にみていくことにする。

一　居留民団体政策

一八八〇年代から、仁川などでは居留民地会・居留民会が設置されていたが、本格的な居留民地運営のための組織として、居留民団が、勢力圏都市に設置されるようになったのは、一九〇四—〇五年であった［木村　一九九三］。一九〇四年四月、木浦、仁川、京城の三居留地の第一回居留民会長会議で、「居留地の自治制施行の必要を期する事」を決議し、政府外務省あてに請願された。各都市における日本人増加にともなう居留地運営費確保のために、居留民団課金の強制徴収権や公債発行権の取得のため、各地居留民団体の法人化が要望された。外務省は、一九〇四年九月、居留民団法制度の準備のために、朝鮮・中国の主要都市の領事あてに打診を行った。その内容は、政府案（「専管居留地及居留民団法案」と題するもの）に対する意見とともに、それを施行する際にポイントとなる各都市居留民の現状、居留民団創設の是非について質問したものであった。これに対して、天津、漢口、牛荘などからそれぞれ現地の日本人居留民の状況に応じた報告(回答)がなされた[木村 一九九三、三七―三八頁]。

これらの回答にもとづき、一九〇五年二月に居留民団法案が帝国議会で成立した。当初外務省にあった専管居留地と共同居留地との区別はつけないこととし、他国の専管居留地に居住する日本人にも居留民団法を適用することになった。さらに、一九〇六年七月に、朝鮮では、統監府令第二一号「居留民団法施行規則」が制定された。

朝鮮では、一九〇六年八月に京城、仁川、鎮南浦、群山、平壌、木浦に、九月に元山、馬山に、一一月に大邱に居留民団が設立された。これは、朝鮮が保護国とされ、領事館にかわって朝鮮内政への監督・忠告機関としての理事館が設置され、統監の管理下におかれたことに対応している。また居留民会議員の被選挙権は、官吏、神官、教員をのぞき選挙権と同一で、「過去一年以来居留民団税年額五円以上」を納めるものとなり、居留民団税、手数料の滞納処分権が付与された。民団債の発行もできるようになった。その一方で、従来は認可権が主であった領事の権限が、理事官にあっては監督権あるいは解散権に強化され、一九〇八年からはさらに民団長官選となった[木村 一九九三、三九頁]。

他方、中国の居留地に対しては、一九〇七年四月外務省令として「居留民団法施行規則」が定められた。滞納処分と民団債については、朝鮮と同様である。朝鮮と大きく異なるのは、六カ月以上民団課金を負担するものを居留民会議員とし、その構成員による居留民会がもたれること、課金の種類及び金額は領事官令によって定めること、外国人にも準用されること、居留民会とは別に、執行機関として行政委員会を設置することで、議案提出、議決執行主体を明確化したところに特徴があった。中国では、朝鮮と比べて領事の権限を強力に発揮しにくい租界の都市が多かったため、居留民会を統括する機能を行政委員会に付与しようとしたためであった[木村 一九九三、四〇頁]。こうして日本の勢力圏内都市には、居留民団が設立されていったが、一九一〇年代になると、日本人商業会議所も設立されていき、日本人居留民上層部の経済的利害を代弁するようになった〔波形編　一九九七〕。

二　初期居留民社会の構成

中国都市の場合、日本人居留民の増加が顕著となるのは、日露戦争後のことであった。上海を例にとり、日本人の急増と居留民団設立について述べてみよう〔山村　一九九七〕。上海の日本人居留民数は、一九〇三年二二一六人であったが、一九〇六年には五八二五人、一九〇九年八〇五七人と急増した。一九〇八年には、はやくもイギリス人居留者数（四五九〇人）を上回り、日本人が上海在留外国人（一万九〇七三人）中の最大勢力となった。一九〇七年に、上海日本人居留民団が設立されたのは、こうした日本人の急増過程のことであった。一九〇五年に上海に渡った長谷川桜峰は、日露戦後の上海日本人商人の状況を次のように述べている。

邦人の支那に渡りて彼地《かのち》に於て自己の運命を開拓せんとするものは、三井三菱等第一流の巨商によらざれば裸体《はだか》一貫脛《すね》一本の奮闘家たらざるはなし／然るに近時は第二流の実力あり信用ある各商店が相競ふて彼地に支店出張所を新設し盛んに貿易を行ふに至れり……在清我商店中全然支那人相手の貿易家其《その》数に於て十分の一に過ぎず其地は悉《ことごと》く其地に於ける同胞相手の雑貨飲食店及び同胞の要する日用品販売店なりとす〔山村　一九九七、一六一―一六二頁〕。

以上の記述から、当時上海に進出した日本人商人の大半が、零細資金で、日本人相手の飲食店・日用品小売商を営むものであったこと、またこれらの零細商と並んで、大会社や中堅的な商店の進出もみられたことがわかる。上海領事館報告によれば、一九〇七年の在留日本人戸数は五七六戸五二九九人、一九一二年には、一四〇四戸、七六八六人であった。当該期の居留民増大の主力をなした職種は、「商業および交通業」であった。これらの業種の従事者は、一九〇七年から一九一六年のあいだに二九七四人から五九三七人に約三千人も増加した。このうち、中堅商社も着実にのびていることは、「日本内地に本店若《も》しくは資本主を有し比較的確実」とされる取引高一〇万円以上の営業者の数が二六社(一九〇六年)から、一一六社(一九一八年)に伸長していることから明らかといえよう[山村 一九九七、一六二頁]。

では、日露戦争後から一九一〇年代前半にかけて増大した日本人居留民の主力となった商人層の内実はいかなるものであったか。まず第一に、「貿易関連型＝支店進出型」のグループであり、ここには、貿易商(一九〇七年、二〇戸三九二人、一九一二年、二八戸一一九人)をはじめ、砂糖商、鶏卵商、海産物商、棉花・綿糸商など貿易に関連する業種と海運会社、銀行の支店長層およびこれらに勤務する「会社員」「商店員」などが入る。この「貿易関連型＝支店進出型」は「商業および交通業」の三五―四〇%前後に相当するという[山村 一九九七]。第二は、在地経済関連型日本人商人グループである。その代表である、雑貨商(マッチ、タオル、石鹼、ガラス、時計等)は、九二戸(一九〇七年)から一二九戸(一九一六年)に増大した。この雑貨商と売薬商、など、日本人対象というよりも中国人を対象とする卸小売商・小貿易商のグループは、「比較的小資本を以て開業し、主として当地に営業上の本拠を置く」が、後述する虹口《ホンキュー》商人と異なり、中国人を有力対象として商売をすると特徴づけられていた。こうした在地経済関連型の日本人雑貨商・売薬商は、おおざっぱに一五%前後といえる。

第三に、各種の食料品・日用品の販売業や飲食店、旅人宿、理髪店など、もっぱら上海居留日本人を相手とした零細商人(虹口商人)の存在をあげることができる。在留日本人依存型のこうした商人は「小雑貨商に比して更に薄弱」とされ、その大多数は旧英租界と蘇州河を隔てた北側の虹口という地区に営業と生活の場をもち、いくつかの通りでは数多くの日本人小売商や飲食店が集積して、さながら日本人街の様相を呈していた。一九〇七年から一九一六年までのこうした虹口商人グループは、約三五―四〇%を占めていた[山村 一九九七、一六三―一六五頁]。

以上のように、①各種食料品・日用品の小売商や飲食店、理髪店などの零細商業・サービス業者や、大工、畳職、製靴、細工師、洗濯屋、裁縫職人といった個人営業、そしてその他の雑業や家事使用人など、主に在留日本人を対象とした種々の零細業者が、居留民中の大きな部分（三―四割）を構成していた（在留日本人依存型の「土着派」）。②また上海に本拠を有し、日本人よりもむしろ中国人を相手とした、売薬や雑貨類の卸小売に従事する小商人・小貿易商や若干の土着的な中小製造工業社も第二のグループ（「在地経済関連型」）として存在していた。③さらに、日露戦後、貿易会社や海運会社などの上海進出が進むなかで、日本国内に本拠を有する大会社・中堅貿易商の支店員も徐々に増加した。「会社派」と呼ばれ、前二者の「土着派」と区別されるこの実業家グループは、上海日本人実業協会（一九一一年設立）の中心となった。

上海では、一九〇七年七月上海居留民団が設立された。日本人居留民の大半を包摂した公的な日本人倶楽部という性格の組織であったが、その運営は、日本人居留民上層の「会社派」が掌握することになった。居留民団行政委員会のメンバーをみると、大会社を中心とした「上海支店関係者＝会社派」およびその利害関係者が三分の二を占め、ほかが、虹口地区の「土着派」居留民という構図であった。

こうした上海における日本人居留民社会の編成は、「土着派」の比率がやや高い点が特徴であるが、上海固有のものというより、一九一〇年代初頭の在華日本人居留民社会の典型事例を提供しているように思われる。保護国から併合直後の朝鮮においても、ほぼ同様であったが、京城などでは官僚・軍人の比重が高いという特徴がみられた。木村健二氏の指摘によれば、一九一〇年前後の日本人は「総督府・領事館を中心とする官吏層や軍人の進出あるいは軍事発動といった国家的進出に引っ張られたケースと、貿易商、雑貨商を中心とする中小規模商人の進出に引っ張られたケースと、海運・鉄道会社、商社、銀行、あるいは在華紡など巨大資本に引っ張られたケースがあった」［木村・坂本二〇〇七、三二頁］という。

次に、中国東北部（関東州および満鉄沿線都市）における在留日本人の概要と、都市居留民の構成をみてみよう。

「満洲」在留日本人は、「日露戦後邦人ノ満洲渡航熱高潮ニ達シ一時非常ノ激増ヲ見タルモ是《これ》全ク一時的現象ニ外《ほか》ナラスシテ其後ハ急激ノ増加ヲ来《きた》サス」〔外務省政務局 一九一四〕と指摘され、一九〇八年末に五万八千人であった日本人数は、一九一一年末には八万九千人に、一九一三年には九万四千人という漸増を示した。一九一三年一二月末における関東州・大連の日本人は三万六四九七人で、同市の中国人八万四二八九人の四三%にすぎなかった。こうした、「満洲」在留日本人に対して、同時代の雑誌・新聞はきわめて悲観的な見方をしていた。次にこの問題をみておこう。

三 「満蒙経営悲観」論

一九〇七年から一九一五年ころまでの、在満都市日本人居留民に対する評価は概してきびしいものがあった。たとえば、「満蒙開発諸説――如何にして満蒙を開くべき乎」（『大陸』二三号、一九一五年六月）の一記事「土着の決心が肝要」は、在満日本人の行動の特徴が植民者として「腰掛け」的な浮動性を免れないと述べる。

> 我輩の僻目かしらんが今日迄の在満邦人の仕事は概して出稼的若《も》しくは射倖的である。愈々《いよいよ》満蒙の天地が日本人の為に大いに活動すべく其《そ》の範囲を広めることになった今日以後、猶《な》ほ斯《か》くの如き風では幾ら資本を注ぎ込んでも事業を興しても夫《そ》れは一時的空景気を産むばかりで謂ゆる満蒙経営の土台を据える事にはならぬ／資本家とか事業家とかいふ傖《ママ》輩が金なり仕事なりと専ら此の方面の事ばかりに焦るのは彼らの立場から見て怪むに足りぬことだが、夫れは勿論必要として我輩は夫れよりも日本人が満蒙の地に土着する、此処《ここ》で死ぬる、此処に一家の墳墓を築くという決心にならなければ永遠の計は到底成らぬものと信じて居る（『大陸』二三号、一五―一六頁）。

同様の認識は、一九一二―一三年にも、満洲・大連でみられた。たとえば、『朝鮮及満洲』の執筆陣の一人釈尾旭邦は、満洲の事業界に活気がなく、本国の資本や移植民が十分に流入せず、経済開発が進展しない理由を、関東都督府の植民政策と在留日本人の事業・生活態度に求めた。釈尾は後者について、「朝鮮及び満洲に在る日本人は〔中略〕労せずして僥倖を得んとする横着者割合に多く、勤勉力行の正直者に乏し、故に甚しきに至りては詐欺、横領、持ち逃《にげ》の徒多く出すに至る、また今日主義・現金主義・成金主義にして、旅の恥は掻き捨てと云ふ気風あり」と述べた〔釈尾　一九一三、四―五頁〕。一方、在留日本人の営業が、在留者相互の「共食い」にとどまっていることを指摘したものもいた。石城生「満洲の日本人」は、「全満洲に八万を算《かぞ》へる日本人、それが今何《ど》うしてゐるか」と問い正し、次のように述べている。「……在留邦人の大部分が、満鉄の使用人で、商人は是等《これら》を唯一の顧客として起ったもので、他の者も亦《また》在留邦人に依って業を興し飯にあり付かうとする者が多い結果、皆団々を為して、他に発展し得ないのは悲しむべき傾向である」。ここから大連・旅順と満鉄沿線都市にのみ日本人が集住する「集中主義」が生まれると石城は主張する。中国語を話せぬ日本人が多いこと、「邦人の生活程度が高いのと、掛売制度であるのと、腰掛的で巨利を博しようとする」帰結として、「内商人は総て支那人に範囲を占有され、今や大商人側も此《こ》の圧迫を受けてゐる……」〔石城　一九一三〕。つまり在満日本人商人の掛売主義などの商慣習が日本商品の物価高傾向を生み出し、日本内地―満洲の貿易においても華商の介入を招いていると主張している。

「一攫千金主義」と「共喰主義」「集中主義」などの大連日本人商人の悪弊は、単に商店主だけでなく、店員の雇用の不安定性にもあらわれていた。高橋月南は、日本国での徒弟制が機能しにくい大連における店員の養成にふれ、「……大連の店員に注意すべきは身辺に親戚とか身内の者がない為《た》め、名誉を重んずる心、若《も》しくは廉恥心なるものが薄い事である。旅の恥は掻捨《かきす》てといったやうに、到る処青山《せいざん》あり太陽は何処にも照るといった考へで、甲店から逐《お》はるれば乙店に奉公し、乙店より丙店へ、丙店より更に丁店へと、盛んに渡り歩く店員がある、之《これ》は店員の不心得であって、又代謝の激しい一面である」と述べている〔高橋　一九一五、五一頁〕。高橋は、『大陸』に「大連に於ける店員制度」という論説を四回にわたって掲載し、日本内地と異なり流動性の著しい大連での店員募集・雇傭・養成の困難性をくりかえし指摘している。興味深いのは、朝鮮においても、日本人商店の青年店員養成の困難さが、一九一五―一六年に大きな話題となっていることである(『朝鮮及満洲』一〇三号、八八―九〇頁)。勢力圏都市の日本人商人の悪弊は、店員の素性悪化問題と関連して論じられていたのである。

「満蒙経営悲観」論の提示した論点は、日本の大陸進出、植民地支配そのものに内在する深刻な問題であった。ドイツ人バケーは、日本人中小商人の対「満洲」過剰進出の問題性を次のように表現している。「吾人の見るところでは、在満洲の日本人の営業者の数は商業の程度上必要とする数に比し多きに過ぎるが如し」。「戦争後商人投機者又は下等浮浪の徒が前後無分別に流れ込みたるに由る」。当初日本人は、ロシア人が投資した資金の余沢に浴そうと希望していたが、その希望はむなしかったというのである。こうして「折角満洲に来りし日本人は多く又再び此地を退却せざるべからざる運命に遇《あ》へり」。バケーは「戦勝の余沢に潤はん」として進出した日本人は日本内地で正当な職業に就くことの困難な者であり、したがって中国人と競争すべき経済的能力は乏しいといわざるをえないと指摘する。その結果、在満日本人の経済状態は、関東都督府・満鉄など「政府の保護のあるところ」では「確固たる状態」にあるが、「国民各自の手腕に任ずる」自由競争の場では、「誠に薄弱不振の状態」を示すことになった[バケー 一九一〇]。

こうした、在満日本人の過剰と、権力依存は、関東都督府もよく認識していた。大内丑之助関東都督府事務官は、次のようにいう。「裸百貫《はだかひゃっかん》で一仕事せんとするの徒《やから》が戦後の夢より醒める事なしに漫然渡満したとする」。彼らは生活の為に労働しなければならないが、満洲の労働社会はほとんど中国人の独占舞台であり、日本人よりはるかに低い一日十銭程度の生活費で牛馬のようにはたらく中国人との競争の勝敗は明白である。したがって満洲における日本人の増加のためには鉱工業、金融、交通などの「利源開発の新機関」が中心となって日本人を吸収し、その日本人が中国人を使って満洲を開発することが重要であると主張していた[柳沢 一九九九、八〇頁]。

こうした、在留日本人の権力依存と「一攫千金」主義的態度は満洲の都市に限られたことでなく、韓国併合後の朝鮮でも明白にみられた傾向であった。たとえば「殆ど朝鮮に於ける内地人は自利以外には観念無き小役人と小商人と小百姓と浮浪人の集合の如く思はるゝは我日本民族の恥辱なり。彼らの成功者は多くは空拳《くうけん》にして朝鮮に産を為したるものなり」と指摘され、このままでは、朝鮮在留日本人が欧米人からは賤民視され、朝鮮人からは「我利《がり》我利《がり》民族視」されるという危惧を表明している論調が、日本語新聞で目立っていた〔釈尾　一九一九〕。

四　「一攫千金」党の山東省進出

一九一四年八―九月、第一次大戦が勃発すると、日本は、日英同盟に名を借りて、山東省膠州《こうしゅう》湾の青島に出兵し、一一月に膠州湾租借地を占領した。日独戦争後、ドイツへの最後通牒に掲げた「租借地の中国への還付」に触れることなく、青島守備軍を編成して、旧ドイツ租借地に軍政をしいた。翌年日本政府が中国につきつけた対華二一カ条要求の第一号は、ドイツが山東省に有していた権益を事実上日本の所有に帰属させようとするものであった。

日本軍の青島占領直後から大量の日本人が山東省に入り、一九一四年一二月末の軍による青島入市許可とともに、その大半が、青島市に流入した。日独戦争以前には三一六人であった日本人数は、一九一五年一月二〇日時点の軍当局許可数では三三四二人を数えた。

注目されることは、来青者の約三分の二が、満洲・朝鮮など植民圏から来ていることである。一九一五年一月の調査（青島憲兵隊）によれば、三三二九人の来青者のうち、関東州から一三〇六人が青島に来ていた〔柳沢　一九八六、二〇五頁〕。『大陸』のある記事は、「山東押掛けの日本人の大多数が空拳党といふ事になるのは当然だ。此《こ》の空拳党の中には、浮浪人もあらう、喰詰者もあらう、無頼漢もあらう、破落戸（ごろつき）もあらう、詮議してみたら、随分やくざ者の多いことであらうが、又其内《そのうち》には小商人、小工業家、小技術者、其他それ相応の特技特能を具《そな》へた者もあり、縦今素寒《たとえすかん》にせよ、からっ尻にせよ、何事かなさねば止まぬ意気精力の旺盛なる青年者もあるのだから、それが空想であっても何でも、是等《これら》は決して劣等視すべきものでない」(『大陸』一八号、一九一五・一、九一頁)と述べた。大連実業会発行『大連実業雑誌』にも、青島に流入した日本人の状況についての記事が数多く掲載されているが、一攫千金型の利権屋や無産者が多く、「堅実」な日本資本の進出が少ないという論評が大半を占めていた。

青島に在留した日本人は、当初旅館業、料理店、露店、飲食店などを開業したが、その大半は浮沈が激しく長つづきしなかった。一九一六年時点での青島軍政署の調査によれば、料理店(開業許可数五〇八店、現在数二七〇店)、旅館業(開業許可数五一六店、廃業数二五六店)とともに、一九一五―一六年の廃業が二〇〇店をこえており、このほか、雑貨商(廃業七九店、現在数二七八店)、古物商(廃業四五店、現在数一八二店)、菓子商(廃業四〇店、現在数九〇店)、理髪業(廃業三四店、現在数六六店)などが、浮沈の激しい日本人の営業種類であった。このうち料理店では、酌婦や芸妓による売春がなされているケースが多かった。これに対し、運送運搬(廃業数二四店)、食料品商(廃業数二七店)、貿易商(廃業数一三店)、土木建築請負業(廃業一七店)、売茶店(廃業数九店)、薬種業(廃業数九店)、建築材料商(廃業数五店)などは、廃業数が少なく、相対的に堅実な営業をしていた[柳沢 一九八六、二〇六頁、表1]。青島占領当時隆盛をきわめた旅館業・料理店・露店・零細雑貨商は、居留民社会が安定してくると、次第にその営業数を減少させていく。こうした日本社会内部での日本人営業者の浮沈と盛衰は、青島をめぐる経済環境にも影響を受けていた。

一九一五年夏期になると、大隈内閣による対華二一カ条要求に反発した日貨排斥と貿易閑散期が重なったため、「輸出入業者ハ予期ノ発展ヲナス能《あた》ハズ　随《したがっ》テ堅実ナラザル貿易業者ハ此《こ》ノ間ニ倒産廃業セルモノ多ク市況ハ頓《とみ》ニ沈滞シ破産帰国者ヲ続出スルニ至」った。だが、このころから、「一攫千金」型営業者と異なるタイプの、青島日本軍や在青日本人を対象とする卸小売商の数も増大しつつあった。すなわち「有力ナル商人及《および》会社又ハ官衙《かんが》ニ奉職スルモノハ家族ヲ招致シテ家庭ヲ形成スルモノ漸次多キヲ加ヘタル為《た》メ在住者ハ尚《な》ホ増加ノ傾向ヲ示シ且《か》ツ之《こ》レ等家族ノ需要ニ応スル営業例《たと》へバ医師、産婆、髪結、書店、呉服商、化粧品、薪炭、菓子、食料品、等ノ販売者増加シ来《きた》リタル為メ営業総数ハ漸次増加シテ八月末日ニ於テ五千二百六十六件ヲ算スルニ至」った。こうして日用雑貨品の販売商人を中心とした各種商人が増加するとともに、有力棉花商の収買活動も一九一五年秋以降次第に活発となった。「物資ノ出廻リ期」が到来し、「三井、江商、日本棉花、鈴木、東和、大文、等第一流ノ貿易商モ漸ク其驥足《きそく》ヲ進メ」、さらに山東省産出の特産物を扱う「比較的堅実ナル貿易商」が「対日貿易ニ向ッテ努力シツツ穏健ナル取引ノ下ニ活動」を展開するようになった。一九一六年以降のこのような貿易商・特産物商の活動活発化は、在青日本人小売商の安定化にも連動した。「斯《か》クノ如ク邦人ノ貿易商ハ大ニ活気ヲ呈シ来レリト共ニ其他ノ邦商殊ニ食料雑貨店、日用品販売店等ノ多数モ漸ク真摯ナル営業振リヲ示シ来リ、浮薄ナル商店ハ自然淘汰ヲ受ケ無為徒食ノ輩ハ著シク其数ヲ減シ且ツ営業総数ノ殆《ほと》ント四分ノ一ヲ占メタル料理店飲食店ハ九月頃ヨリ漸次ニ減少ノ傾向ヲ示シ来ルノ有様ニシテ邦商ノ多クハ漸ク堅実ナル商業ヲ営ムノ傾向トナレリ」と一九一六年二月時点の青島軍政署の資料は述べている〔柳沢一九八六、二〇七頁〕。しかし、実際には、一攫千金型の営業者は、在青島居留民社会に広範に根を張っていた。それは、後述するように山東還付後の居留民団低利資金問題として表面化していく。

五　第一次大戦期の日本人居留民

ここでは、大連を事例として、第一次大戦期から一九二〇年に至る大戦ブーム期・戦後ブーム期の日本人居留民社会を考察していこう。

一九一五年一〇月、大連に「特別市制」が発足した。同年九月関東都督府は、租借地としての関東州の性質や居留民社会との相違などについて審議・研究を行い「大連旅順市規則」を公布した。市の財政編成、市会議員の解任権など、大連民政署長の強力な監督権限のもとでの制約された「市制」であったが、民政署長が選任した一五名の官選議員、のこりの一五名を官選議員が選ぶという官許型の市議会がスタートした。

大連には、従来、日本人実業家を中心とする大連実業会、町内会連合としての「連合町内会」、屎尿くみとりなどの業務を行う大連衛生組合という三つの自治組織があり、これらが、一九一五年一〇月の特別市制の施行により解散させられ、大連実業会は、大連商業会議所に改組(発展的解消)された。第一回市会議員三〇人の構成をみると、日本人は二八人を占め、安田錐蔵・岡本芳次郎・値賀《ちが》連など満鉄社員、若干の弁護士・医師・新聞経営者をのぞくと、あとは企業経営者・有力商店経営者であり、その大半(二二名)が、大連商業会議所の常議員を兼任していた。彼らは他の植民地・勢力圏都市の居留民団行政委員にあたる大連の政財界の代表的人物であった。大連商業会議所常議員はすべて日本人で独占されていたが、大連市会議員には、郭学純(大連衛生組合副理事長、大連華商公議会会長)、牛作周(一九〇七年大連に来連、小崗子華商公議会総理)という、二人の財界人が官選議員となった(『大陸』二七号、五五―五六頁)。日本人議員は、有力「地場」企業家、大連に出向した中堅企業の支店長(出張所長)、個人商店経営者などであった。有力「地場」企業家の代表例として、有賀定吉(菅原工務所、土木建築請負業)、佐藤至誠(撫順炭元売捌販売商)、相生由太郎《よしたろう》(福昌公司、埠頭「苦力」供給業)などがあげられ、彼らは、後述のように一九一九年以降に膨張した満洲バブル経済の立役者となった。

第一次世界大戦期の好況と企業ブームの到来により、大連在留日本人は、一九一五年の三万四五六三人から、一九二〇年には五万七七八人に増加した。日本人有業者(家族を除く)は一九二〇年に二万五六九三人、「物品販売業」本業者も七二〇八人となった(『大連市政二十年史』一九三五年、一一頁)。第一次大戦下の満洲経済は、大豆関連特産物を中心として輸移出が拡大し、これに銀高が加わって、内需が喚起され、日満貿易が躍進した。とりわけ一九一八年以降、「満鮮一体化」政策の強力な推進のもとで、朝鮮銀行券の満洲各都市での流通拡大と、東洋拓殖会社の対満積極政策に支えられて、満洲では新規企業の叢生、個人企業の法人への転換、事業拡張計画が相次いで生じた。関東州では、一九一九年に二二四社、一九二〇年に一四二社の株式会社が設立された。大豆関連産業、海運業、金融業、倉庫業、土建業の好調にひっぱられ、株価と不動産価格の高騰継続とその高値予測が、これらを担保とする日系金融機関の貸出をかつてなく積極化させ、相次ぐ新規会社設立ブームをひきおこしたのである〔柳沢　一九九二、第七章〕。

一九一〇年代後半に、大連における企業ブームを主導した企業家は、石本鏆太郎（和盛公司主から大連市長へ）、相生由太郎（福昌公司主、商業会議所会頭）、野津孝次郎（泰来銭荘店主、金銀為替商）、川上賢三（元大連実業会会長、満洲貯金信託株式会社代表取締役）、有賀定吉（菅原工務所長、満洲土木建築請負業組合長）、山田三平（遼東ホテル主、大連株式信託会社代表取締役）、河辺勝（松茂洋行主）、古財治八（大連貯金株式会社専務取締役）、今津十郎（大連商業銀行専務取締役）などの大連商業会議所常議員であった。彼らは、大連・満鉄沿線都市の新設会社に一〇社をこえて関与した。大連市長であった石本鏆太郎が、川上賢三とともに大連商業会議所常議員となった一九一九年三月頃から、この大連商業会議所常議員会が、企業創設・増資、不動産購入などの情報の一大集約拠点となり、上記の有力な企業家たちは、「相互協力」して新設会社の役員就任・資金調達、企業運営などに関与していった〔柳沢　一九九二、三二四―二九頁〕。

彼らは、その大半が、官選の大連市会議員を兼任し、大連の各業界を代表する中心的指導者であった。彼らの出自は、大企業の社員（大連出張所長など含む）としての経歴、ないし「名望家」的旧士族出身者が大半を占めた。一九一〇年代に大連「地場」企業家として大連に定着して営業を展開したこれらの企業家は、満鉄・関東都督府との強固な利権的結合関係を基礎に、土木建築請負業、海運業、埠頭労働者管理、銀行業などを急速に発展させ、さらにそれを商業会議所・大連市会などの政界・財界の結節点での情報交換・共有を通じて新設株式会社の設立・運営に手を広げていくという行動をとった。

しかし、大連バブル経済の栄華は短命におわる。一九二〇年三月、東京株式市場の暴落を契機として発生した戦後恐慌は金融梗塞《こうそく》におちいった。三月二九日、大連特産物相場は、一斉に暴落し、銀貨の下落も深刻になった。とりわけ、一九二〇年四月に大連取引所特産物市場で発生した豆粕買占め受渡不能問題(「古河商事大連支店不祥事件」)は、満洲全域の特産物業界に大きな衝撃を与えた。こうして「〔大連〕株式商品取引所株をはじめ其他の満洲株は何《いず》れも急転直下の大暴落を呈し、為《た》めに当地財界は愈々《いよいよ》金融梗塞の極度に達せんとせり」となった。「昨年来企業熱に胚胎せる新設会社の濫興と一時熱狂的に煽られたる株式思惑の旺盛及び土地熱等の為《ため》堅実なる商人迄が其《その》誘惑を受け浮調子《うかれちょうし》となり手許《てもと》の流動資金をも之等《これら》株式は土地建物に固定せしめた」(『満蒙実業彙報』五九号、九頁)反動が、大連経済に襲いかかったのである。こうして、一九一九—二〇年に設立された株式会社の多くが、解散・休業・事業停止に陥った。満鉄商工課の調査によれば、一九二〇年中の関東州の解散会社・合併会社はあわせて七五社にのぼり、翌一九二一年の解散会社数は五四社、資本金額一五〇〇万円にのぼった〔柳沢 一九九九、一四九頁〕。大連バブル経済を主導したのは、政商的「地場」企業家であったが、一九一〇年代後半に、日本の大企業・中堅企業の満洲進出も増加したことを指摘しておこう。一九二一年時点での大連商業会議所会員三一六商店のうち、大企業支店は、四一店を占めていたことは、そのことを示すものである。

六 バブル崩壊後の不況と居留民社会の混乱

一九二〇年に満洲バブル経済は崩壊し、一九一〇年代末に急膨張した大連日本人経済界は、大きな打撃を受けた。さらに追いうちをかけるように、「鮮満一体化」方針にもとづく大連取引所建値《たてね》の金建《きんだて》実施は、特産業界のみならず、満洲諸都市の日本人居留民経済および華商取引に大きな混乱をもたらした。

一九一三年七月関東都督府告示以来、関東都督府(一九一九年関東庁に改組)は、大連取引所の金建実施の方針をもっていたが、大連商業会議所や満洲重要物産同業組合の「建値変更は時期尚早」という声におされて、一九二〇年まで、金建実施(大連取引所の建値を金円に統一すること)は見送られてきた(「大連取引所問題の経過」『満蒙実業彙報』七一号、一九二一年六月)。しかし、一九二〇年恐慌後、金建による銀相場変動の危険負担の中国人への転嫁を企図した大田三郎朝鮮銀行頭取は、関東庁に金建方針の実施を強く迫った。韓国併合後の副総督として朝鮮統治の最前線にあり、強固な「鮮満一体化」論者であった山県伊三郎が関東庁長官に就任した一九二一年四月、方針は一変し、「一〇月一四日以降受渡しの取引より金建とする方針」を告示した。この金建化実施の強行は、大連や満鉄沿線部市の特産業界、銭鈔《せんしょう》(金貨と銀貨の兌換)業界に大打撃を与えた。たとえば、大連銭鈔市場では、「爾来《じらい》取引高は日に萎縮し四月以降は殆ど無取引にて僅かに建玉《たてぎょく》の手仕舞《てじまい》に止まり、六月二七日限《ぎり》取引を限界として全く残玉なく以後九月一三日に至る二箇月有余の間は取引休止の状態を持続し」た。四月一七日、大連華商公議会は、翌日からの特産物市場・銭鈔市場の取引休止を決定し、これを大連取引所重要物産同業組合にも通告して、同一行動を要請した。企業ブームと不動産ブームの終焉した満洲各都市経済界では、満鉄関連事業をのぞくと、特産物取引・銭鈔取引と油房業の振興による対日・対欧輸出がカギをにぎっていたため、この特産物市場・銭鈔市場の休市状態は、大連経済にとって死活問題となった。だが、関東庁と山県伊三郎派は、逆に、李子名(華商公議会副会長、龍口銀行重役)に諭示退去を命じ、尾行や圧迫に恐怖を募らせた郭学純(華商公議会会長)は、辞表を提出し、ハルピンに避難せざるをえなくなった[竹内 一九二五、二三一—二三二頁]。一九〇五年以降、大連実業会、大連商業会議所の二つの時代を通じて築きあげてきた日中の経済組織間連携はここに植民地権力による大きな介入を受け、租借地経営はじまって以来の亀裂が生じることになった[松重 二〇〇一、第四章／松重 二〇〇六]。

一九二三年の大連取引所建値紛争は、一九二三年九月、伊集院彦吉関東庁長官による「当分ノ内金及《およ》ビ円銀両建《りょうだて》ト為《な》スコトヲ得」という告示をもって終止符をうった。だが、在満日本人居留民社会の混乱と経済的不振、証券・金融不祥事は、一九二六年ころまで跡をたたなかった。一九二二年八月には、朝鮮銀行株主総会での満洲・中国に於ける固定貸整理方針の発表が行われ、これを契機に一九一八—二一年に朝鮮銀行から融資を受けてきた有力日系銀行、日本人商人らが相次いで破綻した。その中には、満洲共益社、小寺洋行、光井直輔、斉藤久太郎など、大豆や米穀取引に従事し、満洲・朝鮮で、一九一〇年代末に急成長した企業・実業家も含まれていた。一九二二年九月には、大連教育銀行と平和銀行が業績悪化と信用不安により休業に追いこまれ、満洲土木建築請負業の第一人者といわれた有賀定吉も菅原工務所の閉鎖に直面した。また、山東還付にともない、青島出張所を閉鎖した大連の商店も少なくなかった。一九二三年には在満日系四銀行が合併して満洲銀行が設立されたが、預金取付けにさらされて、経営陣が交代した。さらに満洲・山東省各都市の金融界を激震させたのが、一九二四年の龍口銀行の破綻であった。龍口銀行も、一九一〇年代に急成長し、朝鮮銀行から融資を受けていた〔金子 一九八六、二九〇—二九一頁〕。これによって、大連・満鉄沿線都市の特産商・油房・銭荘(両替金融機関)が休業に陥り、官営大連取引所、大連株式商品取引所、大連銭鈔信託株式会社など、満洲経済の基盤的役割を担ってきた、経済組織が一斉に休会・休業に追い込まれたのである。

一九一〇年代に膨張した大連日本人経済界は、一九二〇年恐慌とこれにつづく、大連取引所建値問題、相次ぐ日系金融機関の破綻、大連取引所とその取引をささえる制度の機能マヒ、山東還付などによって大打撃を受けた。日本人経済界上層部を組織化していた大連商業会議所会員の動向をみると、その経営悪化傾向が顕著に看取できる。すなわち、一九二一年の大連商業会議所会員三一六人から、国内企業支店長(出張所長)をのぞいた「地場」商工業者二五八人(二七五商店)を抽出して、一九二五年までの業績推移を調べると、「閉店・休業」と思われる営業者七三人、販売額を減少させた「業績悪化」型営業者四一人であり、少なく見積もっても一一四人の大連商業会議所会員は、一九二四年から二五年にかけて業績不振、営業停止、企業閉鎖、日本本国への帰国に直面したと推定されるのである〔柳沢

一九九九、七〇―七一頁〕。とりわけ一九一〇年代末に発展をとげた銀行業、株式取引業、特産物貿易業、油房業、海運業、不動産取引業などの業績不振と休業は深刻であった。大連日本人社会の経済的沈滞は、満鉄への依存をつよめ、排日運動のつよまりや、銀貨低落下での中国人経済勢力の台頭のなかで、やがて、排外主義のバネとなり、関東軍のおこした満洲侵略をささえる強力な社会的共鳴盤になっていくのである〔柳沢　一九九九、第四章〕。

一九二〇年恐慌にひきつづき、一九二二年の山東還付によって、日本軍引揚げを経験した青島居留民社会も、一九二三年以降深刻な不況と、居留民社会内部の内紛に直面した〔柳沢　二〇〇二〕。

青島では、当初は前述のように一攫千金型の浮動的な営業者が多かったが、一九一七年前後から、日本本国をもつ大企業や大連の「中堅」的商店の支店(出張所)開設が目立つようになった。とりわけ、落花生、牛肉、牛骨、鶏卵、石炭、塩、麦稈真田《ばっかんさなだ》などの特産物輸出業や、製塩業、在華紡績業、煉瓦製造業、落花生油加工業などの製造企業が日本資本主導で設立された。こうした、大・中・小の日本企業の発達を基礎に、一九二一年一一月には、青島商業会議所が設立された貿易商を中心とした青島実業協会、小売商を中心とした青島商業組合、土木建築請負業者を中心とした青島商工組合の三団体から三二人の委員を選定して、彼らが中心となって、青島商業会議所の設立準備にあたったのである。しかし、青島商業会議所が設立されてまもなく、一九二二年二月「山東条約」により、山東還付が決定し、ここに山東諸権益の中国への還付が義務づけられた。しかし、青島守備軍は、日本人に優遇的な「官有地」の貸下げを断行し、二万人に近い在留日本人と一〇〇を超える日本人企業は、青島はじめ膠済鉄道沿線都市に残留して、経済活動を継続した。

一九二二年の青島経済界は、一九二〇年恐慌後の不況に加えて、青島取引所整理問題、青島銀行の業績悪化など悪材料が重なり、日系金融機関は、日本人企業への貸出に消極的になっていた。そこに「山東条約」調印によって日本の山東諸権益の返還が報道されたために、青島日本人居留民社会の動揺は、春以降深刻なものになっていった。とりわけ青島における専管居留地の設定を想定して、日本軍政期に約一六〇〇万円にのぼる不動産投資を行ってきた不動産「所有」在留日本人の動揺は深刻であった。一九二二年春以降山東省在留日本人居留民による経済的利権保障要求や救済請願が日本政府に提出されたのは、以上のような居留民社会の状況にもとづいていた。一九二二年五月には、青島在住日本人九〇〇人が日本人会を開催し、連名で「山東邦人経済的優越権保障に関する歎願」を発表し、同年一一月には、青島日本人会および沿線各地日本人会、山東全居留民大会が『山東在住民救済之儀ニ付歎願書』を政府に提出した。後者は、在山東省の不動産「所有」日本人の「経済的優越ノ地歩ヲ維持シ得ル為」償還期限一〇年の低利貸金二〇〇〇万円の貸下げを陳情するものであった。

これらの青島・山東鉄道沿線在住日本人による救済資金歎願に対して、日本政府はどのように対応したのだろうか。一一月の「歎願書」は、青島守備軍司令官を経由して外務省に提出され、外務省は、低利資金の金額・貸付方式について大蔵省と協議した。緊縮政策のもとで、最終的には中国政府により交付される中国国庫証券中、製塩業者に交付される分をのぞき、三〇〇万円を青島居留民団に貸付ける構想が両者において具体化されていった。一九二三年九月一〇日に正式決定をみたこの青島居留民団低利資金は、九月二六日に交付された。この資金の趣旨は、「山東ニ於ケル事態ノ急変ニ依リ経済上ノ打撃ヲ受ケタル者ニ対シ救済資金ヲ供給スルヲ主眼トスルモノ」であり、「引続キ同地方ニ居住スル確実ナル意志」を有する者に限定して貸付けることと規定された。そして、低利資金の性質は、無産者等に対する「救恤金」でなく一〇年後に返済義務のある「貸付金」と明確化された。

だが、実際に青島居留民団による低利資金の貸付けが始まると、貸付けにあたった居留民団行政委員の不信任決議という予期せぬ事件が生じた。すなわち、当初一三名の居留民団行政委員から選出された五人の低利資金運営委員は、松本文三郎(大連汽船株式会社青島支店長)、村地卓爾(山東起業株式会社専務取締役)を中心として、資金借受希望者の担保条件の審査をもとに、低利資金の貸出しを一九二四年三月まで行った。だが、こうした審査・貸出体制は長くつづかなかった。一九二三年九月に低利資金を申請した出願者五〇〇戸のうち約二五〇戸が、「生活困難ニシテ相当旅費アレバ帰国ヲ欲スル者」であった。彼らは、青島居留民団低利資金の政策意図を、「貧窮者救済資金」と強引に読み換え、低利資金を借受けようとしたのである。青島総領事の監督のもと、厳正な低利資金の査定・貸出しを行っていた松本・村地体制への激しい批判が、低利資金借受希望者から噴出し、それは居留民団行政委員会の辞職問題に拡大した。一九二四年二月、青島市中有志が行政委員会を来訪、ついで、二六三人の市民から居留民団低利資金の運用改善を議題とする臨時居留民会要望書が提出された。同年三月に開催された臨時居留民会では、村地卓爾行政委員長、松本文三郎低利資金諮問委員会会長への批判が続出し、両名への不信任案が三月六日に可決された。四月二七日、八三〇名が参集した臨時居留民会で、新行政委員の選挙が実施され、新しい行政委員が選出された。ここで選出された行政委員の大半は、日本軍政に吸着・寄生して投機的利益をあげていた建築・不動産・運輸・炭坑業従事者、桐材輸出商などであり、年商二〇万円以下の、不安定な営業者であった。彼らによって開始された青島居留民団低利資金の放漫貸付は、ただちに、回収困難、利息返済遅滞という深刻な問題を青島日本人社会にひきおこしていった。

おわりに

一九二〇年の戦後恐慌、さらに一九二二—二三年における「満鮮一体化」政策の全面的破綻、山東還付にともなう青島居留民経済の不況と混乱は、単に大連、青島に限定された現象ではなかった、東アジアからシベリアにかけて広域的に拡大・深化した日本人資本・日本人居留民社会の萎縮と経済不振は、どこの都市でもみられた。たとえば、天津では、「欧州大戦当時の好況の反動は日本内地経済界をして深刻なる不況に陥らしめしが、天津在留邦人の経済界亦《また》之が影響を受くる事甚しく最近数年間は不況惨風租界を覆ふて邦商の意気甚だ揚らざるものあ」〔天津居留民団編　一九三〇、六二〇頁〕るという状況であった。一九二二年五月に開催された、第一回満洲商業会議所連合会(奉天、長春、安東、ハルピン、営口、大連、本渓湖)において、「低利資金融通方に関し請願の件」が可決され、同年一二月から三五〇万円が満洲救済低利事業資金が東拓経由で貸出されたのも、一九二二年前後に満洲各都市日本人経済界が深刻な不況に陥り、日系金融機関の不信が露呈したからにほかならない〔柳沢 一九九七、第四章〕。

こうして、朝鮮銀行・東洋拓殖会社が主導して、バブル的膨張を遂げた、在満・在華日本人経済界は、いずれも一九二〇年代初頭に恐慌と金融梗塞に直面し、長期不況を経験しなければならなかった。在満・在華日系企業が再び業績を向上させ、営業を活性化させることが可能となったのは、日本帝国主義の中国侵略が拡大する、一九三〇年代のことである。東アジアの日本人居留民社会は、軍需景気の到来と、占領地拡大によって、ようやく息を吹きかえしていくのである。

【文献一覧】

「京城に於ける青年の問題」『朝鮮及満洲』一〇三号、一九一六年二月
「成長せし旅大両市」『大陸』二七号、一九一五年一〇月
外務省政務局「関東州並満洲在留邦人及外国人人口統計表(第6回)」、大正三年一二月印刷、木村健二・幸野保典編『戦前期中国在留日本人統計』不二出版、二〇〇四年、「概説」
金子文夫 一九八六「資本輸出と植民地」大石嘉一郎編『日本帝国主義史1 第一次大戦期』東京大学出版会
木村健二 一九九三「在外居留民社会の社会活動」『岩波講座 近代日本と植民地』第五巻
木村健二 二〇〇七「『朝鮮編』総合解題」『日本人物情報大系71〈朝鮮編〉』、旺星社
木村健二・坂本悠一 二〇〇七『近代植民地都市釜山』桜井書店
石城生 一九一三「満洲の日本人」『朝鮮及満洲』六九号
高橋月南 一九一五「大連に於ける店員制度(四)」『大陸』二六号、一九一五年九月

竹内默庵　一九二五　「天下を金銀に二分した建値問題」『八面観大連の二十年』（大連）木魚庵
天津居留民団編　一九三〇　『天津居留民団二十年記念誌』（天津）天津居留民団
釈尾旭邦　一九一三　「沈滞不振の朝鮮と満洲を如何にせば活躍せしめ得るか」『朝鮮及満洲』七四号
釈尾旭邦　一九一九　「十余年間の朝鮮と満洲」『朝鮮及満洲』一五〇号
バケー　一九一〇　「満洲に於ける日本人」『満洲日日新聞』一九一〇年八月二・三日
橋谷弘　一九九三　「釜山・仁川の形成」『岩波講座　近代日本と植民地』第三巻
松重充浩　二〇〇一　「植民地大連における華人社会の展開」曽田三郎編『近代中国と日本』御茶の水書房
松重充浩「第一次大戦前後における大連の『山東幇』中国人商人」本庄比佐子編『日本の青島占領と山東の社会経済』（財）東洋文庫近代中国研究班、二〇〇六年
柳沢遊　一九八六　「一九一〇年代日本人貿易商人の青島進出」『産業経済研究』（久留米大学）二七巻一号
柳沢遊　一九九二　「大連商業会議所常議員の構成と活動」大石嘉一郎編『戦間期日本の対外経済関係』第七章、日本経済評論社
柳沢遊　一九九七　「「満洲」における商業会議所連合会の活動」波形昭一編『近代アジアの日本人経済団体』同文館出版
柳沢遊　一九九九　「在満洲日本人商工業者の衰退過程」『三田学会雑誌』九二巻一号
柳沢遊　一九九九　『日本人の植民地経験』青木書店（第二刷　二〇一〇）
柳沢遊　二〇〇一　「青島日本人居留民団における低利資金問題の展開」『日本植民地研究』第一三号
山村睦夫　一九九七　「上海日本人実業協会と居留民社会」波形昭一編『近代アジアの日本人経済団体』同文館出版

トピック・コラム

初期アメリカ・メディアのアジア像

貴堂嘉之

世紀末の門戸開放宣言以降、東アジアの国際関係への介入を強めたアメリカ合衆国において、アジア像は大きく変容した。一九世紀中葉以降の中国人移民排斥の過程で形成された劣等で野蛮な異教徒としてのオリエンタル(東洋人)のイメージにとってかわり、新聞メディアは「四億人の市場」として中国を羨望のまなざしで伝え、中国を列強の侵略から守る慈悲深い庇護者として特別の役割を担うアメリカの自己像を形成していく。また、二〇世紀初頭にアメリカの国民的メディアとして成立した映画は、アメリカのオリエンタリズムをさらに強化していった。

アメリカにとってのアジア像は、植民地時代以来、ニューイングランドの貿易商やキリスト教伝道団体により断片的に伝えられる中国に関する情報をもとに、賞賛と幻滅を行き来し形成されてきた。サイードが指摘するように、西洋の一部であるアメリカ自身を自己規定するための「他者」として〈アジア〉は幻想され続けてきたといってよい。

アメリカ人に最初に大きなインパクトを与えたリアルな〈アジア〉は、一九世紀中葉のゴールドラッシュを契機に流入を開始した中国、広東地域からの移民の流れであった。南北戦争前の黒人奴隷問題で揺れるアメリカで、中国人移民は西部で黒人の代替労働力とみなされたため、「ニグロ化」した姿でしばしば描かれた。だが奴隷解放後、再建政治の時代に黒人に市民権が与えられ人種平等の機運が高まると、中国人移民のイメージは、大陸横断鉄道の建設など西部開拓に貢献する勤勉な労働者として一時的に好転した。しかし、再建政治が終わり南部で人種差別が公然と復活すると、中国人移民は一八八二年の排華移民法により流入停止が決定し、その後、社会の底辺に位置づけられ「帰化不能」の永住外国人として差別・排除の対象となっていく。「不潔で鼠を食べる」異教徒、非白人としてのオリエント像は深くアメリカ人に浸透し、「チャイナマンズ・チャンス」(「ほんのわずかな可能性」の意味)という言葉すら生まれた。こうして、最終的には一九〇四年、排華移民法の恒久化が決定するが、この海外同胞への差別的処遇に呼応して中国本土で沸き起こったアメリカ商品ボイコットの動きが新たな中国像の形成につながっていく。

一八九〇年にフロンティアの消滅が宣言されたアメリカでは、海外市場を求め積極的な対外政策を求める声が高まり、米西戦争や門戸開放宣言を機にアジアの国際関係に本格参入するようになった。アングロサクソン連合としてイギリスと連携を強めたアメリカでは、イギリスと同様に「文明化の使命」や「白人の責務」などが謳われ、その帝国意識のもとでそれまでの同化不能の野蛮な中国人像は一転して、教育可能な庇護すべき民としての中国人像へと変貌する。この新しいアジア像は、まさにアメリカ人の植民地的欲望により生まれたものであった。実際、清国から受けた義和団事件の賠償金の一部を使って、アメリカ留学を目指す中国人学生のために「清華学堂」（のちの清華大学）を設立するなど教育活動に投資しはじめ、義和団以降の数十年はアメリカの中国伝道事業の黄金期となり、この時期に設立されたキリスト教系大学で多くの中国人学生が学ぶこととなった。当時「四億人の市場」と言われた中国は、アメリカ製造業界にとって絶好のマーケットであり、彼らはアメリカ政府にロビー活動を行い利権追求の障害となり得る排華運動の沈静化に尽力した。アメリカ国内においては、日露戦争以後、黄禍論の隆盛とともに、アジア系移民排斥の対象は中国人から日本人移民へとターゲットが移った。辛亥革命によって生まれた新政権もアメリカに好意的に受けとめられ、中国とアメリカの特別の関係を維持することが期待されたのだった。

Harper's Weekly 1899 November 18.

　この間、アメリカ・メディアも劇的な変化を遂げていた。排斥の時代のアジア像は主に絵入りの新聞メディアにより広まったが、発行部数も限られていた。だが、米西戦争以後、イエロージャーナリズムの時代に突入し、扇情的な記事が人々の欲望を刺激し、報道写真の登場により影響力を増していった。また、同時期、国民的メディアとして映画が登場した。グリフィスの『国民の創生』（一九一五年）がＫＫＫを英雄として登場させ国民再生の物語を描いたように、この映画は国民再創造のためのさまざまな物語を提供し大きなインパクトを与えた。その初期映画において日本人や中国人というオリエンタルは、つねに白人文明を脅かす存在として登場した。セシル・デミルの『チート』（一九一五年）やグリフィスの『散りゆく花』（一九一九年）では、アジア人男性と白人女性の間の性的関係が描かれ、オリエントが白人文明に対して性的な脅威であることが暗示された。より大衆化した悪のイメージとしては、イギリス人作家サックス・ローマーが、世界征服を目指す悪の権化、フー・マンチューを作りだし、一九三〇年前後にはアメリカでもこれらが映画化され人気を博すことになった。アメリカで新しい親中イメージが登場するのには、一九三〇年代のパール・バックの小説を待たなければならない。

人物コラム

タン・マラカ

押川典昭

波瀾万丈とか劇的というのは革命家につきものの形容詞だが、インドネシアの革命家タン・マラカほど波瀾の生涯を送った人もそうはいまい。五二歳で非業の死をとげるまで、彼がインドネシア政治の表舞台に立ったのは、わずか二年にすぎず、生涯のほぼ半分は投獄と追放、亡命、潜伏、地下活動で過ごした。彼の自伝が『牢獄から牢獄へ』と題されているのは、生涯における四度の逮捕、投獄、追放を軸に綴られているからである。こうしたことからその行動には謎が多く、彼は生きながらすでに伝説上の人物であった。

タン・マラカは一八九七年、西スマトラ地方で下級貴族の家に生まれた。少年時代から勉学に秀で、一九一三年に奨学金を得てオランダに留学する。当時、宗主国への留学はひと握りの者だけに許されていたから、植民地支配者に祝福された若者だったと言える。しかしこの留学は彼に決定的な転機をもたらし、オランダはみずからの支配を揺るがす強力な敵を育てることになった。植民地の被抑圧民族の子であることを彼に自覚させ、祖国解放のために闘うことを決意させたのは、第一次世界大戦とロシア革命であった。

一九年に帰国した彼は、北スマトラ地方のプランテーションで働く労働者たちの児童用の学校で教壇に立った後、二一年にジャワ島の町スマランに移り、共産党の活動家となる。そして、植民地政府の弾圧で指導者をあいついで失った党を立て直すため、同年末の党大会で二五歳にして党議長に就任した。しかし手腕をふるったのはごく短期間で、二二年三月にはストライキ指導の責任を問われて国外追放になった。以後、四二年七月、日本軍占領下のインドネシアに偽名で潜入するまで、二〇年を国外で過ごすことになる。それはタン・マラカの流浪と伝説の始まりであった。

追放されたタン・マラカは、ヨーロッパ経由でモスクワに行き、二二年末に開催されたコミンテルン第四回大会に出席し、ジノビエフ、ラデックらソ連指導者や日本共産党の片山潜、インドのM・N・ローイ、中国の瞿秋白《くしゅうはく》らの面識を得る。その後、モスクワに一年あまり滞在し、二三年末にコミンテルンの工作員として広州に潜入する。東南アジアの革命運動を前進させるために、広州を拠点に運動のネットワークを構築することが任務だった。中国共産党の譚平山の手引きで孫文に会い、その誠実な人柄、不屈の信念、無私の心に感銘を受けたのもこのときである。

しかし彼自身の政治工作は見るべき成果がなく、留学中に得た病気が再発したこともあって、二五年半ばには転地療養をかねてフィリピンに渡った。二七年以降は、コミンテルンと決別し、独自の道を歩むようになる。それから帰国するまで、あるときは政治的な任務を帯びて、あるときは英、米、蘭などの情報機関の追手を逃れて、各地を転々とした。インドネシアを追われてから彼が足跡をしるした国は少なくとも一一カ国、移動距離は九万キロに達している。

三〇年代末、彼がシンガポールの中国人社会に身を潜めていたころ、インドネシアでは、英国の女性作家バロネス・オルツィの『紅はこべ』を換骨奪胎した『インドネシアの紅はこべ』という五巻本の小説が人気を得ていた。フランス革命を舞台に、断頭台にかけられる王党派を〈紅はこべ〉一味が救出するのが原作だが、『インドネシアの紅はこべ』は、祖国を追われた革命家たちが、〈紅はこべ〉を領袖として帝国主義者とスターリニストを相手に、神出鬼没、変幻自在の闘いをくり広げる政治的伝奇ロマンといった趣の小説である。

タン・マラカ(1922年頃)

登場人物のうち、脇役たちは小説中の名前から、インドネシア共産党の実在の活動家だと同定できるが、〈紅はこべ〉が何者であるかは明らかにされない。しかし〈紅はこべ〉を取り巻く状況設定や人物描写などから、これがタン・マラカであることは読者には容易に了解される仕掛けになっている。物語の筋は荒唐無稽なもので、〈紅はこべ〉とその仲間たちは、全世界を股にかけ、あるときはスターリンによって流刑にされた同志を救出しにシベリアを旅し、またパレスチナ解放闘争に加わり、あるときは日中戦争下の上海に現われる。

虚実をとりまぜたこの物語が人気を得たのは、当時、インドネシアの独立運動が壊滅状態にあるなか、国外で頑強に闘い続ける愛国者たちを劇画のように描いたことにあるが、やがて、〈紅はこべ〉は小説の世界を抜け出し、現実のタン・マラカと虚構の〈紅はこべ〉の区別は消え去り、〈紅はこべ〉の物語がそのままタン・マラカの物語として流布していくようになる。四五年八月、彼がインドネシアの政治舞台に忽然として再登場し、青年層を中心とする急進派に熱狂的に迎えられたとき、その人気の背景にはタン・マラカ＝〈紅はこべ〉伝説のもつ神秘的な力があった。しかしここでも彼はまたたくまに政治の舞台を駆け抜け、スカルノ政権によって二年半にわたって投獄された後、ゲリラ戦を指揮中に死亡した。

自伝『牢獄から牢獄へ』は、オランダ留学から独立革命までの自身の思想と行動を綴ったもので、資料的価値の高さはもとより、伝記文学としても秀逸である。

個別史／地域史

Ⅲ　アジアのナショナリズム

個別史／地域史Ⅲ

武断政治と三・一独立運動

小川原宏幸

はじめに

一九一九年三月、日本統治下の朝鮮において「独立万歳」の歓声が上がった。三・一独立運動である。同運動には、第一次世界大戦後の国際的趨勢をにらんでアメリカ大統領ウィルソンが提唱した民族自決主義の影響が色濃く認められる。しかし、それ以上に重要なのは、この運動が、長年にわたる日本の朝鮮侵略、特に韓国併合以来の武断政治と呼ばれる峻厳な日本の植民地支配に対する一つの帰結であるという点である。日本は、巨大な民族的エネルギーの噴出を前に、虐殺事件をも引き起こしながら同運動を武力的に鎮圧する一方で、武官総督下での憲兵警察による物理的暴力装置を前面に押し出した支配から、「文化的制度ノ革新ニ依リ、朝鮮人ヲ誘導提撕《ていせい》シ、以《もっ》テ其《そ》ノ幸福・利益ノ増進ヲ計」ろうという（『朝鮮総督府官報』一九年九月四日付）新たな統治方式へと改編せざるをえなくなった。いわゆる武断政治から文化政治への転換である。

ところで、武断政治から文化政治への改編について、大正デモクラシー下における政党政治との相関関係でとらえる日本政治史の文脈に引き付けた理解が存在する。寺内正毅・長谷川好道両総督の下で行われた植民地統治を武断政治ととらえるのは、もともと軍閥批判・立憲制擁護の立場からの同時代的理解であるが［釈尾 一九二六、八二二頁］、こうした理解は、日本帝国主義の軍事的・封建的性格の起源を日本の軍部、特に陸軍を中心にして形成された植民地支配体制に求めようとする日本帝国主義批判の論理にも適合的であった[大江 一九九三]。実際、総督武官制および憲兵警察制度の廃止といった文化政治期の官制改革につながる動き自体は、すでに山本権兵衛内閣(第一次)の内相原敬を中心に現れていた。この時はシーメンス事件により頓挫したものの、原敬内閣の成立を受け、三・一独立運動勃発以前に総督文官制の採用がすでに協議されていた事実は、武断政治から文化政治への転換という動向が政党勢力による軍閥批判という側面をもっていたことを示唆する[李 一九九〇・二〇〇七]。しかしそれを必要以上に強調することは、ともすると宗主国内の政治的対立から植民地統治を把握することにつながり、植民地社会に即して植民地統治の実態を位置付けるという視角を軽視することになりかねない。

したがって従来の朝鮮史研究では、武断政治と文化政治の相対的差異は認めつつも、その本質的差異を認めないのが一般的であった。ところが近代化・近代性の拡大を基軸に据える近年の朝鮮植民地研究では、文化政治における統合への契機に関心を集中させ、結果的に武断政治と文化政治の差異を強調する傾向にあり、それゆえ日本史的枠組みからの植民地支配理解に近づきつつあるように見受けられる。しかし、日本の植民地支配の本質およびその変遷過程はあくまでも植民地社会との動態的関係において把握すべきであり、植民地化に伴う在地社会の変容とともに、植民地統治が被従属地域の社会構造にどのように規定されているのかという点を視野に収めなければならない。朝鮮近代を執拗低音のように規定するその思惟構造や政治文化を射程に収めた考察を行う必要があると考えるからである。私見では、日本が一九一〇年に実施した韓国併合に際して物理的暴力を前面に押し出した武断政治を採用し、また統制的な経済政策を進めたのは、支配の合意形成に失敗したまま朝鮮を日本に早熟的に編入したためである。伊藤博文によって進められた段階的な朝鮮植民地化方針が頓挫するなかで、即時併合に方針が急遽シフトしたため、早期の財政独立達成とともに民心収攬を度外視した統治を行うために必然的に登場したのが武断政治という植民地統治形態であった［小川原 二〇一〇］。

それでは、武断政治と呼ばれる日本の朝鮮統治が具体的にどのようなものであり、それに対する朝鮮社会の対応はどのようなものであったのだろうか。武断政治下における支配体制と朝鮮社会のありようについて、本稿では、朝鮮の伝統的政治文化との相関関係から考察する。日本の朝鮮植民地支配、さらには帝国主義体制の再編に重大な変化をもたらした三・一独立運動の歴史的位置付けについて検討する。

一　朝鮮総督府の成立

一九一〇年八月二二日、「韓国併合ニ関スル条約」を強要して大韓帝国を廃滅し、自らの版図に編入した日本は、併合と同時に中央統治機関として朝鮮総督府を設置した。そして韓国政府および統監府・同所属官署を統合・改編し、総督官房・五部（総務・内務・度支・農商工・司法）九局および所属官署（警務総監部、各道庁、裁判所、監獄、鉄道局、通信局、臨時土地調査局、税関、中枢院等）を置いた（九月三〇日「朝鮮総督府及所属官署官制」公布）。その後、一二年および一五年にそれぞれ官制改革が実施され、一五年の改革では官房・四部（内務・度支・農商工・司法）三局および所属官署に簡素化された。総督の諮詢機関として中枢院が存置・改編され、政務総監が務める議長以外の副議長・顧問・賛議らは朝鮮人によって構成されたが、特に権限をもたなかった。

総督府長官である朝鮮総督（親任官）は陸海軍大将から選任され、天皇に直隷し、諸般の政務を統轄した。また韓国併合にあたって、大日本帝国憲法の朝鮮への施行が問題となったが、当時の台湾同様、憲法の実定的部分については風俗、習慣等の異なる異民族には適用しえないという帝国議会の同意のもと、総督に立法権委任が認められ、朝鮮は日本における異法域として編成された［小川原 二〇〇五］。こうして総督は、法律に代わる制令（総督の命令）や、一年以下の懲役あるいは禁固、拘留、二〇〇円以下の罰金または科料の罰則を付することが可能な朝鮮総督府令を発する権限をもった。さらに朝鮮駐屯の陸海軍部隊を統帥・使用し、また必要に応じて満洲・北清・ロシア領沿海州までの軍隊派遣が可能であると規定されるとともに、司法をも含む下級官庁に対する指揮監督権をもつなど、総督は行政、立法、司法、軍事にわたる強大な権限を一手に握った。初代総督には、第三代統監寺内正毅が陸相兼任のまま就任した(一一年八月朝鮮総督専任)。二代総督は韓国駐剳《ちゅうさつ》軍司令官、参謀総長を歴任した長谷川好道が務めた(一六年一〇月—一九年八月)。また総督の補佐官として政務総監が置かれ(親任官、初代政務総監は山県伊三郎)、政務を統理し、各部局の事務を監督した。

一方、朝鮮王朝(李朝)期および韓国併合過程を経て複雑化した地方制度の整理・統一が図られた[姜 二〇〇一]。併合前の地方制度は、一三道およびその下の三〇〇超の府、郡などからなり、ほとんどの場合、道—郡のように二層構造をなしていた。その下部に行政村である面、さらにその下に一つないし数個の自然部落を含む洞里が存在した。李朝期においては、司法や徴税、軍事・警察等の施政一般に関する権限が郡守等の行政官に委ねられていたが、韓国併合以前から日本は、これら行政官の権限を剝奪、その排除を図るとともに、新たな官僚制的支配原理を導入しようとした。さらに併合直後に施行された「朝鮮総督府地方官官制」(一〇年九月)等により、日本内地の町村に相当する面に法的根拠を与え、これを最下級行政機関とするとともに、面長を判任官待遇とし、道(道長官)—郡(郡守)—面(面長)—洞里と連なる中央集権的な地方行政体系の整備を図った。一二年には面財政を確立して部落有財産の面への吸い上げを図るとともに、一四年の府郡および面の統廃合により、一二府三一七郡が一二府二二〇郡に、四三二二面が最終的に二五二一面へとそれぞれ整理された。そして一三年には「府制」、一七年には「面制」がそれぞれ施行され、日本居留民団を含む複雑な各行政単位が府および面へと一元化された。また、府に近似し、相対的に日本人が多く居住する二三の面については総督が指定する指定面とされ、面長の諮問機関として日本人をその半数とする相談役が置かれ、また日本人面長の任命が可能となった。面長の職務は、府尹や郡守、日本軍守備隊等の指揮のもとで行われる法令の周知、徴収金の納入告知・徴収・督励、土地家屋証明規則による認証、民籍の移動報告、諸請願書類の進達、面内状況の報告、統計材料の調査、洞長の監督、勧業など多岐にわたった。総督府は中央集権的な地方制度の整備を通じ、その中核となるべき郡レベルの政治から郷任層（李朝時代の徳望家的支配層）を排除して郡守を植民地的地方官吏とし、面・里レベルでは旧来の自治的機能を制限して「名望家」層による地方行政の一元的遂行と民衆支配の実現を図ろうとした。しかし実際には「面内二三流の人物」が面長になることが多く、総督府が意図した秩序形成は不首尾に終わった。結局この段階で実現できたのは上からの強制的な地方行政制度への再編および安価な地方行政の確立のみであった［大和　一九九四］。

二　産業構造の植民地的編成

日本は、韓国併合以前からすでに朝鮮に対する経済的従属関係の構築を進めていたが、併合以後、その動きを本格化させた。経済政策において朝鮮社会に最も影響を与えたのが土地調査事業である。土地調査法（一二年から土地調査令）にもとづき、一九一〇年から一八年まで二千万円あまりを投じて土地所有権の確定や土地価格の査定などが行われた。その歴史的意義は、大韓帝国期に行われていた光武量田を継承しながら近代的土地所有権を確定したこととともに、植民地的農業の基盤を構築したこと、地税徴収制度の基礎を確定し、総督府の財政基盤を確保したことなどに求められる［宮嶋　一九九一］。土地調査事業の結果、地税は一九年には対一一年比で約二倍に増大したが、土地所有権の確定や土地登記制度の整備は土地売買をうながし、農民層分解を加速させる契機となった。一般民有地における土地所有権者の確定については申告主義によって行われたが、その際、旧来の所有関係を尊重する方針を採ったため、李朝後期から進行していた地主の土地所有を追認するとともに、開港以降の日本人地主による土地収奪を法的に公認する側面をもっていた。一方、帰属が曖昧な土地については原則として国有地として編入された。これは、国有地を日本人会社や日本人植民者に払い下げていく構想があったことや、総督府の脆弱な財政基盤を補うために国有地からの小作料収入を重視したことなどによるものであった。国有地の確定に際しては、旧韓国皇室および政府機関の所有地を日本政府に移管したが、そうした土地の多くは、農民が地方官の収奪を逃れるために旧韓国皇室や政府機関に帳簿上寄進していたものであった。したがって実質的には民有地だったのであるが、そのまま国有地として認定され、東洋拓殖会社をはじめとする日本人地主に払い下げられることが多かった〔宮嶋 一九九四〕。また、「墓地、火葬場、埋葬及火葬取締規則」(一二年)において墓地の新設を制限するとともに、共同墓地埋葬と火葬とを強要していった。また墓籍の届出を通じた一連の措置により、多くの墓地関係地が国有地へと編入された〔朴 一九七三〕。

一方、統制を基調とする総督府の経済政策のなかで最も有名なのが会社設立を許可制とした会社令(一〇年)である。同令は在朝日本人・外国人および朝鮮人の会社設立に規制を加えるものであり、朝鮮人のみならず、資本蓄積を行おうとする日本人からも批判を受けた〔小林編 一九九四〕。農政においては、次に見る憲兵警察を中心とした強権的な政策が展開された。たとえば、朝鮮は日本紡績工業の原綿生産地となったが、この陸地綿の栽培について「当時は憲兵や巡査までを動員して、強制的に栽培せしめたのであった。のみならず棉を栽培しない農家にして、麦や大豆を作つてゐるものは、強制的に、大豆や麦を足で踏み倒してしまつたことも一切ではな」く、作付け命令に従わない農民に対しては笞刑《ちけい》によって強制することもあったという〔久間 一九四三、八―九頁〕。このように綿や桑苗の作付け指導などに憲兵警察が積極的に関与した。また「我々技術者は、銃及びピストルを携帯して……指導奨励に従事したのであります。〔中略〕昼は終日指導に従事し、夜は農民を集めて講話を致し、就寝する時は里長の宅か、又は酒幕《しゅまく》で銃を抱へて壁に寄り掛つた儘《まま》、転寝《うたたね》をして暴徒の襲撃を警戒し乍《なが》ら宿泊した」〔同前六頁〕という回想は、義兵闘争が終息しない段階とはいえ、総督府の産業政策が朝鮮社会と敵対的な関係をもちながら展開されていったことをうかがわせる。

三　憲兵警察制度の導入

総督寺内正毅は韓国併合に際し、併合詔書の趣旨は、朝鮮民衆を帝国臣民として「天皇陛下撫育ノ化ヲ被《こう》ムリ、長《とこし》へニ深仁厚徳ノ恵沢ニ浴」そうとするものであり、忠誠と順法精神をもった「良士順民」は皇恩に浴すことができるようにするが、「漫《みだり》ニ妄想ヲ逞《たくまし》ウシ、敢《あえ》テ施設ヲ妨碍《ぼうがい》スル者アラハ、断シテ仮借スル所ナカルヘシ」と説いた［水野編二〇〇一、五一―六頁］。朝鮮民衆には皇恩下での日本への服従のみが求められ、その支配に抵抗する者には容赦ない弾圧を加えることが強調された。「良士順民」育成のために、教育政策（朝鮮教育令など）や宗教政策（寺刹令、経学院規定、布教規則など）等において「同化」方針が唱えられたが、その一方で日本式姓名に改めようとする朝鮮人巡査補や一部官吏の動きは制限された。そうした動向を、治安上、あるいは給与格差上の観点等から問題視したためである［水野 二〇〇八］。したがってここで言う「同化」とは、旧慣打破など啓蒙主義的観点から伝統的価値観を否定する際に唱えられるスローガンであり、民族格差を固定するための「異化」の論理をはらむものでもあった。

一方、総督府は反日勢力の徹底的弾圧を図った。併合以前に展開された反日武力闘争である義兵闘争は、一九〇九年の「南韓大討伐」作戦等によって後退を余儀なくされ、一五年頃にはほとんど終息させられた。他方、いわゆる一〇五人事件（一〇年）によって愛国啓蒙運動を弾圧した。同事件は、反日独立勢力・秘密結社新民会を弾圧するために寺内正毅暗殺未遂を口実として総督府が捏造したものであった。これによって新民会は壊滅的打撃を受け、以後、抗日民族闘争は満洲地域や中国・上海、ハワイなど国外において展開されることとなった。

武断政治を制度的に特色付けるのは、総督の武官専任制とともに、憲兵警察制度が敷かれたことである。これは、軍事警察である憲兵が警察業務を兼務して治安維持を図るという支配様式であった。韓国併合後、朝鮮には韓国駐箚軍を改編した朝鮮駐箚軍が一―二個師団、交替で駐屯していたが、一五年の臨時議会における二個師団増設の決定により朝鮮常駐となった(第一九師団――司令部・羅南、第二〇師団――司令部・龍山)。しかし同軍隊は、併合当初こそ朝鮮半島内の治安維持のために分散配置されたものの、本来、〇七年に策定された「帝国国防方針」等にもとづく日本の北進政策の展開を意図したものであり、その後主に北部国境に位置する咸鏡道に集中配備された。「良士順民」の「撫育」、およびその妨害者の弾圧という総督府の方針を主に担ったのは憲兵警察であった。憲兵警察制度は、日本への警察権委託などを韓国政府に認めさせたうえで、一〇年六月二九日の「統監府警察官署官制」により警察と憲兵の二系統を統合して創設されたものであり、治安機構内での組織原則の面においても、朝鮮支配の実際の面においても憲兵が主軸をなす軍事色の強いものであった。中央の警務総長は憲兵隊司令官(初代総長は明石元二郎)が、各道の警務部長はその道の憲兵隊長(佐官)がそれぞれ兼任し、文官警察官に対する指揮権の中枢を憲兵が掌握した。さらに憲兵には普通警察事務を行う権限が与えられており、各地に設置された警察署や巡査駐在所のほか、警察署のない地方では憲兵分隊・分遣所において警察事務が行われた。憲兵警察は当初集団配置制をとっていたが、一一年一〇月に実施された分散配置制のもとで一府郡強に一つの憲兵警察機関へと細分化され、また普通警察業務への全面投入に伴い、憲兵は一般民衆の日常生活に強く関与していった[松田 二〇〇九]。憲兵警察の業務は、義兵弾圧をはじめとする治安維持のみならず、朝鮮民衆に対して「其《そ》ノ蒙ヲ啓《ひら》キ、其ノ惑ヲ解キ、力行自活身ヲ立テ家ヲ興シ、勤勉忠良ノ人トナルハ、即チ無限ノ聖恩ニ応《こた》ヘ奉《たてまつ》ル所以《ゆえん》ナルヲ悟ラシメ、其ノ自省奮励ヲ促」そうとする行政的な意図をもつものであった[水野編 二〇〇一、四八頁]。諜報活動、義兵討伐、犯罪即決といった治安活動以外にも、検事事務代理、民事訴訟の調停、執達吏といった司法業務、国境税関業務、山林の監視、民籍事務、種痘、墓地の取締り、労働者取締り、在留禁止者の取締りといった行政事務、さらには日本語や法令の普及業務、道路の改修、植林農事の改良、副業の奨励、納税義務の諭示など、日常生活のあらゆる局面にその任務が及んでいた〔小森　一九二八、四四九頁〕。

そして、こうした憲兵警察の日常生活への関与を可能にするさまざまな法令が併合を前後する時期に整備された。併合前すでに、結社や集会を制限・禁止する「保安法」(〇七年)や「集会取締に関する件」(一〇年)などの治安関連法規、あるいは「新聞紙法」(〇七年)、「出版法」(〇九年)といった言論活動に関する弾圧法規が制定されていたが、さらに憲兵警察の司法事務を拡大させる「犯罪即決例」(一〇年)、「朝鮮笞刑令」、「警察犯処罰規則」(一二年)といった、民衆の日常的な行為を取り締まる法令が整備され、憲兵警察を中心に運用された。特に「犯罪即決例」は、比較的微罪について裁判所の手続きを経ずに警察署長や憲兵隊長が即決することを可能にするものである。その適用範囲は日本内での法令に比べて過重で、また濫用のおそれもあった。そして朝鮮の事情に応じて旧慣を「尊重」するという名目で継承した笞刑をもって民衆に対処した。また「警察犯処罰規則」は、住所不定者および無職者の取締りや、徘徊・乞食の禁止、徒党の禁止、団体加入の「強請」や官公署への多勢による請願または陳情、「不穏ノ演説」をすることや「不穏ノ文書」等の掲示・頒布、「流言浮説」「祈禱」「石戦」「闘犬」、電線近傍での凧揚げなど、八七項目にのぼる行為を禁止し、民衆のさまざまな日常的行為を罰則の対象とするものであった。

そのうえ、こうした植民地権力の恣意的な統治のあり方に対する言論的批判は著しく制限され、武断政治下の朝鮮には「言論ノ自由ナク、社交上ノ目的ニ於テモ一席ニ三人以上集会スルヲ許サレス、出版ニ関シテハ勿論ナリ。二十世紀ノ今日、韓国ニ韓人ニヨリテ発刊セル新聞一種モナシ。他ハ推シテ知ルヘシ」〔姜編　一九六七、六五九頁〕という状況であった。許可されていた新聞・雑誌は、わずかに日本語の『京城日報』、朝鮮語の『毎日申報』、英語の『ソウル・プレス』および日本人経営の『朝鮮公論』『朝鮮及満洲』などに限られていた。

憲兵警察は朝鮮社会において絶対的権力を振るい、そのエスカレートの果てに、自身の不法行為を検挙しようとする検事を射殺する事件すら起こすことがあったほどである。また、地方官からの警察権独立はさまざまな弊害を生じさせた。たとえば憲兵による素行報告が地方官の人事を左右しかねなかったために「地方官は挙《こぞ》りて憲兵の鼻息を覗《うかが》」い、特に朝鮮人郡守は「全く憲兵の奴隷たるの観」を呈していたという〔中野 一九一五、五六―五七頁〕。その末端には、併合以前同様、朝鮮人から任用した憲兵補助員・巡査補が置かれたが、ある日本人は、憲兵補助員らが「出来る限り苛酷の政治をし、賄賂をとり、理も非も分らずに人々を圧政すと云ふ。税を取り立てる時おさめずば、容赦なく鍋釜まで押収する。之《これ》が実に耐えられない。韓国時代には税金は金持だけに懸つたが、今は誰にもかかる。憲兵補、巡査補たちは、残酷な態度で、昔の仇討《あだうち》するつもりで取り立てる。鮮人には之は実に忍び難き所である」〔姜編 一九六七、六三六頁〕と告発している。日本の権威をかさに着た憲兵補助員らの逸脱的行為は朝鮮民衆の怨嗟の対象であった。武断政治とは、物理的暴力にもとづき、「封建時代以上の官憲の横暴」を実現するものであり、「軍営化」を基本的属性とするものにほかならなかった〔釈尾 一九二六、八一五、八一八頁〕。

四　武断政治下の朝鮮社会

それではこうした武断政治に対し、朝鮮社会はどのように対応したのであろうか。その動向を明らかにすることは三・一独立運動の歴史的性格を明らかにするうえでも重要である。当局者が分析したように、独立運動勃発の直接的な原因は「新政〔日本統治――筆者注〕ノ煩瑣ニシテ干渉的ナルト、社会ノ差別的待遇ニ対スル朝鮮人ノ平素ノ鬱勃タル不平」〔姜編 一九六六、四九四頁〕だったからである。従来、この時期の朝鮮社会の動向については、その圧倒的史料不足ゆえに研究蓄積が乏しかったが、近年、松田利彦や趙景達によってその一端が明らかにされつつある〔松田 二〇〇九／趙 二〇一〇〕。以下、これらの研究を参照しながら武断政治期の朝鮮社会について素描する。

李朝期には、儒教的民本主義にもとづく政治文化が官民に共有されていた。厳治の忌避ゆえに官憲の不正等を招き、容易に形骸化させられることはあったものの、理念的には民の声に耳を傾けることが統治者に求められ、異議申し立ての回路が確固として存在していた。また官は、貧窮時には温情主義的に民に対応することが当為とされていた。しかし日本の統治は、そうした政治文化をまったく否定するものであった。その政治文化の断絶は、伊藤博文の「近代」化政策によって併合以前からすでに始まっていたが、武断政治下の規律化により、より深刻なものとなった。韓国併合直後の『毎日申報』(一九一〇年九月二七日付)は、日本の施政下では、旧慣打破の掛け声のもとで女性の服装が強制的に日本式に変えさせられたり、また土葬を禁止して火葬にさせられたり、あるいは結婚、出産に際しても課税が行われたりするといった流言を伝えている。こうした流言は、伝統的慣習や礼式の植民地権力による破壊、あるいは生活のさまざまな局面での負担増加によって日常生活が脅かされかねないことへの民衆の危機感を端的に示す。

実際、三・一独立運動に際しても墓地問題、農政、重税に対する民衆の不満が噴出していた。総督府による共同墓地制や火葬の強制に対し、「吾等朝鮮人ハ尊族崇拝ノ念最深ク、父母ノ墓地ノ如キ万般ノ事情モ顧ミズ其ノ地ヲ選定シ、子孫ノ繁栄ヲ希《ねが》フ慣習アリシニ、新政以来共同墓地ニ関スル規則発布セラレ、為ニ、吾等ハ一朝ニシテ久シキ旧慣ヲ打破セラレ、最《もっとも》尊フベキ父母ノ死体ヲ地勢極悪ナル共同墓地ニ埋葬スルハ甚ダ遺憾」[姜編 一九六六、四二一頁]といった声が上がった。こうした総督府の措置は魂魄思想にもとづく朝鮮の死生観に大きく抵触するものであり、朝鮮民衆の精神世界を根底から否定するものであった。こうした批判の前に、総督府は「墓地、火葬場、埋葬及火葬取締規則」の緩和を図らざるをえなくなった。また、土地調査事業の進展に伴って私的な土地売買が促進されることとなったが、総督府は一二年一一月、「良民ヲ庇護シ土地ノ濫売ヲ防遏《ぼうあつ》」することを内訓し、みだりに土地を売ることを禁止した。中野正剛の観察によれば、こうした方針にもとづいて土地売買に干渉する憲兵警察の行動が、東拓や地主などによる土地買占めの進行によって移動を余儀なくされ生業転換を図ろうとする朝鮮農民に土地を即売する機会を失わせ、かえってその困窮化を促進させたという[中野 一九一五、三六―三八頁]。さらに、各地でその土地に適さない桑苗を強制的に配布し、定められた品種以外の栽培を許さないなどの画一的農政を展開したり、桑苗代金を強制徴収したりした総督府の政策により、自由に作物の栽培を行うことができなくなったばかりか、農民の負担はますます増大した。また民衆の不満は、重税もさることながら、「昔《むか》シ韓国時代ニハ、納税期ニ金カ無ケレハ、少シ位ハ猶予シテクレタノガ、日本政府テハ些《いささか》ノ猶預《ママ》モセヌ」（韓国国会図書館所蔵『酒幕談叢』一五年版・扶余憲兵隊分隊・二九丁、以下、『談叢』）と述べたように、日本統治下の徴税方式ではかつての温情主義的なやり方がもはや通用しないことにあった。また道路、鉄道、港湾などのインフラ整備が民衆の土地供出と賦役を通じて実行されたため、農民の生活はますます逼迫した。さらに重要なのは、そうした施策が従来的な支配‐被支配のあり方を無視して行われたという点である。「先般道路賦役ニ出テ居ル処ニ、洪州郡守ガ見廻《みまわり》ニ来タカラ、人夫《にんぷ》共ハ一斉ニ賦役デ困ルリ《ママ》居ル旨ヲ陳ベタレバ、郡守ハ死ンデモ構ハヌト言フタソーダ。郡守ハ人民ヲ愛スルガ当然デアルニ、乱暴ナ言ヲ吐クニハ驚イタ」（『談叢』一四年版・洪州警察署・三七丁）という声に表れているように、官吏がかつての儒教的民本主義を喪失していることに民衆は絶望せざるをえなかった。吉野作造は、「夫役という事は昔もあった。けれども昔の官吏はさすがに地方産業の繁閑の時期を弁《わきま》え、あんまり土民の迷惑にならぬような時を択《えら》んで夫役を命じた。今日はそんな斟酌はない」［吉野 一九七〇、五六―五七頁］という民衆の声を拾っているが、民衆は、日本の統治下においてもはや伝統的政治文化が喪失したことを痛感したのである。

　朝鮮社会では儒教的民本主義に色濃く規定されて異議申し立ての文化が成立していたが、日本の影響下で「刑法大全」（〇五年）によりすでに直訴は禁止され、民衆の異議申し立ては否定・封鎖されるに至った。もちろんそうした制度的禁止によって人々の訴願の動きが容易に消滅するわけではない。韓国併合に先立って〇九年に行われた皇帝巡幸でも直訴を行おうとした民衆の動向が報告されている。しかしそうした試みは日本の統制された秩序空間のなかで封鎖されるに至る。また併合過程において親日派による公論すら封鎖していく状況が生起しており［小川原 二〇一〇］、併合後はこれが徹底され、民衆の訴願は行き場を失っていった。「旧政時代ニハ上疏ノ途アリテ、不平不満ヲ訴フルノ場所モ便宜モ機関ヲモ有シ(仮令《たとい》弊害アリシモ)、兎《と》モ角《かく》モ下情ノ上達絶体ニ不可能ニハアラサリシ。文明ノ今日ニ於テ、鮮人ノミ独リ下情ヲ上達シ能《あた》ハストセバ、豈一掬《あにいっきく》ノ同情ナクシテ止ムベケンヤ」〔姜編 一九六七、六三〇頁〕との指摘は、植民地権力による「近代」的統治が朝鮮民衆から訴えの回路を奪っていったことを示している。また、たとえ訴願を行っても、「鮮人ノ我〔日本〕官民ヨリ受クル枉屈《おうくつ》、侮辱、冤罪等ニ付テハ、之《これ》ヲ上級官憲ニ訴フルモ採用セサレサルヲ常トスル」ために、「鮮人トシテハ益々其《その》不満ヲ重ヌルノ結果ニ至ル」〔同前六一六頁〕のが一般的であった。たとえば憲兵隊長明石元二郎は、憲兵補助員の暴力に対する抗議に対し、そうした抗議は理非曲直を正そうとする憲兵補助員の真意を理解しないためであるとして、逆に朝鮮民衆を諭す訓令を行った〔慎 二〇〇八〕。「総督府ハ韓国政府ノヨウニ人民ノ請願ナドハ聞ヌ」(『談叢』一四年版・扶余憲兵分隊・三二丁)という直截な声は、民衆が異議申し立ての政治文化の喪失を明確に認識したものにほかならない。民衆は圧制を逃れようと、李朝時代に守令を慰撫するためにいち早く頌徳碑をつくった慣習に倣い、憲兵警察に阿附《あふ》するために「何々憲兵不忘碑」といった碑を建てたが、中野正剛はこれを、言論不在の朝鮮では総督が額面どおりに受け取るしかなくなっていると批判した〔中野 一九一五、五五—五六頁〕。公論すら封鎖される武断政治下にあっては民衆の声なき声は当然ながらかき消されていった。こうして総督府による訴願・公論の否定により、儒教的民本主義という政治文化が断絶させられ、植民地権力と民衆の間にはただ物理的暴力による強制と服従という関係のみが存在することとなった。

暴力的な統治に呻吟し、異議申し立てのための請願も、あるいは暴力的に訴える民乱も起こしえず、また李朝末期に醸成された皇帝幻想にもとづく救世主願望をもちえなくなった民衆は、李朝期の終末思想である『鄭鑑録』の影響を受けた青林教、甑山教等の新興宗教に仮託していくような状況にあった〔趙 二〇〇二〕。こうしたなかで不満を鬱積させられた民衆の解放願望を爆発させたのが、一九年に起こった三・一独立運動であった。

五　三・一独立運動

一九世紀末から二〇世紀初頭において進行した帝国主義列強による領土・植民地獲得競争は、被従属地域における反帝国主義民族運動を勃興・高揚させた。第一次世界大戦が総力戦として行われるなかで、連合国・同盟国両陣営は自国民のみならず、被従属地域諸民族の戦争協力を取り付けるために、その独立要求などに一定程度妥協する必要に迫られた。さらに戦争の長期化に伴い、諸列強は、領土の割譲や勢力圏の確定、あるいは中欧構想といった形で戦争目的の再構築を図ろうとしたが、それに対抗し、ボリシェヴィキの政権を獲得したレーニンが民族自決を革命論と結合させ、それを基礎にした無併合・無償金の原則「平和に関する布告」を提言した。こうした民族自決を植民地・従属国を含む普遍的原理とすることはそれまでの「旧外交」の原理とはまったく異質なものであった〔小沢 一九九五〕。こうしたレーニンの戦略への対抗宣言として一九一八年一月に唱えられたのが、アメリカ大統領ウィルソンの一四カ条である。帝国主義列強にとっての民族自決は、被抑圧民族の望むそれとはまったく異なるものであり、自治能力をもった文明民族であるとウィルソンが見なし、しかもその独立が世界の平和およびアメリカにとって有益と見なされる場合に承認する可能性があるというものであった〔長田 二〇〇五〕。

こうしたなかで一九一九年三月一日、ソウル・パゴダ公園にとどろいた独立万歳の歓声はたちまち朝鮮全土に拡大し、およそ三カ月にわたる示威運動が展開された。三・一独立運動発生の要因は、まず何よりも過酷な武断政治への不満と独立願望であったが、ウィルソンの民族自決に過度の期待を抱いたものでもあった。そしてその起爆剤となったのは先帝高宗《コジョン》の死去（一九年一月二二日）であった。国葬が行われたソウルにはおよそ二〇万人が詰めかけ、「民族自決を共鳴《ママ》する思想と李太王〔高宗〕薨去《こうきょ》原因の妄説に迷いたる怨念とは上下の別なく彼等の胸中に充満し、一種の妖雲は京城全市に漲《みなぎ》り、誰云うと無く国葬の前後に於て何事か事変勃発せざるかと伝え、人心頗《すこぶ》る平《たい》かならざる」〔市川編一九八四、一二四頁〕という状況であった。高宗の死去をめぐっては当時毒殺説がまことしやかに語り伝えられていたが、民族自決主義への共感とともに、高宗に対する皇帝幻想が媒介となって膨大なエネルギーを醸成しており、朝鮮各地で高宗の死に哀悼の意を表す者が続出した。『鄭鑑録』信仰が武断政治下の圧政に苦しむ人々の精神世界を再び席巻していたが、一君万民の理念はなお民衆の心性を強くとらえていたのである〔趙 二〇〇二〕。

ウィルソンの民族自決主義の影響を受け、宗教者と知識人のあいだで独立宣言書発表に向けた動きが開始され、一九年二月八日、李光洙《イグァンス》が起草した独立宣言書が東京・神田のＹＭＣＡで発表された。そして宣言書はひそかに朝鮮半島に伝えられた。三月一日、三三人のいわゆる民族代表が署名した独立宣言書が大量に印刷されて全国に発送されたが、宗教団体や学生などがその伝達と運動の展開に大きな役割を果たした。民族代表は、抜きがたい愚民観をもつがゆえに民衆の暴力化をおそれて早々に運動から離脱し、その後ソウルでは、学生を中心に、太極旗を掲げた独立万歳の示威運動がパゴダ公園から市中へと広がっていった。三・四日の高宗の国葬を挟み、大規模な示威運動が展開され、憲兵警察はこれを激しく弾圧した。こうした弾圧に対し、ソウルの商人による李朝以来の伝統的な「撤市」（閉店示威運動）や、学生による同盟休校、労働者・職工によるストライキ等が展開された。また、日本の鎮圧に対する朝鮮民衆の対抗暴力は激しさを増していった。鎌、棍棒、割木などの原始的武器や投石等による示威衝突事件も数多く起き、巡査の惨殺や朝鮮人巡査補の乱打といった事件も発生している。民衆による暴力の矛先は、郡・面事務所や面長宅、あるいは警察署・警察駐在所、憲兵駐在所、郵便局など、武断政治を象徴する機関に数多く向けられた。これらが襲撃・放火され、また民籍簿、課税戸数台帳などの書類簿冊を焼却する事例が相次いだ。

独立運動はソウルや釜山、平壌などの都市でほぼ同時に起こった。次いでキリスト教・天道教関係民族代表の出身地である朝鮮北部の諸地域に広がり、三月一〇日前後には全国に波及していった。都市部での運動には宗教団体や学生等による集団的な性格が垣間見られるのに対し、三月中旬以降に農村地域で展開された独立運動では、都市の騒擾や高宗の国葬が伝聞として伝えられると、都市とはやや性格を異にする運動が展開された。その特徴として、李朝時代以来の徳望家的秩序観がなお機能しており、伝統的知識人である両班《ヤンバン》儒生が直接・間接に運動にかかわったことや、示威運動が容易に暴力化するものであったと同時に祝祭的であったことなどが挙げられる〔趙 二〇〇二〕。示威運動は、定期的に市が開かれる場市での飲酒に乗じて始められ、人々の酔狂状態を伴いながら祝祭気分のなかで騒擾が展開されていった。農村での示威運動の展開過程には一定の規則性が存在したが、それは定期市日と相関関係にあった〔姜 一九七二〕。そうしたなかで郡守や面長、区長などに万歳を強要したり、運動への強制参加を強いたりする、民乱以来の作法にもとづく自律的運動が展開された。また、夜間の山上烽火《ほうか》示威や篝火《かがりび》行進といった方法による示威運動も見られた。これらは、山に登って官を侮辱した李朝時代の山呼と呼ばれる民俗慣行に倣ったものであった〔趙 二〇〇二〕。一方、「下層民」のなかで均分主義的発想が垣間見られた。朝鮮独立後は「国民全般ニ渉《わた》リ財産ノ均分ヲ得ラルベシ」(慶尚南道)とする声や、「財産ヲ平等ニ配与セラルル由《よし》ナルヲ以テ、貧困者ニ取リテハ無上ノ幸福ナリ」(全羅南道)という風説が報告されている〔姜編 一九六六、三八八、四一九頁〕。官憲はこうした「迷説」を共産主義との連関性で把握していたが、地域性や階級性を勘案すると、むしろ民乱および甲午農民戦争を通じて培われた平等主義にもとづくものと考えられる。

このような運動の広がりに対し、日本政府は当初、静観の構えを見せた。「今回ノ騒擾事件ハ、内外ニ対シテ表面上ニハ極メテ軽微ナル問題ト看做スヲ必要トス。然《しか》レトモ裏面ニ於テハ厳重ナル処置ヲ採リ、将来再発ナキ様期セラレ度《たし》。但シ其《そ》ノ処置ニ就《つい》テハ外国人ノ最モ注目スル問題ナルニ依リ、苟《いやしく》モ残酷苛察ノ批評ヲ招カサルコトニ十分ノ注意相成《あいなり》度」〔同前 一〇五頁〕と首相原敬が総督長谷川好道に通牒したとおり、内外の批判を避けるために、裏面において「厳重ナル処置」を図ろうとしたからであり、運動が活発化した地域にのみ在郷軍人会や駐屯軍隊から示威の目的をもって派遣するにとどめていた。しかし、その後の運動拡大に伴って原敬内閣は「断固たる処置」(『原敬日記』一九年四月四日条)をとることを方針化し、四月四日の閣議において通常編成よりも多めの六大隊および補助憲兵四〇〇名の増派を決定した。以後、増派分を含めた日本軍や憲兵警察によって虐殺を含む弾圧作戦が展開された。四月一五日に京畿道水原郡堤岩里の教会を焼き討ちした堤岩里《チェアムリ》事件はその代表例であるが、それ以外にも各地で虐殺事件が引き起こされている。また総督は四月一五日、「政治ノ変革ヲ目的トシテ多数共同シ、安寧秩序ヲ妨害シ又ハ妨害セムトシタル者」に対する処罰を定め、従来の保安法の内容をも含んだ「政治ニ関スル犯罪処罰ノ件」(一九年制令第七号)を公布して独立運動を弾圧した［鈴木 一九八九］。

日本政府および総督府による独立運動弾圧方針を積極的に批判する日本国内の言論機関はほとんどなかった［姜 一九八四］。当時の大多数の日本言論機関は、独立万歳を叫ぶ朝鮮民族に対して冷ややかな眼差しを向けたのである。独立運動に対する論調は、武断政治への批判ではあっても、日本の植民地支配そのものに疑問を差し挟むものはほとんどなかった。そして運動発生の要因分析においても外部、特に外国人宣教師等の一部の宗教家・学生の扇動に求める他律的理解がほとんどであり、また朝鮮人の民族自決には否定的であった。韓国併合を拍手喝采で迎えた日本の言論界、そして日本民衆は、独立運動勃発の原因を日本の苛烈な支配に対する朝鮮民衆の抗議であると明確に位置づけた吉野作造や石橋湛山らのごくわずかな例外を除き、「内に立憲主義、外に帝国主義」と言われる大正デモクラシーの時代状況のなかで、朝鮮民衆に対する正確な他者認識を欠いていた。しかも、吉野や石橋らの批判も三・一独立運動をはじめとするアジア民衆の動向を正面からとらえたものとは評しえないものであった。この時期、日本の知識人の一部において、それまでの朝鮮観が一定の変化を見せたことは間違いないが、しかしそれは本質的には、朝鮮民衆の動向への内在的理解によるものというよりは、民族自決主義の高揚にもとづく国際的な植民地支配再編の動向に対応したものという側面が大きいように思われる。三・一独立運動による反発を受けて従来の植民地統治に一定の改編を迫られた日本は、文化政治を登場させるが、それは第一次世界大戦後の国際協調体制形成および植民地統治体制再編成の動きと連動していたと考えられるからである。二〇年開催の国際連盟総会準備委員会に提出された調書「朝鮮問題」(「外務省記録」二・四・二・五二)は、文化政治への改編を対外的に宣伝する意図をもったものであり、これは、文化政治が帝国主義体制再編の一翼を担うという性格を帯びていた事実を示している。こうした性格は、そもそも三・一独立運動のみをもってアメリカが朝鮮の独立を承認することはありえなかったことや、また独立運動に際して一時的に高揚したアメリカ言論界の日本批判が、文化政治の展開により朝鮮問題に対する無関心という「常態」へと戻るなかで終息したこと、ワシントン体制下での極東・太平洋地域における勢力関係の画定、また利害調整および植民地主体体制の再編成といった諸事実と相関関係にあった[長田 二〇〇五]。したがってワシントン条約締結交渉に際して植民地放棄論を唱え、小日本主義の金字塔とも評される有名な論説「一切を棄つるの覚悟」もまた第一次大戦後の国際政治における戦略論として解釈される。であればこそ、満洲事変以降、日本の満洲権益擁護論を石橋が唱えることもまた、かつて朝鮮民族に認めた民族自決主義を自らに振り向けるなかで必然化していったのである。

おわりに

一九一〇年の韓国併合に伴って登場した武断政治は物理的暴力を前面に押し出したものであったが、それは一定の支配の合意が未達成な段階で強制的に併合が行われたという早熟性ゆえであった。義兵闘争や愛国啓蒙運動ばかりでなく、朝鮮社会の全般的な抵抗の前に退却を迫られたがゆえに日本はきわめて暴力的な植民地統治方式を選ばざるをえなかったのである。しかし三・一独立運動は、そうしたむき出しの暴力によっては統治が困難であることを宗主国日本に痛感させた。植民地統治のあり方の転換をうながし、民族主義の高揚に一定程度対応する文化政治という融和策がとられたのである。たとえば近代的公論形成の回路を復活させようとする言論・宗教の一定程度の許容などは、朝鮮民族と共有しうる政治文化の創出を企図したものであった〔趙　二〇〇八〕。しかし文化政治もまた「其《そ》ノ言ハムト欲スルトコロヲ言ハシメ、彼ラノ抱持スル思想ヲ知テ、其ノ謬《あやま》レルハ之《これ》ヲ釈《と》キ、其ノ違《たが》ヘルハ之ヲ導」（国会図書館憲政資料室所蔵「斎藤実《さいとうまこと》関係文書」）くという啓蒙主義的施政を貫徹させており、日本による善導という支配観は武断政治のそれとまったく変わらなかった〔糟谷　一九九二〕。そして民族運動を抑圧するために新総督斎藤実が実行した「威力ヲ伴フ文化運動」（「斎藤実関係文書」）にもとづく「近代」化の論理によって文化政治下の朝鮮社会にはさらなる分断が埋め込まれ、朝鮮民衆はより深刻な差別と暴力による葛藤のなかに投げ込まれることとなったのである。

【文献一覧】

李熒娘　一九九〇　「第一次憲政擁護運動と朝鮮の官制改革論」『日本植民地研究』三

李熒娘　二〇〇七　「原敬内閣期における朝鮮の官制改革論」服部龍二ほか編『戦間期の東アジア国際政治』中央大学出版部

市川正明編　一九八四　『三・一独立運動』第三巻、原書房

大江志乃夫　一九九三　「山県系と植民地武断統治」『岩波講座　近代日本と植民地』四、岩波書店

大和和明　一九九四　『植民地期朝鮮の民衆運動』緑蔭書房

小川原宏幸　二〇〇五　「韓国併合と朝鮮への憲法施行問題」『日本植民地研究』一七

小川原宏幸　二〇一〇　『伊藤博文の韓国併合構想と朝鮮社会』岩波書店

小沢弘明　一九九五　「国民自決の原理・連邦構想」『講座世界史』五、東京大学出版会

糟谷憲一　一九九二　「朝鮮総督府の文化政治」『岩波講座　近代日本と植民地』二

姜再鎬　二〇〇一　『植民地朝鮮の地方制度』東京大学出版会

姜徳相編　一九六六　『現代史資料二五　朝鮮1　三・一運動1』みすず書房

姜徳相編　一九六七　『現代史資料二六　朝鮮2　三・一運動2』みすず書房

姜徳相　一九七二　「日本の朝鮮支配と三・一独立運動」『岩波講座　世界歴史』二五

姜東鎮 一九八四 『日本言論界と朝鮮』 法政大学出版局
小林英夫編 一九九四 『植民地への企業進出』 柏書房
小森徳治 一九二八 『明石元二郎』 全二冊、台湾日日新報社
釈尾春芿 一九二六 『朝鮮併合史』 朝鮮及満洲社
愼蒼宇 二〇〇八 『植民地朝鮮の警察と民衆世界』 有志舎
鈴木敬夫 一九八九 『朝鮮植民地統治法の研究』 北海道大学図書刊行会
趙景達 二〇〇二 『朝鮮民衆運動の展開』 岩波書店
趙景達 二〇〇八 『植民地期朝鮮の知識人と民衆』 有志舎
趙景達 二〇一〇 「武断政治と朝鮮民衆」『思想』 一〇二九
長田彰文 二〇〇五 『日本の朝鮮統治と国際関係』 平凡社
中野正剛 一九一五 『我が観たる満鮮』 政教社
久間健一 一九四三 『朝鮮農政の課題』 成美堂書店
朴慶植 一九七三 『日本帝国主義の朝鮮支配』上、青木書店
松田利彦 二〇〇九 『日本の朝鮮植民地支配と警察』 校倉書房
水野直樹編 二〇〇一 『朝鮮総督諭告・訓示集成』 一、緑蔭書房
水野直樹 二〇〇八 『創氏改名』 岩波新書
宮嶋博史 一九九一 『朝鮮土地調査事業史の研究』 東京大学東洋文化研究所
宮嶋博史 一九九四 「東アジアにおける近代的土地改革」 中村哲編 『東アジア資本主義の形成』 青木書店
吉野作造 一九七〇 『中国・朝鮮論』(松尾尊兊編)平凡社東洋文庫

個別史／地域史Ⅲ

日本の対華二一カ条要求と五・四運動

村田雄二郎

はじめに

本章は一九一〇年代(当時の年号でいえば「民国」初年)の中国における政治過程と民族主義の昂揚の関係を、外政や国際環境を視野に収めつつ論じる。その起点となるのは、一九一一年に発生し翌年二月に皇帝退位をもたらした辛亥革命であり、終点となるのは、一九一九年に反日愛国を掲げて学生等が主導した五・四運動である。

一九八〇年代までの歴史学界では、中国近代史の時期区分問題をめぐって、「辛亥革命を画期とするか、五・四運動を画期とするか」の大きな分岐があった。五・四運動を画期とする説は、毛沢東「新民主主義論」(一九四〇年)に由来し、中国近代の革命運動がこれを契機に「旧民主主義」から「新民主主義」へと大きく質的転換を遂げたと歴史をとらえる。ところが、一九八〇年代以降、いわゆる「革命史観」の退潮により、辛亥革命をはさむ清末民初期(一九〇〇—一〇年代)を中国近代史上の転換点と見る説が主流となるに至った。それにあわせて、後述するように、中国現代史の輝かしい原点とされてきた「五・四」の歴史的意義も問い直されている。本章も基本的には辛亥革命を画期とする現在の主流的見解にもとづき、近年になって提起された「中華民国史」や「二〇世紀中国史」という枠組みも意識しながら、民国初年にあらわれた中国民族主義の動向を概観することにする。

さて、この時期の政治史や外交史の研究で一つの大きな焦点となるのが、「革命史観」で否定的に評価されてきた北京政府（一九一二―二八年）、とりわけ袁世凱政権（一九一二―一六年）の性格規定である。一九八〇年代まで、大陸中国や台湾の歴史学界では、袁世凱が議会を通さず強行した外国借款や二一カ条要求受諾などを根拠に、袁政権の妥協的で「売国」的な性格が、暴力をも厭わぬその専制的手法とあいまって、否定的評価の対象となってきた。「窃国大盗《くにぬすびと》」「民賊独夫《じんみんのてき》」「梟雄《きょうゆう》」「怪傑」といった袁に貼り付けられた多くのレッテルがそれを物語っている。

けれども、ジェローム・チェンが指摘するように、ひよわな新生民国の政治的混乱の中にあって、強力な中央政府の樹立による中国の統一という理念を実現できると思われる人物は、袁世凱をおいてはいなかった。列強による領土分割の野心、帝国の崩壊による権威の空洞化、儒教道徳の失墜、立憲制度の未整備、そうした危機的状況が当時、袁世凱のたぐいまれな政治的リーダーシップへの期待を高めたことは間違いない〔チェン 一九八〇〕。袁世凱が政治的抱負や理念の面で、「共和」や「立憲」への共感と理解をほとんど欠いていたことは明らかである。しかし、議会政治や民主主義の経験が絶対的に不足しているという制約条件の中で、力による国家の統一と中央集権化を目指した袁世凱の政治は、近代中国における民族主義の発展にとって必要な一里塚であったとも見られる。この点、道徳的評価を別にすれば、袁世凱は疑いなく「中国」への忠誠を尽くしたナショナリストである。たしかに、その非民主的政治手法や権力への野心が新生民国の「共和」理念にふさわしいものではなかったとはいえ、だからといって、袁世凱を中国民族主義者のリストから除外するいわれはなかろう。

このことは、とくに「売国外交」と見られてきた袁政権の対外政策において顕著にあらわれる。「軟弱」「無能」という北京政府に対する後世の評価は妥当なものだろうか。中国の統一と富強を実現するための、トレードオフの選択肢として、一見「売国」的に見える袁政権の「屈服」や「妥協」があったと考えたらどうだろう。あたかも同じ時期、反袁闘争遂行のため、孫文は日本の満蒙権益拡大要求に「妥協」的姿勢を示し、中日密約に署名することさえあった

［村田 二〇〇九、二一四—二一六頁］。日本に満洲利権を譲渡するという一見「売国」的な密約を結んだ孫文と、袁世凱のいわゆる「売国外交」とのいずれが「愛国」的で、いずれが「売国」的であったか、単純な善玉・悪玉論では解釈できない複雑な歴史認識問題である。

以下、本章ではほぼ民国最初の一〇年を対象に、二一カ条要求反対運動と五・四運動という二つの「山」にそくして、反日愛国の形態をとってあらわれた中国近代の民族主義の形態と性格を、おもに「官と民」「内と外」という視点をふまえて考察してみることにする。

一　第一次大戦と二一カ条要求

一九一四年七月、第一次大戦が勃発するや、日本は膠州湾《こうしゅうわん》租借地などドイツが山東省に有する利権を占有すべく、日英同盟を根拠にドイツに宣戦布告する（八月二三日）。九月、日本軍は山東半島北部の龍口に上陸し、青島《チンタオ》・済南間の膠済《こうさい》鉄路を制圧、一一月には青島を占領した。この間、中国政府は中立を宣言（八月六日、その後一九一七年五月に対独宣戦）し、ドイツ政府に膠州湾や膠済鉄路の返還を求めて交渉を続けたが、日本の軍事占領を阻止することはできなかった。こうした状況の中、一九一五年一月一八日に日本が中国政府に提出したのが、二一カ条要求である。英・米・仏・露など列強諸国が欧州戦線に集中し、東アジアをかえりみる余裕がないことに乗じて、利権拡張を図ろうとする目論見があったことはいうまでもない。周到に準備されたその要求は、第一号＝山東におけるドイツ利権の譲渡（四条）、第二号＝南満洲・東モンゴルにおける土地所有・工商業経営・鉄道敷設など独占的利権の承認、大連・旅順の租借期限延長、南満洲・安奉鉄道権益期限延長（七条）、第三号＝漢冶萍《かんやひょう》公司の日中合弁化（二条）、第四号＝中国沿海港湾・島嶼の第三国への割譲・租借の禁止（一条）、第五号＝日本人政治・財政・軍事顧問の招聘、警察行政の日中協力、日本による武器の優先的供給(七条)、から成り、明らかに中国の主権や国益を侵害する内容が含まれていた。五号二一カ条のうち、前四号は要求条項(Demands)、第五号は希望条項(Desiderata)とされたが、当事者の加藤高明外相等が中核条項として最重要視したのは第二号であった[堀川 一九五八]。

日本政府は交渉を秘密裏に進めようとしたが、中国政府の意図的リークにより、国内外に広く知られるところとなり、中国ではただちに朝野・官民挙げての憤激と反対を引き起こすこととなった。袁世凱ら中国政府首脳は日本との交渉を有利に進めるため、列強の中では最も親中的であると思われ、また大戦の影響を受けることが最も少なかったアメリカに頼ろうと考え、ラインシュ Paul S. Reinsch 駐華公使(一九一三―一九年在任)に当初から対日交渉の方策を相談したのである[北岡 一九八五]。これが北京の外国新聞社・通信社を通じて世界に伝わり、外国メディアの報道が中文紙に報道されて、中国国民の怒りの火に油を注ぐこととなった。外交交渉は二月二日より四月二六日まで二五回にわたり進められたが、中国側の「抵抗」と「遅延」策により難航をきわめ、結局妥結の見通しがないまま、日本は五月七日に第五号を削除した修正案を最後通牒のかたちで提出し、中国側は五月九日にこれを受諾した(調印は五月二五日)。

国内世論は二一カ条要求の事実が新聞に報道されるや、いっせいに激しく反発した。挙国一致で政府の外交を後押しすることが主張され、主権護持や愛国排日を掲げる反対運動が、学生・教員・資本家・商人・手工業者・労働者など都市の諸階層を中心に全国的に展開された。闘争の方式は、結社をつくり集会を開いて宣伝活動を行うことや、日本製品ボイコットを呼びかけることであったが、日本に滞在していた中国人留学生の中には、学業放棄・一斉帰国の強硬手段で「愛国の熱誠」をあらわそうとする動きも見られた。

外国を標的とするこうした民族主義運動の形態は、たとえば一九〇五年の反米ボイコットや「清国留学生取締規則」反対運動に見られるように、二〇世紀初頭以来、中国の愛国運動にしばしば見られる意思表示の一つの「文法」

であった［吉澤 二〇〇三］。ただ、二一カ条要求反対運動では、「日に一会を立てる」といった国民の横への連合の方式や新聞メディアを通じた宣伝の手法など、それまでにない規模と強度で全国が沸騰することになったのが特徴である。なかでも、このとき新たな救国行動の形態となったのが救国貯金である。二一カ条要求が明らかになると、全国の主要都市や留学生のいる海外の都市では、「救国」のための「貯金」が広く呼びかけられた［臼井 一九七二、八七頁］。羅志田によれば、上海や天津、北京など沿岸部の大都市で巨額の貯金が集まったほか、集会などの抗議行動がそれほど活発でなかった湖南・湖北でも多くの拠金が寄せられた。また江蘇・浙江などでは、拠金者の多くが中下層の民衆であったという［羅 二〇〇一、七三頁］。もって、この運動が地域的にも階層的にもかつてない広がりを獲得しつつ展開したことが知られる。二一カ条要求反対運動は、中華民国最初の大規模な救国・愛国運動であり、その後繰り返される対外的民族運動の範型を示したという点で、後世に大きな影響を与える歴史的事件であった。

二一カ条要求反対運動は、当初は官民協力・挙国一致の闘争形態が主流であったが、一五年四月頃から反政府の色彩を強めるようになり、日本に妥協的だと目される官僚への攻撃も唱えられるようになった。一九一九年五月四日に北京で起こった学生デモ（五・四運動）の直接の誘因もまた、このときの反日行動にある。五・四運動で学生たちの攻撃の標的となったのは、二一カ条要求の交渉の際に責任ある立場にあった曹汝霖《そうじょりん》・陸宗輿《りくそうよ》・章宗祥《しょうそうしょう》の「売国官僚」三名であり、「外に主権を争い、内に国賊を除く」とは当時最も人口に膾炙《かいしゃ》した闘争スローガンだった。前年の日中共同防敵軍事協定反対運動（後述）では、運動の主体となった留日学生が「力《つと》めて外交を争い、内政には渉《かかわ》らず」を明文の原則に掲げていたことからすれば、これは学生運動にとっても大きな方針転換であった［呂 一九九四、四一頁］。

かくして二一カ条要求は、日中関係悪化のきわめて大きな転機になった。もちろんそれ以前からも、日露戦争後に日本が進めた満洲での利権獲得や韓国併合の動きは、中国人に対日不信と亡国への危機感を募らせつつあった。だが、この不信と危機感を幅広い国民規模の民族主義運動へと転化させるきっかけとなった事件こそ、二一カ条要求にほかならない。日本が最後通牒を発した五月七日、および中国政府がこれを受諾した五月九日は、「国恥記念日」として学校教育の現場にまで浸透し、その後（今日に至るまで！）中国が受けた民族的屈辱の記憶の核となっている。

中国の日本イメージが凋落したのとは対照的に、中国の「盟友」としてイメージ・アップを果たしたのがアメリカ合衆国である。アメリカは他の列強とはちがって、中国に租借地や勢力範囲を求めなかった。また、他の列強に先んじて中華民国を承認（一九一三年四月）した大国であった。そうした「クリーン」で友好的な国家イメージは、当時の中国人に広く共有されており、アメリカへの期待は高かった。二一カ条要求をめぐる交渉でも、袁世凱政権が最も信頼していた第三国がアメリカであり、またラインシュ駐華公使の親中的言動は、反対運動の主体となった学生たちにも好感をもって迎えられた。三年後、ヴェルサイユ会議での新たな「国恥」の危機に際して、五月四日天安門前広場に結集した北京の大学生が、当初アメリカ公使館への請願デモを予定していたのは、偶然ではない。アメリカに対する期待は、秘密外交の廃止や民族自決を訴えたウィルソン大統領（一九一三―二一年在任）の一四カ条にも鼓舞されて、いやがおうにも高まっていたのである。あえて単純化していえば、二一カ条要求は日中両国の関係悪化の起点になったのみならず、中米関係においては、その後アジア太平洋戦争で日本軍国主義を「共通の敵」とするに至るまで、「親睦」「友好」の関係を築く起点ともなったのである。

二　北京政府と修約外交

袁世凱政権は、一九一二年の張振武処刑、一九一三年三月の宋教仁暗殺、さらに六月から七月には国民党系の南方三都督（省の軍政長官）罷免と、実力行使による反対派排除、議会政治圧殺へと進んでいった。それと同時に、一三年四月には議会の承認なく、英・仏・独・露・日五カ国と二五〇〇万ポンドに上る善後大借款の契約を結んで野党国民党との対決姿勢を露わにし、ついに一四年一月国会解散の挙に出た。新生民国の「共和」「民主」を踏みにじるがごとき袁大総統の専断・独裁には、孫文や国民党が反発（第二革命）したのはもとより、知識人や学生にも、過去の専制政治への先祖返りを想起させ、やがて「文化」や「国民性」の「根本改造」へとかれらの眼を向けさせるきっかけとなった。

袁世凱政権の一連の言論封殺・野党弾圧策が「共和の名」を借りて「専制の実」を行うものであったことはいうまでもない。だが、他方、野村浩一が指摘するように、それはまた民国という枠組みの中、「共和」「民主」や法律に深く拘束される政権であり、「皇権の実」をもちつつ「共和の名」を借りることによって成立する「似非《えせ》皇権」であった［野村 二〇〇七、一〇二頁］。その「似非」ぶりは、たとえば「暴民専制」「国会専制」という国民党弾圧のレトリックによく示されており、そのグロテスクな姿は、一九一五年一二月に始まる「洪憲」帝政において、「輿論」の活用が積極的に図られたことにあらわれている。すなわち、袁はまず参政院参政の楊度《ようたく》らに籌安会《ちゅうあんかい》を組織させて君主立憲の輿論を盛り上げ、さらに腹心の梁士詒《りょうしい》に全国請願連合会を組織させて、袁の皇帝即位を支持する請願運動を展開した。その結果開かれた「国民代表大会」で「国体」変更が可決され、袁世凱は参議院により「合法」的に皇帝に選出されたのである［張 一九九八、七二頁］。実態はともあれ、形式的には「民意」に推戴される皇帝という図式が袁の脳裏には描かれていたと思われる。結果的に見れば、「洪憲」帝政を挫折に追いやったのもまた、袁世凱に民国初代大総統の地位を与えた「輿論」の力であったといえなくはない。帝政宣布からわずか八三日後、国内に沸き上がる反対論に抗しきれなくなった「中華帝国」皇帝・袁世凱は、やはり「民意」を理由に帝政の廃止を宣言するのである。

政治制度の面から見れば、民国初年における袁世凱と国民党系勢力の争いは、行政府（大総統）主導か、立法府（議会）主導か、の対立に帰すことができる［横山 一九九六、一一〇頁］。注意すべきは、後者の代表であった宋教仁の議会重視に対して孫文は批判的で、むしろ強力な権限を有する大総統優位の制度構想を擁護したことである。この点、少なくとも民国初年において、孫文と袁世凱の間にさほどの違いはなかった。また、五・四新文化運動のリーダー、中共初期指導者の一人となる李大釗《りたいしょう》(一八八九—一九二七)も、後に民本主義的立場から袁世凱の帝政運動を強く非難するものの、一九一三年の時点では、袁世凱の強力なリーダーシップによる中国の再生に期待を寄せ、逆に国民党系の反袁勢力に対しては、議会政治に必要な「調和」に背くものだとしてこれを強く批判していた[朱 一九八九]。こうした「擁袁」的言論は当時にあって、知識人や政客・官僚の間では決して少数意見ではなかった。多くの国民もまた、「統一」を願い「混乱」を厭う気持ちから、全国を統治しうる能力をそなえた強力な中央政府と政治的強人《ストロング・マン》を求めていたのである。

さて、袁世凱の死後、中国は「中央なき地方」の時代に陥る。いわゆる「軍閥混戦」の時代である。また、辛亥革命時の「独立」に示された省の力は、政治的な自立化要求となってあらわれ、広東、浙江、湖南など南方の諸省では、「連省自治」を唱える勢力が省内政治を動かし、湖南省の省憲法制定など、民主的な制度改革も一部で進められた。だが、注意すべきは、この間、中央政府の統治能力は低下していたとはいえ、その正統性と合法性において「省」が(孫文派の限られた動きを除けば)中央の役割を代替するケースは一度たりともなかったことである。北京政府の「腐敗」「無能」に対する批判の声は数限りなく聞かれたが、いかに政治的経済的混乱がきわまろうとも、中華民国の看板を掛け替えようとする動きは、宗社党など旧体制につながりのある勢力を除けば、皆無であった。しかも、興味深いことに、一九一七年八月北京政府から「離脱」を宣言した広東政府も、一九年のヴェルサイユ講和会議には北京政府と歩調を合わせて、南北統一の代表団を派遣した。孫文自身はこれに反対だったが、対外政策や国権回収の理念の面で、北京と広東の間にさほど懸隔があったわけではない[川島 二〇〇四、三四四頁]。これもまた、対外危機が高まった際に「中央」への求心力が働く民国政治のメカニズムを体現するものだと考えられよう。

なぜなのか。その理由は、地方権力がその地域的統治の遂行にあたって、なにより「民国を代表する中央政府」からの認知を必要としていたことに求められる。袁世凱の死後、「軍閥」の地方割拠が激化したにもかかわらず、「中央」が保持する人事任免権は、形式的・名目的にせよ機能し続けた［金子 二〇〇八、一二三頁］。逆にいえば、中華民国における中央・地方という枠組みを否定した自律的権力は、ただちに統治の正当性《レジティマシー》根拠の危機に直面せざるをえなかったのである。これこそ、袁世凱政権期やその後の「軍閥」混戦期において、さまざまな政府批判があったにもかかわらず、主権国家としての中華民国の対内的合法性を支えていた基盤であり、その数次の軍事蜂起を通じた孫文派の「中央」否認が、一九一〇年代には主流にならなかった理由である。こうしてみると、皮肉なことに、袁世凱の帝政は「中華帝国」への看板の掛け替えを試みた時点で、すでに「民国」の正当性と合法性を傷つけており、早晩失敗に帰す運命にあったともいえよう。岩井茂樹は清末民初の財政改革を論じて、「かつては皇帝＝天子のみが、革命後はそれに代替する大総統、委員長、「偉大なる領袖」、神格を保有する党のみが正統性と合法性の頂点に位置し、それがなければ統治の安定が実現しない。地域的な支配権力も、社会の自立や自治も、こうした正統性と合法性の源泉に直接、間接に繋がっていることを求めた」ことに、「大一統」の政治文化を見出している［岩井 二〇〇九、一四一頁］。袁世凱とかれが生み出した「軍閥」割拠の状況もまた、中国政治における中央・地方関係や国家統合のあり方を如実に映しだす鏡であった。

　さて、袁世凱の専制支配から「軍閥」混戦へと至る北京政府期の政治過程において別に指摘すべきは、内政と外交の緊密な関係、その一体化の現象である。皇帝親裁の王朝国家では、そもそも「民意」上達のルートは官僚システムの中に閉じ込められていたし、公議や輿論ももっぱら「言官」としてのそれに限られていた。民国政治において、こうした官民隔絶を打ち破ったのは、中央においても、地方（省、県）においても、曲がりなりにも議会が設置され、民意の代表機関と認知されたからである［横山 一九八五］。また、「民主」「共和」理念の浸透に加えて、交通・通信手段の発達や言論メディア（新聞・雑誌）の普及も、「輿論」が政治を動かす力になるのに大いに寄与した。議会が代表する「民意」や社会の表出する「輿論」は、ときに形骸化したり、過激化したりすることはあっても、すでに権力における もっとも重要な正当化根拠となっていたのである。したがって、内政にかかわる予算や人事はもとより、外国借款や条約締結もまた、「輿論」の重要な関心事となり、政府の外交方針を左右する大きな社会的圧力になりえたのが、民国という時代であった。「輿論」の側もまたそうした自覚をもって政府の弱腰を批判し、また対外交渉の後ろ盾をもって任じたことは、次節で述べるとおりである。

「輿論」の批判や支持を受けながら、内政問題と密接に連動しながら展開する北京政府期の外交のあり方を、ここでは「修約外交」とまとめておこう。厳密にいえば、修約外交とは五・四運動以後、ヴェルサイユ＝ワシントン条約体制下で追求された北京政府の外交指針・外交理念をいう。しかし、ここではそれを近代中国の政治外交のより広い文脈に置き替えて定義してみたい。

ここでいう広義の修約外交とは、辛亥革命をはさんで、清朝外務部から中華民国外交部がとった不平等条約改正のための一連の政策の総称であり、中国をめぐる国際秩序に正面から異を唱えこれを改変しようとする（革命外交）のではなく、秩序を支える規範やルールに従った上で、国際会議や国際組織（万国平和会議やその後身である国際連盟など）など多国間関係の場を通じて、期限の切れる条約や協定の改正（「到期修約」）につとめ、そのことを通じて国権の回収や国益の増進を図り、さらには中国の大国としての国際的地位を高めていこうとする志向である［川島 二〇〇四］。

その達成度は別にして、北京政府が一貫して不平等条約改正を念頭に置き、国権の回復と中国の地位向上を目指していたことは疑いない。たとえば、一九一二年から一八年の間に、北京政府はキューバ、チリ、スイスと通好条約を締結する際、平等互恵の原則を重視し、相手国に特権を与えぬよう慎重に交渉を進めた。また、ヴェルサイユ講和会議が開かれた一九一九年には、戦敗国・革命国に対しては旧条約の撤廃と新平等条約の締結を、無約国や新興国に対しては平等互恵原則にもとづく国交樹立を、さらに条約各国には中国の主権を制限する条項の撤廃を求めて、「修約外交」を積極的に展開した［唐 二〇〇四］。その後の条約締結でも、領事裁判権をめぐり対等性を意識した交渉が進められた。こうした主権維持・国権擁護の外交が北京政府に可能になったのは、第一次大戦により、欧州を中心とする国際秩序が大きく動揺し、古典的な帝国主義外交が衰退し始めるという外部的要因もあったが、それだけではなかった。清末「新政」から辛亥革命を経て、外交に関わる機関（外務部、外交部）や専門人員（職業的外交官）などの制度的基盤が本格的に整備されるという有利な国内状況もあった。これらの要因もまた「修約外交」の進展に貢献したことを見逃してはならない［川島 二〇〇四］。

さて、二一カ条要求が、民国政府のこうした「修約外交」への努力と真っ向から衝突するものであったことは指摘するまでもない。中国から見てそれは、第一に「火事場泥棒」ともいうべき、国際的正義・公正を顧みぬ不当な要求であり、第二に既存の国際法上の手続きに照らしても決して容認すべきでない不法な要求であった。さらに、中国の望んだ多国間交渉による山東問題の解決ではなく、列強にも隠蔽したまま（結局、英字新聞にリークされ要求の内容は世界の知るところとなったが）、二国間で強引に交渉を進めようとした日本政府の姿勢も、結果的に修約外交への努力を踏みにじるものとなった。北京政府の修約外交に体現される民族主義への志向をはかり損ねたことは、二一カ条要求、およびその後の日本の対中外交が挫折する根本的要因であったといえよう。

三　五・四運動と新文化運動

五・四運動とは、狭義には一九一九年五月四日、ヴェルサイユで開かれた第一次大戦の講和会議で、日本が二一カ条要求で獲得した山東省の利権が返還される見込みのないことを知った北京の学生が、「われらに青島を返せ」などのスローガンを掲げて天安門広場を示威行進し、二一カ条交渉の当事者で親日的と目されていた曹汝霖の邸宅に侵入・放火し、たまたま曹宅にいた章宗祥（前駐日公使）を殴打、学生に逮捕者が出た事件を指す。北京の学生運動に各都市の学生や市民が呼応し、六月五日には上海で商人・手工業者・学生が連動してストライキを行うなど反日愛国の市民的デモンストレーションが広く波及した。地方でも省議会や教育会・商会・学生連合会が幅広く結集して、集会や通電を通じて、条約調印拒否や「売国」三官僚罷免の声を上げていった。なかでも、社会各階層の意見を集約し、国民輿論を方向づけ、政府への「圧力団体」となったのが、一九年二月に結成された国民外交協会である。理事には張謇《ちょうけん》・熊希齢《ゆうきれい》・林長民ら閣僚経験者クラスの「名流」が顔をそろえ、逮捕学生の釈放や条約調印絶対拒否を政府に働きかけた［許 二〇〇七］。こうした国民輿論の圧力を受けて、北京政府も六月二八日、ヴェルサイユ条約調印式には参加しないことを決定し（ただし、山東問題とかかわらないオーストリアとは、サンジェルマン講和条約に調印）、国民的規模で空前の盛り上がりを示した民族主義的抗議運動は「勝利」のうちに収束に向かった。

より広い時間幅でこの運動を見ると、二一カ条要求受諾に対する国民の広い憤激や批判が直接の背景にあったことはいうまでもない。さらに、より近い起因となったのが、一九一八年三月にリークされた日中共同防敵秘密協定への反対運動であった。とりわけ、留日学生は「救国団」を組織し、抗議表明のための一斉帰国を画策・実行するなど、国内の反日運動の展開に大きな影響を与えた［小野 二〇〇三］。かれら帰国学生は、北京、天津、上海などで大学や商会など国内各界への働きかけを積極的に行い、その後展開する反日愛国運動の一翼を担った。協定は、中国人の広汎な反対にもかかわらず、一九一八年五月一六日に陸軍の部分が、五月一七日に海軍の部分が調印され、翌一九年三月一四日に公表された。ヴェルサイユ講和会議の動向と相まって、この反対運動が、全国規模の反日・愛国の輿論を昂揚させるにあずかって力のあったことは疑いない。また、五・四運動の国際的背景としては、先述したようにウィルソン外交への期待や大戦後の国際正義実現への信任（当時最も人口に膾炙したのが「公理が強権に勝った」という文句である）が、山東利権の返還のみならず、中国が結んできた不平等条約の撤廃要求へと広がりはじめていたことも重要である。

他方、広義の五・四運動とは、一九一五年九月の『青年雑誌』(のちの『新青年』)創刊から始まる「新文化運動」を指す。新文化運動の担い手と一九一九年五、六月の学生運動の主体が人員の面でも組織の面でも多く重なることから、五・四新文化運動とも称される。つまり、思想・文化面で狭義の五・四運動を用意したのが新文化運動である、というわけである。その下限は、いくつかの異説があるが、上述した「新民主主義」革命史観によれば、一九二一年七月の中国共産党創立までとされる。

新文化運動の具体的内容は、大きく儒教批判と文学革命の二つからなる。儒教批判は、袁世凱時代の儒教国教化の動きや張勲の清帝復辟《ふくへき》事件(一九一七年七月)に端を発し、儒教倫理(綱常)が民主や自由など新時代の原理と相容れないことを説くもので、陳独秀「孔子の道と現代生活」や呉虞《ごぐ》「家族制度は専制主義の根拠であるの論」など激烈な名教・礼教批判が『新青年』に掲載され、新旧両派から大きな反響を呼んだ。また、文学革命は胡適(一八九一—一九六二)によって提唱された、白話文学を文学史の嫡流とする考えで、古文はすでに「死んだ文字」「死んだ文学」であると退け、口語(白話)という「生きた文字」による「生きた文学」の創造を訴えた。そのため、胡適は言文一致(白話革命)を主張し、魯迅の『狂人日記』を口語文学の実践として激賞した。胡適の文学改革論は、「文学の国語、国語の文学」というそのスローガンにも示されるとおり、近代的国民文学論の試みと見ることができる。

儒教批判にせよ、文学革命にせよ、伝統文化の根底的見直しや文化・社会の「改造」を求めたという点で、新文化運動はたしかに近現代中国における一つの思想的転換点であった。また、一九二〇年代以降、左右両派の多くの知識人によって、常に想起されるべき「革命」「改造」の輝ける原点と位置づけられてきた。たとえば、「新民主主義論」を提起した延安整風運動における毛沢東がそうであり、「解放思想、実事求是」を掲げて改革・開放政策を起動した鄧小平がそうである。しかし、一九九〇年代以降、イデオロギー化された五・四新文化運動像にも、脱神話化の動きが顕著になりつつある。たとえば、王奇生は「新文化はいかに「運動《そうさ》」されたか」と題する近年の論考で、『新青年』が繰り広げた新文化運動の評価をめぐり、当時の実態と後世の解釈の間の乖離を問題にしている。すなわち、創刊後しばらく『新青年』はとくに目だった特色のある論調を展開したわけでなく、販売部数も低迷していたこと、それが一躍名をなすに至ったのには、北京大学という最高学府の権威と結びついたのが大きかったこと、さらに文学革命を批判する仮名の投書とそれへの再批判を掲載するという自作自演の「メディア戦術」が功を奏したことなど、新文化運動が作為的なプロパガンダの力により、ようやく言論界や文化界に勢力をもつようになったことを個別に実証するのである。さらに、そうした「運動」の結果、「新文化運動」なる概念が社会に広まるのは、狭義の五・四運動の後、半年ぐらいの間だという[王 二〇〇七]。もって傾聴すべき観点であるが、『新青年』の「メディア戦術」の奏功については、当事者の主観的意図を超えたさらなる分析が必要かと思われる。しかし、それにもかかわらず、王の指摘するとおり、新文化運動と五・四愛国運動の関係についていえば、従来のように両者を単純な先後関係あるいは因果関係でつなぐことには、より慎重にならなければならないだろう。

ここでは、政治的・イデオロギー的に「神話化」されてきた五・四新文化運動への歴史的および理論的な反省・批判の動向について、およそ以下の四つの類型にまとめて整理しておく。

第一は、胡適、魯迅、陳独秀らのテキストの分析を通じて、アメリカで教鞭をとる林毓生《りんいくせい》が提起した論点で、五・四新文化運動を担った思想家群には、「思想・文化を借りて問題を解決する」総体論的思考様式があり、それが一九二〇年代以降、中国の政治的ラジカリズムを導き、民主主義や自由主義の健全な発展を妨げたという説である。林毓生はこうした総体論的反伝統主義の再演を一九六〇年代の文化大革命に見ており、五・四運動の負の遺産を中国共産党の革命運動や毛沢東の専制政治に見出す[林 一九八九]。

第二は、現代詩人の鄭敏が提起した文学革命批判で、五・四期の言語・文字改革は伝統の否定、過去との切断を強調するあまり、文言文が蔵する中国文学の創造的転換の可能性を奪い、現代中国文化の貧困化をまねいたというものである。彼女によれば、古今東西を問わず、伝統の継承と文化の革新はほんらい対立するものではないにもかかわらず、五・四の文学革命は伝統と近代を水火相容れざる関係におくことで、伝統文化と現代中国がもちえた豊かな有機的関係を切断し、教育や文化のあるべき改革をたんなる西洋の模倣に貶めてしまったという〔鄭 一九九三〕。

第一、第二の新文化運動批判は、急進的な改造・革命運動が扼殺した中国文化の漸進的かつ合理的な発展を擁護する点で共通するが、第三に、五・四「激進主義《ラジカリズム》」を文化保守主義の側から問題視するのが、余英時の「中国知識人の周辺化」論である。余は、清末以降、士大夫《したいふ》の消失にともない、中国文化の周縁化と同時に、知識人の政治的・文化的な周縁化も進んだとして、五・四期における状況をこう語る。「「五・四」は文化周縁化のさらなる発展であった。清末民初の知識人はすでに中国文化の中核を西洋的価値に置き換えていたものの、それでも古代の経典には心を配ったし、この置き換えも徹底したものではありえなかった。……「五・四」時代の人はこれと大きく違っていた。かれらは基本的に中国の経典をもって西洋近代思想に附会することには反対であったし、中国の経典がそれまでの中心的地位から退き西洋の新観念が取って代わることを遠慮なく求めた。「五・四」の知識人がもはや中国文化に自己同一化しようとしなかったことはいうまでもない」〔余 一九九一〕。また、これに連動して、復古派・伝統派の流れを再評価する動きもあり、西洋にならった近代化は技術の進歩をもたらすのみで、精神や道徳の進歩を同時にもたらすわけではないし、社会秩序の安定や調和をかえって乱しかねないとして、伝統的な価値や規範を「保守」思潮に見出す論者も少なくない。たとえば、『東西文化とその哲学』(一九二一年刊)を書いた梁漱溟《りょうそうめい》(一八九三―一九八八)や『新青年』と鋭く対立した雑誌『学衡』グループ(南京高等師範教員の胡先驌《こせんしゅく》、梅光迪《ばいこうてき》、呉宓《ごみつ》ら)を文化保守主義者として中国近現代史にしかるべき位置を与えようとする一群の研究がそれである。

第四に、「清末なかりせば、五・四は何ぞ来たらん」との中国近現代文学研究者・王徳威の問題提起を挙げておこう。清末小説を読み解く王は、「五・四新文学」が目指した文学の現代性《モダニティ》は、清末小説の多様な営為にその起源をもち、西洋に刺激を受けた近代小説への転換もすでに一九世紀後半には始まっていた。過去の文学史は「五・四」を突出させるために、清末小説の意義を相対的に低く評価してきたが、実はそこには多様な現代文学の可能性が蔵されており、伝統の内部からの自己転換の興味深い事例も多く見出せる。むしろ、「時に感じ国を憂う」式の五・四新文学は政治と文学を結合したことにより、中国における現代性の多様な展開をかえって狭めてしまった、という［王 二〇〇三］。王の議論はもっぱら清末小説の再評価や文学史叙述の問題を取り扱っているが、思想史や文化史、また政治史の領域でも、清末の変法運動や啓蒙思想を五・四との関係でいかに定位するか（裏返せば「五・四」の画期性をどこに見出すか）という射程の広い問題につながるものであり、冒頭に提起した時期区分論にも関係する「五・四」見直し論として読むこともできる。

以上、四つの類型に整理して、一九八〇年代以降顕著になってきた五・四新文化運動の見直し論を概観してきた。しかし、いうまでもなく、これらによって「五・四」の時代的意義や歴史的影響が完全に否定されるというわけではない。大きく見れば、それは一元的イデオロギーの独占的解釈のもとにおかれてきた「五・四」の「新文化」が多様な可能性をもち、また内部にさまざまな葛藤や軋轢を含む錯綜した「運動」であったことを示すものであり、多元的な解釈を可能にする歴史的空間であったことを確認するものであろう。今後は、そうした多元的な「五・四」像から出発して、中国近現代史の可能性を「革命」をも含めた視野で、思考してゆくことが求められる。脱神話化はそのために必要な前提作業なのである。

おわりに

二一カ条要求は、それが本格的な反日の民族主義を昂揚させたという点で、近代日中関係史上の大きな転換点であった。それ以前にも、一九〇五年の反米ボイコット、一九〇九年の満洲利権をめぐる反日輿論など、義和団的な排外主義とは質を異にする、国民主義的民族運動のあらわれはあった。しかし、二一カ条反対で示された中国人の反日運動はその規模や社会的広がり、中国という民族／国民アイデンティティへの影響といった点で、民族主義の新しい質を示したのである。アイデンティティ変容に関して一例を挙げれば、二一カ条要求の翌一九一六年、中国の国語教科書に初めて「国恥」の語があらわれ、一章を設けて、清末以来の領土割譲・租借や利権喪失、賠償金支払いの過程が語られた［黄 二〇一〇］。「国恥」の語はそれ以前にもなかったわけではないが、二一カ条要求の「国恥記念日」設置と連動した民族的感情の表出が一年をおかずして、学校教育にも反映されたのである。さらに興味深いことに、ちょうど二一カ条要求と前後して、中国の「排日教科書」に対する日本側の批判と抗議が始まり、これに対して、中国政府が一部対応を約束するとともに、「排日」の原因をなす日本側の言動にも問題があるとやり返す交渉があった［砂山 二〇一〇］。「排日教科書」をめぐる日中間のこうした応酬は、二〇〇〇年代になって中国の「愛国主義教育」に対する日本の政府や社会の疑念・批判にも再演されており、百年変わらぬ相互イメージ形成のパターンを提供しているともいえる［川島・服部 二〇〇七、一〇六頁］。それだけに、二一カ条要求は両国関係の齟齬とすれ違いの記憶において、いまだに重要な位置を占めるということもできるだろう。

一八九八年の挫折した戊戌《ぼじゅつ》変法、あるいは一九〇一年に始まる清末一〇年の「新政」において、日本の近代化の成功物語は、中国にとって愛憎が半ばする複雑な感情を喚起するモデルであった。これは、海を遠く隔てたアメリカ合衆国が、その(中国に理解された限りでの)植民地的野望の希薄さや「公理」を重んじる清廉な国とのイメージによって、二〇世紀に入り、日本に代わる中国のよき友人・援助者として存在感を増していったのとは、対照的である。とくに、先述したように、二一カ条要求の提出は、それまで中国人の間に蓄積されてきた同時代の日本に対する肯定的評価を一掃して余りあるほどの民族主義的憤激をかき立てる事件であった。これを契機に愛憎のバランスは崩れ、「憎」が「愛」を圧倒する日本観が中国人の心の中に沈殿していった。中国近代の民族主義は、この時期まさに反日・仇日を糧に、改革や革命の模索を続けたのである。まさに毛沢東が喝破したように、「帝国主義の侵略は中国人が西方に学ばんとする迷夢を打ち破った。不思議なことだ。なぜ教師はいつも生徒を侵略するのか」(「人民民主主義独裁について」一九四九年六月)と当時の中国人は考えた。もちろん、ここで毛沢東のいう帝国主義にはアメリカもイギリスもフランスも含まれる。だが、民国初年の時期、生徒の期待を裏切りつづけた「教師」といえば、日本をおいてほかにはなかった。五・四運動は、政府批判であると同時に、日本という「教師」に対する中国の「学生」の異議申し立てであった。その異議申し立ては、一九二〇年代に入ると、先生と学生の関係を律する「構造」への認識、すなわち帝国主義批判へとつながってゆく。時あたかも北の隣国ロシアでは革命が起こり、毛沢東ら五・四青年に全く異なるタイプの「教師」像を提供し始めた頃であった。

【文献一覧】

岩井茂樹 二〇〇九「中華帝国財政の近代化」飯島渉ほか編『シリーズ 20世紀中国史1 中華世界と近代』東京大学出版会
臼井勝美 一九七二『日本と中国――大正時代』原書房
小野信爾 二〇〇三『五四運動在日本』汲古書院
金子肇 二〇〇八『近代中国の中央と地方』汲古書院
川島真 二〇〇四『近代中国外交の形成』名古屋大学出版会

川島真・服部龍二編　二〇〇七　『東アジア国際政治史』名古屋大学出版会
北岡伸一　一九八五　「二十一カ条再考——日米外交の相互作用」近代日本研究会編『年報近代日本研究　7』山川出版社
黄東蘭　二〇一〇　「清末・民国期地理教科書の空間表象」並木頼寿ほか編『近代中国・教科書と日本』研文出版
砂山幸雄　二〇一〇　「「支那排日教科書」批判の系譜」並木頼寿ほか編『近代中国・教科書と日本』研文出版
J・チェン　一九八〇　『袁世凱と近代中国』守川正道訳、岩波書店(Jerome Ch'en, *Yuan Shih-k'ai*, 2nd ed., Stanford: Stanford University Press, 1972)
野村浩一　二〇〇七　『近代中国の政治文化——民権・立憲・皇権』岩波書店
堀川武夫　一九五八　『極東国際政治史序説——二十一箇条要求の研究』有斐閣
村田雄二郎　二〇〇九　「中華民族論の系譜」飯島渉ほか編『シリーズ　20世紀中国史1　中華世界と近代』東京大学出版会
横山英　一九八五　「二〇世紀初期の地方近代化についての覚書」同編『中国の近代化と地方統合』勁草書房
横山宏章　一九九六　『孫文と袁世凱』岩波書店
吉澤誠一郎　二〇〇三　『愛国主義の創成——ナショナリズムから近代中国をみる』岩波書店
林毓生　一九八九　『中国の思想的危機——陳独秀・胡適・魯迅』丸山松幸・陳正醍訳、研文出版(Lin Yü-sheng, *The Crisis of Chinese Consciousness: radical antitraditionalism in the May Fourth era*, Madison: University of Wisconsin Press, 1979)
王奇生　二〇〇七　「新文化是如何〝運動〟起来的」『近代史研究』第一期、中国社会科学院近代史研究所・北京
王徳威　二〇〇三　「没有晩清、何来五四?」『被圧抑的現代性——晩清小説新論』導論、宋偉杰訳、麦田出版・台北(David Der-wei Wang, *Fin-de-siècle splendor: repressed modernities of late Qing fiction, 1849–1911*, Stanford: Stanford University Press, 1997)
許冠亭　二〇〇七　「〝五四〟前後国民外交協会活動述論」『江海学刊』第四期、江蘇省社会科学院・南京
朱成甲　一九八九　『李大釗早期革命思想和近代中国』河北人民出版社・石家荘
張玉法　一九九八　『中華民国史綱』聯経出版事業公司・台北
鄭敏　一九九三　「世紀末的回顧——漢語語言変革与中国新詩創作」『文学評論』第三号
唐啓華　二〇〇四　「〝北洋外交〟研究評介」『歴史研究』第一期
余英時　一九九一　「中国知識分子的辺縁化」『二十一世紀』総第六号、香港中文大学中国文化研究所・香港

羅志田　二〇〇一　『乱世潜流——民族主義与民国政治』上海古籍出版社
呂芳上　一九九四　『従学生運動到運動学生（民国八年至十八年）』中央研究院近代史研究所・台北

個別史／地域史Ⅲ

東南アジアにおけるナショナリズムの多様性
――越境的・周辺的ナショナリズムの展開と限界

山本信人

はじめに

東南アジア地域における二〇世紀型国民国家建設の基盤は、大衆ナショナリズムと公的ナショナリズムをブレンドした植民地ナショナリズムにある。このように、ナショナリズム研究の古典『想像の共同体』のなかでベネディクト・アンダーソンは述べている[Anderson 1991, p. 114]。いうまでもなく、この植民地ナショナリズム理解は主流である。

たしかに主流の植民地ナショナリズムは、独立国家における国家と社会のあり方、国民の意味と方向性を規定した。歴史的に東南アジアでは、植民地政策だけではなく、日本軍政期以前における大衆ナショナリズムの有無が大別して二つの独立過程をもたらした。それは、平和裡に権力移譲を受けた米領フィリピンと英領マラヤと、独立闘争を経験した仏領インドシナと蘭領東インドの二つである。後者は独立闘争の過程でナショナリズムが先鋭化した。その状況を受けて、戦後の東南アジア地域秩序形成に取り組んでいた米国では、その東南アジア研究においてナショナリズムは格好の研究題材となった[Kahin 1952; Marr 1971]。

しかしながら、同時代史的に二〇世紀前半の東南アジア史を振り返る場合、主流の植民地ナショナリズムのみに着目する観点には三つの問題がある。第一に、この観点は独立東南アジア諸国の国民国家建設の特徴をつかむという意味では重要であるが、それは政治的判断の下で取捨選択された結果であるという歴史的事実を軽視する危険性を内包している。植民地文書に残るナショナリズム運動は植民地の中核地域についての記述であることが多いために、非中核地域の運動についての記述は極端に薄い [Kahin 1999, p. 92]。しかし、公式文書での記述の薄さは同時代的に政治的な意義が低かったことを意味しない。

この点と関連して第二に、植民地期には、植民地当局から危険視され、周辺化されたナショナリズムも存在した。そうした周辺化されたナショナリズムとは、当局による理解と想像、それに基づく監視の制度化の産物であった。周辺化された対象には、植民地における中核的な現地住民ではなかったという事実が含まれることもある。時には主流のナショナリズム以上に、周辺化されたナショナリズムは植民地当局による徹底的な抑圧に直面した。なによりもそれは、主流の植民地ナショナリズムとは異なり、越境的な性格を有していた。一国家、一国民という神話に収斂していく国民国家化の時代潮流のなかで越境的ナショナリズムが生き延びる余地はなかったが、戦間期東南アジアでのナショナリズムの展開を歴史的に位置づけるには、こうした越境的ナショナリズムを軽視するわけにはいかない。

第三に、周辺化されたナショナリズムには、地理的に植民地領域の周辺で展開しただけではなく、民族的な周辺性がその特徴を形作ることがある。民族の周辺性は民族的な特性を反映することもあれば、その移動性からくる特性という場合もある。特定地域で活性化し、あるいは特定民族をめぐり展開したナショナリズムは、その行方がのちに周辺化されたとしても、同時代的にはその展開を検証する意義は存在する。

そこで本章では、戦間期東南アジアで周辺化されたナショナリズムに焦点を当て、その歴史的意義を再考してみたい。すなわち、各国史が誕生する以前の植民地時代を同時代的に探ることで、ナショナルな枠に収まりきらない、あるいは独立後にナショナルな枠から落とされていったナショナリズムの実態を描きだすことを目的とする。事例としては、華人ナショナリズム運動、および共産主義地下活動とそれと関連したスマトラからのナショナリズムの二つを取りあげる。

一　植民地ナショナリズム

本節ではまず主流の植民地ナショナリズムを概観したい。植民地ナショナリズムの起点は現地住民の近代的組織化とするのが通例である。それを契機とすると三つの潮流を認めることができる。

三潮流

第一は西洋教育を受けたエリート主導の穏健的な動向である。一九世紀以降、英蘭をはじめとする植民地東南アジアでは植民地国家建設が本格化し、それにともない現地住民官僚の育成が国家建設と運営の鍵となった。とりわけ宗主国言語による教育は現地住民エリートを生みだした。一方で、二〇世紀にはいると現地住民エリートの組織化が自覚的におこなわれるようになった。たとえば、蘭領東インドのジャワで一九〇八年に結成されたブディ・ウトモは、ジャワ人上流階級の民族的自覚を促した文化団体であった。白人の責務を掲げたオランダの倫理主義者からは、西洋人と類似の発想ができる人材の成長、その意味における現地住民の覚醒としてブディ・ウトモは歓迎された。ブディ・ウトモは、第二・第三点目に触れる宗教的あるいは急進的運動とは一線を画し、三五年にはパリンドラ党(大インドネシア党)に吸収された。

第二は宗教を基盤とした運動と組織化である。宗教は思想的に植民地統治の影響を直接受けることが少なく、逆に宗教の教理にある平等性の論理は対植民地主義の思想的基盤となった。宗教を基盤とした運動には二つの種類が存在した。一つは西洋型の運動体である。宗教を基盤としてはいたが、その指導者は西洋教育を受け、あるいはヨーロッパ人政治家の手ほどきを受けており、伝統的な宗教指導者とは一線を画していた。その運動は、組織化、シンボル操作、動員方法、演説や新聞などの広報手段など、近代的な政治手法を用いた点に特徴がある。英領ビルマでは〇六年に仏教青年協会（YMBA）、蘭領東インドでは一二年にイスラーム同盟が登場した。前者は二〇年に穏健派団体ビルマ人団体総評議会（GCBA）へとつながった。後者はイスラームをシンボルに大衆動員を果たした政治団体へと発展した。二三年にはサレカット・イスラーム党、二九年にはインドネシア・サレカット・イスラーム党（PSII）へと改名した。

もう一つは、政治運動化しなかったイスラーム近代主義の社会運動である。思想的な起源はエジプトとメッカでのイスラーム改革運動にあった。エジプトのモハマッド・アブドゥを指導者とした改革運動は、マレー語の活字媒体を通して、カイロやメッカに留学していた青年ムスリムだけではなく、東インドのムスリムにも影響をあたえた。中ジャワのジョクジャカルタでは、一二年にアフマド・ダーランがムハマディアを設立し、教育、社会福祉活動を軸に都市部中間層のあいだに影響力を拡大した。その教育カリキュラムは西洋型教育を模倣したものであり、そこにも近代化の影響を垣間見ることができた。対抗する形でジャワの伝統的イスラームは、二六年に東ジャワのスラバヤとジョンバンを中心としてナフダトゥル・ウラマを結成した。以降、これら二団体がジャワでは主たるイスラーム団体となったが、その政治化はインドネシアの独立後であった。

第三は共産主義の展開に典型的にみられた急進主義運動である。この運動の特徴は政治政党を有し社会を組織化し、組織としての活動拡大を目指したところにある。戦間期の東南アジアでは、ヨーロッパにおける社会主義者や共産主義運動の影響が直接・間接に植民地の現地住民エリートにも浸透した。社会主義者の東南アジアへの流入による現地人エリートとの人的交流だけではなく、一七年のロシア革命成功は共産主義思想の提示する新しい社会運動の実現可能性を具現化した。その結果、二〇年にはアジアで初めてとなる共産主義者協会（ＰＫＩ）がジャワで結成された（二四年にインドネシア共産党と改称）。二五年にはシンガポールで南洋共産党が組織化され、それは三〇年にはマラヤ共産党へと改組された。同年香港ではベトナム共産党が結成され、すぐにインドシナ共産党へと改称した。一連の共産主義政党の成立は、現地住民運動の政治政党化を促す契機ともなった。その一方で、共産主義運動は各地で当局から徹底的にマークされ、三〇年代にはその政治活動が停止するまでに追いやられた。

これら三潮流はそれぞれの思想的基盤を有していたが、それぞれの方法で植民地統治の矛盾を解き、植民地社会の改革を試み、その先にある新しい社会への道筋を提示していた。この場合の新しい社会とは、住民が社会の運営に直接携わる社会であり、そこには宗教的あるいは思想的な平等性が保証されているはずであった。こうした新しい社会像の提示とそこへ参加する住民の想像力が、現地住民の意識覚醒を意味していた。換言すると、二〇年代までは、西洋発の思想と宗教的な思想とが現地化されることが、住民の意識覚醒としてのナショナリズムとほぼ同義であったともいえる。

独立不在から独立へ

ところが、二〇年代半ば以降、これら三潮流は政治組織化することで、異なる主義主張を掲げ、時には対立するようになった。しかし、そこに至るまでの過程で、三潮流には共通点が存在していた。それは一言で表現すると、それぞれの運動が必ずしも自前の国家をもつことを自明としていなかった事実である。穏健派エリートは植民地国家との協調を旨としていたし、イスラーム主義運動はイスラーム・コミュニティの主権確保を目指していた。共産主義運動はプロレタリア革命という階級闘争による脱植民地化を謳ったが、それは共産主義革命の成就を最終目的としたものであり、その段階としての政治的独立は目標に掲げていなかった。つまり、これらの三潮流には植民地支配に抵抗し、そこからの脱却を求めるとしても、その先に政治主権という意味での「独立」という二文字は存在していなかった。

それだけではない。二六年に東インドで刊行されたスカルノの論文「ナショナリズム・イスラーム・マルクス主義」[Sukarno 1970]の題名に暗示されているように、二〇年代までの東インドではナショナリズム、イスラーム主義、マルクス主義は必ずしも相矛盾するイデオロギーとしてはとらえられていなかった。スカルノはこれらの三思想の統合を本論文のなかで試みた。そこでの思想の統合とは新しい社会像の提示を意味していた。実態としては、その試みはスカルノ独自のものではなく、一〇年代末からのイスラーム主義運動の展開のなかで、スマウン、ミスバッハらの運動指導者が独自に展開していた論理であった[Shiraishi 1990]。スカルノは、平等性の確保という意味では共通していた三思想が政治化することで分離していく過程を観察しながら、思想の再統合を国家独立という新しい政治課題に向けて洗練した形で説得的に再構成した。政治的主権の獲得という新しい目的を設けることで、スカルノは三思想の再統合を試みたのである。

こうしてナショナリズムは自前の国家の獲得へと向かった。重要な契機の一つに、一八年に米国上下院合同会議で発表されたウィルソン大統領の一四カ条があった。そこには植民地問題解決の糸口として、民族自決の原理が盛り込まれていた。当該一四カ条には、主権の問題の解決には宗主国の既得権益への配慮がにじんでおり、全面的な植民地統治の否定および民族自決が明記されていたわけではなかった。しかし、民族自決の原理は植民地統治からの脱却を求め、自前の国家を獲得するというナショナリズムの方向性を規定する役割を果たした。政治的な流れは民族自決を肯定する方向に向かい、米領フィリピン、英領インドでは宗主国主導で三〇年代にはいると独立が政治日程に上るようになった。英領マラヤでも独立へ向けて民族政党が組織化され、マレー系住民の政治化が始まった。これに対し、現地住民が政治的に覚醒していた蘭領東インドと仏領インドシナでは、独立はまだ夢の先に存在していた。

越境性

ところで、上述の三つの思想に共通するのは、平等性の主張と新しい社会像の提示だけではなかった。もう一つの重要な要素として、反植民地思想を内包しながらも、国家の枠組みが自明ではなかった点がある。たしかに三思想が定着する前に、東南アジア地域における植民地領域は確定していた。その意味では将来の独立東南アジアが継承する国境線は存在していた。ところが、既述のごとく三思想はそうした国境のなかにおける民族自決を必ずしも意味しなかった。植民地的枠組みには収まらない国境を越える民族の発見と連帯とが、少なくとも二〇世紀初頭から一九三〇年代までは観察できた。

越境性を有するナショナリズムは植民地国家にとって脅威と映った。植民地国家とは本質的に植民地経営に特化した国家であり、国際関係は植民地宗主国間の国際条約によって取り決められ、維持されるものであったからである。それは植民地国家にも国境線というナショナルな要素が存在していたことを意味する。これに対して、越境的な思想と知識人・活動家の連帯が発生すると、植民地国家間も連帯運動に関する監督を強化し、情報交換せざるを得なくなった。それは帝国間情報網の構築を意味していた。そして、帝国間監視網は確実に越境的なナショナリズム運動を包囲した。ところが、運動自体を包囲しても、そこから派生した思想的な要素までをコロニアルな枠組みは葬り去ることができなかった。では、ナショナル(＝コロニアル)な枠組みのなかでは処理できない越境的なナショナリズムとはなんであったのか。

二　華人ナショナリズム(1)

東南アジアにおける華人は、現地社会との同化が進み華人性の薄れていったタイと西領フィリピンをのぞいて、歴史的に政治の中核を担うことはなかった。しかし、一九世紀末以降、東南アジアでは華人ナショナリズムが植民地統治に新たな息吹を吹き込んだ。

華人監視体制

一九世紀末以降、英・蘭植民地政府は華人系住民に対する監視体制を構築した。これは従来の対華人系住民政策からの転換ということではなく、新たな事態に対する新しい制度の追加という意味合いがあった。

歴史的には西洋列強による植民地化以前から、東南アジア各地、特に港町には華人社会が散在していた。華人は伝統的な地縁、同族、同業団体などの社会団体を組織し、そうした団体が華人を有機的に結びつけていた。同時に、華人社会団体は華人社会の自立性を保証するものでもあった。また、英・蘭の東インド会社が東南アジアの植民地化を開始するとともに、華人社会には間接統治の原則が導入された。たとえば、蘭領東インドにはカピタン制度が敷かれ、東インド会社の任命を受けて華人社会の首領としてカピタンには相当の自治権限があたえられていた。一九世紀の英領マラヤでは、秘密結社が労働管理を牛耳り、当局には介入の余地がなかった。華人社会の自立性は、植民地当局による監視がきわめて限定的であった事実を意味した。

これに対して一九世紀末以降、植民地政府は新たな華人監視制度を設立した。契機は植民地におけるプランテーション経済の活性化と、それにともなう華人労働力の導入であった。英領マラヤでは一八七七年に華民護衛署が設置され、華人労働者の管理は植民地当局のもとに置かれることとなった。蘭領東インドでは九六年に中国人問題顧問官が設置された。顧問官は新規に中国から渡ってくる中国人の出入国管理を主たる業務とした。中国人問題顧問官が現地住民問題顧問官よりも二年前に設置された事実から鑑みると、一九世紀末の中国人移民の急増が当局にとっての新たな挑戦と化していたと想像することは堅くない。

新規移民の急増は、当局の対応に変化を迫っただけではなく、華人社会にも変容をもたらした。東インドのジャワでは、一九世紀末までの中国人移民は現地の華人社会に溶け込むのが通常であった。その華人社会とは一定の自立性を保ちながらも、社会文化的にはジャワ文化に同化しており、日常的にもジャワ語やマレー語といった非華語を使用していた。このうちマレー語は地域共通語として東インド全体にわたって使用されていた。特に、オランダ官吏、ジャワ人貴族、華人エリートのあいだでは共通文化が存在していた。それを制度的に支えていたのが、当局の導入した徴税請負制度であった。ところが、一九世紀末になると、アヘンを中心とした徴税請負制度が植民地搾取の象徴として社会的に非難の対象となり始めた。これによって徴税請負制度は衰退し、それに取って代わるアヘン販売や流通などの国営化の流れが強まった。この事態は、新規移民にとって、徴税請負制度によって潤っていた華人社会とそのネットワークに参入するうま味がなくなったことを意味した。こうした植民地社会制度の変化が華人社会の変容を促した[Rush 1990]。

華人ナショナリズムと政治活動

さらに、変容する華人社会をめぐる事態を複雑化させたのは、一九世紀末以降に展開し始めた華人ナショナリズム運動であった。根源的には華人ナショナリズムには二つの潮流があった。一つは一八九〇年代から一部知識人が主導した華人の地位改善運動、儒教復興運動、教育運動であった。シンガポールでは西洋教育を受けた林文慶などの華人が主導し、英字誌『海峡華人誌』をはじめとする活字メディアなどを媒介とした啓蒙運動が活性化した。蘭領東インドでは、一九〇〇年に中華会館がバタヴィアで設立され、中国語教育の制度化が開始された。しかし、これらの運動は政治化するのではなく、一〇年代まではむしろ社会運動として展開した。

もう一つの潮流は中国発の政治運動であった。康有為らの改革運動、孫文らの革命運動は、東南アジア華人社会に資金援助を求め、かれらは実際に各地を訪問した。こうした支援活動は一九一一年の辛亥革命成功の鍵であった。一二年にアジア初の共和政体である中華民国が誕生すると、国民党支援運動は東南アジア華人社会でも勢いを増した。これが東南アジア各地で華人政治の核となり、中華ナショナリズムと称される動向として記憶された。

しかし、国民党支援を軸とする政治活動には二つの問題があった。一つは、国民党支援運動は主として移民一世など、中国本土との関係を有する中国人によって担われた点である。その運動では華語が共通語となった。そのために東南アジアで生まれ育った華人たち、すなわち華語を解さない華人は、こうした運動では周辺化された。

第一点目と関連してもう一つは、植民地当局による監視がつねにつきまとった点である。特に第一次世界大戦中に英領マラヤでは華人による暴動が発生し、その影響で警察による監視と取り締まりが強化された。取り締まりは、活動家の特定、検挙、追放という手順を踏んだ。この種の活動家は植民地では外国人であったために、当局にとって追放は最終手段であった。移民の往来が絶えなかった英領マラヤ、特にシンガポールはこうした華人政治、中華ナショナリズムの中心となった[Yong & McKenna 1990]。

中国人政治活動家の動向に関しては、英蘭仏の植民地当局間で密なる情報交換を積んでいた。換言すると、植民地当局にとっての中国人政治問題とは、中国の政治動向と連動した華人移民の政治活動であり、中国人の国際的連帯運動であり、外国人としての中国人が対象であった。そして、三〇年代前半には、英領マラヤと蘭領東インドでの国民党支部の運動は低迷し、他方で共産党系の政治活動は壊滅状態に追い込まれた。植民地当局による中国人政治活動包囲網がその成果を発揮したのであった。

内向きの華人政治

一方、こうした植民地当局の注目を集めた中国人政治とは異なり、移民一世により牛耳られていた華人政治では周辺化された現地生まれの華人たちが独自の政治を展開することになった。これは、民族ごとの仕分けが明確であった英領マラヤとは異なり、華人移民の往来が限定されていた蘭領東インドで顕著な展開をみせた。華人系住民としては移民一世よりも遥かに多い数を抱えていた現地生まれの華人の運動は三つの潮流となった。その三つとは、中国ナショナリズムを支援する親中国派、オランダ統治を容認する親オランダ派、インドネシア・ナショナリズムを支持する親インドネシア派である。それぞれが独自の政治的指向性を有し華人性を意識していたことから、これらも広義の華人ナショナリズムととらえることはできる[Suryadinata 1981]。

このような東インド華人の政治は、植民地当局と対抗する政治というよりも、たがいの政治性を批判し合うような内向きの戦いという様相をみせた。それは政治志向性をめぐる闘争というよりはむしろ階級闘争的な色合いを含んでいた。たとえば親オランダ派は富裕層であるのに対し、親インドネシア派は中下層の華人の支持を受けていた。また前者は植民地統治を肯定するのに対し、後者は反植民地的言説を掲げた。その意味で現地生まれの華人政治とは、表向きにはナショナリズム的でありながら、その装いの下では右派と左派による政治闘争であったといえる。

そのために、いうまでもなく内向きの華人政治は植民地当局の警戒心を煽るものではなかった。その証拠に中国人問題顧問官は華人移民の政治活動の監視を主たる業務としており、東インド華人の内向きな政治は軽視した。より正確には、後者は当局にとって政治的な脅威ではないとまで断言していた。ここからも明らかなように、当局にとっての中国人政治問題とはあくまでも中国との結びつきをもつ華人移民のナショナリズム政治であった。

華人愛国心と対日・抗日

ところが、三〇年代にはいり蘭領東インドでの華人政治をめぐる事態は急展開をみせた。事態の展開はアジアにおける日本の台頭という国際環境によってもたらされた。三二年には組織再編で中国人問題担当局と日本人問題顧問官とを統合した東アジア問題局が設置された。これと前後して、三一年に日本軍による満洲占領(満洲事変)が起こると、東インド華人新聞はマレー語、中国語を問わず反日キャンペーンを張った。日本製品不買運動も起こった。三五年以降、華人紙に対する当局の警戒の度合いは増し、三二年に施行された新聞統制令が頻繁に華人紙に適用された。その頃にはすでにインドネシア人による急進的政治活動は当局が抑え込んでおり、当初その運動を規制するために制定された新聞統制令の矛先は華人紙へ向かった。

三七年に日中戦争が勃発すると、華人紙上の反日報道は過激化した。抗日救国のスローガンの下、華人の愛国心は刺激された。これは東インドに限定した動向ではなく、華人文芸が「救亡文芸」と化した英領マラヤの華人社会でも類似現象が起こった。華人ナショナリズムは抗日という新しい政治目標のもとで再編された。それは政治団体による運動ではなく、活字を媒介にしたより広い華人社会に浸透した運動となった。

こうした華人ナショナリズムの高揚は当局の警戒心を高めた。しかし、奇妙なことに、当局は華人だけをみていたのではなかった。当局による華人紙への警戒は、たんにそれらが反日・抗日キャンペーンを展開したからだけではなかった。それ以上に、そうした政治キャンペーンを好ましく思わない日本政府および日本領事館からの不平・不満の表明こそが東インド当局にとっては頭痛の種であった。当局は華人を鏡として日本の姿をみていた。つまり、当局にとっては華人ナショナリズムそのものではなく、抗日キャンペーンの排除を目指す日本政府への対応が政治問題として浮上したのである。アジアにおける日本の台頭を背景に、植民地当局はアジアという地域性を念頭に置いて植民地における政治運動に対応する必要性に迫られた。こうして、日本という媒介変数を加味した華人ナショナリズムは、ナショナル(=コロニアル)な境界線を越えた地域大の現象となった。

三　共産主義地下活動とスマトラからの主権②

アジア地域を視野にいれた政治活動は共産主義地下活動という形でも具現化された。それは同時に、植民地支配の周辺から主権を求める声とも共鳴した。

共産党反乱からボーヴェン・ディグールへ

一九二六年から二七年にかけて、蘭領東インドでは当局を震撼させる出来事が発生した。西ジャワおよび西スマトラで、立て続けに共産党反乱が勃発したのである。この反乱は植民地政策を根本的に転換させることとなった。そもそも当局は、二〇世紀初頭から倫理政策の名の下に現地住民の近代化と福祉の充実を図り、監視しつつもその政治運動の展開を全面的に取り締まることはなかった。ところが、予期せぬ共産党反乱の結果、当局は倫理政策を葬り去った。共産党を非合法化し、反乱に関与した容疑で千人を超える活動家らをパプアのジャングルのなかに建設するボーヴェン・ディグールの政治犯収容所へ送還した。

倫理政策とは異なる意味で、ボーヴェン・ディグールの建設は当局にとっての理想の植民地社会を具現化したものであった。監視するオランダ人官僚の数は極端に限られていたが、政治犯収容所の建設は政治犯の手によって担われた。収容所といっても鉄柵で囲まれた施設ではなかった。ジャングルによって囲まれていたために、自然の防護策が存在していた。その自然条件からボーヴェン・ディグールからの脱出は非現実的であったが、それを試みた政治犯には厳罰が下された。

とはいえ、政治犯には「普通」の生活が保障された。なかには家族を呼び寄せる者もあった。政治犯は、当局への協力者、非協力者、その中間に位置する者という具合に三種類に分類された。かれらの居住区もこの三種類の分類に沿う形で決められた。協力者は住民自治の権限をあたえられ、非協力者地区では当局のごとくに権力を振るうこともあった。子弟のための教育施設も整えられた。政治犯のなかには元教師が少なくなかったからである。こうして住民による相互管理・監督が行き届いたボーヴェン・ディグールとは、政治が存在しない植民地社会空間となった。そして、ボーヴェン・ディグールへ流刑されることは、二度と故郷に戻ることができないかもしれないという恐怖をインドネシア政治活動家に植えつけた[Yamamoto 2011, Chapter 6; Shiraishi 1996; Mrázek 2009]。

イスラーム急進派の拡散

植民地当局が政治犯収容所を建設しているさなか、当局の拘束を逃れた共産主義者たちは政党活動という形をとらない政治活動へと転身していった。そもそも問題の共産党反乱は、モスクワに拠点を置くコミンテルン(国際共産主義組織)による発案であった。しかし、コミンテルンで東南アジアの担当を任されていたインドネシア人は反発した。かれの名はタン・マラカ。かれは、あの時期での武装蜂起は時期尚早であるとして、共産党関係者に翻意を迫るため故郷の西スマトラに舞い戻った。かれの助言を受け入れた一部の関係者は、蜂起前に西スマトラを離れ、東スマトラのメダンをはじめとするスマトラ各地に散らばった。

そもそもイスラーム改革運動が浸透していた西スマトラでは、ミナンカバウ人を中心に二〇年代には多数のムスリム青年たちが反植民地思想を受容していた。その契機はスマトラ・タワリブ学校をはじめとするイスラーム教育であった。当時、エジプト、メッカには東南アジア地域から多数の青年ムスリムが留学していた。かの地は中東におけるイスラーム改革運動の中心でもあった。

一〇年代半ば、メッカでイスラーム改革運動に接したアブドゥル・カリム・アムルッラーは、スマトラ・タワリブ学校を西スマトラで開校した。同学校は短期間に西スマトラ各地に分校を抱えることとなった。そこではイスラーム思想に並んで社会主義や共産主義思想も教育された。イスラームの平等思想が共産主義と共鳴し、反植民地志向と合致したのである。これが、二七年に西スマトラで勃発した共産党による反乱の思想的基礎を提供した[Kahin 1999, Chapters 2 and 3]。

さて、スマトラ各地に拡散した急進派ムスリムは、政治政党化の道を選択せずに、イスラーム宗教活動と宗教学校での教育とマレー語活字メディアを介した啓蒙活動に従事した。西スマトラでは政党活動をしていたが、そうした政治活動に対する当局の監視の目が厳しくなっていることを十分に認識していたためだった。現に、三四年には西スマトラで中核的な急進的政治活動を展開していたインドネシア・ムスリム統一党（ＰＥＲＭＩ）は、幹部が矢継ぎ早に身柄を拘束されたことによって、その活動は壊滅状態に追い込まれた。

三〇年代、ミナンカバウ人のスマトラ各地でのイスラーム宗教活動は、ジャワで生まれたムハマディアの衣を借りて展開した。そもそもジャワ色が強かったムハマディアは二〇年代末までスマトラではほとんど受容されていなかった。しかし、そのことが奏功し、イスラーム活動家はムハマディアへと「転身」していった。ムハマディアのジャワでのネットワークは、のちにイスラーム的活字メディアの活性化を後押しする要素となった。

またイスラーム活動の展開と軌を一にして、三〇年代といえば、スマトラ各都市ではマレー語活字メディアが活性化した時期でもあった。新聞という報道媒体のみならず、宗教、教育、文化、娯楽関係の雑誌が次から次へと発刊された。これらの多くがイスラーム関係者の手によるものであったことが、スマトラの活字メディアを特徴づけた。資金的な裏づけはミナンカバウ企業家が保証した。ミナンカバウ商人はスマトラ各地に拡散していただけではなく、東インド各地、英領マラヤでも活躍していた。そうしてミナンカバウ商人のネットワークはスマトラ発のマレー語活字メディアの忠実な読者層を提供した。

報道と伝説

各種存在したマレー語活字メディアのなかでは、メダンの主要紙『プラルタ・デリ』は異色を放ち、政治的には特別な役割をはたした。当該紙は三一年より、ドイツでジャーナリズムを修めたアディ・ヌゴロが編集長に就任し、それを契機に以前とは異なる政治色を強めていった。というのも、地下活動化した共産主義運動についての報道を継続的におこなったからである。なかでもアディ・ヌゴロが信頼した若き記者マトゥ・モナは左派政治の展開を詳細に追っていた。

その共産主義運動とはタン・マラカを軸とした活動であった。支持者の大半を、タン・マラカと同族のミナンカバウ人が占めた。タン・マラカはオランダ留学中にロシア革命の影響を受けたマルクス主義者となった。東インドに帰国後、スマウンの後を継いでインドネシア共産主義者協会(PKI)の第二代議長となったが、二二年に国外追放となった。その後コミンテルンの工作員となっていたものの、武装蜂起と前後して国際共産主義運動とは一線を画した。その結果がインドネシア共和党(PARI)の設立であった。東インドでの共産党蜂起が失敗に終わってから数カ月が経った二七年六月、タン・マラカとその同志ジャマルディン・タミンとスバカットはタイの首都バンコクにてインドネシア共和党を結成した。インドネシア共和党の結成に携わった三名はいずれも東インドから追放の身であったためその活動拠点はインドネシア外であったとはいえ、インドネシア共和党の究極の目的はインドネシアの政治的独立であった。

インドネシア共和党は植民地当局によって国際共産主義運動の一環としてとらえられていた。その活動自体は植民地当局間の監視網によりつねに監視の下にあっただけではなく、主要な指導者は次々と逮捕されていった。二〇年代から三〇年代にかけて、タン・マラカはマニラ、アモイ、上海、香港などを転々とし、幾度も各地の当局に身柄を拘束されたが、その都度脱獄した。スバカットは二九年にタイ当局に逮捕され、東インドへ身柄を移送された。タミンはシンガポールを拠点に活動を展開していたが、三二年に英植民地当局によって身柄を確保された。

このようなインドネシア共和党の活動が『プワルタ・デリ』では刻々と報道された。より正確には、三二年に起きたタミンの逮捕を契機に、タミンやタン・マラカといった党幹部の動向を改めて整理するような報道が開始された。その報道は、インドネシア共和党の活動が実質的に停止に追い込まれた三三年以降も継続された。しかし、実質的なインドネシア共和党の活動停止の事実は報道されることがなかった。むしろインドネシア共和党がアジア各地で活動を継続しているかのごとく報道が展開された。新聞報道は現実とフィクションとの境界線を曖昧にしていった。

その軸となったのがタン・マラカをめぐる逸話であった。現実には、タン・マラカは三〇年代には病気がちで、活発な政治活動はできなかった。しかし、『プワルタ・デリ』は、タン・マラカの活躍はアジアのみならず、テヘラン、エジプトでもその活動と足跡が確認できたという報道を繰り返した。これがタン・マラカの伝説化を促進した。こうした流れを受けて、三〇年代末には、メダンを中心にタン・マラカをモデルとして政治小説『インドネシアの紅はこべ』が刊行された。『プワルタ・デリ』編集者のマトゥ・モナをはじめとした複数の著者による数冊の「紅はこべ」シリーズは、変幻自在の妖術を駆使して帝国主義のみならずスターリン主義とも対峙するヒーローの物語として人気を博した［押川 一九八六］。

スマトラ大衆文芸と言語主権

三八年以降、東スマトラのメダンを中心に、スマトラではマレー語活字文化が隆盛した。四二年に東インドが日本軍政下に収まるまでのほんの数年間に、「紅はこべ」シリーズ以外にも、メダンやパダンからは多様で大量に政治色とイスラーム色のおり混ざった大衆文芸が生みだされた。その視野はインドネシアを超えて、アジア、世界を射程にいれていた。そして、その数は四〇〇冊を超えるほどの勢いであった。

大衆文芸では越境性が強調されていたものの、メダン知識人は、反植民地の意識を有し、イスラームを基盤としたインドネシア国民の形成を夢みていた。一連の大衆文芸活動では、インドネシア国民主義的な要素が強く意識されていた。そこで使用されたマレー語は、口語的要素を意識して書かれていた。アディ・ヌゴロをはじめとするメダンで活躍した知識人たちは、人民のためのインドネシア語の創出を意識していた。これは、バタヴィアで展開していたオランダ語教育を受け高尚な書き言葉としてインドネシア語を育もうとしていたプジャンガ・バルの文芸活動と言論活動に対抗したものであった。同時に、東インドのマレー語活字紙上を寡占していた華人の手による華人マレー語は、低俗なマレー語として退けた。言語的な主権の獲得がメダン知識人の活動目的であった[山本 二〇〇二]。

活字メディアが政治団体と直結していたわけではなかったために、当局が取り締まることはなく、それがマレー語大衆文芸の活性化を後押しした。しかし、こうしたスマトラ発のマレー大衆文学は東インド全体に影響力を広めることはなかった。また、活字としては流通したものの、インドネシア共和党はスマトラで政治活動を展開するまでにはいたらなかった。思想的な急進性は活字空間のみに限定され、現実政治に反映しなかった。

四二年からの日本軍政期を経て、インドネシア共和党の夢、タン・マラカの闘争はフィクションとして読者の心のなかに生き続けた。しかし、日本軍政末期、インドネシア独立が現実の政治課題に上る頃には、三〇年代に国内流刑の憂き目にあったスカルノ、ハッタ、シャフリルといった指導者たちが「復活」した。スマトラから言語的主権を唱えていた知識人は国家運営に参与することなく、バタヴィアに活動の場を確保していた政治家に新生インドネシアの舵取りは任された。

おわりに

戦間期東南アジアにおけるナショナリズムは多様性を有していた。そのなかには植民地当局が軽視していたために文書的記録が薄いものもあれば、独立国家が公定史を構築する過程で政治的に取捨選択されたものもある。本章で試みたのは、そうした政治的判断のもとで周辺化されたナショナリズムの一端を垣間見る作業であった。そこで明らかになったのは、同時代的な視点からは周辺化されたナショナリズムのダイナミズムと複雑性であった。そこには越境性があれば、地域性もあった。他民族に対する赤裸々な対抗意識もあった。

いうまでもなく本章ではカバーできなかったが、周辺化されたナショナリズムに類似した事例や国家に抗する周辺民の動向は東南アジアに複数存在する[Scott 2009]。本章の試みからも明らかなように、そうした事例を同時代的に再現することで、東南アジア史が豊かさを増していく糊代はいまだに多く残されている。

（1）　本節の記述は特に断らないかぎり Yamamoto 2011, Chapter 9 に依拠している。
（2）　本節の記述は特に断らないかぎり Yamamoto 2011, Chapter 8 に依拠している。

【文献一覧】

押川典昭　一九八六　「『インドネシアの紅はこべ』とタン・マラカ――大衆小説と革命家伝説」『上智アジア学』第四号

山本信人　二〇〇二　「インドネシアのナショナリズム――ムラユ語・出版市場・政治」池端雪浦ほか編『岩波講座　東南アジア史七―植民地抵抗運動とナショナリズム』岩波書店

Anderson, Benedict 1991, *Imagined Communities: Reflections on the Origins and Spread of Nationalism*, Revised edition, London: Verso.（白石隆・白石さや訳『定本想像の共同体――ナショナリズムの起源と流行』書籍工房早山、二〇〇七年）

Kahin, Audrey 1999, *Rebellion to Integration: West Sumatra and the Indonesian Policy, 1926–1998*, Amsterdam: Amsterdam University Press.

Kahin, George McT. 1952, *Nationalism and Revolution in Indonesia*, Ithaca: Cornell University Press.

Marr, David G. 1971, *Vietnamese Anticolonialism, 1885–1925*, Berkeley: University of California Press.

Mrázek, Rudolf 2009, “Boven Digoel and Terezín: Camps at the Time of Triumphat Technology”, *East Asian Science, Technology and Society: an International Journal*, Volume 3, Number 2–3, pp. 287–314.

Rush, James 1990, *Opium to Java: Revenue Farming and Chinese Enterprise in Colonial Indonesia, 1860–1910*, Ithaca and London: Cornell University.

Scott, James C. 2009, *The Art of Not Being Governed: An Anarchist History of Upland Southeast Asia*, New Haven: Yale University Press.

Shiraishi, Takashi 1990, *An Age in Motion: Popular Radicalism in Java, 1912–1926*, Ithaca and London: Cornell University Press.

Shiraishi, Takashi 1996, “The Phantom World of Digoel”, *Indonesia*, No. 61, pp. 93–118.

Sukarno 1970, *Nationalism, Islam, and Marxism*（translated by Warouw, K. H. and Weldon, P. D. Introduced by McVey, R. T.）, Ithaca: Modern Indonesia Project, Cornell University.

Suryadinata, Leo 1981, *Peranakan Chinese Politics in Java 1917–1942*, Singapore: Singapore University Press.

Yamamoto, Nobuto 2011, “Print Power and Censorship in Colonial Indonesia, 1914–1942”, Ph. D. Dissertation, Cornell University.

Yong, C. F. & McKenna, R. B. 1990, *The Kuomintang Movement in British Malaya 1912–1949*, Singapore: Singapore University Press.

個別史／地域史Ⅲ

インドの民族運動とガンディーの登場

内藤雅雄

はじめに

第一次世界大戦期および戦後期の植民地インドにおけるイギリスの政策に対し、インド人がどう対応したのかを考察するのが本稿の目的である。この時期は民族運動の新しい展開、換言すればガンディー Mohandas Karamchand Gandhi（一八六九―一九四八年）の活動に象徴される「インド人大衆の政治化」[Ghosh 2008, p. 80]の始まる時期である。

インドは一九世紀半ばに完全なイギリスの植民地となったが、一八五七―五九年の大反乱など、植民地支配への不満はさまざまな形で表明された。一九世紀後半のイギリス支配のあり方は「富の流出、手工業の破壊とその後の近代的インド産業に対する妨害、過重な地租の負担」[Sarkar 1984, p. 86]と性格づけられるが、そうした状況の改善などを求めて一八八五年にインド国民会議派（以下、会議派）が創設された。初期の会議派の政治姿勢は総じて穏健で親英的であったが、一九世紀末には内部からこれを批判し、反英を標榜する急進派グループが登場した。一九〇五年に植民地当局が強行したベンガル分割という民族分断・分割統治策に反対して、彼らは未曾有の大衆的反植民地運動を展開した[Sarkar 1973]。各地に波及したこの運動も、ティラク Bal Gangadhar Tilak（一八五六―一九二〇年）ら急進派に対するイギリスの過酷な弾圧と狡猾な穏健派懐柔により一九〇八年には終息し、会議派自体も深刻な分裂状態を迎えた。

この間一九〇六年に、植民地当局はもう一つの親英勢力として全インド・ムスリム連盟の創設を支援している。

イギリスは一九〇九年に、立法・行政参事会へのインド人委員の増員などを内容とするインド参事会法改正(モーリー・ミントー改革)を行うが、これは長年会議派内穏健派グループが求めていた要請への譲歩であった。後に重要な意味をもつ宗教コミュニティ別分離選挙制も同時に導入された。イギリスとの交渉で政治問題の解決を目指す穏健派が会議派の主導権を握り、大衆の動員を重視する急進派指導部が拘留・追放によって排除される中で、インドの民族運動はほとんど仮死状態に陥った。わずかにベンガルを中心としたいくつかのテロリスト・グループや、海外で民族主義的宣伝を行う活動家の動きが見られた。

一　第一次世界大戦期のインド

帝国主義戦争としての第一次世界大戦を、イギリス人史家テイラーはアジア・アフリカの植民地の住民が「意見を求められることなく……敵が誰であるかを知らず、その意味さえ理解せずに」動員された戦争と形容した[Taylor 1965, p. 3]。現実にインドは、一一〇万の戦闘員、四〇万の非戦闘員を自らの利害と全く関係のない遠く離れた戦場に送り出して三万を優に超える死者を出し、さらに膨大な量の戦略物資や巨額の戦費を負担した[中村　一九七七、五二—五三頁]。しかし同時に、この大戦とその結果がインド人の政治的・経済的・社会的状況に決定的な変化をもたらしたことも事実である。

ガンディーの登場

大戦の影響を見る前に、その後の民族運動の指導者となるガンディーの登場にふれておこう。ガンディーが弁護士として一八九三年に初めて赴いた南アフリカでは、一八六〇年から白人経営の農場で働くインド人が年季契約労働者として導入されたが、その多くは年季終了後も定着してインド人コミュニティを形成した。その後、官吏や事務員の職を求めて多くのインド人が入国し、中には成功した商人もいた。ガンディーはこれらインド人商人間の訴訟事件によばれたものである。

裁判を終えたガンディーが直面したのは、一部のインド人が有した投票権の剝奪や年季契約を終えたインド人への三ポンド人頭税の賦課など、ナタール政府によるインド人の権利制限政策であった。ガンディーはこれに対する抵抗を決意した。インド人抑圧はその後、強制的な登録や指紋押捺した身分証明書の常時携行（一九〇七年）、キリスト教式以外の結婚の不承認（一九一三年）へと拡大した。ガンディーたちは、抗議行進のほか、禁止令を犯して多数が進んで逮捕・投獄されるという新奇な手段で抵抗した。政府は一九一四年に妥協してインド人救済法を制定した。これでインド人の諸権利が完全に保証されたわけではないが、ガンディーは一定の成果として帰途についた。そのころにはインドでは、ガンディーの名はノーベル賞詩人タゴール Rabindranath Tagore（一八六一―一九四一年）が彼に捧げた「マハートマー（偉大な魂）」の呼称でも知られていた。ただ、インド人の市民権のために戦った彼の意図は反体制などではなく、一八五八年のヴィクトリア女王宣言がインド人に「約束」した、大英帝国「臣民」としての地位の擁護であった。南アフリカ戦争やズールー戦争にインド人看護隊を組織して参加したのも、正に「臣民」としての義務感からであった。彼は南アフリカでの闘争で用いた運動方式を「サティヤーグラハ（真理の掌握）」と名付け、インドでの運動にもそれを適用することになる。

ガンディーは、一九一四年七月にケープタウンからロンドンに向かう船上でイギリスの対独宣戦布告を知り、翌年一月にはインドに帰着した。

第一次世界大戦期の自治要求運動

イギリスの大戦参加により自動的に参戦することになったインドでは、穏健派主導の会議派をはじめ、イギリスによる戦後の政治改革に期待して戦争遂行に協力する声が強かった。帰国後のガンディーも出身地グジャラートの村々で軍隊への徴募を呼びかけ、六年間のビルマでの流刑生活から解放された急進派の領袖ティラクも戦争への協力を人々に訴えた。ただ、パンジャーブ出身の移民グループで北アメリカに拠点を置くガダル(反乱)党のように、戦争を好機としてインド内で革命的状況を助長しようとする動きもあり、インド政庁はインド人の政治活動を制限するため一九一五年三月にインド防衛法を制定した。

解放直後、ティラクは戦争協力を説く一方で、分裂していた会議派の再統合に取り組んだ。彼は、年次大会での決議採択のみに重点を置く従来の会議派を、恒常的な組織的活動を担う機関に発展させることを目指した[Parvate 1958, p. 335]。この計画は穏健派指導部に拒否されたが、彼はアイルランドの自治運動なども研究した上で、一九一六年四月にインド自治連盟を結成した。連盟は会議派とも提携しつつ「イギリス帝国内での自治獲得」「インド、イギリスなどでの世論の教育・組織」に努め、機関としては中央執行委員会の下に州・県など地方支部を設立して通常的活動を統轄するものとされた[Sathaye 1918, pp. 88–92]。主に西部・中部・南部インドで組織された同連盟の支部は、若い活動家を中心に町や村で集会を行い、英語や民族語の新聞・パンフレット・ポスターなどで政治宣伝するという従来の会議派組織にはない活動を展開した。結成後約一年半でメンバーは千人台から三万二千人になるが[Owen 1968, pp. 171–172]、この数字は会議派の各地の党員組織が不完全だった当時の状況を考慮すると極めて重大な意味を持つだろう。

南インドのマドラス(現チェンナイ)に拠点をもつアイルランド出身の女性活動家ベザント Annie Besant(一八四七—一九三三年)も独自の自治連盟の運動を展開した。運動は彼女が会長を務める神智協会の組織を通じて広がり、一九一七年末には二万七千人のメンバーを数えた。ネルー Jawaharlal Nehru（一八八九―一九六四年）は神智協会員ではなかったが、一三歳で連盟に参加したと『自伝』に記している[Nehru 1962, p. 15]。自治連盟の組織は一九二〇年の会議派カルカッタ大会で発展的に解消するが、民族運動をより全インド的規模で組織し、一九二〇年代以降に会議派指導下で展開される大衆的運動の先駆け的役割を果たしたと言える。

会議派の再統合とラクナウー協定

ベザントは統一戦線的組織としての会議派の意味を強く認識しており、大戦勃発後ティラクらの復帰を働きかけるが、穏健派指導部はこれを拒否した。しかし一九一五年に穏健派の中心人物であったG・K・ゴーカレーとP・メヘターが相次いで死去すると、急進派グループの会議派復帰の過程が前進した。その結果、一九一六年一二月に北インドの古都ラクナウーで開催された会議派大会において、実に九年ぶりに組織の再統合が実現した。

この大会のもう一つの成果は会議派とムスリム連盟との提携である。イギリスから会議派抑止の手駒と見られていたムスリム連盟も一九一三年に「イギリス帝国内の自治」を政治目的に掲げ、会議派との接近を始めていた。両組織はラクナウーでのそれぞれの大会で、中央および州の立法機関の改革による近代的な代議制度の確立と、イギリス帝国内での自治の獲得を戦時下での運動方針として採択した。ティラクはその演説の最後を、「一九一七年の末には大戦が終わっていると期待しているが、そのころまでにではないにせよ、少なくとも一九一八年の間にわれわれはインドのどこかで再び会合し、自治の旗を掲げることが出来るだろう」という言葉で結んだ[Indian Nationalist Committee 1917, p. 53]。大会開催の地名から「ラクナウー協定」あるいは「会議派とムスリム連盟によるインド自治要求」と称されるようになるこの協定は、英領インドの二大政党としてのちには対立することになる両組織が最も接近した記念碑的産物である。ただ、会議派はこの協定で、一九〇九年以来ムスリムに認められてきた宗教別分離選挙制を初めて公式に承認せざるを得なかった。

イギリスの対応

西部戦線での戦争が膠着状態に入っていた一九一六年九月に、イギリスとカナダやオーストラリアなどからなる帝国会議で植民地インドをこの会議に加えるかどうかという議論が行われた。国内に深刻なインド人移民問題をもつ自治領諸国は難色を示したが、インド担当大臣A・チェンバレンは戦争続行の周到な方策のためにインド政庁との協議は不可欠であるとして、インドの参加を強く主張した[Mehrotra 1965, p. 96]。同年一二月に戦時内閣を組閣したロイド・ジョージも植民地省宛て書簡に「われわれは彼ら〔インドなど――引用者〕からもっと実質的な支援を勝ち取らねばならない」と書き、インドをより有効的に戦争に引き込む必要性を表明している[George 1934, p. 1733]。その結果、一九一七年三月に招集された帝国戦時会議にインド代表が加わることとなった。こうしたインドの地位の「向上」は戦争におけるインドの「貢献」に対する考慮に基づくものであったが、現実にインド代表として会議に参加したのはイギリス人官僚のほか、イギリスに忠実なインド人政治家S・P・シンハとビカネール藩王であった。

イギリスは、インド人のいっそうの戦争協力を獲得するとともに、自治要求運動の拡大や会議派・ムスリム連盟の提携、またロシアにおける革命の動きが大都市の労働運動に影響を及ぼしつつある状況に対応するため、新たなインド政策を打ち出した。一九一七年三月にチェンバレンに代わってインド担当大臣になったモンタギュー Edwin S. Montagu(一八七九―一九二四年)が覚書として提出し、同年八月に内閣が承認した「モンタギュー宣言」である。その中で、「政府の政策は、行政のあらゆる分野でインド人の参加を増大させ、帝国の不可欠の一部であるインドに責任政府を漸次的に実現する目的で、自治的諸機関を徐々に発展させること」[Waley 1964, p. 103]が表明された。モンタギュー自身、インドにおける政治的発展の段階づけや各段階の時期を判定するのはイギリスであると語っているように、ティラクらの自治連盟が主張するインド人の「自治への適応性」を否定するものであった。しかしこの時点でイギリスが、何らかの形でインド支配の「究極の目標」を提示せざるを得なくなったことは明らかであり、インド人の間でもこの宣言が「自治の約束」と受け取られたのも事実である。

二　第一次世界大戦の終結とインド民族運動

のちの第二次世界大戦の場合と違い、第一次世界大戦期のインドではイギリスによる戦後の大幅な譲歩への期待から、反英的気運は総じて低かった。インド人の自治の希求は、一九一八年一月のアメリカ合衆国大統領W・ウィルソンによる「民族自決」の原則によっても高まった。しかしこうした期待が戦後に満たされることはなかった。ウィルソンの「民族自決」の原則にしても、国務長官R・ランシング自身の「決して実現され得ない希望を呼び起こすだろう」[Rancing 1921, p. 97]という言葉通り、それが「砂上の楼閣」であることを植民地の住民が知るのにさほどの時間はかからなかった。

経済的に見れば、大戦期には外国からの工業製品の輸入が激減したことに加えて、インドの一定程度の経済的自給が戦略的にも必要であるとするイギリス側の認識の変化もあり、インドの民族資本は各産業分野で大きく伸張した[Sarkar 1983, p. 172]。独立後インド有数の財閥となるビルラー Ghanshyamdas Birla（一八九四—一九八三年）が、インド人として最初のジュート工場をカルカッタ（現コルカタ）近郊に設立するのは一九一九年のことである。しかし一般の住民は、大規模な徴兵、軍事用の穀物や原料の強制的供給、増税に加えて食料品などの物価の上昇で厳しい生活を余儀なくされ、その不満は高まっていった。

一九一九年インド統治法

イギリスは大戦終結間近い一九一八年七月、モンタギューとチェルムスフォド(インド総督)の名で作成された「インド憲制改革報告」を発表し、戦後のインドで実施される政治改革を示した。同「報告」は、「インド人に行政に関するある種の責任を与えないでは、いかなる発展もあり得ない」[Government of India 1918, p. 117]としつつも、「インドではロシア革命が独裁への勝利と見なされた。……それはインド人の政治的願望に刺激を与えた」[*ibid.*, p. 14]と記すように、戦後のインド政治への危機感に裏打ちされていた。「改革」の軸は、州政府により大きな権限が移され、州の管轄事項のうち治安維持・司法・地税などの事項は州知事と行政参事会が保留し、教育・農業・保健衛生・地方自治などの分野は立法参事会に責任を負う州知事と州大臣に移管されるというものであった。行政の系統が二つに分かれることから、この体制は「ダイアーキー(両頭政治)」と呼ばれることになる。

この「改革」は、多大な犠牲を払って戦争に協力したインド人の願望を裏切る内容であった。今や会議派の主導的立場にあるティラクは改革案の発表直後にこれを批判し、主宰する『ケーサリー』紙で「夜は明けた、しかし太陽はどこか?」[Tilak 1976, p. 142]と人々の注意を喚起した。インド人からすればこのような不完全な「改革」に対してさえイギリス人官僚からの反対は強く、九つの州のうち七州の知事がこれに抵抗した[O'Dwyer 1925, pp. 380-386]。しかしこの案は一九一九年一二月にインド統治法として成立し、一九二〇年代のインド植民地行政の基本法となる。同法によれば、立法参事会の民間の被選出議員数が官選議員数を上回るとされたが、総督は参事会の決定をも覆しうる絶対的権限を保持していた。会議派は同法の施行に抗議し、翌年一一月に実施された新統治法下での最初の選挙をボイコットした。

民族運動の弾圧

「改革」という懐柔策をとる一方で、イギリスは民族運動を弾圧するため戦時期のインド防衛法に代わる治安立法の準備に着手していた。一九一七年一二月に任命されたイギリス高裁判事S・A・T・ローラットを長とする騒擾委員会は、一九世紀末以降にインド各地で起きたさまざまな反英運動の形態や経過を詳細に調査した。その報告書に基づいて提出された法案は、一九一九年三月に中央立法参事会のインド人被選出議員すべての反対を押し切って成立した。ローラット法として知られるこの「無政府主義的、革命的犯罪に関する法」は、戦時立法の失効に鑑み、通常の手続きなしでの裁判、令状なしでの捜査・逮捕、裁判抜きの投獄など、インド政庁による法外な弾圧の維持を目的としていた。会議派やムスリム連盟はこれへの反対を呼びかけ、民族語諸紙による大キャンペーンも加わって全国的な抗議行動が展開された。

自治要求運動を指導してきたティラクが、イギリス人新聞記者を訴えた名誉毀損の裁判のため一九一八年九月から一年間ロンドンに滞在するため、反ローラット法の大衆的抗議行動の先頭に立つことになったのはガンディーである。彼は一九一五年の帰国後、師と仰ぐゴーカレーの助言でインド内の状況を広く見聞することに努め、その過程でイギリス人地主に対する藍《インディゴ》小作農民の争議、繊維労働者のストライキ、地税不払い運動などを組織して、地方の住民の要求に取り組んでいた。しかし同時に彼は、戦時中のインド人の協力に真摯に応えなかったイギリスに対して不信感を抱いており、ローラット法案が発表されるとサティヤーグラハ連盟を設立して悪法への反対運動を組織し始めた。特徴的なのは、集まった活動家たちに、法律が成立した場合その遵守を市民として拒否し、運動においてはあらゆる暴力を差し控えるという誓いに署名を求めたことである[Desai 1968a, pp. 298–299]。

彼は、故郷グジャラートで伝統的な圧政への抵抗手段であったハルタール(全市罷業、ゼネスト)を呼びかけた。ガンディーによればハルタールは強制によらない自発的な「仕事の全般的停止」を意味したが[Desai 1968b, p. 100]、四月六日に始まったこの運動に人々は積極的に参加して、全国で商店や工場が閉鎖され、交通機関も止まった。この新奇な戦術は、イギリス人の固定観念に反してヒンドゥー・ムスリムの統一行動が見られたこととともに、支配者に多大な衝撃を与えた。運動が広がる中、四月一三日に北西部のパンジャーブ州アムリットサルで、政治指導者の不当な逮捕に抗議して集まっていた無防備な民衆にイギリス人将校指揮下の軍隊が機関銃で無差別発砲し、数千の死傷者を出すという事件が起こった。インド支配史上最も残忍なこの事件の報は戒厳令下にもかかわらず噂として各地に広まり、植民地支配に対する人々の怒りに火をつけた。このころ、ガンディーの運動にとってもう一つの焦点になる事態が起こっていた。オスマン・トルコで継承されてきたカリフ(イスラーム世界の最高権威者)の地位を、戦勝国イギリスが廃止しようとするのに反対して、インドのムスリムが起ちあがったヒラーファト(カリフ擁護)運動である。ガンディーはこれを熱烈に支持して、ヒンドゥーにもこの運動への参加を求めた。

第一次サティヤーグラハ運動

ガンディーは一九二〇年八月一日に、反ローラット法、アムリットサル事件への抗議、ヒラーファト運動支持を掲げてイギリスに対する大衆的運動開始の意志を表明した。その日の早暁、絶大な信頼を得ていた指導者ティラクがボンベイ(現ムンバイー)で病死した。九月の会議派カルカッタ臨時大会は、ガンディー指導下でスワラージ(自治・独立)の達成を目指す非暴力的な闘争の開始を決定した。この決定により、立法参事会・公立学校・法廷あるいはイギリス製品のボイコット、地税の不払い、イギリスからの称号・名誉職の返還など、参加者の立場に応じた分かり易い内容の運動が提起された。ガンディーの「一年でスワラージを」のかけ声で、多くの青年たちが農村での活動に参加した。運動は内容に照らして非協力不服従運動、市民的不服従運動、あるいはガンディーが好んで使ったことばに従い「サティヤーグラハ運動」と称された。運動の中心として会議派の全国的組織統合が求められ、同年一二月の会議派ナーグプール大会で中央の運営委員会と全国委員会から都市・農村の下部機関に至る組織の系統化、各地の言語に対応する州組織(会議派州)の区分などが着手された。

一九二一年に運動はさらに進展し、チャルカー(手回しの糸紡ぎ器)の普及とカーディー(手織綿布)の生産を奨励するスワデーシー(国産品奨励)運動が広がり、各地でイギリス製の衣服が積まれて焼却された。チャルカーがインド人の反英感情を最もよく代表する象徴となった。ガンディーの地税不払い運動は農民の強い支持を受けた。一九二二年二月に彼は、グジャラートのバールドーリ県で地税不払い運動の開始を指令した。それが開始されれば運動は全国に波及するはずであった。しかし開始予定前日、チャウリ・チャウラという北インドの小村で、警官の挑発を受けた農民が警察署に放火し警官が焼死するという事件が起こった。ガンディーは直ちに会議派運営委員会を招集し、非協力不服従運動の停止を決定した。政治犯として獄中にいたJ・ネルーはこの決定への疑問と憤慨を隠さなかった。ガンディーは五日間の断食ののち、自らの『ヤング・インディア』紙(二月一六日)に「チャウリ・チャウラの犯罪」と題する長い論説を載せ、「運動が暴力的になったりその前兆になるのを防げるなら、私はあらゆる屈辱、拷問、完全な追放処分、または死さえ容認しよう」と書いた。同じ文章の冒頭では、「神が、大衆的不服従を正当化し得る真実の非暴力的環境がインドには未だないことを示された」[Gandhi 1999, p. 182]と述べている。

ヒラーファト運動に呼応して一九二一年八月に南インドのマラバールで起きたムスリム農民(マーピッラ)の運動は、彼らを搾取するヒンドゥー地主・高利貸しの家や、役所への襲撃、警官の武装解除、人民法廷の設置など、農民革命的様相を呈したが、そこでの暴力的要素を重視したガンディーはこれも強く批判している[Gandhi, *ibid.*, pp. 165–167]。彼は運動が大衆的でなければならないことを常に意識しながら、彼の強調する非暴力の原則や規律を必ずしも理解しない大衆との間に大きな溝の存在を感じていたようである。

「一年でスワラージを」と謳って展開された巨大な運動は混乱に陥り、またガンディーがヒンドゥー・ムスリム提携の証として尽力したヒラーファト運動も、一九二三年に成立したトルコ共和国の大統領ケマル・アタテュルクが翌年カリフ制を廃止したため幕を閉じた。ガンディーはこれ以降、糸紡ぎと手織綿布の奨励、不可蝕民差別撤廃運動、農民教育の推進など農村改革運動に専念し、その後しばらく民族運動は低迷した。

三　一九二〇年代の新たな展開

会議派の運動が広がるのと時期を同じくして、それまで組織立った動きが少なかった労働者や農民の間にも独自の運動が展開された。都市の労働者は低賃金、高物価、疫病の流行などに苦しみ、農村でも飢饉的状況の中で食糧不足が慢性化し、地代・地租の増大、農民の土地からの追い立てと大地主・高利貸しへの土地の集中が頻出する状況は、彼らの怒りを運動に駆り立てる十分な条件となった。しかもそれはそれまで見られた突発的な動きではなく、反帝国主義思想、ロシア革命後に広まった社会主義思想やほかのアジア諸国に関する情報などから強い影響と新しい急進的エネルギーを汲み上げるものであった。

労働運動

大戦後にはインド各地の工場でストライキが打たれ、一九一九年一〇月の一カ月間の主なものが三八件、参加労働者数は一二五万にのぼった[Revri 1972, pp. 61–62]。こうした状況と相まって、当時の自治要求運動やロシア革命の影響などで労働者の意識も高まり労働組合の結成が見られた。一九一八年にインド最初の本格的労働組合とされるマドラス労働組合、労使協調路線といわれるガンディー指導下のアフマダーバード繊維労働組合、翌年には北インド最大の工業都市カーンプルでも労働組合が設立された。一九二〇年一〇月にはボンベイで、全国組織としての全インド労働組合会議（ＡＩＴＵＣ）が創立される。その創立大会には多くの会議派指導者も出席し、会議派としても労働組合運動の推進を呼びかけるが、その主たる意図は労働者を民族運動に取り込むことで、資本家を含むさまざまな階級が結集する会議派が資本主義に対抗する勢力となることはなかった[Sen 1977, p. 221]。

一方一九二〇年代初めころから、コミンテルンで活動するローイ Manabendra Nath Roy（一八九三―一九五四年）らの影響もあってインドに共産主義思想が入り始める。ボンベイやカルカッタその他の主要産業都市の若いインテリ層に『共産党宣言』などの文献が読まれ出すのもこのころである。一九二二年には、ＡＩＴＵＣ創立大会にも参加したＳ・Ａ・ダーンゲーによって最初の英文マルクス主義宣伝誌『社会主義者』が発刊された。ロシア革命や共産主義の影響を極度に警戒する当局は活動家たちを「共同謀議事件」の名目で弾圧したが、一九二四年五月にダーンゲー（ボンベイ）、Ｍ・アハマド（カルカッタ）、シンガラヴェール（マドラス）らを「カーンプル共同謀議事件」で裁判にかけたときには民衆の間に強い抗議の声が広まった。弾圧にもかかわらず共産主義者たちは結束し、一九二五年一二月のカーンプルでの会議でインド共産党を創立した。それ以降、とくにボンベイ州やベンガル州の労働運動では共産主義者の主導が確立した。植民地政府は一九二六年に初めてインド労働組合法を制定したが、この妥協は二年後に成立する労働争議法や公共安全法などの労働運動抑圧装置と抱き合わせのものであった。一九二九年三月に起こった「メーラト共同謀議訴訟事件」では、主要な労働組合指導者が投獄され四年に及ぶ裁判にかけられ、そのため一九二〇年代に高揚した労働運動もその後何年間か低迷する。しかしこの訴訟事件は当局の思惑に反して、多くの人々の関心を社会主義・共産主義思想の方に向けることになった[Nehru 1962, p. 364]。

農民運動

第一次世界大戦後の農民運動は主として北インドで活発に展開されるが、そのころようやく農民の問題に関心を寄せ始めたネルーが認めるように、会議派の非協力不服従運動と農民運動は（時に影響し合うことはあっても）全く異なるものであった[Nehru, *ibid.*, p. 59]。とはいえ、農民の側からすれば政治的に無知・無関心であったわけではなく、現実にこれ以降の農民運動は多くの場合、直接・間接に反植民地主義運動との繋がりを求めていく。

農民の困窮が最も厳しいと言われた連合州（現ウッタル・プラデーシュ州）、とくにアウド県で展開された農民運動は、「下からの」組織によって開始されたものとして注目される。封建的大地主による貢納的付加小作料《ナズラーナ》の取立てと頻繁な土地取上げに抵抗する低カーストの小作農民たちは、自ら農民組合を組織し、一九二〇年五月にかつてフィージー島で年季契約労働者の運動に参加したバーバー・ラーム・チャンドラを指導者とする運動を開始した。ラーム・チャンドラは農民の団結と自助の必要を説き、運動を拡大するため地域の会議派指導部と接触する一方、隣接諸県の農民運動家たちとの提携を進めた。運動はスワデーシーやヒンドゥー・ムスリム融合など会議派の政治目標を掲げつつ展開されるが、運動を自らの主導下に置こうとする会議派活動家の意図に関わりなく、アウド農民は一二月には大地主への直接攻撃を行い、地代不払いの声をあげた。会議派指導部はその動きを抑制し、ラーム・チャンドラが当局に逮捕されたときには彼の釈放を求めないよう農民を説得している。一九二三年に釈放されたラーム・チャンドラは先の運動を教訓としつつ、会議派に依存しない農民組合運動への支持を続けた[Mittal & Kumar 1978, pp. 47–51]。

一九二一年末から同じアウド内で展開された「エーカ（団結）運動」も低カースト小作農民が中心であった。彼らは農民組合を結成し、会議派活動家の支援を受けつつ小作料の定額化と不当な土地追い立てへの反対を掲げて運動を進めた。翌年には、棒などで武装して地主の屋敷を襲撃し、動員された武装警官と衝突するまでに至った。その過程で彼らは地代の不払いを呼びかけるが、これは明らかに「地税は払わなくとも、（地主への）地代は払え」という会議派の指令に反するものであり、運動は一九二二年二月のガンディーによる非協力不服従運動停止の指令後も続いた[Kumar 1979, p. 84]。近隣のビハール州北部でも農民組合が結成され、一九二一年五月のビハール農民会議では行政当局と地主に対して強制無償労働《ベーガール》などの即時撤廃要求が決議されている[*ibid.*, p. 89]。

インド南部でも農民の動きはあり、アーンドラのグントゥール県では一九二一年一二月から地租不払い運動が開始された。それは会議派の反英運動から刺激を受けているが、当局の不当な牧草地使用料の賦課に対する抵抗の表明であり、農民側の自発性が顕著であった。暴力的状況の発生を懸念する会議派指導部の反対もあり翌年二月には運動は終息するが、この間に徴収された地租は五％にも達しなかった[Venkatarangaiya 1965, pp. 40-48]。先にふれたマーピッラ農民の反乱も大戦後の農民運動史の一ページを飾るものである。

民族運動の新段階

大戦後に展開された非協力不服従運動がガンディーによって停止された結果、反英運動の熱はおさまり、会議派党員は激減した。組織にも分裂が生じ、ガンディー的な大衆運動に重点を置く「固執派《ノー・チェンジャー》」と、立法機関での積極的活動を通じてスワラージ（自治）への道を求めるべきとする「変更派《チェンジャー》」が対立した。後者は、M・ネルー（J・ネルーの父）やC・R・ダースの指導の下に一九二三年三月にスワラージ党を結成し、一一月の選挙で四二名の立法議会議員を当選させた。しかし固執派からもJ・ネルーやスバース・チャンドラ・ボース Subhas Chandra Bose（一八九七―一九四五年）などの若手の急進的勢力が台頭した。ボースはベンガルを拠点として学生ら青年組織の充実に努め、ネルーは時にガンディーの考えに抵抗しながらも会議派内での地盤を固めていった。ネルーはまた国外の反帝国主義勢力とも交わり、一九二七年にソ連邦を訪れて以降、社会主義的国家建設に深い関心を示した。

しかし他方で一九二〇年代初頭の運動の挫折は、これ以後のインドの政治・社会に深刻な要因をも残すことになる。一九二〇年代半ばから急速に広がるヒンドゥー・ムスリム間の衝突（コミュナル問題）である。その背景には、ヒラーファト運動の失敗を巡るガンディー＝会議派へのムスリムの不満と、ガンディーのムスリム問題への関わりをムスリムへの過度の配慮とヒンドゥーの利害の無視であるとする宗派主義的宣伝があった。ムスリム・コミュニティへの一部ヒンドゥーの不満は、全インド・ムスリム連盟創設や分離選挙制導入のころからあり、一九一五年にヒンドゥー大連合が結成されるが、一九二五年九月にはヒンドゥー教的価値観をインド文化の絶対的原理とする民族奉仕団（略称ＲＳＳ）の結成を見る。

イギリスは一九二七年一一月に、インド統治法改定のためインド法定委員会（サイモン委員会）を任命した。しかし、委員会の構成がイギリス人のみであることがインド人を強く刺激した。会議派もムスリム連盟もそれぞれの大会で委員会ボイコットの決議を採択した。訪印した委員会は各地で黒旗と「帰れサイモン」の声に迎えられた。反サイモン委員会運動は会議派を再び反英運動の前線に押しだし、ガンディーも戦線に復帰した。一九二九年の会議派ラーホール大会はＪ・ネルーを議長に選出し、最終的政治目標として従来の線から大きく踏み出した「完全独立《プールナ・スワラージ》」のスローガンと新たな大衆的運動の組織化を決議した。同年ネルーはＡＩＴＵＣの議長にも選出されているが、それは民族戦線と労働戦線の提携という短期間ではあるが歴史に特筆されるべき出来事であった。

おわりに

「総力戦」と呼ばれる第一次世界大戦は、世界各地に甚大な犠牲と負担をもたらしたが、現代史の上に不可逆的な変化の諸要因をも残した。インドのような植民地では、それは民族意識の高まり、反植民地・独立運動に最も顕著な形で現れた。しかもこれ以降の反植民地主義・反帝国主義の声は、これまで政治の表面に出ることのなかった層も含めて、インド社会のほとんどあらゆる階級・階層のエネルギーを結集していく。それはガンディーを頂点とした民族組織主導下で政治の大衆化が進行する過程でもあり、そこから「完全独立」という最終的政治目標が引き出された。

しかし植民地における民族運動の多くがそうであるように、インドでも「民族」として糾合された階層・階級の人々はそれぞれ固有の要求を民族運動に託していた。とくに、各地で組織・展開された労働者や農民の運動が反植民地運動と提携する一方で、彼らの独自の要求が全体としての会議派の路線としばしば直接・間接に矛盾を呈し始めるのも一九二〇年代のことである。

この時期にコミュナル問題が新たに頭をもたげてきたことは本文でふれたが、カースト問題が政治運動化するのもこの時期の特徴である。一九一九年インド統治法で拡大された分離選挙制に刺激されて強まるこの動きは、反バラモン運動、またその流れの一つとして不可蝕民差別撤廃運動という形を取りながら一九三〇年代以降の政治状況に深く絡まっていくことになる。

【文献一覧】

中村平治　一九七七　『南アジア現代史Ⅰ　インド（世界現代史9）』山川出版社

Desai, M. 1968a, *Day-to-Day with Gandhi*, Vol. 1, Varanasi.

Desai, M. 1968b, *Day-to-Day with Gandhi*, Vol. 2, Varanasi.

Gandhi, M. K. 1999, *Mahatma Gandhi: Collected Works of Mahatma Gandhi* (CD Rom), Vol. 24, New Delhi.

Ghosh, S. K. 2008, *Colonial Modernization and Gandhi*, Kolkata.

Government of India 1918, *Report of Indian Constitutional Reforms*, Calcutta.

The Indian Nationalist Committee 1917, *Self Government for India Demanded by the Indian National Congress and the All-India Muslim League*, Stockholm.

Kumar, S. 1979, *Peasantry and the Indian National Movement 1919–1933*, Meerat.

George, Lloyd 1934, *War Memoirs*, Vol. IV, London.

Mehrotra, S. R. 1965, *India and Commonwealth 1885–1929*, London.

Mittal, S. K. and Kumar, K. 1978, "Baba Ram Chandra and Peasant Uprising in Oudh 1920–21", *Social Scientist*, Vol. 6, No. 11,

New Delhi.
Nehru, J. 1962 (1st Indian edition), *An Autobiography with Musings on Recent Events in India*, Bombay.
O'Dwyer, M. F. 1925, *India As I Knew It 1885–1925*, London.
Owen, H. F. 1968, "Towards Nation-wide Agitation and Organisation: The Home Rule Leagues, 1915–18", D.A. Low ed., *Soundings in Modern Asian Studies*, Berkeley.
Parvate, T. V. 1958, *Bal Gangadhar Tilak*, Ahmedabad.
Rancing, R. 1921, *The Peace Negotiations: A Personal Narrative*, Boston.
Revri, C. 1972, *The Indian Trade Union Movement: An Outline History*, New Delhi.
Sarkar, S. 1973, *The Swadeshi Movement in Bengal 1903–1908*, New Delhi.
Sarkar, S. 1984 (Reprint), *Modern India 1885–1947*, Delhi.(『新しいインド近代史——下からの歴史の試みI』長崎暢子・臼田雅之・中里成章・粟屋利江訳、研文出版、一九九三年、一一九—一二〇頁)
Sathaye, D. D. 1918, *The Bombay National Union Year-Book and Diary 1918*, Bombay.
Sen, S. 1977, *Working Class of India: History of Emergence and Movement 1830–1970*, Calcutta.
Taylor, A. J. P. 1965, *English History 1914–1945*, Oxford.
Tilak, B. G. 1976, "Ujadlen, pan Surya Kothen Ahe ?" (*Kesari*, July 9, 1918 in *Samagra Lokmanya Tilak*, Vol. 4, 1976, Pune).
Venkatarangaiya, M. 1965, *The Freedom Struggle in Andhra Pradesh*, Vol. III, Hyderabad.
Waley, S. D. 1964, *Edwin Montagu: A Memoir and an Account of his Visits to India*, Bombay.

トピック・コラム

大韓民国臨時政府

宮本正明

大韓民国臨時政府とは、一九一九年の三・一独立運動を契機に、朝鮮内外の独立運動の中核組織体として中国の上海で樹立されたものである(日本側は「仮政府」「僭称政府」と呼んだ)。対欧米外交と武装闘争、社会主義と民族主義といった路線対立が絡み合って常に内訌を抱え、沈滞を経ながらも、組織自体は粘り強く維持された。一九三〇年代以降の日本軍の中国大陸侵攻に伴い、国民党政府の臨時首都が置かれた重慶に活動拠点を移した。一九四一年に日本がアメリカ・イギリスなど連合国側との戦端を開くと、直後の一二月一〇日付で日本への宣戦を公表し、対日戦の準備を進めていたものの、実現に至らぬまま一九四五年八月の日本敗戦を迎えた。臨時政府のメンバーは亡命政権の公人として朝鮮へ戻ることを希望したが、南部朝鮮の占領国であったアメリカがこれを認めず、個人の資格による帰国を余儀なくされた。しかし、一九四八年八月に南部朝鮮の領域に成立した大韓民国は、現行憲法(一九八七年改正)において、この臨時政府の「法統」を継承するものと位置付けている。

臨時政府は一九一九年四月一三日をもって政府樹立を対外的に宣言したが、その際、「宣佈文」とともに「臨時憲章」が発表された。「臨時憲章」は全一〇条からなり、政体を「民主共和制」とすること(第一条)、「人民」は「男女貴賤および貧富」をとわず「平等」であること(第三条)、信教・表現・集会・結社や移動・身体・所有の自由を有すること(第四条)、国際連盟加入を通じて「神の意思により建国した精神」を発揮し人類の文化・平和に貢献すること(第七条)、大韓帝国の旧皇族を「優待」すること(第八条)、「生命刑・身体刑および公娼制」の廃止(第九条)などを掲げている。植民地支配からの民族の独立・解放を目指すうえで前提とされるべき政治的・社会的方向性がここに提示されている。基本的人権に関わる規定とならんで、とりわけ生命刑(死刑)や「公娼制」の廃止が基本理念としてうたわれていることは同時代的に見ても注目すべきところと思われる。

「憲章」の起草者は趙素昂《チョソアン》(一八八七—一九五八)である。趙素昂は幼少期に漢学をおさめ、日本留学中に法学を学ぶかたわら、キリスト教への入信、中国の革命家との交流を経験していた。外務部長・内務部長を歴任した臨時政府首脳の一人であり、そして、政治・経済・教育の均等ならびに個人間・民族間・国家間の平等の実現を追求する「三均主義」の大成者として知られている。ただ、「憲章」起草にあたってその思想的背景がうかがえる史料はあまり見出せない。また、

「憲章」の原案の一つと見られる四月一〇日付の「朝鮮共和国」の「仮憲法草案」では、「民主政府」の採用が「北米合衆国の政府に倣《なら》」ったとの明記がある一方、「憲章」第三・四・七条の原型が既に示されているが、同第八・九条にあたる条文はまだ見られない(内田康哉外相あて有吉明上海総領事電報第一七〇号、一九一九年四月一二日発)。

　一九一九年八月に開院した臨時議政院(立法府に該当)において、「臨時憲法案」が国務院(行政府に該当)から上程された。しかし、その憲法草案では「憲章」との対比で、「人民は一切平等」と改められて「男女貴賤および貧富」の語句が姿を消していたほか、「憲章」に明記のあった国際連盟加入、旧皇族の「優待」、生命刑・身体刑・「公娼制」廃止の各条文が削除されていたため、出席議員からの追及があいついだ。身体刑や「公娼制」の廃止条項の削除に関する国務院側の説明は次のようなものであった。前者については「文明国では身体刑は既に廃止されているのに対し、国家を持てない弱小民族がこれを採用している現状で、その廃止を明文化することは羞恥である」とした。また後者については「公娼制を廃止すればかえって私娼の弊害がある」ことに加え、「これまでわが国で公娼が公然のものであったことをかえって公にすることになってしまう」という理由が述べられた。こうした説明に対して議場より反駁の声があがり議論は紛糾したが、結局「旧皇室優待」以外の条文の復活はならなかった。また、平等規定については「差別は男女・貴賤・貧富に限らない」という答弁がなされ、「男女平等」にすべきとの動議も出されたが、「男女平等は人類の原則であって再言の要なし」として否決された(以上、『独立新聞』一九一九年九月六日付。『独立新聞』は臨時政府の機関紙)。

大韓民国臨時政府・臨時議政院メンバー（1921年1月）

　臨時政府の成立をめぐっては、「共和制」の選択によって大韓「帝国」という国家体制からの決別を示したといった点などから評価されている。しかし、「臨時憲法案」の審議過程からは、他の「弱小民族」に寄りそう姿勢ではなく、(対外的な承認を獲得するためと思われるが)「文明国」である欧米諸国からの視線が強く意識されていることを見て取ることができる。「憲章」が明文化して示した同時代的な〝先進性〟は、普遍的な原理として自明視されることにより、そしてなによりも「文明」の論理によって後景に退いていくのである。

人物コラム

申采浩

趙景達

伝統朱子学と格闘して道義と強権の間で揺れ動きつつ、朝鮮的近代政治思想を模索した人物として、申采浩(一八八〇―一九三六)ほど深刻な葛藤をなした人物はいない。その生涯は、激動の時代に翻弄されつつも、自らが背負った伝統的価値と真摯に向き合い、新しい民族と民衆の時代を切り開こうとする強固な意志によって貫かれていた。

申は忠清道大徳出身で貧寒士族の次男として生まれた。神童として名声を博したことから、上京して儒学の最高学府である成均館に入学する厚遇を受けた。しかし在学中より近代的民族運動である独立協会運動に共感し、一時逮捕投獄されたこともあった。そのため、一九〇五年晴れて成均館博士となったものの、申は官途には就かず、『皇城新聞』の論説記者となった。しかし、社主の張志淵が乙巳保護条約に際して「この日こそ声を放って大哭せよ」という反日の論説を書いたことで、『皇城新聞』が停刊処分を受けたのを機に、イギリス人のアーネスト・T・ベッセルを社主とする『大韓毎日申報』に転じた。申はここで、思う存分反日民族主義的な論陣を張り、瞬く間に愛国啓蒙運動の代表的人士となった。〇七年には、秘密結社新民会の創立にも参加している。

この時期の申の思想は、何よりも国家主義を主張したことに尽きる。彼は、長きにわたって政治と道徳を連続せしめる朱子学的思惟が支配していた中にあって、朝鮮政治思想史上初めてその両断を試みた人物として評価される。彼は、当時流行していた社会進化論を徹底的に峻厳に理解し、弱肉強食の現実世界を単に批判するのではなく、自らも「強権」の信奉者になるべきことを主張した。それは、国際社会に「道徳」を求めないばかりでなく、自らもそれを放棄して、ひたすらに「強権」をもって「強権世界」に打って出ようとするナショナリズムであったといえる。申は朱子学と離別したことによって、普遍主義的世界観を批判し、特殊主義的世界観への転換を提唱したのである。それはまた、「百巻の万国公法は数門の大砲に若《し》かず」(『通俗国権論』)と語った福沢諭吉の「権道」主義を朝鮮において成立せしめたということをも意味する(趙景達「朝鮮近代のナショナリズムと文明」『思想』八〇八号、一九九一)。

しかし、一九一〇年の「韓国併合」以降も、福沢的な思想を持ち続けることは到底できない。「強権」をもって「強権」を打ち破ろうとする論理は弱者の論理と相容れず、そこには植民地に転落した側からする日本帝国主義批判の論理が欠如しているからであり、もはや「強権」主義は独立運動の思想たり得ない。ここに申采浩の葛藤は深まっていく。

「併合」に先だって申は、同年四月新民会の方針に従って、海外で独立運動を展開すべくウラジオストクに亡命した。その地で同胞発行の新聞で啓蒙活動を継続したのち、上海や北京に活動の拠点を移し、朴殷植や文一平と博達学院を創立して青年教育に力を注いだ。一九一九年三・一運動を契機に大韓臨時政府が上海にできると、申はこれに積極的に参加したが、臨時政府の外交重視的な政策を批判し、まもなく袂を分かっていく。再び北京に拠点を移した申は、二一年一月同志ら五三名と連名で、米国に委任統治の請願書を出した臨時政府大統領李承晩を弾劾した。それ以後武力独立路線の方向を模索し、二三年一月にテロリズムを主張する義烈団のために、民衆直接革命を謳った「朝鮮革命宣言」を起草した。

この時期、申の無政府主義への接近は急速である。もっとも独立革命の道は遠く、申の内面的な迷いや思想的葛藤には尋常ならざるものがあったようである。二四年春には一時仏門にも入るほどに無

北京時代の申采浩(1920年)

常観を深めている。しかし、二六年夏無政府主義東方連盟に加入して以降は、確固として無政府主義の立場から民族運動を展開していく。そして、二五年五月に台湾で逮捕され、三六年二月二一日旅順刑務所で無念の獄死を遂げるのである。
国家主義者から無政府主義者へ、という申采浩の思想的転回はまことにドラスティックである。申は確かに朱子学的思惟を批判し、政治と道徳の分離を提唱した。現実の世界と国家は、あくまでも「道徳」を具現するような実態とはかけ離れているものと認識したのである。そのことは、最後まで確信としてあった。しかし、無政府主義の洗礼を受けて以降、彼は抵抗主体・変革主体としての民衆を発見し、「民衆の道徳」に普遍主義的価値を見出したことによって、抵抗と変革の論理においては政治と道徳を連続せしめたわけである。それは、普遍主義的世界観への回帰にほかならない。と同時にそれは、朝鮮社会が長きにわたって培ってきた儒教的民本主義の政治文化を基礎として導き出された、究極の思想的境地であったといえる。申は、朱子学を絶対とする「道徳と主義のための朝鮮」を徹底して批判したが、しかし最後に彼が行き着いた思想は、朱子学的思惟を前提とするものであり、その意味で彼もまた道徳的オプティミズムを特徴とする朝鮮思想の正しき嫡子であったということができる(趙景達「金玉均から申采浩へ——朝鮮における国家主義の成立と転回」『講座世界史一二』東京大学出版会、一九九六)。

■岩波オンデマンドブックス■

岩波講座 東アジア近現代通史 第3巻
世界戦争と改造 1910年代

2010年11月19日 第1刷発行
2019年12月10日 オンデマンド版発行

発行者 岡本 厚

発行所 株式会社 岩波書店
〒101-8002 東京都千代田区一ツ橋2-5-5
電話案内 03-5210-4000
https://www.iwanami.co.jp/

印刷/製本・法令印刷

ISBN 978-4-00-730955-7 Printed in Japan